编委会

《上海文史资料选辑》总第181辑

政协上海市委员会文史资料委员会◎编

风云际会

沪上近代人物追忆

上海人民出版社

出版说明

　　本书收录的是晚清以降，主要是近代活跃在上海的部分名人的后代等对先辈生平、创业及生活轶事的回忆。这些人物中既有晚清官吏、维新派领袖、民国总统，也有对中国近现代制造业、金融业和工商业的发生与发展产生过重要影响的人士。所收回忆文章是当事人后代或与当事人关系密切的知情人所留下的难得的文字记录。

　　秉承文史资料"存史、资政、团结、育人"的工作要求，上海市政协文史委近年来一直努力征集各界代表性人物"亲历、亲见、亲闻"并有价值的史料，抢救即将湮没的一手素材，以供当代和后人进一步研究历史、传承文明所用。

　　本书收录回忆性文章21篇。其中既有对家族历史、人物生平的叙述文字，也有撷取某个瞬间反映人物在历史重要关口的心路历程及其作为。其中亲历的或经长辈辗转流传的细节，读来生动有趣；也有撰写者比对历史档案及有关资料还原当时场景，更显真实和生动。

　　需要说明的是，沪上近代人物是一个人数不少的群体，由于时光流逝等条件的限制，组稿时无法联络到更多散布在世界和国内各地的名人后裔，本书所收人物只是众多名人中的一部分，并不能全面反映当时人物的众生相。雪泥鸿爪，但毕竟留下了这些人物在当年风云际会中的历史足迹，有助于人们对历史和历史人物有更加全面的认识、了解。

目　录

宁波小港李家的故事

李名珩

太公创业沙船起家

清末民初到抗战前后，"宁波小港李家"在上海颇有名气。李氏家族在东南一隅，世代出了不少知名人士，时至今日更遍及海外，闻名遐迩。那么，小港李家究竟是怎样发家的？有怎样颇具传奇色彩的经历？又是怎样历经两百年兴盛不衰的？

李也亭（1808—1868）

下面就从我们小港李家的第一代掌门人，我的太祖父李也亭开始，讲述我们李氏家族的百年传奇。

在宁波镇海小港，有一户人家，家中父亲早年去世，剩下妻子叶氏和两个儿子，长子李弼安（1796—1872），次子李也亭（1808—1868），靠几亩薄田耕耘为生，相依为命，生活相当清苦。要想改变家境，就得去上海"讨生活"，这也是当时很多宁波人都会选择的生活路径。1822年，不到15岁的太祖父告别老母和兄长，离乡背井，孤身一人乘着木船从宁波的小港来到了上海。太祖父抱着闯天下的雄心，踏足上海，迈开了我们小港李家发迹的人生第一步。

来到上海后，太祖父初在南市南码头"曹德大"糟坊当学徒。糟坊兼卖热酒，在海风较大船不出航之际，老板就叫他到沙船上去送酒。太祖父发现船工的工作很赚钱，要比一个小学徒好得多，就萌发了去沙船创一番事业的决心。于是就上了沙船干起船工。

沙船业是一项风险很大的行业，"沙船三寸板，板内是娘房，板外见阎

沙船船队

王"，一旦遭遇大风浪触礁，或者碰上海盗，便可能会搭上一条性命。但是，有风险也有高回报，因为当时船行有个规矩，就是每艘船的船东会拿出10％到20％的舱位给船手带货之用，沙船主的这个经营方式无形当中就把这些船手同这条船的命运结合在一起了。

19岁的太祖父上了沙船，就把自己的生死祸福交给了大海。清道光六年（1826），正遇上清政府因为运河淤塞，把漕粮由河运改为海运，规定江苏各地的粮船均到上海交兑，然后沿海直运天津、直沽。上海的沙船业适逢其会，正好大显身手。

太祖父年复一年在沙船上干得很勤快，加上头脑活络，具有宁波人的精明，每次所带货物都十分好销。去时带北方需要的货，回程带回南方所需货品，获利不小，几年下来居然积了可观的银两。一天，他去找同乡人、身为钱庄跑街的赵立诚，说想自己买一条船。在同乡的帮助下，太祖父终于有了一条属于自己的船。就靠这条船，李家后来居上，成了上海滩风云百余年的工商巨子。

为了尽可能地保障航行安全，太祖父不像当时很多船东那样，做甩手掌柜，而是亲力亲为，风口浪尖趟趟随行。尤其是有一次他亲自带队，船队出去以后就遇到飓风，他当机立断，很快地把这船队开到周围一个很小的港里去避风，躲过了一场劫难。过了两个月，这个船队平安回来了，一下发了大财，为他带来了很大的收益。

太祖父成了船主，却依旧风里来浪里去，南来北往，利润也就分外可观。他的沙船也从一条变成两条、三条……数年之后居然发展到十几条，建立了船队，进而成立了自己的船公司，起名为"久大沙船号"。随着船队的发展，他又买进了沿黄浦江边一块滩地，建起自己的码头，名为"久大码头"。他生意越做越大，逐渐成为上海沙船业的巨擘。

咸丰三年（1853），太祖父受命经办苏（州）、松（江）、常（州）粮道和浙江的漕粮海运任务。当时清军和太平军战事频仍，航路也很不太平，志书说，"督运者有难色，也亭所部船独先进，余艘从之"。他紧紧抓住这个高风险但高利润的独特机遇，成为上海沙船业的领军人物，也为我们李氏家族数百年的兴盛奠定了基础。

宁波小港李家同其他许多宁波帮的家族一样，以沙船航运起家，然后又以沙船业为基业，开始渗透到了金融、地产、商贸等各个行业。

沙船钱庄并驾齐驱

沙船的发展需要庞大的资金投入，打造一条船，再扩大办货的规模，最起码也得花上数万两银子，所以只有向钱庄借入大量款项才能使沙船业行当货轮常转。但在当时沙船向钱庄借钱是比较困难的，钱庄担心它有风险，故一般须有熟人才肯放贷。

太祖父也遇到这种情况，有鉴于此，他索性和赵立诚商量，向钱庄借钱还不如合作自己创办钱庄。为了南北航运贩卖货物融资，于是太祖父开始将目光投向了金融业。

当时太祖父的"久大"沙船已独立成队，有了自己的队伍，还有一些散户船会跟着走，拉他们向李家钱庄贷款，更是顺理成章之事。何况，太祖父已经积聚了一定的资本，于是，他用经营沙船的利润在上海陆续开设"慎余""崇余""立余"三家钱庄。这三家钱庄一开张就红火起来。自此，太祖父在经营沙船之外，又派生出一大产业，我们李家开始由航运业迈向金融业。

钱庄被视为宁波帮的精魂。太祖父投入之后，与同业经历了一场颠覆性

钱庄

的金融革新，那就是"过账制度"。在买卖交易中，拿着一张票据，你可以不用带现金去钱庄，可直接到各个码头去拿钱。"过账制度"大大促进了金融商贸的流通和进步。太祖父从钱庄借贷办货到找钱庄借贷买船，再到后来和同乡一起开钱庄，最后一起引领钱庄金融革新，为此被后人称为"发财太公"。

根据《镇海县志》记载："李也亭的沙船'岁获利三倍'，再加上钱庄，到了1850年资金已积至数百万。"凭借着金融业的信用后盾，华丽转身的李也亭，被公认为当时钱庄业与沙船业并驾齐驱的上海两大巨擘之一。

宝顺轮船开航运之先

从咸丰三年（1853）开始，宁波商人的一个重要任务就是通过海路为朝廷运送漕粮。这些沙船运送漕粮的时候，常常遭到海盗袭击。沙船船帮深受其害，而清军水师失职无能，只得自己来想办法自卫。太祖父知道，要对付这帮海盗，非船坚炮利跑得快的"火轮船"不可。于是咸丰四年十月，太祖父与慈溪费纶志、盛植管等宁波商人经过筹划，提议集资购买一艘航速奇快的西洋轮船来护送商船，剿灭海盗。

太祖父等人筹集7万两银圆，购外国轮船一艘，取名为"宝顺"号。引进中国第一艘蒸汽机船后，招募了70名中外水手，购置了武器弹药，改装成一艘名副其实的军船。宝顺轮在护航防盗中大展神威，在短短的三四个月时间里，共击沉和俘获海盗船60多艘。结果一举荡平南北洋海盗，令朝野震惊，自此名扬海内外，中外臣工皆知"轮船之利有裨于军国"。

当时的山东巡抚崇恩对新事物
很惊恐，上奏朝廷，向皇帝告状。
咸丰皇帝龙颜大怒，特下圣谕厉令
查明是谁发给他们执照的？于是包
括太祖父在内的众绅士聚会商量如
何回答，最后这样解释："船是外
国的，但是中国商人买了以后就成

宝顺轮模型

了中国商人的船了，按照大清律例，官府发给商船运营执照是合法的。"浙
江巡抚按此回禀朝廷，咸丰皇帝阅此奏章后，御批"知道了"三个字。

《宝顺轮船始末》曰："中国之用轮舟，自宁波宝顺轮始也。"这艘轮船
不仅代表了中国轮船时代的先声，而且也是以轮船为主的中国航运业的滥
觞。宁波商人为中国航运史揭开了一个新的时代，立下了不朽的功勋，在中
国近代史上意义非凡。

与此同时，一场轰轰烈烈的洋务运动序幕徐徐拉开。

乾坤两房李家崛起

经过多年的苦心经营和辛勤耕耘，"久大"已成为上海沙船行业中著名
商户。太祖父又因运粮和剿匪上有功受到朝廷赞赏，被封江苏候补知府头
衔，赏顶戴花翎。太祖父借势扩张他的商业帝国，他以钱业作依托，然后
大举向新兴工商业进军，进行再投资。他一面将久大码头相邻的油车、竹巷
两码头及周围地皮买下，扩建码头，大盖楼房。一面往乡下捎了数十万两银
子，让长兄弼安买了2000余亩田租人耕种。双管齐下，在上海和宁波同时
投资开发，开始他更大的商业扩充计划和行动。

弼安和也亭兄弟俩从小就情同手足，兄友弟恭，当太祖父在外面发达了
就寄钱在镇上盖了一处气派颇大的宅院，家中一切事务均由弼安执掌。宅第
分东西两院，东院由哥哥弼安居住，称为乾房；西院称坤房，由自己和妻儿

居住。从此，宁波小港李氏家族乾、坤两房由此产生，并一直延续至今近两百年。

弼安太公身居家乡，除了要照顾这个大家庭之外，还要负起对乡中子侄的教育和管束。此时，兄弟俩共有四个儿子（属高字辈），李弼安有三个儿子听涛（名高源）、濂水（名高濂）和雨田（名高沛）；李也亭只一个独子梅塘（名高嘉）。为了教育和培养理想和合格的接班人，弼安太公到县里专门聘请了县里最著名的塾师来开蒙授课，教他们知书达理、识礼做人。

兄弟俩从那时起还商定，规定日后凡李家子孙都须进入自家商号学徒三年后，方可享用家族供给。弼安太公把16岁的儿子听涛送往上海，协助叔叔经营产业。听涛就从船上水手干起，吃苦耐劳，虚心求教，几年间将行内事务了然于心。兄弟俩为家族今后的发展和接班问题所表现出来的远见卓识，对家族的影响是深远巨大的。兄弟同心，其利断金；兄弟联手，前途无限。

临危受命守中求变

1868年，太祖父六十大寿，不料传来坏消息，去北洋的沙船队遭遇特大风暴，全部帆船和货物沉没。太祖父闻讯后急火攻心，就此一病不起。气息奄奄中，对陪伴在侧的侄儿李听涛断断续续说，"能者为继"，就是让他来接李氏家族的班，又说"宝顺、宝顺……"听涛领会，是告诫沙船业要改行，要搞像"宝顺"轮那样的现代化轮船。

不久太祖父就与世长辞了。他创功立业，没有传子而传了侄，这成了我们李氏家族一条不成文的规定，即视子侄辈中谁最有才能、最适宜于继承事业者即传给谁。当时李家三家钱庄均划归"久大"号掌管，故身兼经理的听涛实际上继承了太祖父的全部事业。

李听涛（1838—1909），是弼安太祖公的长子，也是我的伯曾祖父。他受任于太祖父临终之际，奉命于危难之间，担当起李氏家族第二代的掌门人。从此，我们李氏家族开始进入了第二代时期。

说到这里，不得不说一下当时我们李家三代人情况。第一代（乾房）李弼安，生有三个儿子听涛、濂水、雨田；（坤房）李也亭，独子梅塘。第二代（乾房）长子听涛，生子昌祥；次子濂水，生子耘青、咏裳、瀛翔、燕祥、善祥、康祥、寿祥七人；三子雨田，生子璇祥；（坤房）李梅塘生七子：云书、玉麟、如山、薇庄、征五、鸿祥、屑清。由此可见，从第一代兄弟俩到第二代兄弟四人再到第三代已经繁衍为兄弟16人，我们李家这时已成为一个名副其实的大家族了。

李家到第三代人员太多，于是不得不考虑分家。但是李家的分家有个特点，就是分家不分财，也就是只分股份，不分财产，每年不论人口众寡，按房分发红利。光是分这个红利，每房每年13万两银洋，按当时一般人家庭一年收入不过50两左右，这是一个天文数字。据《镇海县志》记载，李家在当时财力已有"数百万两"。李家有16房，每房年分红利13万两银洋，共可分红利200多万，以百分之十利润计，推算一下其本金值应是2000万两。而当时一些宁波帮和我国民族资产阶级代表人物个人总资产还不到100万两。

自古以来，创业难，守业更难。作为掌门人的听涛公感到家族庞大，人口众多是首先面临的一个潜在危机。同时，另外一个更大的商业危机也悄悄来临，那就是沙船业的衰落。据记载，1868年沙船在上海有3500多艘，到了1887年，只剩200余艘，再加上西学东渐，在西方列强以机器为动力的洋轮的强力冲击下，外国的轮船代替中国的帆船也成不可逆转趋势。

面对内外交困的危机，听涛公勉力应对。首先他牢记叔父的临终重托，"沙船要改行"，深谙沙船业已成强弩之末，审时度势，果断收缩了船队的规模。其次，将从沙船收缩中回笼的部分资金用于扩建"久大"码头、发展仓储业，使之成为一个比较现代化的码头。

他在加强码头经营同时，又致力于扩展钱庄。把原本开在南市的两个钱庄迁往北市的租界内，只将"立余"留老城区的南市。又聘钱业才俊分任各庄经理，还正式加入了北市钱业会馆，建立制度。由于经营得法，钱庄获利甚为丰厚。每家钱庄每年平均获利达 30 万两以上。

在清末实业机遇和风险并存之时，听涛公以稳为准绳，艰难守业，守中求变，从收缩沙船到扩大码头再到投资钱庄，李家的发展过程中最显著的特点，是与时代同步，改变经营方向，在社会变革中谋求发展，寻找商机，从而成功转型。

广做善事开办义庄

太祖公兄弟俩在没有去世之前，就写了遗言要他们子侄在乡下办义庄。清代国学大师俞樾在《养正义庄记》中记载："两君有贤子，曰听涛，曰梅塘，承先志卒成之。都凡置田两千亩，岁入谷四千余石，分给贫者。生无以养，予之粟；死无以殓，予之棺。署曰'养正义庄'……"

李家的"养正义庄"所做的不是一般赈灾、放粮、施舍等事宜，而是担负起当地慈善和教育的管理。"义庄"雇一位总负责人，手下还有四个账房先生，就如同现代企业，有一个管理层，从上到下，各司其职，负责李氏家族慈善事业等一系列管理工作。

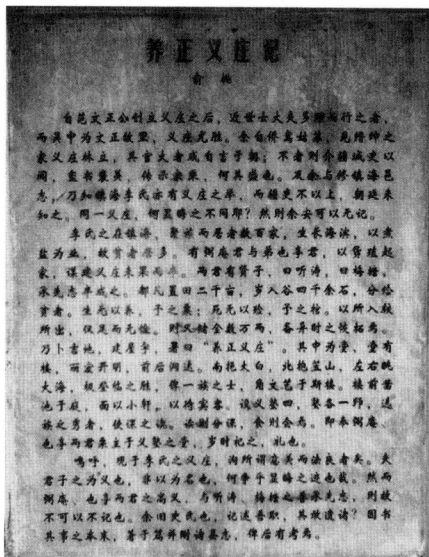

养正义庄记

李家开设义庄，办学校、修桥、铺路……广做善事，涉及的范围几乎包括当时整个社会层面。首先，义庄在当地开办一所小学，名为"养正小学"（取养天地之正气意），这是当地乡间第一所小学，供所有乡民免费上学。之后又办了第二所小学养正女子小学。学校的师资雄厚，都是用高薪从上海请来的大学生或是师范学校毕业生。其次，义庄对于乡中的困难户做出多种善举，按时发救济粮，冬天施舍棉衣、棉裤，婚丧事可以得到救济。再有，义庄还长年雇用木匠两三人，专做棺材。这是专为方圆几十里内贫困人家买不起棺材准备的。

李氏"义庄"从清末开始创办，一直延续不断。无论是在家族兴盛或是危难时，始终坚持义庄初始之心"乐善好事、富达天下"，没有中断过、停止过。直到1949年后，中国开始土地改革，李家将"义庄"地契交公，成为公家的财产。

拯救同胞倡办教育

宁波小港蛟山公园内，有一块巨大的石碑，是我曾祖母的墓表，有1300多字，记载了我曾祖母张氏（1843—1918）的生平事迹和动人往事。

1900年的一天，我曾祖母被一群求助的百姓围住，哭着向她求助。原来有一艘船上装的都是被奸商卖去南洋当"猪仔（苦力）"，船很快就要出发了，他们的家人希望她出面帮忙解救。曾祖母听后赶去一看，再一细问，感到非常震惊，船上被卖作劳工的不是几个人，而是470余人。

曾祖母决心要帮这些人。于是先让五子征五公找到当地官员同他们交涉，准备先把船期搁下来，再想办法替他们赎身。船主闻到风声，得知不妙，连夜带着"猪仔"开船逃走，等征五公办好营救手续赶到码头时，船已经驶走了。

曾祖母听后并没有放弃，立即把她的大儿子李云书从上海叫回宁波，母子三人商定，由两兄弟连夜赶到上海，借助同乡会和国际红十字会的力量营救，在得到国际红十字会的响应后，曾祖母又派专人携带巨款赴南洋赎人。终于把幸存下来的450余人救回家乡。清末大儒王国维听闻此事，赞美她的功勋："一朝卖作奴，终身为非民。伟哉李太君，独拯五百人。"

1892年，镇海闹饥荒，曾祖母拿出了一万斛粮食，赈济贫困的人。1898年，浙江大旱，无数饥民无法生存，她见状立即开仓救灾，但还是解决不了

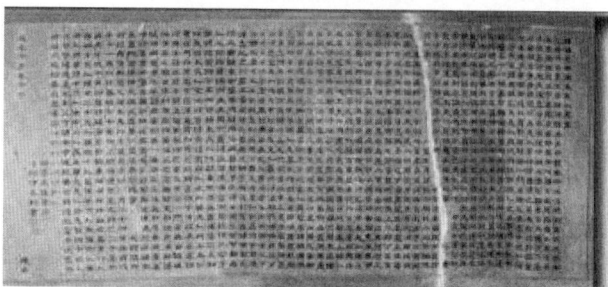

养正义庄李氏张太夫人墓表

数不胜数的灾民。为此，又派长子云书到外地购来大米赈济灾民，数万的灾民因此得以活了下来。1902年，浙东发生饥荒，哀鸿遍野，她让儿子购进数万斛米，投放到市场，使大米供应充足。1908年，浙东歉收。她再次让儿子筹集巨款，从越南等地买来大米五万斛，米运至宁波，帮宁波人度过了饥荒。

曾祖母提倡科学救国。当时正值列强瓜分中国，深重的民族危机催生"实业救国"的浪潮。她视野前瞻，不囿于传统儒学、读书做官，而是鼓励子弟走出国门，学习西方先进的科技知识，她教诲子孙："科学宜择其利济者为之，兵学、法学未始非御侮之才、治世之具，究之兵凶战危，如杀机何？舞文弄墨，如作奸何？汝曹其谨志之！"并且再三强调，"子孙以游学海外，宜学农、工、商、矿、理、化、医诸科，可利国济人"。

在曾祖母的倡导下，她的后代纷纷前往世界诸国求学，学成归来从事实业救国活动，在20世纪初，我们李氏家族第四代"祖"字辈72个男性中，大学学历有35人，其中20人游学海外。而她己出的坤房里的"祖"字辈45个孙子中就有30人是大学学历，19人留学海外。甚至出现一房几乎所有子弟读大学，云书公 15 个儿子中 13 人是大学毕业；如山公五个儿子，除其中祖基一人须留家帮助打理家族生意，其他四个儿子赴德国、英国和日本求学。

读书以明理，明理能做人，从"祖"字辈开始，到以后的"名""维""汝"字辈，可以说绝大多数都是沿着这个方针去传承的。据考证，小港李家中游学海外的共 140 余人，其中 100 余人都有不少卓有建树的成就，成为在金融、科技、教育、文化、艺术、建筑、影视等领域的翘楚和著名人物。

曾祖母十分重视子孙后代的教育。早年她让长子在乡间开办家庭学堂，聘请著名学者张寿镛来给子侄进行启蒙教育。后来又购田千亩，办了宁波第一所中学——益智中学，并请来美国人当校长，课本全用外文原版。辛亥光复后，她又把这所学校送给宁波政府办甲种高级工业学校，这是宁波最早的一所大专。从第一所学校开始，她先后出资白银 10 万余两，建办了四所学校嘉惠乡里。

20 世纪初，为了有利于子孙受到新式教育，她毅然地把坤房的子孙 100 多人从乡下迁移到上海，并在李家大院内自办新学。中、英、史、数、理、化、生物、地理和体育一应俱全，让学龄以上男女子弟都能受到相当于现代从小学到中学的教育。举家迁移打开了李氏家族走向上海的大门，同时也开启了他们走出国门留学海外之路，为家族百年兴盛奠定了坚实的基础。

1918 年初冬之际，曾祖母享 76 岁高龄去世。治丧期间，吊客盈门，络绎不绝。她的出殡仪式极具哀荣。出殡队伍长达约四公里，一路白色人流前有素车白马引导，浩浩荡荡从今陕西北路李家大院出发，经北京西路，过西藏中路、河南路，直至老北门新开河的码头。沿途与李家素有世谊的商号、店家纷纷置白幛等致祭，一时观者如潮，途为之塞，轰动一时，成为当时沪上家传户晓的一件大事。

我的曾祖母，崇尚教育，乐善好施，扶贫救弱；办义庄，办学校，感动乡梓。她去世之后，其子李云书等择取她一生中八件美善之行，绘写成《八徽图》，王国维还特地配以诗文。她的生平事迹曾受到当时中国最著名的三位国学大师俞樾、王国维和章太炎先后写文赋诗加以赞扬。

抓住机遇做大家业

根据"不论子侄，能者为继"的祖训，李昕涛经过反复考虑，多方观察，决定将大权交给弟弟濂水的次子咏裳。李咏裳（1871—1954），17岁那年到上海家族中的钱庄学做生意，他从基本开始学起，努力勤奋，循规蹈矩，没有丝毫纨绔习气，深为老经理们所赞许。当咏裳公30岁时，就担起久大沙船号经理一职，成了李家第三代掌门人。

此时沙船号的生意已经衰弱，而久大码头却分外兴旺，大达、宁虞等公司商轮均租此落脚，后来虞洽卿办宁绍公司也借用过久大码头。于是咏裳公便以码头为基业，并在码头附近改建了吉祥弄。这是上海较早的石库门房子，它处于上海老城厢附近，紧靠十六铺码头，来往交易快捷便利，是当时上海钱庄集中之地。竣工初期，只是以钱庄为主的交易场所。后来为了迎合中国传统的家族居住形式，他把此弄改建成为集办公、交易和住宿三位一体的综合性建筑，并把原来的吉祥里改变为吉祥弄。吉祥弄是上海石库门房子的最早原型，也是上海弄堂房子的象征，代表了上海最早的城市建筑。

伯祖父执掌后，正逢国内兴起一股"实业救国"浪潮，因此钱庄自然成为热门产业。他和众兄弟相商后，李家又连续新开了三家钱庄，由原先的三家"余"字联号增至六家。另外在家乡宁波、镇海也开有多家钱庄。伯祖父自己又先后投资三家钱庄。同时与其他家族合资开设数家钱庄，成为当时沪甬间颇有实力的金融业家族，影响很大。

在上海信贷业蓬勃发展的同时，上海的地产市场也悄然兴起。于是李家

李咏裳

将战略眼光投射到上海地产业，并展开大规模投资，从此开始将重心移往房地产。

民国初期，大办工厂企业是工业化浪潮的主要源头。在房地产之战打响之后，伯祖父又将钱庄业逐渐收场，转向新兴的现代工业。成立"新记营运股份有限公司"，简称新记

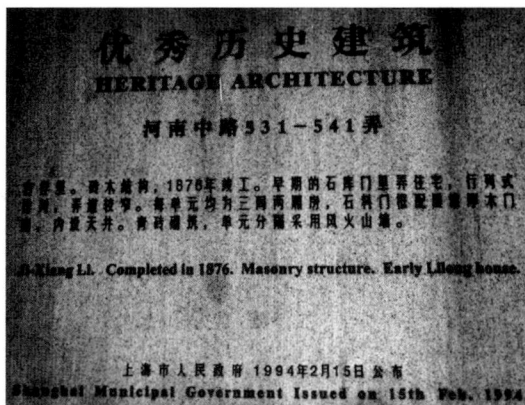

上海最早里弄之一——吉祥里（弄）

公司。取名"新记"意味着"对新的追求"。之后企业名称上都有一个"新"字。如新华薄荷厂、大德新榨油厂、新丰豆麦行等。他购地造新厂房，扩大生产，新添进口机器设备，其中有些成为上海同行业中规模最大的企业，有些成为国内外热销的名牌产品企业。

在大办现代化工业的同时，他又和李家其他兄弟创办上海华商电气公司、大达轮埠公司等著名企业。他还担任多家商会的董事、会董等职，在上海工商界很有声望。他还曾任几家银行董事长，是民国初期上海银钱业巨子。咏裳公开拓创新，与时俱进，完成了由传统的旧式商人向近代资本主义实业家的转型，又是把我们李氏家族转向新兴的民族工业的开拓者。

投资大王独领风骚

李云书（1867—1935）是我祖父李薇庄的大哥。他在坤、乾两房兄弟中排行老大。故称为"李家阿大"。

云书伯祖父最初与宁波另一巨商严信厚发起投资天一垦务公司，他们集资80余万两银雇人拓垦，获利十分丰厚。他还独自募股修建了杭州一段铁路。又与朱志尧一起投资大达轮船公司。这是中国私人资本在沪创办的第一家轮船公司。他和虞洽卿、周金箴等集资150余万两。创办了"宁波帮"自

李云书

己的商业银行——四明银行。此外，他还投资兴办上海绢丝公司、海州赣丰饼油公司等企业。同时他又投资厦门信用银行、华通水火保险公司等，担任多家银行、公司、企业董事等职，因此博得了"投资大王"的雅号。

他和乾房咏裳公等几位兄弟一起先后组织成立了"天丰""地丰""元丰""黄丰"四大地产公司，首先买下静安寺路（今南京西路）北一块地，接着又将柿子园的 200 亩地买断，再东移至杨树浦路平凉路置地建房，最后又在戈登路（今江宁路）、小沙渡路（今西康路）、西摩路（今陕西北路）、新闸路一带购地。短短几年工夫，李氏家族抓住时机，在上海房地产上占尽了风头。以至最后发展成由他们自辟马路。如现今的乌鲁木齐北路，当时名为"地丰路"；现在的陕西北路此前是以坤房堂名命名的"李涌清堂路"。

自李家住进李涌清堂路大院后，宾客如云，纷至沓来，先后接待过许多显贵、名人和政要，孙中山先生曾作客李家，并在白洋房前留影。还有来自苏联的"共产国际"派驻中国负责人鲍罗廷，是李家的座上客。美国总统赫伯特·胡佛在没当选前，也曾到访过李家。

李云书作为新兴的民族资产阶级代表人物，他投资的事业包括金融、地产、铁路、绢丝业、保险业、船业、运输业等。1906 年 12 月，上海商务总会改选，他荣登总理宝座，成为清末民初上海工商界的一个呼风唤雨、独领风骚的风云人物。

助饷捐款资助革命

1906 年，云书公是"预备立宪公会"会员，参与立宪运动，意图利用皇权来发展资本主义，为此发动了三次轰动朝野的签名大请愿，但腐朽的清政府不予理睬。他在失望中转身选择了革命，和他的两个兄弟李薇庄、李征五

在李涌清堂路的白洋房，孙中山作客李家大院。前排左六为中山先生，
左一为共产国际代表鲍罗廷，后排左五为李征五

参加了孙中山领导的革命，先后加入了同盟会。

辛亥革命前后，他不但自己屡捐巨款，还出面张罗，想尽办法为孙中山的民族革命集资，并以自家的深宅大院庆祥里作为革命党人秘密活动场所。上海光复，江浙联军攻打南京时，他出任兵站总监，负责为前方提供军需。辛亥革命成功后，成立中华银行，其行址就设在我们李家南市的久大码头。孙中山任总董，伯祖父是首届董事之一，其他董事为黄克强、陈英士、沈缦云、王一亭、朱葆三。他主管的李家久大码头所在地，不仅代发过最早的中华民国公债票、军用钞，还代收过各界助饷捐款。

忍辱负重功不可没

李薇庄（1873—1913），是我祖父。他科班出身，由举人而放官江苏候补知府，做过警察局提调、江苏糖捐丝捐局督办、江苏裕苏官钱局总办。

1906年，祖父和云书公同时加入预备立宪公会，成为最早的会员之一，希望通过民主宪政来推行新政，但是无济于事，祖父感到失望和焦虑。1908

李薇庄在日本东京

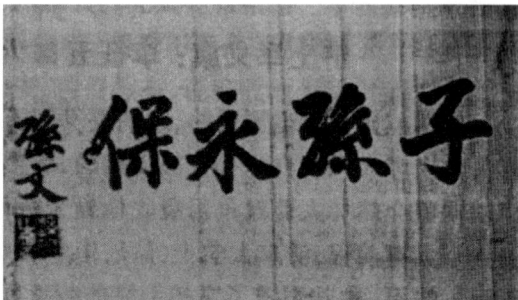

孙中山给李薇庄的题词

年，祖父到日本考察银行，巧遇世交赵家艺。李、赵两家是世交，曾合开过钱庄，交情甚笃。家艺是同盟会成员，负责为起义筹款、联络各路人马。他专程前来密访薇庄，游说他参加推翻清王朝的革命事业。经家艺鼓动，祖父颔首应允。祖父在起身赴日时，还是大清四品官，回国已是革命党人了。

武昌起义，革命党人群起响应，欲在上海起事，苦于没有经费。大家找到李薇庄，后几经周折，他筹到了经费十万银圆，交虞洽卿、李平书等，成了上海起事最主要的经费，解决了起义大军的军械枪支难题。这笔钱在当时可谓是巨资。但是官府的钱不翼而飞，祖父被告发，身陷囹圄。

祖父在缧绁之中，曾满怀忧愤作《秋夜感怀》诗二首，写于一柄纸扇之上。他在苏州府衙被关押了三个多月，最终真相大白。虽然辛亥革命后因功勋卓著被推选为同盟会总部评议员，并且出任上海闸北民政长。但原议定同出借据的众商号由于战火涂炭纷纷破产歇业而无力偿付，加之有人恶意中伤，祖父百口莫辩，对他精神上的打击很大，于民国二年在忧愤中去世，年仅41岁。

祖父英年早逝后，我父亲和祖韩伯父将祖父的《秋夜感怀》遗扇诗墨装裱成《秋夜感怀诗册》，并广邀乃父生前战友和名流为其题诗作画，以为纪念，兼雪父亲冤屈，得三十余幅，先后有于右任、李平书、王一亭、沈曾植、袁克文等民国政要、名人。在题诗作画中，蔡元培的题诗最能道出此中真相："家藏遗墨在，一发耀秋晖。朗抱见风月，幽怀想蕨薇。人间多可恨，尘世复何依。忍忆谪居处，龙孙几度肥？"

　　孙中山先生了解此事后，亲笔题赠"子孙永保"四字，其寓意显而易见，肯定了我祖父为革命忍辱负重、功不可没。

革命先驱叱咤风云

　　李征五（1875—1933），是我祖父的弟弟。1904 年北上，捐道员，分发湖北，得张之洞欣赏，与梁启超、陈宝箴等人同事，后与中国同盟会的孙中山、黄兴、陈其美等人交游，参与策划东南起义之大计。

　　征五公是晚清军机大臣王文韶的女婿。他不屑与官府打交道，但对孙中山先生倡导的革命则非常向往。老革命党人谭人凤亲自介绍他参加同盟会。入盟后，在邻近北火车站的爱尔近路（今安庆路）上开了一家木柴公司，作为秘密联络点，掩护革命党人。陈其美也在那里隐藏过。

李征五

　　1911 年武昌起义爆发。11 月 3 日，陈其美（英士）等革命党人发动了上海起义。当日吴淞、闸北首先光复。李征五、陈汉卿率领的敢死队进攻上海道署。晚上 8 时上海城厢全部光复，但清军的重要据点江南制造总局还未攻下。

　　11 月 4 日凌晨 2 时，各路起义军汇集龙华镇，3 时整，民军千余兵力向江南制造局发起冲锋，其中征五公亲自率领的敢死队在决战时刻起到关键作用。他们作前锋，用炸药炸开了厂房围墙，冲入局内，守兵霎时崩溃。4 日上午 8 时，江南制造总局被民军全部占领。至此，上海全城宣告光复。《旧上海的帮会》载："辛亥年上海起义时，我们青洪两帮都有贡献，青帮是李征五，洪帮是徐郎西。"

　　11 月 6 日，沪军都督府成立，陈其美被推为都督府司令部长，黄郛任参谋部长，李平书任民政部长，沈缦云任财政部长，王一亭任交通部长。李征五被任命为上海军政府市政厅长。

辛亥武昌起义后，因张勋负固金陵（南京），情势危急。上海方面添练新军以备调遣。征五公捐出私财百万，招募新兵，组成光复军而被推为统领（即司令员），孙中山授以少将军衔。当时蒋介石在征五公统领的光复军下任营长一职。沪军都督府下共有五军，除吴绍璘一师、黄郛二师外，李征五的光复军便是最强的主力之一。

征五公又组织中华民军协济会等，向广大工商界募捐筹款，接济民军。并在联合攻打南京时，任联军上海总兵站的主管，负责各种军需的一切后勤事务，向前线输送军火和给养，保证联军的作战所需，立下了汗马功劳。

中华民国临时政府成立后，他与虞洽卿、周金箴、朱葆三等宁波帮人士等，组织"敬礼海陆军人大会"，支持北伐。

1913年"二次革命"，征五公又遣部属会师淮上，战功颇著。袁世凯称帝，他反对尤力，与陈其美密谋，欲遣兵兴师。他在上海时被奉为革命先驱，声名卓著。民国初年，享有盛誉的征五公被推选为首任旅沪同乡会会长。

1922年，主持中共中央工作的陈独秀，在上海被捕。当时的社会名流蔡元培等人都投入到营救陈的活动中。这时刘海粟找到了当时上海滩的头面人物李征五。他满口答应，随即具保陈独秀，陈而后被释放。从而使共产党的创始人避过了一场囹圄之灾。

1933年3月15日，征五公病逝于沪。载他灵柩专轮通过黄浦江时，中外轮船皆鸣笛致敬。轮船进宁波镇海口，汽笛长鸣，甬江两岸招宝山、金鸡山下炮台鸣礼炮21响，迎接辛亥功臣魂归故乡。

苹果之父教育典范

李善祥（1880—1959）是濂水公的儿子，我祖父薇庄公的堂弟。因排行第六，称他六叔祖父。生于北京，因其父濂水公与清廷洋务派领袖盛宣怀是知交，他曾随盛宣怀觐见过当朝皇上光绪帝。

1899 年，19 岁的六叔祖父抛弃了科举之路，来到上海李氏"慎余"钱庄做学徒。25 岁那年，他回到故乡小港，在父亲的书房里读到了许多新学书籍和革命书刊，深受教育和鼓舞。

他深感妇女不能接受教育便不能逃脱封建势力的迫害，于是自筹经费，在镇海开办了"务实女子学校"，号召妇女识字求学，自立自强。这是中国最早创办的女子学校之一，也是李善祥振兴民族教育的发端。

李善祥

在小港期间，他加入了辛亥革命地方组织"新浙江革命同志会"。武昌起义，他积极响应，当即联络了会党同志组织发动了镇海县的起义。起义成功后，被一致推举为镇海县革命政府的首任县长。

他执政镇海县以后，建立了新的各级行政、财务、教育体制，颇有建树。但官场依旧黑暗腐败，使他认识到只有实行"实业救国""农业救国"和"教育救国"才能改变现状。于是他愤而辞官，走上了实业救国的道路。

1912 年冬，他毅然抛弃了家乡的全部家财和舒适的生活，来到天寒地冻的锦州东大荒，经营垦务。首先，创建东北第一个以资本主义方式经营的农场——恒康农场。接着又大搞科学种田，从治理大片低洼的盐碱地入手，挖掘水沟，降低盐碱，改良土质。

盐碱地经过改良，适于种水稻，他决定在东北首倡种水稻。他从美国购进了有马达的新式犁等现代农耕工具；还购置了德国西门子发电机发电照明，这是在东北地区农村最早的用电照明；又购买了汽车作为运输工具，农场所生产的粮食大部分通过海港出口，经济效益颇为可观。

恒康农场的兴旺给辽西千古荒原带来一片新气象。几年之间，恒康农场在东北地区赢得了几个第一：第一家以资本主义方式经营，第一个使用现代农业机械耕作，第一次在盐碱地上种植水稻成功。

然后他又创办"万生酱园"。自古以来，东北地区不产酱油，食用的是自家用黄豆制作的大酱、清酱等调节咸淡。他在恒康农场试制酱油，获得成功，至此锦州才有了南味酱油，遂决定大量生产。从此鲜美风味的万字酱油，畅销于辽西及沈阳等地，声誉日隆，就连张作霖在沈阳的大帅府也慕名不远数百里常用专车来锦州购买万字酱油。

六叔祖父发现日本人在中国种植的苹果，又以高价卖给中国人，便引发了他种植苹果，把日本人苹果挤出东北市场的念头。

1923年，他筹资30万银圆创建了"生生果园"。这是中国辽西地区历史上最早大面积实施科学栽培苹果的第一家果园。在他精心管理下的生生果园苹果，很快以其色香味俱佳而闻名遐迩，东北各地乃至关内许多地方纷纷前来购买。所生产的红元帅、国光苹果等，在当时是稀有的优良品种，年产二三百万斤。1930年秋天，举办了一次为期5天的苹果品评会，热闹非凡。苹果品评会名声大振。为此，李善祥被人称为中国"苹果之父"。

六叔祖父崇尚"教育救国"，他常说："中国要富强，没有教育不行。"在生生果园初建时，他先办了耕余小学。1927年，陶行知在南京创办了晓庄师范。他得知后当即给陶行知写信，向其请教。第二年春天，他又来到晓庄师范，会见了陶先生，学习其教育思想。回锦州后，创立了以造就果树技术

李善祥办的"耕余学院"，第三排左六为李善祥

李善祥纪念碑

人才为目的的"耕余果艺专门学院",简称耕余学院,自任院长。

在耕余学院,教师人选许多由陶行知先生介绍而来,立刻成为学校的骨干。他们把晓庄的作风带到耕余,校内全部仿效了晓庄的办学制度,是全国唯一实行陶行知的"教学与实际相结合"的教育思想的学校。

抗战爆发后,他决心回家乡参加抗日斗争,不仅捐钱聘请医生、购买药品和医疗器材,还动员从上海回乡的青年和学生参加战地救护队,自己任救护队队长,以实际行动投入抗日救国中去。当战火蔓延到浙东时,为了抗日救国,在他的支持下五个子女都走上了抗日的革命道路。

全国解放后,他将自己艰苦创业的锦州南山生生果园、耕余学院及其私宅等数百间房屋无偿献给人民政府。

如今,锦州人民塑了两座四米多高半身大石像,一座是青年李善祥,一座是老年李善祥,这两座石像与东北几位名人并列。石像上的铜牌,称"李善祥先生,镇海人,对锦州市现代农业、现代工商业、现代教育事业有开拓之功"。

留学西洋归来创业

民国以来,向西方学习、留学国外风行一时。李家第四代也踊跃投身其中，前往欧美、日本诸国求学。这一时期坤房"祖"字辈去海外留学的就有 19 人。李氏后人不无自豪地说："不要请外人，李家兄弟就可以办一个欧美同学会。"在国外学到的先进技术与管理知识，使这批李家后生如虎添翼，他们归国后，为李氏家族事业打开了一片新天地。以下略举几例：

李祖恩（1890—1937），在李家第四代中是最早有声名的，名列"中国名人辞典"。他 17 岁时留学英国伦敦大学，学成归来，便被盛宣怀委任为邮传部主事，民国后又顺势在北洋政府的财政部，历任财政部库藏司司长、财政部印刷局局长、币制局主事等要职。以后又是多家银行的经理、公司的董事长，他是李家第一个留学国外，也是中国最早留学学习政治经济的人物之一，被誉为清末民初中国财政界声名显赫的"小财神"。

李祖贤（1894—1981），16 岁时以优异成绩考入清华学校（清华大学前身）。1914 年由清华学校保送到美国攻读土木工程。毕业后先在美国桥梁公司实习 2 年。他为报效祖国，1921 年毅然回国，大显身手。

1922 年，祖贤叔在上海创办六合工程公司，成为中国第一位国外留学归来从事建筑业的营造家。该公司先后承建了上海海关图书馆、德士古公司浦东油码头及南市一批住宅。因施工管理科学，建造质量精良，他在上海颇具声望。同时他还向南京、武汉等外埠拓展业务，承建了南京原故宫博物馆、中央研究院，武汉大学图书馆、工学院、法学院、体育馆等一批重大工程。

抗日战争全面爆发后，六合公司撤至重庆，先后建造了中央银行、中国银行、陕西银行大楼，南涪发电站、龙章造纸厂、天原化工厂、大湾跳伞塔、重庆英美大使馆防空洞等一批重要工程，事业发展到鼎盛阶段。抗战结束不久，国共两党政治协商会议在重庆召开，为解决中共代表团的住所问题，他将自己购置并设计施工的两幢楼房无偿提供给中共代表团使用。这两幢楼房现为"红岩革命纪念馆"所属建筑，被列为革命历史文物保护单位之一。

全国解放后，他率公司加入中南军政委员会建设处，投入新中国的建设事业，先后负责过武汉市东湖风景区、武汉钢铁厂、黄石大冶钢厂、广东韶

留学德国的祖龄、祖薰、祖芬、祖彝和祖武

关钢厂和武汉长江大桥等一大批国家重点工程建设项目的技术工作，被评为一级工程师。

李祖薰（1901—1960），德国柏林大学化学系毕业的博士生，1925年学成回国。之后他创办多家企业和化工厂。先后任上海科发药房总经理、天星化工厂董事长兼总经理、天厨味精公司总经理、中央制药厂总经理等职。

科发药房是中国最早的一家西药房。第一次世界大战后，德国人无法维持，于是中国和美国人投资该企业。祖薰叔是最大的股东，任执行董事兼总经理，主持业务。

李祖范（1897—1992），少年时就有"神童"之誉，18岁于清华毕业后即赴美国麻省理工学院攻读土木工程。25岁学成回国后先在汉冶萍公司帮助选建煤厂，又到招商局董事会任秘书长。

1930年，我表舅方液仙创办的中国化学工业社管理乏人，方邀他任经理。当时英商利华公司的"祥茂皂"占据中国市场。为抵制英商的垄断，他研制生产肥皂的原料甘油，并生产出"剪刀牌"肥皂。质量大大超过了英商的肥皂，价格又是利华的六折，投入市场后深受消费者的欢迎。但当时到商标局登记时，发现英商利华公司已抢先注册了这个"剪刀"商标。英商以侵犯利华商标要告中化社，祖范叔代表公司和利华谈判。在英商威逼利诱和强势面前，他们没有接受英商的收买和合作的条件，经大家出谋划策，把原商标图案里的"一把剪刀"改成"一支箭和一把刀"，再把商标原先的文字"剪刀"改成"箭刀"，意思用箭和刀与英商的剪刀在商场上较量一番。祖范叔对夺回国货肥皂品市场建立了功勋。

我们李家第四代其他翩翩学成归来的祖字辈兄弟，以高学历为凭借，在各个行业都有或多或少的贡献。其中有在美国学经济的祖年，美国耶鲁大学学经济的祖法，美国阿姆赫斯特大学学金融的祖永，美国印第安纳大学学法学的祖燕；在德国柏林工业大学学采矿的祖芬以及在德国学纺织的祖龄、祖武，学医学的祖白，学电气工程的祖冰，学机械工程的祖彝；在日本大学攻读法科的祖模，在日本学农的祖聘等。

拓展产业振兴民族

李氏家族第四代的子弟，更多的还是在从事家族的经营活动。他们为家族，为振兴民族，为国家富强都作出了贡献。

李祖泰（1908—1999），当他要继续深造更高学业时，鉴于家族事业需要人接班的关系，咏裳公却要他辍学就商。

日本侵略军占领上海后，当年国内市场充斥的都是日货产品。看着敌货猖獗，祖泰叔伯兄弟三人都为之憎恨。于是同向老父请缨自办工厂，咏裳公也同意了。后即由李家出资，办起了新华薄荷厂，由祖泰叔任董事负责厂务，主要生产薄荷脑。他和技术人员不仅抓产品的晶体标准纯洁

李祖泰

等质量，数量上确保足秤足两，而且在装潢包装上也颇下了一番功夫。新华薄荷脑取名"白熊牌"，于冰天雪地中见一憨态可掬的白熊，使人顿生清凉之感，故而深受欧美人士欢迎。白熊牌薄荷脑问世后，日货遂告绝迹。白熊

牌薄荷脑不仅成为著名的国货名牌，还源源不断流向了世界各地，信誉卓著。

1945 年全面抗战胜利，李家立即扩大投资，又建造新厂，聘用能人。这样一来新华厂的出口业务量与日俱增。解放初期，国家急需外汇资金，祖泰叔响应号召，将外汇统统汇回国内，帮助国家解决外汇急需，立了大功。

李祖永（1903—1959），早年留学美国阿姆赫斯特大学。毕业后先在上海光华大学任教，后出任其父创办的大业印刷公司厂长。

李祖永

祖永之父屑清公于民国初年进入银行界，曾任中国银行副行长、天津造币厂监督等职，对证券和纸币的印制颇有了解认识，祖永叔回国后父子俩共同经营了大业印刷公司。1927 年南京国民政府成立后，需要大量发行各类证券、债票。孔祥熙本担心国内印刷技术设备欠佳，想委托美国公司印制。祖永叔知道后托人向孔说明，证券印制的特种制版和自动编号技术都能解决。孔亲自派人验看后果然不差，就把这一业务交给了大业。大业利用现代印刷机器、熟练的技工和先进的凹凸版技术，把彩色的航空奖券做得很吸引人。

之后孔祥熙又将承印纸币业务交给大业公司。由于李家叔伯兄弟都有专业知识，有他们大力协助，使大业印刷厂的业务发展顺利，成为当时中国印刷业权威。后来，中央银行也对大业的印刷品感到满意，专请该厂为中央银行印刷钞票。

大业公司的生意越做越旺，甚至美国某财团欲出高价收买该企业。祖永叔以中国人有自己的产业为荣，不愿将企业售出。接着他又在上海创办永业地产公司，购进大批房地产，除了淮海中路的永业大楼和南京路的新世界一带房地产外，上海许多地方也逐渐成为其投资范围，成为上海地产界的名人。

艺术文化各领风骚

在祖字辈中有一支与众不同的兄弟姐妹，那就是坤四房中的几个儿女，他们对中国传统艺术情有独钟。大伯父祖韩自幼习丹青，擅长山水花鸟，遂成为中国画会的中坚分子。我父亲祖夔对田黄、缂丝等情之所钟，有"千黄百缂"之雅号。三叔祖模、四叔祖桐、五叔祖元、六叔祖敏、七叔祖莱都是艺术发烧友，当时的李家经常聚集了一批文化名人，骚人墨客。只要这群书画界朋友碰到一起，就称兄道弟的不分你我了。照张大千说法，他在张家是老八，在李家还是老八。再加上父亲的三妹秋君，李家兄妹谈画论画的时机更是屡见不鲜，话题也更广泛了。

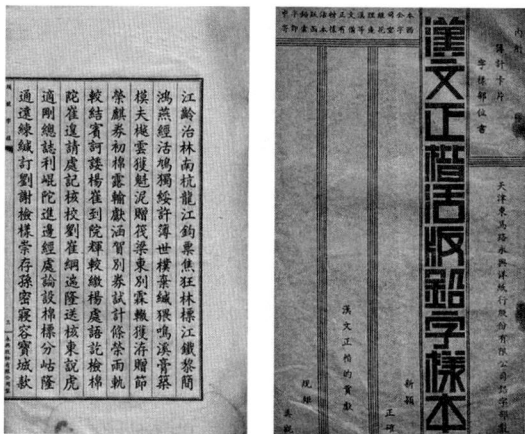

汉字正楷活版字模

1929 年蜜蜂画社和中国画会出版《蜜蜂画报》《国画月刊》等刊物，为求版面美观要用正楷字体排版。当时只有外商美灵登印刷厂有正楷字模而百般刁难。为反击洋人的嚣张气焰，自创一套正楷活字模，著名画家郑午昌与祖韩伯父、秋君姑姑等集资筹办汉文正楷印书局，由祖韩伯父出任董事长，郑自任总经理，创制汉文正楷活字于 1933 年完成，营销全国。从此首创的整套正楷活字，当以汉文正楷字为嚆矢。由国人自行创造的正楷活字不仅长了中华民族的志气，而且给了洋商有力的回击。它的诞生是我国出版界的一大改革。蔡元培先生誉谓"中国文化事业之大贡献"。许多爱国人士联合签名，赞誉正楷活字的创造是"我国印刷工具之新发明，现代文化事业之大革命"。

在李氏家族中，有一个女性最为人瞩目，就是李秋君（1899—1971），名祖云。她初从长兄祖韩习书作画，后师从当代女画家吴杏芬，不久成为入室弟子。

1930 年，在比利时的布鲁塞尔举办的"劳动和美术"国际大奖赛中，秋君姑姑的《秋山读易图》荣获金牌大奖，评语是"画风优美，凸显东方神韵"，这是我国最早在国际美术界获得第一枚金牌的国画，为国家赢得了声誉。

张大千与李秋君

李秋君和张大千有交往。秋君仰慕大千的才华和技艺，而大千住在李家，对她也十分敬重和关爱。大千有糖尿病但又嗜甜食，秋君姑遵母亲（祖母方太夫人）的叮嘱，同桌时总要劝诫。大千手书《大吉岭诗稿》内有一首《怀祖韩兄妹》："消渴文园一病身，偶思饕餮辄生嗔。君家兄妹天同远，从此浑无劝诫人。"1971 年 3 月姑姑秋君在上海去世，张大千十分悲痛，亲笔作了一篇悼秋词，最沉痛者为末句："古无与友朋服丧者，兄将心丧报吾秋君也！呜呼痛矣……"

秋君姑在她 20 多岁时，已积极投入社会活动，除了组织和参与多家艺术团体，还筹办画展，筹款慈善。1934 年 4 月，她和其他人发起成立了"中国女子书画会"，首任会长。中国女子书画会的建立，是中国第一个女子美术社团，也是中国女性艺术史上组建最早、阵容最强、规模最大的一个民间女性画会，在中国美术社团发展史上是一个里程碑。

中国女子书画会荟集了当时中国大多数的女子书画名家，这些女性艺术家不仅在上海，而且在全国都有一定的影响力。书画会最初会址设在秋君姑老宅卡德路 158 号（今石门二路），她们经常在那里聚会，画画，商讨画坛大事，后来因扩大就搬移其他地方。

抗战开始后，八路军取得平型关大捷。当时，李秋君以中国女子书画会名义，专门向十八路集团军朱德总司令发了一份贺电，表示祝贺，并寄上500大洋表示慰问心意。不久，朱总司令特地派人送上一份亲笔签名的感谢信和奖状登门致谢。

秋君姑姑还创办上海灾童教养所，旨在救助抗战时期战乱中的孤儿和贫困儿童，她亲自担任所长，主要负责经费筹措以及对外扩大影响工作。

李祖夔（1894—1949）是我父亲，幼年时随我祖父寓居上海。在辛亥革命时期，他随征五公参加各种革命活动，经历了许多惊心动魄的场面。1924年直奉战争期间父亲奉孙中山之命往来于浙沪皖之间，在炮火连天中，他不惧危险，置生死度外，多次为革命军传递文件，在驱逐军阀齐燮元之战中立了功，之后孙中山大元帅当面嘉许并与之合影留念。

1925年2月，民国政府为了感谢李家在辛亥革命中的贡献和付出，在征五公的推荐下，我父亲出任了上海县知事兼沪海道尹。

"甲午同庚千龄会"成员合影
后排左三为梅兰芳，左四为李祖夔

抗战时期，我父亲和梅兰芳、周信芳、吴湖帆、郑午昌等20位沪上各界知名人士发起一家民间爱国社团支持抗日。因为都出生于1894年，即农历甲午年。适时又是中国"甲午海战"之失败60周年，而年龄加起来恰是一千岁。为清雪"国耻"，他们故以"甲午同庚千龄会"命名。

甲午同庚千龄会的成员们在抗战时都不畏威逼利诱，或作诗卖画，或捐款赈灾，或义演义卖，支持抗日。家父以收藏古董字画著名，日本商人几次三番劝他将田黄

1948 年张大千夫妇离沪前夕，李家坤四房在卡德路老宅设宴为其饯行。
前右二李祖夔，右三梅兰芳，右四右五张大千夫妇，左六李秋君，左三李祖韩

藏品献媚日方，都遭家父严词拒绝。"甲午同庚千龄会"的爱国义举吸引了众多属马的知识分子和进步人士纷纷加入，会员一度发展到数百人，成为一支敌后反抗日寇的文化艺术队伍。

抗战胜利后，黄炎培等爱国民主人士创建了民主建国会，家父也加入了，并担任民建财务处长。他为民建组织的创立与经费筹划做了不少有益的工作。他还担任民建杂志主编，宣传民建的政治主张和纲领，抨击了蒋家王朝的腐败和没落，产生了很大的反响。

从 1948 年起，家父利用自己特殊身份和地位，用聚会、聚餐等多种名义掩护中共地下党负责人在自己家里开会。1949 年国民党从上海溃逃时，当时的国民党一些要员都曾力劝家父一起赴台湾或香港，有的还送上机票，但他坚持留下来。

1949 年 11 月下旬，家父遭国民党潜伏特务杀害。时任上海市长陈毅下令限期破案，务必严惩凶手。数月后作案者悉数落网，凶手伏法，首犯系国民党残余特务。家父用满腔报国的热诚，勇敢无畏的精神，为国家为民族作出了自己的贡献。

在李氏家族中，还有一位也在文化艺术领域大展宏图，他就是李祖永。

电影《清宫秘史》剧照，周璇演珍妃，舒适演光绪皇帝

抗战胜利后，祖永叔迁居香港。在美国读书时，他就梦想要建立像好莱坞那样规模的中国电影事业。1947 年他在香港设立了"永华影业公司"，以 100 万港币的资金，进口了全套当时第一流的电影设备。

永华影业公司拍摄了多部具有爱国主义精神的历史题材影片，如记载宋末名臣文天祥的《国魂》，以清朝末年维新变法为背景的故事片《清宫秘史》。以后又拍摄了一些有进步倾向的电影《火葬》《海誓》《山河泪》和《春风秋雨》等。

"永华"追求艺术质量和文化品位，这样经营变得越来越困难。有人劝祖永叔歇手，他不干，甚至不惜变卖部分产业来维持永华的继续运作。他还打算大量摄制彩色的电影打入国际市场。为此，他派人到美国柯达公司学习。但没等到学成回国，却遭受致命打击。1954 年，多年来拍成的几十部影片拷贝，一夜之间毁于火灾。大部分旧拷贝在火焰中化为灰烬，只有《国魂》和《清宫秘史》两部戏，因曾在法国放映，收回后再翻印拷贝，成为"永华"千古二绝。

祖永叔对中国电影事业的贡献是值得肯定的。首先为香港电影界凝聚了一大批人才。"永华"就像蓄水池一样，将他们吸收过来，拍出了一批优秀影片。其次，为香港电影起到了承上启下的作用。从永华出来的许多人以后成了香港电影行业的中坚力量，为香港电影事业的发展和飞跃奠定了基础。再有，为中国电影史留下一批优秀影片。

家国情怀抗日英雄

李氏家族乾六房善祥公的几个儿女，祖平、祖宁、又兰（幼兰）、采芝、采荷，纷纷走上了抗日救国的革命之路。

李祖平是善祥公的大儿子，当时在这群兄妹中是个领头人。他跟父亲回到小港后，和一些热血青年自发组织成立小港抗日救亡宣传队，并任队长。大家在小港街头演出抗日话剧，宣传抗日救亡，为家乡抗日作出了贡献。

1938年初，祖平叔听从父亲的教诲和安排，远赴昆明，考取了西南联大化学系。他在学习之时，参加了由地下党组织的外围团体群社，走上革命的第一步。1941年"皖南事变"发生后不久，他毅然加入了共产党。

上海解放后，祖平叔奉命参加上海军管会轻工业处接管工作。后历任上海益民制革厂、上海益民食品厂厂长，轻工业部上海食品工业设计院院长、上海轻工业设计院副院长等职，以自己的专业知识和丰富的工作经验，使我国食品工业的生产技术水平和质量大大提高，其中一些设计得到国家和受援国的好评、表彰和奖励。他不仅是一个用自己专业知识为国家作贡献的优秀知识分子，也是李家后人在革命事业上的领军人物。在他的影响下，他的几个弟妹也同样走上了革命的道路。

为了参加抗日，他的弟弟祖宁、二妹又兰、三妹采芝和小港镇的其他9名热血青年，一道去考浙江省战时青训团。但发现这里没有大家所期望的抗日气氛，于是他们决定到延安去考抗日军政大学，并设计了逃离计划。

经过千难万险，他们终于抵达武汉八路军办事处，得到周恩来的接见。周恩来亲切地询问他们的情况，并劝说他们去新四军参加抗日。之后他们三兄妹辗转来到皖南的新四军驻地。投身到这支钢铁洪流中去，各自写下了新的篇章。

祖宁叔参加新四军时只有17岁，后来在江南敌后作战时负了伤，伤愈后，被抽调到专门训练营以上干部班任干事和教员。新四军浙东纵队到浙东开辟抗日敌后根据地，他参加新四军浙东纵队，曾任中队长、作战参谋，带领战士转战于敌后，在江南一带抗击日本侵略者。

1945年10月，新四军浙东纵队北撤后，他又随黄克诚将军奔赴东北。既当过剿匪除奸的公安局长，又在火线任师参谋长，指挥过硬仗。东北解放

叶挺军长 1939 年在新四军礼堂为采芝等人的演出拍摄，左一为李采芝

后，他任师作战科长，参加抗美援朝，任志愿军师参谋长，东北公安边防处长等职，为抗美援朝作出了贡献。

中华人民共和国成立，祖宁叔转业到地方后，从事文化新闻工作，曾任中央人民广播电台对台湾广播部主任、中共中央党史资料征集委员会办公室主任、中共中央党史研究办公室主任。

采芝姑姑跟着姐姐哥哥一起在江西南昌参加了新四军战地服务团，她在皖南前线做过民运工作，曾在战地服务团第三队随叶挺军长夜渡长江，到皖北敌后在新四军第四、第五支队作慰问演出和群众工作，叶挺军长还为他们的演出摄制了照片。

1941 年 1 月 4 日，"皖南事变"爆发。采芝姑当时在新四军战地服务团做民运宣传工作，对突发而来的事变，新四军的战士们英勇抗击，采芝姑所在的部队被打散了，她和一些战友被国民党军队抓起来，关进了上饶集中营。

将近半年多惨无人道的集中营生活，并没有磨灭只有 18 岁的姑姑的革命理想和爱国热情，反而更加坚定了她革命意志。她与战友纪白薇商量逃跑计划，虽然逃了出去，后又被抓了回来，并作为顽固分子又转关在茅家岭监狱。

这里关了几十个坚强不屈的新四军战士，他们组织了党小组，悄悄地策划暴动。采芝姑和纪白薇是茅家岭暴动中仅有的两名女战士，跟着男战友冲出牢房后，一直相互搀扶，奋力奔跑，为了跟上队伍，就光着脚跑，终于摆脱了敌人的追捕。

采芝姑姑死里逃生，在治愈伤疾后立即重返前线继续抗战。之后组织上把她安排在鲁迅学院学习，后分配在浙东报社工作。解放战争时，她配合解放军做了许多工作。中华人民共和国成立后，她曾在全国妇联任职，继续为国家和人民发挥余热。

李艺（李采荷）是善祥公的另一个女儿。姐姐、哥哥参加新四军时，她才12岁，还在小学读书。采荷姑加入新四军后，在新四军三五支队做民运工作。1943年秋天，国民党要剿灭新四军浙东抗日武装，并成立"前进指挥部"，三个挺进纵队进入四明山。

一天，正在村里做民运工作的采荷姑，为了掩护群众和不伤害无辜百姓挺身而出，结果被抓走了。一路被敌人又打又骂，后又被押到福建崇安的集中营。在集中营面对敌人的审讯和拷问时，她表现出坚强的意志和斗争的机智，显示一个共产党人的风骨。

1945年国共两党在重庆谈判签订《双十协定》后，姑姑被释放，到了华中解放区在华中军区及华东野战军担任文职工作。解放后在上海市和南京市军管会文艺处、华东军区政治部文化部、解放军文艺出版社等单位从事编辑工作。

李又兰（1919—2012），又名李幼兰。1938年，又兰姑姑怀着一腔热血参加新四军，同年加入中国共产党，开始任新四军战地服务团民运工作小组组长、机要速记班班长、支部书记。在新四军里，姑姑不仅上台能演、挥笔能写、集会能讲，而且在速记方面，经她记录、整理后就是一篇重点突出、逻辑严密的好文章。难怪周恩来指名要她到中共华中局党委扩大会议上做记录员。当时姑姑被称为"新四军中一枝花"。

在1942年1月华中局党委会议上，姑姑和张爱萍相识了，同年8月他们在苏北抗日敌后根据地结婚。抗战时期和解放战争时期，他们并肩作战，同甘共苦，奋战沙场。

新中国成立后，张爱萍任华东海军司令。1954年调北京任中国人民解放军副总参谋长，组织指挥了历史上首次陆海空三军联合渡海登陆作战，一举攻占一江山岛，解放了浙东沿海全部敌占岛屿。姑姑也跟随姑丈一起，任华东军区海军司令部秘书、浙江军区干部管理部副科长。

李又兰与张爱萍

20世纪50年代末，党中央调姑丈主持国防科技和国防工业工作，组织领导"两弹一星"大会战。"文革"初期，张爱萍被关进了监狱，姑姑四处奔波，找了叶剑英、周恩来，几经辗转，终于使将军获得了自由。1975年，姑丈复出后抵制"文革"错误，进行国防科技工业大整顿，再次受到打击。

"四人帮"被粉碎后，姑丈任国防科委主任、国防部长、国务委员、国务院副总理等党和国家领导职务，为我国建军强军作出了巨大贡献。姑姑也被安排到将军身边工作，先后任国防科委司令部办公室、国防科工委办公厅副主任和中央军委办公厅办公室主任。

李家第四代在整个家族发展过程中，经历了最长、最多、最繁杂的年代，他们既继承了祖辈艰苦创业、不断进取的开拓精神，又开创了以前家族没有的许多新天地、新事业。同时，他们应时代发展的需要为家族下一代培养出了一批知识性、专业性的精英人才，可以说李家第四代是名副其实的"承前启后，继往开来"的一代。

李氏家族从第四代开始，从商业世家逐步向知识世家过渡，而完成了整个家族这一历史性的转型是第五代。在这些名字辈的人物中出现了许多精英，涌现出不少科学家、艺术家、出版家、工程师、设计师、建筑师、医师、教授、学者、专家……其中不乏有世界一流的大师级人物。

化工专家引进先锋

李名岳是我们名字辈中老大，1930年以优异成绩考入上海光华大学，毕业后进了由方液仙创办的中国化学工业社。因李家与方家是表亲加姻亲关系，在中化社李家参与的人很多，祖韩伯父曾任董事长，祖范叔任经理。名岳哥加入进来，如虎添翼，更加壮大了。

中化社主要产品是三星牙膏和箭刀肥皂，但生产牙膏的原料之一甘油却需要进口。在这种受人掣肘情况下，名岳哥提出"自制甘油"的大胆建议和详细方案。得到认可后，经过多次反复试验和提炼，终于制造出纯净的甘油，从此，三星牙膏所需的甘油不再求助于洋商了。由于使用自己的原料，成本降低，价廉物美，一时名声大噪，三星牙膏成为国内最热销的日用品。

中化社的箭刀牌肥皂刚开始生产时，被洋货祥茂肥皂压得抬不起头来。分析后发觉问题是出在原料选用上面，于是他们就采用天然动物脂肪为原料，很快就成为市场畅销的一个产品，英商的祥茂肥皂终于被打败了。名岳哥用自己专业知识和振兴民族工业的情怀打垮了洋商的垄断，并占领了国内的市场，受到同业们称赞，被公认是一个爱国式的英雄。

20 世纪五六十年代，合成洗涤剂工业飞速发展。但我国仍处在大量生产和使用肥皂的落后状态。为此中央给予上海自制洗涤剂产品的任务。名岳哥受命作了两年调研和试验，终于冲破洋人的技术封锁，创造了瞬间磺化法，使洗涤剂成品洁白如雪，去污力极强，为我国进入洗涤剂时代打开了局面。

国家全面改革开放以后，当时国内生产的膏霜质量不过关，于是他收集国际最新技术资料，并引进最先进的揉和膏霜的匀质机，结果膏霜生产出来了。与此同时也让大家认识到引进外国先进技术和设备为我所用的意义和作用。

不久轻工业部要求建立一家新的化妆厂。他受命后立即布置工作，经过努力，一家引进各种最先进设备的化妆品工厂——上海家化厂建成了，成

中化社的"三星牙膏"和"箭刀肥皂"

为全国最现代化的一个化妆品工厂，它生产的化妆品不仅是国内最热销和欢迎的，而且已能与外国同类产品相匹敌了。

名岳哥再接再厉，继续为日化系统引进项目穿针引线，出谋划策，之后陆续为上海日化各企业引进多批项目。上海家化成为当年日化系统为全上海市属企业中引进项目最多的单位。

钢琴大师音乐使命

李名强小时候有一位邻居常常弹钢琴吸引了他，于是就萌发出一个想法，要学弹钢琴。名强哥读四年级时，他家有一个朋友把一架钢琴寄放在他家里。一放学回家，他就坐在钢琴旁弹上一阵。祖薰叔见儿子对音乐有极强的领悟力和音乐天赋，因此就决心让他在音乐方面发展，并请来著名的钢琴家卫登堡来教授儿子钢琴。得到了一流音乐家的启蒙后，只学了三四年时间钢琴的李名强在当地已小有名气。1952 年，祖薰叔专门请了俞便民老师教儿子。从此李名强正式走上了音乐之路。

俞便民是中国第一代钢琴教育家，在他的传授下，名强哥闭门学琴，一学四年，进步很快，1956 年在他刚满 20 岁时，被选上参加在北京举行的第一届全国音乐周演出。这第一次正式演出，就赢得了全场掌声雷动。后来，他多次被选拔参加国际比赛。次年代表中国前往捷克斯洛伐克，参加"布拉格之春"第三届美塔纳国际钢琴比赛。当时有来自美、法、英等 20 个国家的钢琴高手参加比赛。他弹奏的是贝多芬《C 小调第五奏鸣曲》，一曲终了，评委纷纷亮出高分。决赛时，名强哥又一鼓作气连闯三关，夺得了该次比赛的第三名，使世界对中国的钢琴艺术水准有了新的认识。

1958 年他第二次代表中国飞抵罗马尼亚的布加勒斯特，参加第一届埃奈斯库国际音乐节钢琴比赛。比赛中，名强哥演奏了李斯特的《钢琴奏鸣曲》等乐曲。这次比赛的评委，都是国际音乐界的权威人士，最终他们一致评李名强为第一名。演出结束，评委之一布朗热特地到后台来看名强哥，她热情洋溢地对他说："我听过很多大师演奏李斯特的奏鸣曲，从来没有流过泪，今天你这个年轻的中国人却使我流泪了。"这是中华人民共和国成立以后，我们中国人第一次在重大的国际钢琴比赛中获得第一名。

因为那个时候所有国际钢琴比赛，第一名基本上都是苏联的选手，他们确实非常厉害，称霸世界。而第二名一般都是当地主办国家的选手，然后再轮到参赛国。那时我国名次最高就是拿到第三名，刘诗昆在匈牙利的李斯特国际比赛中得了第三名，傅聪在肖邦国际赛中得了第三名。因此，第一次在国际比赛上拿到第一名，在当时确实很了不起，当他载誉归来时，周总理、陈毅副总理等国家领导人对他为祖国赢得荣誉给予极高的评价和赞誉。

之后李名强选择在上海音乐学院钢琴系任教，在"十年动乱"期间，受到严重迫害，被迫离开学校，直至1978年上海音乐学院恢复招生，他才重返学校传道授业。1984年他出任上海音乐学院副院长，随后又当选为上海音乐家协会钢琴专业委员会主席。

他曾在亚、欧、拉美、大洋洲等30多个国家、地区及国内各地举行钢琴独奏会并与其他主要交响乐团一起演出，并在较多重要的国际钢琴比赛中担任评委。1989年以来，他在中国以及欧洲、澳大利亚和美国各大学及音乐学院讲学和开设大师班。这位年少成名、见证了新中国钢琴艺术发展的钢琴大师，在耄耋之年，最热爱的依旧是他一生相伴的钢琴事业，用自己毕生的精力践行着他的音乐使命。

传承经典创造经典

2018年4月21日晚上黄金时间，中央电视台一套《经典咏流传》正在播放，一位88岁老人颤巍巍地走上舞台，她就是中国首代钢琴大师巫漪丽，她弹奏的《梁祝》已经伴随了她59年了。

巫漪丽的外祖父就是云书公，她母亲李慧英是我堂姑。

巫漪丽专辑

当漪丽姐 6 岁时的一天，舅舅带她看电影。片中男主角弹奏的肖邦钢琴曲一直在她耳畔萦绕，也敲开了她的音乐之门，开始学钢琴。慧英姑对女儿这个爱好，本没抱多大的期望。却没想到学琴第一年，她就拿了上海儿童音乐比赛钢琴组第一名。

9 岁那年，姑姑为她找来意大利著名音乐家梅百器，让她在其门下学艺。梅百器是世界钢琴大师李斯特的关门弟子，他开启了上海古典音乐的"梅百器时代"。他带过的学生，除了巫漪丽，还有傅聪、吴乐懿等，都是中国音乐史上第一代演奏家。在梅百器的指导下，漪丽姐的音乐技法日益精进。19 岁时，她就与上海交响乐团首次合作演奏《贝多芬协奏曲》，一举成名，她的名字一夜之间传遍上海滩。此后她的琴声走得越来越远。

1958 年，她离开上海，北上抵京。正式加入中央乐团，一年后就担任乐团第一任钢琴独奏家，被誉为"中国最好的钢琴伴奏"，曾受到周恩来总理接见。32 岁时，她已成为中国国家一级钢琴演奏家。不仅在全国巡回演出，并代表国家远赴印度尼西亚、缅甸、印度、波兰、丹麦等许多国家演出。

1959 年，何占豪、陈钢作曲的小提琴协奏曲《梁祝》在上海首次公演，完成了交响乐的世纪性突破。然而，那时《梁祝》还没有钢琴版，于是漪丽姐创作出《梁祝》钢琴伴奏。她在舞台上亲自演绎了这首自创的钢琴版《梁祝》，由此成为《梁祝》小提琴协奏曲钢琴部分的首创者和首演者。

漪丽姐对这首经典有很深的感情，用她对自己钟爱事业的专注和敬业的精神，把西洋音乐和中国文化贴切地融合在一起，并把它推到一个新的高度，深刻地诠释了"西洋乐器中国情"的深刻内涵。1993 年漪丽姐去新加坡发展和教学，一住就是 20 多年。她不管身在何处，音乐是她最好的安抚和伴侣，她用钢琴弹奏中国古典音乐，把国乐作品发扬光大的初心始终不变。

耄耋之年，漪丽姐仍然为音乐奔走全世界，87 岁时还回到她母亲的故乡，在小港李家后裔捐赠的宁波大学音乐厅里，和表弟钢琴大师李名强同台，为人们演奏了一曲我们李家引以为豪的钢琴协奏曲。她用精彩的钢琴演奏，传承经典也创造经典，更是成为了一代经典。

出版精英参政议政

李名慈是薇庄公的孙子，我父亲祖夔次子，是我二哥。1978 年国家恢复高考，二哥考上了上海师范大学化学系。大学毕业后，分配到少年儿童出版社。他从基础做起，很快就熟悉了编辑出版的一系列工作流程，后担任编辑室主任等职。他主编的《知识童话 300 篇》获第八届中国图书奖。之后又屡创佳绩，策划和主编了《绘图科学故事词典》《小学生自然科学知识大全》《少年自然科学丛书》等数十种畅销图书和作品。他很快被提拔到出版社的领导岗位，先后担任少儿社副社长兼副总编辑，分管编辑出版和印刷业务。

《三毛流浪记》的故事，早在解放前就走进了千家万户。为了再现新时代的三毛，名慈哥精心构思，大胆设想，编辑出版了一套《三毛大世界》丛书。通过一个个生动有趣、知识丰富的故事，向小读者展现了五彩缤纷的科学世界。《三毛大世界》丛书获第十一届中国图书奖，之后又获第四届国家图书奖。

《十万个为什么》这套科普读物自 1962 年出版以来，累计发行 700 多万套，总数近亿册，成为几代父母为孩子购书的首选读物。37 年后这套丛书有些内容已老化、滞后。特别是进入 90 年代以后，青少年读者有了更多更新的"为什么"，如信息工程、航天航空、环境科学等方面的问题，都应该及时准确地介绍给青少年读者。为了适应科技日新月异的发展，少儿社决定着手编辑一套新世纪版的《十万个为什么》，向国庆 50 周年献礼。

《十万个为什么》新世纪版由名慈哥担任总策划、总统筹。为了出好这套丛书，他用尽全力，首先聘请到了全国政协副主席、原中国科学院院长卢

李名慈荣获
"中国出版政府奖图书奖"

嘉锡担任"十万"新版的总主编，还聘请由 21 位两院院士担任编委的各领域的顶级专家，使这套书准确地反映当时科学技术的新成就、新趋势，并有很高的含金量。

新世纪版以全新的面貌问世后，一下引起社会巨大的反应。在上海，《十万个为什么》新版签名售书，读者排队长达两公里；在深圳书城，读者的队伍从二楼一直延伸到底楼的人行道，在人行道上排起长队；在西安市中心的世纪金花广场，不到两个小时，就签售了近 500 套新世纪《十万个为什么》。印刷厂一时来不及印制，书店、书城经常出现断市情况，许多读者索性跑到出版社门口，要求购买图书，万人空巷，"洛阳纸贵"是当时再贴切不过的写照了。

新世纪版《十万个为什么》在 2007 年被授予首届"中国出版政府奖图书奖"。这是我国新闻出版领域的最高奖，每三年评选一次，旨在表彰和奖励国内新闻出版业优秀出版物、出版单位和个人。名慈哥从事出版事业 30 余年，其间担任上海市出版工作者协会理事、中国少儿知识读物研究会副会长等职，为中国少儿读物出版付出了毕生的精力。

名慈哥于 1985 年加入中国民主促进会，曾任民进上海市委副主任、民进中央委员。先后担任上海市政协委员、常委、副秘书长。他参加民主党派后，积极参政议政，在政协会议上提出过许多提案，在十多年参政议政时期，名慈哥以一个民主党派人士的身份，用他熟悉的工作经验，围绕国家和上海经济文化发展中的问题建言献策，又通过各种途径上报社情民意，让党和政府深入全面了解民间真情实况，起到了积极作用。

2012 年二哥退休后，被聘任为上海文史研究馆馆员，并从韩正市长手上接过颁发的聘书。除了忙于文史资料的收集、整理等工作，还受聘为上海理工大学兼职教授，继续用他丰富的文化出版经验传授给下一代，让中国的文化出版事业后继有人。

纪录影片独树一帜

李鹰生于 1954 年，他父亲是祖宁叔，16 岁参军入伍。中央电视台军事部于 1979 年底组织了第一期全军电视通讯员学习班，李鹰被选在其中。学习班结束后，李鹰被军事部留下负责新闻编辑工作。之后正式调入中央电视台军事部，开始了他的电视纪录片的职业生涯。

李鹰编辑的专题新闻《八一献词》，被评为 1982 年度全国优秀电视新闻节目一等奖。接着他开始打造文献纪录片，纪念长征胜利 50 周年的《长征·生命的歌》和纪念建军 60 周年的《让历史告诉未来》，他独特的编导手法，为这两部军事文献纪录片增添了独特的政治意蕴和文学色彩。这两部纪录片播映后反响强烈，分别荣获全国优秀电视一等奖和专题特等奖。

为了向国庆 40 周年献礼，他又制作推出《新中国四十年》。该纪录片荣幸地受到江泽民总书记的青睐，被选为出访时送给外国元首的礼物。此后几年，他独立制作和参与制作的节目继续在全国性纪录片评比中屡屡获奖，例如《和平备忘录》《军事天地》《生命》《西北边塞》等。

1995 年下半年，他制作完成了电视系列片《孙子兵法》，专家们给予高

李鹰

度评价，称根本就没想到一部纯理论性的著作能制作得如此生动又耐看，这是纪录片领域里的一个突破，在某种意义上来说是一个里程碑式的作品。该片获得了中国广播电视新闻奖系列片和全国优秀电视军事节目系列片一等奖。

之后，李鹰又精心打造了"解放战争著名战役系列片"，该片记录了人民军队解放全中国的波澜壮阔的历史画卷，再一次让李鹰蜚声电视界，频频获得大奖。

2002年，李鹰开始拍摄《撼天记》。原定只有5集，可是当摄制组深入到航天人中间，采访了130多名航天专家，其中许多不为人知的生动感人事迹让摄制组激动不已。于是该片不得不持续增加，直到最后敲定20集。《撼天记》开始播出时，正是"神州五号"升空和返回地面之际。他和摄制组人员一鼓作气，一天一集，迅速完成制作任务，使中央电视台得以在举国欢呼的日子里，顺利地播放。

在纪念中国工农红军长征胜利70周年时，李鹰又担当了特别节目《长征·不朽的魂》的主创任务。接着从2010年始，他又推出一系列优秀的电视纪录片。《梦怀青萍》，是一部记录张爱萍将军一生的电视片。张将军是李鹰的姑丈，因此他更是饱含深情，倾注了自己对这位敬仰的长辈的无比怀念之情，还原出这位诗人将军的人生历程和人格魅力。《断刃——朝鲜战场大逆转》是为纪念抗美援朝战争60周年而制作，该片展示出一段激荡人心的铁血战争史。

2017年，是李鹰创作的又一个高峰期，他先后推出两部力作：《一路向前》和《东方往事》。《一路向前》描述了人民军队用燃烧的生命抒写我军光荣传统和优良作风，阐述了全军精兵劲旅的强军目标。《东方往事》讲述了两位犹太人参加中国革命的故事，是当今少见的一部反映抗日真实的纪录片。在2018年纪念改革开放40周年推出的大型纪录片《必由之路》中，他又在第七集《大国之盾》担任主创，得到好评。

李鹰创作的一系列作品组成了一幅幅包含中国政治、军事、科学、文化、历史等内容的绚丽多彩的画卷，并几乎年年在全国电视节目评比中夺得大奖，称为"在中国电视纪录片独树一帜"的领军人物。

舞台设计一代宗师

被誉为"世界当代舞台设计之泰斗"和"美国舞台设计界的一代宗师"的李名觉是云书公的孙子，祖法叔之子，1930年出生于上海。青少年的生活对他以后的成长有很大的影响，一是他母亲，上海名媛唐瑛，她多才多艺，中英文兼优，能唱昆曲，还会演戏。名觉哥受母亲的影响对戏剧艺术情有独钟。二是他的堂姑李秋君和堂叔李祖永，他小时曾跟秋君姑学过两年画，又受到过张大千的直接指导。后来去了香港，经常去祖永叔的电影厂参观，尤其喜欢看有背景的设计制作。这无疑对他的艺术生涯产生很大影响。

1948年，名觉哥随父亲迁至香港，19岁赴美求学，对舞台美术和戏剧发生极大的兴趣。大学毕业后进入设计大师乔·梅尔齐纳的工作室学习，梅尔齐纳是"二战"后美国最著名的舞台设计家，他一眼就看中了李名觉，悉心传授他的设计理念。名觉哥边学习边实践，设计了许多好的作品，短短四年，受益无穷。

名觉哥30岁时辞别恩师，独自到一家歌剧院担任舞台设计。在那里，他为9个剧本设计了舞台背景和灯光，从中培养了他对歌剧的特殊感情。1962年，他为歌剧《围困月亮》设计布景，这是他进入百老汇的第一个剧本舞台设计，大受赞赏。之后他应邀担任莎士比亚戏剧节首席舞台设计，这是他艺术生涯的重要转折点。此后10年，他一共设计了包括莎翁戏剧及希腊悲剧20多个作品，赢得了巨大的声誉。在《伊蕾特拉》设计中，名觉哥首创了立体构架，这部成名作被认为是标志着美国舞台设计史的转折点，使美国的舞台设计从最初的二度空间发展为雕塑型的立体形式。这一设计潮流，影响了整个世界的舞台。

1980年，由于他对歌剧设计的杰出贡献，被授予国家歌剧院特别奖，后

美国总统布什夫妇接见李名觉

又获得国家艺术基金会杰出艺术家奖。1982年，他又凭着为阿伦纳剧院演出的《K2》的设计，捧得了百老汇声誉最高的"托尼奖"。这是美京剧联于1946年设立的戏剧界最知名的奖项之一。每年由600名专家投票评选，相当于电影界的奥斯卡奖。名觉哥终于成为获此殊荣的唯一华人。

1984年，为了庆祝中美通商200周年，纽约"华美协进社"设立了一年一度的"青云奖"，旨在奖励为增进中美两国友谊而作出卓越贡献的美籍华人。李名觉又成为首次获得"青云奖"的两位华人之一（另一位是计算机科学家王安），从美国总统里根手中接过奖杯。

2003年，李名觉获颁"美国国家艺术及人文奖"。该奖项是美国艺术家的最高荣誉，由美国总统授予那些对美国艺术创新及发展有突出贡献的人士。在历史上，仅有4个亚裔人士获此奖，其中三个是中国人，而三个中又有两个是宁波人——李名觉和马友友。3月6日下午，李名觉和其他几位艺术家一起在白宫出席颁奖仪式，并携家人和总统布什一家合影纪念。

2013年6月，李名觉获得美国戏剧界最高荣誉——"托尼奖终身成就奖"。这是美国戏剧界中最高的奖项，相当于美国电影界奥斯卡奖、电视剧界艾美奖和音乐界格莱美奖。名觉哥对美国舞台设计界的影响之深，无人能出其右，不仅因为他曾获得过美国多项重量级奖项，而是因为他的创作，深刻影响了自20世纪60年代以来的美国以及整个世界，并从20世纪80年代后影响了中国的舞台设计艺术家们的观念、风格和创作方法。

在李名觉50多年的设计生涯中，他不止一次回国与中国的艺术家合作。他与中国台湾的云门舞集合作《红楼梦》《九歌》，与中央戏剧学院合作《安梯》，与上海人艺合作《喜福会》等。

2011 年李名觉在上海举办舞台设计回顾展

他的舞台美术创新打开了中国舞台艺术界开放的窗口，从那以后中国的舞台艺术面貌一新。后来更辐射到影视艺术、会展艺术、仪式庆典、游艺园区、城市灯光、景观工程等更为广阔的领域，他的创作被引进在中国举办奥运会、世博会等大型项目中，所带来的后续衍生效应难以估量。

李名觉从事舞台美术设计半个世纪之久，作品达两百多部，包括：戏剧、歌剧、舞蹈、芭蕾舞和古典及现代剧，他的两百多出舞台设计已成为美国表演艺术界的经典之作。他雄踞美国十大舞台设计师之首，而这十大设计师中有五个是他的门下。他被公认为近代美国剧场最具影响力的个人，他的名字被列入美国的《名人词典》，又获得美国两位总统亲自颁奖，是与著名华人建筑大师贝聿铭齐名的两位杰出大师级人物的美籍华人。

国外画坛享有盛誉

李爱维的父亲李祖薰是留学德国柏林大学的化学博士。李祖薰娶了一位德国女子，婚后把她带回中国，爱维是他们第二个女儿。在家里，他们说德语，也请中国老师上中文课，还教女儿学钢琴、芭蕾、唱歌等，艺术氛围浓郁。

　　爱维姐小学是在上海一座德国学校学习，它是一所以教授艺术为主的专科学校，在那里爱维姐渐渐地喜欢上画画。陆抑非是当时沪上名画家，不仅画画出色，而且能用流利的英语讲课示范，上海的许多外国人家庭对此非常欢迎。

　　1952年，爱维姐正式开始在陆抑非的指导下学国画。陆抑非曾任西泠书画院副院长，擅长花鸟、山水等，尤以工笔重彩花鸟画著称于世。20世纪40年代，他与江寒汀、张大壮、唐云并称海上花鸟画"四大花旦"。爱维姐在他教授下，进步很快。而陆抑非也很赞赏她画竹子的天赋。陆大师几次对她说："你的前世是一个以画竹子出名的画家。"

　　以后爱维姐又师从林风眠。那时林风眠已不再收学生，因为他的夫人是法国人，和爱维母亲是好朋友，加上看到她的才能时，破格收她为弟子。林风眠是享誉世界的绘画大师，是"中西融合"最早的倡导者和最为主要的代表人，是国立艺术院即现在的中国美术学院的首任院长。20世纪初，在引进西方艺术入中国画方面，他与徐悲鸿、刘海粟是三位声名显赫的人物。跟着林大师三年学画，爱维姐不仅画艺大有长进，更主要是学到了如何打破中西艺术界限，突出国画的形、意、色、线，还原国画之根本。另外，秋君是她堂姑，而且张大千在沪时曾住在李家，于是她从自己姑姑和张大千那里学到国画的技巧，得到不少养分。爱维姐在学画生涯中有这样四个国宝级的大师点拨和熏陶，在近代绘画界也是罕见的，这为她的创作打下坚实的基础，也对她艺术成就产生不可估量的作用。

　　爱维姐以画仕女、花鸟和竹林为特长。"人即是竹，竹即是人"，成为她作品的鲜明特征。她画的竹树，墨法严谨，用笔精炼，显得玲珑剔

世界现代中国画中对李爱维（爱薇）的介绍

透，潇洒有致。散发着一股清纯隽永的淡淡诗思之味。也正是她的所绘之竹奠定了她绘画的"东西兼容"基调和地位。

她的国画先后到欧洲、美国及远东各地举办过 50 多次画展。伦敦皇家艺术学会接受她为会员。巴黎市长邀请她参加在巴黎市政大厅的展出并颁予她最高奖项。她的画作越来越得到认可和青睐，巴黎的塞鲁西美术馆、瑞士苏黎世和日内瓦博物馆都收藏了她的作品。《现代中国画》(C.A.Drenowatz)是国外一本著名的介绍近代中国画画家和作品的画册，其中介绍了齐白石、张大千、徐悲鸿、黄宾虹等几十位我国最出名的画师。李爱维作为该画册收录的画家之一，其作品也被集中介绍。

20 世纪 60 年代，日本广岛的一所禅宗佛庙为纪念原子弹的受害者新建庙宇，鉴于爱维姐的画竹闻名于世，特请她为这所佛庙的槅扇（日本式的门）绘竹林画作为装饰，甚至把她的竹画印在和服上。

爱维姐还经常公开示范中国传统绘画的技巧，在瑞士的电视台上演示过她精湛的画艺。她不仅是中国画中坚持"东西融合""兼容并蓄"的代表和实践人物之一，也是我们李氏家族在艺术领域中又一个佼佼者。

建筑大师闻名中外

李名仪是祖永叔的三子，1938 年在上海出生。1947 年随父亲移居香港。20 世纪 50 年代中往美国学习美术。但名仪哥对建筑学更有兴趣，于是他"半路出家"，改行到耶鲁大学学习建筑，毕业后受雇于美国华盛顿一家建筑事务所，从最底层的设计师做起。

1967 年，三十而立的他跑到纽约求职，有三家建筑事务所都同意录用他，他最后选择了实力雄厚的巴恩斯建筑事务所。巴恩斯先生为现代派建筑的第二代领袖人物，他因看重名仪哥的才干和为人，不久就破格提升名仪哥为助理。

名仪哥的事业日益渐进，其职务也步步高升，从最初的设计师，到助理，到主设计师。1980 年他和另二人提升为事务所的合伙人。1987 年又成了巴恩斯的平等合伙人，事务所也改称"巴恩斯／李名仪建筑事务所"，位列全纽约市数千家建筑事务所中的前十名。1993 年巴恩斯先生高龄退休。名仪哥完全继承了他的事业和班底，成为新一代事务所——李名仪／廷丘勒建筑事务所的拥有者。

30 多年来，他完成的 40 多个建筑，就像是一颗颗珍珠，在美洲、亚洲、大洋洲等地发光发亮。下面略述几例代表性的。

IBM 公司的纽约总部大厦就是李名仪设计的。他把 IBM 总部建筑分成了大厦主体和公共竹园两部分。用一种素雅与宁静的氛围，构造出"世外桃源"。大厦的创新设计被称为 80 年代世界高层建筑中的名作。1984 年，纽约州建筑师协会和纽约城市俱乐部，分别把不超过十个名额的"优秀设计奖"颁给了这幢建筑。

1985 年他设计的纽约列克辛顿大道 599 号商用大厦，为城中楼群增添了新的景观。行人来到列克辛顿大道的这一段，都不免要流连小憩、驻足欣赏。美国建筑业权威刊物《建筑纪要》称赞这座大厦"取得了惊人的成功"，又"卓绝不凡"。IBM 大厦和 599 号商用大厦相继成功，奠定了名仪哥在美国建筑界的实力地位。

李名仪设计的深圳招商银行大厦

李名仪设计的深圳市民中心

　　1990 年，名仪哥为美国首都华盛顿的国会山设计了美国司法大楼，这幢被美誉为"联邦风格"的大楼获得了美国建筑合同商协会的"优秀建筑奖"。之后他又为得克萨斯州达拉斯市中心设计了艺术博物馆，建成后，深受欢迎，公众誉之为"楼房森林中的宁静绿洲"，专家的评价是美国近二十年建造的许多幢艺术博物馆中最成功的作品之一，获得美国建筑"优秀设计奖"。

　　名仪哥的心愿之一，就是能为中国广建大厦。1996 年，招商银行为了在深圳建造一座具有代表性的大楼，选定了名仪哥的事务所担任这项设计任务。他的设计是按世界 500 强的标准来设计的。既要体现银行稳固、牢靠的特征，又要展现出蓬勃向上的气势，还要显示出汇聚财富的好彩头。他以简洁、稳重为主的设计风格，寓意深刻的表现手法，令这座大厦昂然卓立，成为深圳一个象征性的建筑标志。为此获得"深圳市建筑工程金牛奖""广东省优良样板工程""中国建筑工程鲁班奖"等荣誉。

　　之后他还先后设计了上海工程技术大学图书馆、深圳联想大厦、宁波小港乾坤亭等建筑。

　　深圳市民中心的建筑设计是李名仪在国内的代表作，他把这个市民中心两个塔楼分别设计为红色和黄色，取意中华人民共和国国旗的主导色——红色和黄色。中心的大屋顶设计选择蓝色象征着天空。由此，市民中心的红黄两色巨塔，如擎天巨柱，支撑着蓝色大屋顶。巨型的屋顶外形突出，体现了深圳展翅腾飞的寓意。它成为了深圳市的形象代表和最具有标志性的建筑物。

电信业界铺路架桥

　　李名麟是祖赞叔之子，曾获得前国家主席江泽民和美国总统布什的接见。他生于 1948 年，在香港长大，从美国印第安纳大学研究生院毕业后便投身美国企业界。

　　20 世纪 80 年代，名麟哥在美国数字设备公司（DEC）任职。DEC 公司

美国总统布什接见李名麟

是世界著名计算器公司，占据世界计算器第二强的位置。他被DEC公司派到香港，历任大中华和亚洲地区的总经理，负责计算器出口和技术引进等任务。

80年代初的中国百废待兴，引进计算机及相关技术和设备成了中国重要项目。但是当时美国对中国计算器的出口有很严的限制，名麟哥通过种种努力，终于打开了这一大门，先后成功为国家教委、机械工业部、铁道部、石油部、水电部、电子部、航天部、中国科学院、海关、气象局、地震局等单位引进大量先进电子计算器，使DEC公司成为当时在中国最大的外商计算器供应公司。

20世纪90年代名麟哥转入电信行业，任当时世界五大通信设备公司之一的加拿大北方电讯公司大中华地区的董事总经理和亚太区企业副总裁。该公司是世界电信行业的龙头之一。中国当时电信刚起步不久，还需要国外的合作和帮助。名麟哥当时为中国电信网络解决因急需发展导致资金严重短缺的困难，又帮中国引进许多先进的电讯设备和无线网络系统，为国家电信事业的发展和开拓作出了重要的贡献。

北方电讯公司在中国建立了7家合资企业和1个研究开发中心。江泽民主席当年访问加拿大时，特地参观了该公司的一家现代化无线通信器材工厂。

香港回归后，李名麟以他在信息科技上的地位和声誉，受到香港特区政府的重视和赏识，被聘为香港信息科技委员会委员，与主任委员诺贝尔物理学奖得主高锟教授一起制订信息科技对香港经济发展的策略。

21世纪初，他受美国高通公司聘任，担任中国区首席运营官，这是因为当时由于中国联通选择了CDMA标准而忽然在中国火爆起来。在中国3G的诱惑之下，高通启用名麟哥担纲，对当时联通以及后来的 CDMA 和移动通信、移动电话的发展产生重大影响。

30 多年来，名麟哥致力于推动亚太地区，特别是中国大陆的计算器及电信领域的发展，不论是最初的计算机引进和运用，还是后来互联网和应用软件等技术的发展，他可以称为是 IT 业界的先驱者，他为中国改革开放事业的贡献成绩斐然，故受到了江泽民、李鹏、朱镕基、薄一波、李铁映、宋健、曾培炎、吴仪，以及美国和东南亚等国家和地区的领导人多次接见。

文化事业充当使者

李名信是祖永叔次子，美国耶鲁大学毕业，是美国著名建筑设计师。他同时又是美国主要华人社团九十学社理事，在美国华侨界享有名气，在加州被称为华侨领袖。另外，他与世界著名大提琴家马友友是多年来的好友。

马友友是风靡全世界的响亮名字，他是目前世界顶级的美籍华裔大提琴演奏家。他祖籍是浙江宁波。促成马友友故乡之旅的传递使者就是我堂哥名信。这段鲜为人知的故事是这样开始的：

早在 1995 年，宁波文化名人、走遍中国帝陵第一人的王重光老先生在咸祥附近山区寻访"二战"期间美军轰炸东京的机群坠落于宁波沿海的残骸，无意间觅得马友友的祖坟。2002 年美国"911"事件周年，王老先生在电视上看到在美国世贸中心废墟上，站在布什总统夫妇旁边的马友友为死难者演出的新闻，彻夜难眠，决意发起一个探访马氏故里的志愿者行动，并将探访成果汇编成一本《月是故乡明》的册子。然后与他人发起了邀请马友友访问故土的行动。但是一直苦于无法将家乡的信息传递给马友友。

与此同时，远在大洋彼岸的名信哥从一本《宁波画册》上看到，宁波市已将马友友列为 50 位"宁波帮"著名人士之一，感到非常高兴，当即给他在宁波大学任副校长的表兄王礼立发了一封信。这样家乡宁波与马友友的联系接通了，不久宁波给马友友的正式邀请信又是通过名信哥亲手交到了马友

美国总统小布什夫妇接见李名觉夫妇一家和李名信夫妇。
右一为名信，右三为名信夫人，左三、左四为李名觉夫妇

友手上。马友友不久专程给家乡人回信说：对家乡人对他的问候很高兴，会在适当时候回家乡演出。

2005年9月，马友友亚洲巡回演出消息发布，全程七站，宁波之名，与东京、首尔、上海等其他六站同列，马友友故乡之旅在承载着甬城人民的企盼中终于成行。

从我们李家"维"字辈进入第六代人的开始，因时代更替，社会变革，人员减少许多。但是，李家第六代后来居上，不乏涌现出许多精英人物，他们在文化、艺术、科技、教育、医学等领域创造出令人骄傲和自豪的成绩。选几例介绍。

一对姐妹风华正茂

维敏和维安是亲姐妹，父亲李名忠是美国西屋公司资深高级工程师，母亲是钢琴教师，在这样的家庭教育的熏陶和教诲下，她俩茁壮成长。1985年维敏获得美国西屋奖。这是美国中学生最高奖，被誉作中学的诺贝尔奖（根

据统计资料，其中有23％后来获诺贝尔奖)，获得此奖的学生由美国总统接见，维敏当年受到里根总统接见。

维敏中学毕业时，美国常青藤大学全部发来录取通知，欢迎这位 SAT 满分，数学、德语、法语同时荣获第一的优秀学生。

维敏最后选中斯坦福大学，攻读当时 80 年代初最热门的计算器学科。她大学毕业就有六家著名公司高薪聘请她，IBM 还以厚薪高职向她招手，

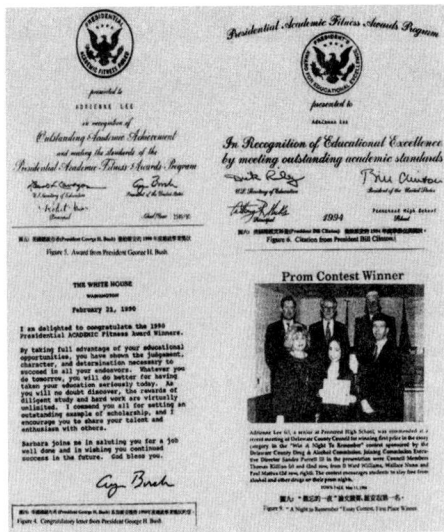

美国总统布什和克林顿分别给维安颁发的奖状

然而她哪里也没有去。最后与六个年轻人一起创办自己的公司，公司创立后，业绩斐然，其股票价格飞飙。

妹妹维安以同样出色的成绩在 1989 至 1990 年两次得到美国总统布什的贺信和嘉奖，之后在 1994 年又获得美国总统克林顿的嘉奖。中学毕业时，她成为美国常青藤名校的宠儿，纷纷发来录取通知，争取她入学。甚至让她的姐姐多次动员妹妹进麻省理工学院。结果她还是选择了与她姐姐一样的名校斯坦福大学研究院，选读数学与计算机双系。

维安大学毕业后选择留校任教，现在任斯坦福大学计算机和数学教授。一个家庭，两个女儿，三位美国总统的接见和嘉奖，这对姐妹花风华正茂，我们李家期望她们有更加辉煌的成就。

音乐世家后起之秀

李家第六代的后人中出现了几位音乐家。其中李竞和维洁是小港李家新一代音乐家，也是海外音乐界的后起之秀。

李竞是钢琴大师李名强之女。5 岁起跟随母亲学钢琴，13 岁考入上海音

钢琴家李竞和小提琴演奏家李维洁合作表演

乐学院附中，毕业后，赴美国辛辛那提音乐学院就读，获钢琴音乐艺术博士学位。这是我们李家在音乐领域获得最高学位的一个。

她钻研室内乐，参加学校的各种音乐会，曾多次在各项比赛中获得第一名，她的弹奏片段还在美国当地的公共电视台播放。之后她从事教学工作，在她的指导下，有多位学生获奖。同时她参与组织各种比赛、考级和演出活动，活跃于世界音乐舞台。

维洁是李名六的女儿。名六哥是上海歌剧院的首席小提琴家，受父亲影响，维洁从小就爱上了小提琴。5 岁开始学琴，从此以后开始了她的音乐旅程。9 岁时获上海儿童音乐比赛小提琴组亚军。

1987 年，维洁随家庭移居美国，她即参加儿童音乐比赛，获得冠军。之后在曼哈顿音乐学院获学士和硕士学位，但她并不满足现状，仍继续学习和深造，并转向另一个领域——音乐教学。

现在除了演奏任务外，维洁大多数时间把音乐和孩子们联系起来。她的抱负是办一个自己的音乐学校，整理和完善自己的教学法，培养出更多更优秀的音乐人才，为音乐艺术作出自己的贡献。

科技功臣永不放弃

维谦是征五公的曾孙。他幼而有志，爱好运动，曾获兰州市少年乒乓球单打、双打、团体冠军。中学毕业后，上山下乡，去农村插队，国家恢复高考后，考取甘肃工业大学，后获 MBA 工商管理硕士和博士学位。先后赴日本、瑞典、英国研修，并获中国首批英国注册绘图工程师称号。后分配到甘肃天水星火机床厂工作。

1996年，当维谦接任星火机床厂厂长时，厂子已经连续两年严重亏损，濒临倒闭边缘。他受命于危难之中，决心以坚定信念及非凡毅力为企业寻找出路，振兴星火。他以科技为先导，开发有竞争力的产品，凭借着这种永不放弃的精神，使企业在2000年一举扭转亏损局面，从此企业产值增幅以每年不低于50%的速度快速发展，成就了

李维谦

业内的"星火现象"。与此同时，企业连续几年被评为"甘肃省优秀企业"，2004年企业又被授予"五一劳动奖状"。维谦也因此连续三年被省委、省政府及有关部门授予"甘肃省优秀企业家""优秀企业经营者""甘肃省科技功臣"等荣誉称号。还当选"感动甘肃·2008年十大陇人骄子"。

从小立志梦想成真

李木易是祖夔的孙子。从小就对警察怀有一种崇敬和仰慕的心理。当人问他，你长大后干什么？回答当警察！进入中学后他各方面的成绩都名列前茅，还是班长和学生会负责人。有人问他，长大做什么？回答仍然是：当警察。

李木易以优异成绩考进了香港中文大学政治行政管理系。大学毕业后，报考香港见习督察，每年投考者非常多，结果他被录取了，从小的梦想成真了。

从警察学院毕业后，先在地区任小队指挥官。不久又考入警队的机动部队任小队长。之后他又调入香港警察总部任刑事和保安处反黑组高级督察。其间又修读了香港城市大学企业管理课程，获硕士学位。2015年升任总督察。

李木易在大会论坛上演讲

2017 年他受香港警务处派遣赴北京中国人民公安大学任教。为该校研究生院、公安管理学院、侦查与反恐怖学院、法学院等学生授课并开展专题讲座。他还应邀为该校承办的多期外警培训班授课。

2017 年 12 月中国警察公共关系年会暨青少年警校社会研讨会在深圳召开。参会的嘉宾包括中国全地区公安机关负责警察公共关系的学者、领导以及外国代表，并达成"粤港澳大湾区青少年制服团队联席交流机制"。他是香港警察的唯一代表，在大会的论坛上向与会者分享了香港少年警讯模式。

2018 年 9 月，中国人民公安大学鉴于李木易的工作和教学经验，委任他为该校特聘教官，讲授和交流香港警务和反黑、反恐的经验和实例。

会计大师享誉国际

维凯是李云书的曾孙。1966 进了加州工业学院攻读城市设计，毕业后从事城市规划工作，同时将他的事业转向财经、商业和金融发展，攻读研究生。

1986 年，他加入毕马威（KPMG LLP）。这是一个全球性的提供审计、税务和咨询服务的跨国公司，为世界四大著名会计事务公司之一。该公司聘请他为商务咨询经理和高级经理。

2006 年，他加入了四家公司中最大的德勤公司，被委任为美国中西部信贷奖励业务部领导。2007 年，他被德勤公司提名为芝加哥办事处的税务主任。他作为持有执照的国际经济开发师，客户包括：雅培制药、武田制药公司、小威廉箭牌、环球媒体公司、荷兰皇家航空公司、日本松下公司、西屋公司和美国电话电报公司等，享誉国际经济社团。

建筑大师后来居上

维雄是名通之子，维凯弟弟，他从小对建筑艺术很有兴趣。后考入加州柏克莱大学攻读建筑，毕业后先在一家建筑事务所工作，后赴纽约。在那里他受到李家名信、名觉和名仪等叔叔的热情指导和帮助，使他学习到许多知识。同时参与名仪叔的设计事务工作，科罗拉多泉的艺术音乐学院、纽约州立戏剧艺术大楼、布朗克斯植物园等都是他做过的几个项目。

之后他在旧金山一家建筑事务所工作，20多年来，维雄的事业如日中天，人员从几人扩大到近百人，所在事务所成了一所享有盛誉的建筑事务所，并成为这家事务所负责人。他因以复杂的设计和精美的制作而出名，如旧金山北的马林县的电影制作大楼、阿斯本人文学研究所、苹果计算机公司的公共餐厅和会议厅、索诺玛大学的音乐中心等。

最具影响的是参与美国国家图书馆视听数据保护中心设计，在这座大楼里，收藏、保存了世界上最大、最全面的电影、电视节目、无线电广播和录音，可对其进行研究、修复，成为全美一个综合化、多样化和专业化的文化

李维雄设计的美国国家图书馆视听数据保护中心

公共机构。

维雄从事建筑设计 30 余年，其中设计过许多著名的建筑物，尤其在大学、文化机构等方面成效卓越，享有很高声誉，是我们李家中又一个出类拔萃的建筑大师。

航天专家杰出人才

李维尧

维尧是祖法之孙。在美国 Northrop Grumman Aerospace Systems 任项目经理和太空飞行器系统工程师。该公司是载人和无人驾驶飞机、航天器和微电子等主要开发者。

作为项目制造工程师，他负责监督航天器结构部件的生产和空间结构的组装。他用自己所学的专业知识和工作经验开发了算法和软件，用于操作雷达环境的实时仿真以及制造过程控制。之后他连续开发和研制出一系列高质量、高性能的航天产品，被授予航天器系统设计和分析的首席讲师称号。他又是机械工程博士和美国机械工程师协会的会员。

美国亚裔工程师奖是旨在表彰在科技、工程和数学领域的领导才能，技术成就杰出的亚裔美国专业人士。自 2002 年以来，来自美国各领域多名亚裔美籍专业人士获得了 AAEOY 奖。过去的此奖获得者还包括诺贝尔奖获得者、学者和宇航员。2016 年 3 月 15 日在新泽西州新不伦瑞克举行的第 15 届颁奖典礼上，李维尧非常荣幸地获得了这一殊荣。

子孙永保后继有人

到了 20 世纪下半叶，李氏家族成员又增添了一代，甚至两代人。那就是第七代的汝字辈和第八代的贤字辈。虽人数大幅度的下滑，但两代人中还是有出类拔萃的佼佼者。

先看汝字辈，69 人中有 50 多人是 90 年代后出生的，最小的是 2016 年。1968 年出生的汝浩是第七代最大的一个。他青年时代就是一个优秀生，小学、中学、中考和高考都是区第一名。十年中当了九次三好学生。

汝浩后来考入中国科学技术大学，攻读应用化学。毕业后分配到中科院大连化学物理研究所。后赴美国深造，获博士学位。他先在得克萨斯理工大学教学，现为美国伊顿佛罗里达州立大学教授。汝浩是李家第七代汝字辈中第一个在美国获得博士和博士后学位的，也是在海外为李家增光添彩的杰出人才。

李佳是个音乐神童，在 4 岁时就开始学习钢琴。师从著名钢琴家吴乐怡老师。名师出高徒，在 1987 年第一届上海儿童音乐比赛中获得一等奖。时任上海市领导的江泽民同志接见了获奖者。当他拿起李佳的手与其比较，并且兴致勃勃地说，看看谁的手更适合弹钢琴时，深深触动了李佳的心灵。艺术大师著名画家刘海粟也为她题字"后来居上"四个字。

从上海音乐学院附中毕业后，赴美国音乐学院学习。之后她每年都要参加音乐会和钢琴比赛。其间赢得了无数奖项，并加入国家交响乐团演出。同时她又作为一位钢琴教师为培养优秀音乐人才，奔走各地，在表演和教学之间穿梭，不遗余力作出贡献。

再看贤字辈，到目前为止，我们李家只有 4 个，而其中三个都是 21 世纪后出生的，最小的还不到 6 岁。唯一一个是生于 1985 年的贤达。他在上海东华大学攻读室内建筑设计后，赴澳大利亚墨尔本大学建筑学读硕士。毕业后在加拿大 B+H 建筑设计咨询有限公司上海事务所任建筑师。B+H 公司是加拿大最著名的建筑设计公司之一，享誉海外。在中国有广泛的信誉，项目遍及中国数十个城市。设计工程覆盖政府机构、商业、工业、酒店、住宅、机场、教育、医疗等各个领域。

这里情不自禁地想起当年孙中山先生亲笔题写"子孙永保"这四个掷

地有声的大字，这不但是对我们祖父辈所作的奉献给予的赞词和肯定，更是对我们李家子孙后代的殷切期望，继承遗志，弘扬光大，远流不断。在"子孙永保"的照耀下，我们李家后代一定会继古开今，不忘初心，后继有人。

（李名珩，小港李氏家族第五代，李薇庄之孙，李祖夔之子，现居香港）

陈春澜、陈秋山二位先祖往事

陈清淦

　　浙江省上虞小越横山陈氏是当地的大家族，翻阅《陈氏宗谱》可知，自汉至宋，陈氏名贤辈出，如魏大司空陈群、魏尚书左仆射陈泰、晋长城令陈逮、唐建州太守陈靖、唐参议陈德、唐吏部尚书陈庆、唐朝卿大夫陈臻、宋枢密院使陈宏、宋都护添三公陈远等人皆有列传赞词传世。南宋建炎初年，宋都护添三公陈远"随跸南下"，先至台州，后迁上虞，在花巷牌修建住宅，即成为上虞陈氏始祖，开基创业，耕读贻谟……积德昌图，至我"天祖"已是第二十三世了。（摘自上海图书馆藏《陈氏宗谱》）

"天祖"陈春澜

一、开发蒙昧，初闯上海滩

　　（一）首次离家

　　"天祖"其人，名陈渭，号春澜。"天祖"之称，便是上虞家乡人告诉我的。"天祖"生于公元1837年5月1日，上有三位叔伯长辈，父亲陈镁位居老三，"天祖"自有兄弟五位，他排行老五，另有侄辈5人，孙辈11人，可谓人丁兴旺。

　　"天祖"父辈以务农为业，家境较为贫寒。1850年，"天祖"14岁，他已不能满足于单调的农耕生活，请求父亲让他出去见见世面。经过家

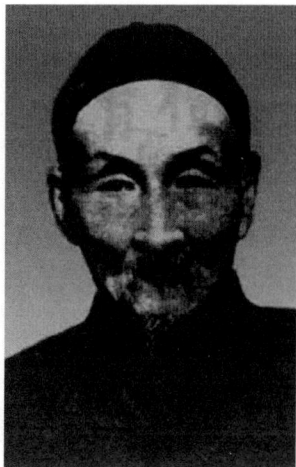

天祖陈春澜

中商议,"天祖"随四叔陈雍亭去往汉口汇丰钱庄当学徒,迈出了经商之路的第一步。在后来成为张之洞等改革派发起的洋务运动发源地的汉口,少年有志的他敏锐地感受到经济(金融资本)在社会发展中所起到的重要作用,朦胧地觉得"诚实、信誉"是商人在社会上立足之本的重要性,"契约、守信"是商人在一切经营中最根本的精神。

正当"天祖"要奋发有为付诸实践之时,因太平天国运动,银钱业收缩裁员,"天祖"只得重回乡下。这一年间在汉口的所见所闻,在少年心中埋下了基本价值观的种子,对他日后的思想与事业产生了深远的影响。"天祖"逐渐明确了自己要走什么路、怎么走的基本思路,即要做一个诚实有为、守信契约,对社会进步有用、对社会发展有利,能造福大众、亦发展自身,能够成就这样或者那样事业的人。

(二)再次离家

1855年,"天祖"19岁,仍感于亲身经历的轰轰烈烈的社会变革所带来的社会进步,怀揣着第一次远赴汉口未竟的抱负,他再次离家,来到了开埠不久、已初见繁荣开放的上海。"天祖"深知,"天降大任于斯人也,必先苦其心志,劳其筋骨,饿其体肤,空乏其身",若想实现自身价值与抱负,必须秉持诚实守信的原则,脚踏实地、不畏辛劳地走好每一步。

他从最底层的苦力(码头挑夫)做起,做工之余处处留心,观察周围事务,熟悉大上海的人文风俗、社会环境、商业氛围,尤其是认真观察在汉口就熟悉的洋务运动的产物——洋行。

在干了几个月码头挑夫后,他来到了台维洋行当学徒。学徒生涯他更是埋头苦干,从早到晚走街串巷,有空就学"洋泾浜"英语,恶补会计常识,方便与更多人,包括三教九流以及外国人进行简单沟通交流,从而获取更多有价值的商业信息。这一干就是三年,他积累了更丰富的商业社会实践经验,对人也有了进一步的认识,即人不可貌相,诚实守信是商人最基本的操守,那一刻他需要一个更大的平台实现自己追寻的事业。

（三）站稳脚跟——原始积累的形成

1858 年，"天祖" 22 岁，经过三年的刻苦磨炼，凭着良好的声誉、优良的业务水平，被上海惇信洋行聘为 "跑街"。这一职务在洋行、钱庄中是关键业务位置，尤其是在钱庄 "八把头" 要职之前列，主要负责对外招揽生意，接洽存放款，并负责调查存放款客户的实际情况与自报情况是否属实可靠，需善于交际，富于词令，善于识人，不被美好的伪装所迷惑。在这样的职位上，"天祖" 识人无数，结交了很多社会贤达人士和商业精英，自己的眼界更加宽广，商业能力更加精到。他在惇信洋行一干就是 17 年，在这 17 年中不管是风平浪静，还是大风大浪，他都能 "胜似闲庭信步"，因为此时 "天祖" 已有了社会实践中积累的资本，已具备一定的业务能力、人脉关系，当然也有了一定的原始物质积累。

二、创业维艰，成为金融巨子

（一）开办货栈

1875 年，"天祖" 39 岁，经过多年艰苦而有效的拼搏，在积累了一定的 "无罪资金" 后，如何从财富的积累向财富的创造过渡成为 "天祖" 思考的人生大事。根据自己的资金、能力各方面的综合考量，他在上海独资创办了一家货栈——常胜春记货栈，并以 "常胜" 为注册商标。胜者——强者也，这正是他经商一以贯之的道德准则，即诚实守信、不贪不骗，认可基本价值——公平、自由、契约精神，永远做道义上的强者，事业上的强者，以自己有限的物质资金能力，凭自己能发挥的最大经营才能，去做一件力所能及的事，并一定要做好。

当时的货栈类似现在的物流公司，"天祖" 是从商业宝塔最底层的货栈做起，从仓储、货运、代为报关等业务中收取一定的佣金。这是一个利薄责重的体力活，就像刚到上海在码头干挑夫的心情一样，他做实务，观商情，根据货栈发展情况，不断扩大业务范围，以上海为大本营，在天津、汉口设立分号，业务遍及东北、河北、湖北、江苏及浙江等地。在生意蒸蒸日上的同时，由于"天祖"诚实守信，也与一批商人建立了良好的商业信誉和业务往来，尤其是一些搞进出口业务的颜料商、棉纱商，如万顺丰号颜料商王磐泉，德旭颜料号邱薇卿，威康润颜料号贝润生、薛宝润，瑞康颜料号赵雨亭以及谢广和威鲁记等，他们的生意利润丰厚，意图用手头资金创造出更大的价值，与他们的结交为今后的发展打下了良好的基础。

（二）开办钱庄

1887 年，"天祖" 51 岁，又经过了 12 年的积淀与思索。从 19 岁离家，到不惑之年衣锦还乡，总计 32 年的奋斗历程，为他铺平了创造财富的康庄大道。这一年"天祖"与上虞金融家经元善、田祈原、李济生商议筹建钱庄，即"永丰钱庄"。自办钱庄一事堪称"天祖"梦寐以求并为之奋斗了几十年的人生追求。

在商议中"天祖"告知了诸位金融家创办钱庄的基本思路和具体做法。首先，要选择商业信誉好，有资金实力，双方多年合作、知己知彼、志同道合的生意伙伴；其次，陈氏一定要在钱庄中占大股份，尽量用合情合法的方法，使用合理的价格回购，达到控股甚至独资的地步，以便掌握主动权，发挥办钱庄的主导作用，不至于祸害储户，败坏了钱庄的声誉，更为保证陈氏名声不辱。对外则不宣传、不张扬，尽量避免不必要的风波。更为至关重要且影响深远的一环，即用人原则也在这一年定下了，即用人只重用至亲、至交、挚友、同乡，特别是知根知底、人品和能力都过硬的优秀人才，这样才能保证陈氏企业的繁荣昌盛。

1888 年，陈春澜与颜料商王磐泉合股的"永丰钱庄"正式开业，总股本 4 万两银圆，陈春澜占 6 股，王磐泉 4 股。由田祁原任经理，李济生任襄理，陈一斋任督理。田祁原是"天祖"金兰结义兄弟田继昌的儿子，李济生也是相识多年的同乡合作伙伴，他们的子侄辈，如田祁原的儿子田我醒，李济生的儿子李仲选、李仲斌，都一直在我曾祖父陈秋山身边服务至老。子承父业，恰是体现了陈氏用人用熟、待人优厚的理念。这里要特别说明的是，当时天祖唯一的儿子已于1886年去世，我曾祖父陈秋山还未出生，他是1889年生，1894年过继给陈春澜为孙。要当家是十几二十几年后的事了。

在以后的20多年里，陆续在1912年与谢广和、戚鲁记先合股，再独资开设兆丰钱庄，经理为胡秾芗、戚家桢、王志衍、金少筠；开设寿丰钱庄，经理为王阶生（见《上海钱庄史料》，第754页）；1916年与薛宝润、贝润生等开设宝丰钱庄，经理为赵漱芗，此钱庄营业至1952年公私合营。

永丰等几家钱庄在"天祖"与合伙人的精心经营下，秉持信用为本，坚守契约精神，业务蒸蒸日上。尤以永丰钱庄存放款业务规模最盛，清末时每年已超出100万两，该庄在1918年前后每年盈利10万两左右（见《上海钱庄史料》，第106页），可知几家钱庄的利润应该是相当可观的。

钱庄在创造财富的同时，也带来一批客户与朋友，如叶澄衷、虞洽卿、严信厚、王晓籁、荣宗敬等。真金白银放在眼前，"天祖"在人生道路上踏踏实实地上了一个台阶。

三、心慈好善，乐善好施，投身公益事业

（一）回馈家族

如何使用财富也是人生的一大课题，现在真真切切地摆在了"天祖"的面前。在财富的初创阶段就已经在思考如何使用财富，并付诸实践中。1882年，"天祖"45岁，除了置地置田以外，还在横山陈邨的田基上建造了两幢占地面积各10余亩的大宅院，这两幢大宅院内部结构基本相同，都是三进院落，一幢大宅院给大墙门陈氏宗族使用，一幢大宅院自己家庭居住。门楣

"履仁蹈义"旧屋

聚德堂木匾

聚德堂老宅陈设

陈春澜生平事迹陈列

有"紫气东来""履仁蹈义"等字匾，中堂匾上书"聚德堂"，意喻家族仁德集聚。大宅院所在地取名"同兴里"意喻整个家族要共同兴旺。吉祥和睦的家庭生活是每个热爱生活的人所向往的，在追求人生大目标的路上"天祖"自己又踏实地跨前了一大步。

现同兴里大宅院故居是 2013 年第七批全国重点文物保护单位，布设有"陈春澜生平事迹展览"，对外开放，为青少年爱国主义教育基地。

（二）助修水利

据上虞当地记载，1883年上虞水灾，"天祖"带头捐资赈灾，1888年奉天水灾，"天祖"和上海绅士袁天锡等集资十万余两银圆购运米粮，接济灾民。次年光绪帝谕旨嘉奖。1889年应同乡经元善之募集，捐资助修曹墅桥、锁澜桥，1891年结识蔡元培，捐资助修上虞积善堂。1899年捐资银万两用于修复长达数里的曹娥江大堤。浙江巡抚翁曾桂上奏朝廷为之请奖，得光绪帝允准。因此获朝廷嘉奖，诰授通奉大夫，钦加二品衔，赏戴花翎候选道，奉旨嘉奖两次，恩准建坊，钦旌"乐善好施"。特别是1915年初秋，上虞县遭遇一次几十年未遇的大洪灾，江堤坍塌，死者不计其数，上虞乡贤举人王佐主持赈灾委员会，与"天祖"商议制定"以工代赈"，重建家园的具体办法。由"天祖"出资助赈，调动了广大灾民筑堤热情，不日即修复数里长堤，秋种也没有耽误，老百姓自然念念不忘，特意在当地一座祈求菩萨护江安民而修建的庙宇——镇海庵中，恭恭敬敬地悬挂了陈春澜、王佐的肖像，并立匾为证。今天，镇海庵的墙上还悬挂记录陈、王功德，题为"万家生活"的匾额，摘文如下：

镇海庵（今镇海寺）

有德于我者，未敢忘也。及身而礼之，不亦宜乎。南汇逼海滨，乙卯（1915年）秋，飓风怒潮，坍其塘，飘庐舍，毙人畜，灾之酷，数十年所未有。虽长官请抚于上，同乡救赈于沪，终无以继涸辙鱼。幸王君寄顾，陈君春澜慨念桑梓，助巨资，动规划，力主工赈。即将已圮娥江沿岸之塘八百九十八丈……抢先赶筑，克日鸠工。吾介小人后此得安居，而秋作又可补种。乃不至填沟壑。厥功甚伟，远近德焉，爰丐其肖像于镇海庵，日夕祀之。是所馨香祀祝之诚，以示没齿不忘在意。丙辰秋立。

（三）助办学校

"天祖"从略有财富时就开始热心捐助办学，如清光绪二十四年（1898）上虞县丰惠的正经书院开办上虞算学堂，各项经费全赖其资助接济。清光绪二十六年（1900）上虞县校开办，陈春澜又首捐开办经费，次年，绍兴府校谋新作，公又捐巨资以为倡。其后1916年，经亨颐任浙江教育会会长的时候，募捐建造浙江教育会所（现为浙江省总工会），"天祖"慷慨解囊，一捐就是银圆一万，据说与当时北洋政府总统黎元洪所出资一样。他还资助孤寡老人院、保安水龙会（消防、救灾机构），创办聚德掩埋局等为老百姓安居乐业的善事。

"天祖"也逐渐意识到，时不时地解决老百姓的急事难事，终归不是长久之计，受到各方面的约束限制，自己的办事原则与想法不能得到很好的落实，不能像办钱庄那样在各方面都有自主权。经过几年的深思熟虑，他看到了家乡上虞最需要什么，最缺乏什么。其一，土地的使用是农民一生的大事；其二，知识是改变人生命运的资本，为真正地襄助乡里，实现财富最大的价值，"天祖"决定，兴农业、办教育。两件大事必须抓紧时间在有生之年办起来。

（四）后继有人

1894 年，"天祖" 58 岁，他把上海的钱庄交给田祁原、李济生等几位经理人以及自己的侄子辈打理，把常胜春记客栈的注册商标"常胜"送给了外国朋友，回到了上虞家乡，这年已是他离家的第四十个年头。

回乡后与兄弟们商议立嗣大事，最后决定把"陈氏大墙门支"他的亲侄子陈桢（号心斋）的第二个儿子炳耀（号秋山）过继为孙子。陈秋山当年5 岁。这样，百年大计的事业有了血脉传承，也有了繁荣长久的根本保障。"天祖"认为言传身教是最好的传承，为了培养好孙子，从那一年起就没长时间离开过上虞。

四、高屋建瓴，开创陈氏基业（兴农、教育）

（一）成立商办春泽垦牧股份有限公司——近代农业的先行者、探索者、实践者

1911 年，"天祖" 75 岁，这年是清王朝末年，宣统三年二月初七，"天祖"携王佐、朱鸿儒（二位都是清朝举人，上虞著名乡绅）苦心筹建的商办春泽垦牧股份有限公司（以下称春泽公司）通过验资，呈报抚部院（相当于现在的商务部）很快获准成立。

这个有契约精神的近代化股份组织制形式的公司，把农村中农民的土地经营意识提升到一个新的高度与广度，充分发挥农民的积极性与土地的效能。春泽公司经营的任务是改良贫瘠的土地，充分挖掘土地的使用价值；加强市场化程度，使农民有机会从土地耕种的单一市场，走向农林牧副等多元市场；充分发挥金融资本与春泽公司在农村市场中的主导作用，大同殖业银行是春泽公司的储水站、资金池，是公司资本金多元化投资的有效保障。

我们的祖先陈春澜就这样毫不犹豫地办起春泽公司，并按惯例聘请王

佐、朱鸿儒两位乡贤举人为合作伙伴，注资 20 万银圆，自己先行投入 10 万两银圆作为开办资金，使春泽公司能正常运作。

春泽公司与大同殖业银行、农事试验场有着一套严密而有序的，按市场规律与模式制定的运行机制，有严密组织机构，清晰的职能部门与职责范围，并有资金的优势。

春泽公司开始大规模收购荒滩烂泥坡，兴修水利，实现了土地的改良，农民的土地升值了。

春泽公司垦、林、牧、副并举，凡相关产业都悉数经营，如上虞养蚕种果树等特色农业，以及引进优良的畜牧品种，关键是规模化的经营，明显地做强了上虞这些相关产业，上虞的土地增值了。

春泽公司借助丰富的人脉关系，大胆尝试在农村引入商业模式，把农产品贸易流通走出上虞走向市场，使农村、农民的市场意识提高了，上虞土地上的农产品增值了。

春泽公司成立专门的农事试验场，投入相当比例的资金搞有关农事试验，建农艺温室，从农产、林产、畜产的培育改良，肥料、除草祛虫剂、饲料的合理高效使用，到天气预报，甚至农产品展销会都在考虑之列，农业技术的创新与发展改变了农村、农民靠天吃饭的观念。

春泽公司另类的衍生品——大同殖业银行，成为专门服务于春泽公司实体经济的金融机构，降低了公司因资金问题而破产的风险，同时，作为股民

农事试验场中的农艺温室

的农民也体会到钱生钱的妙处，金融意识有所提高。

从历史档案看，春泽公司的投资方是陈春澜，20 世纪 30 年代后大同殖业银行的具体功能由宝丰钱庄来承担。

春泽公司的出现在上虞经济史、农业发展史上均有其独特的地位，是浙江最早的大型农业近代化企业之一，上虞第一家近代化农业股份制企业，大同殖业银行是上虞第一家银行，农事试验场更是为创新农业研究树立了一面旗帜。

春泽公司开了近代农业兴国、富民的风气之先，这些农事创举《春泽公司章程》《春泽公司任事约言》《附属农事试验场章程》是绍兴乃至浙江近代农村经济发展的重要样本，它形成了一条完整地产业链，透过历史的尘埃，如今看来依然熠熠生辉。

（二）创办春晖中学校——中国创办新校的先行者

1919 年，"天祖"已 83 岁，进入人生暮年的他始终有一事萦绕于心，那就是他立志要在有生之年办一所完全中学的愿望还未实现。

"天祖"陆续捐助了上虞、绍兴、浙江等地多处学校，尤其要说的是 1908 年独立出资银圆 5 万办私立春晖学堂，其在报上虞县知县叶大琛立案文中阐述办学缘由及规划：

> 职幼年失学，壮岁经商，勤苦所得，薄有余资。兹念桑梓之乡，尚未建立一校，心迄不安。爰自独捐己资 5 万元，在县北横山之阳建造校舍一所……定名为春晖学堂。先办初等小学，以次递升拟办至中学程度为止，将来逐渐推广，如经费不敷，再捐己资以符素愿。职余年无几，为地方培养人才，亦国民应尽义务，不敢仰邀奖叙……

"天祖"自述办学要办到中学为止，并不要任何奖励，但浙江巡抚增韫还是按律在 1908 年（宣统元年）五月初二专折上奏朝廷，称：

奴才查该职员陈渭捐助巨款，竭诚兴学，其急公好义之忱实属难得。惟本身不愿得官，非移奖其子孙无以风示来者……仰恳天恩俯准，奖该职员陈渭之孙俊秀陈炳耀为监生，奖给郎中，不论双单月分部行走；胞侄孙俊秀陈炳照、陈炳森各作监生以主事，不论双单月分部行走，以昭激励。

宣统皇帝接到奏章，认为增韫移奖之请完全合情合理又合法，准奏。

春晖学堂的"春晖"二字是由王佐、朱鸿儒两位乡贤举人所起，一则学堂是春澜公独资建造，"春"字自不可少，二则学堂建成，给上虞百姓带来福祉，正如阳光普照，就取"晖"字。"春晖"又含温煦的恩慈之意，见唐代诗人孟郊在《游子吟》中有言，"谁言寸草心，报得三春晖"。二位乡贤举人所起的校名寓意深远，富有诗味，且温馨可人，读来也朗朗上口，真好！

绍兴名宿薛朗轩（蔡元培的连襟兄弟）曾担任过春晖学堂的教员（一说担任校长）。上虞著名乡贤胡愈之在1913年慕名前往春晖学堂就读，1946年写过《我的老师》一文回忆了师从薛朗轩时的情形：

薛老师教我读书，从没有半点老师的架子。每次薛老师在面前，我觉得他是一个大孩子，我是一个小孩子……老师教我读书，是让我自己选择的。他只是指导我应读什么书，读哪一篇，哪一节，但要我自己准备，或者向老师讲解，或者写笔记，只有讲解和笔记有错误时，他才加以改造……在当时，白话文运动还没有开始。我的老师虽不主张用白话写文，但他反对用古典堆砌成文。他时常要我学习把古代文译成平易通俗的近代文。

从胡愈之的回忆里可以窥见当时教育之一斑，即重视自主学习，重视学以致用，重视启发诱导，重视能力培养，加上私立学堂校风民主、思想活跃的优势，学生大都学有所成。

至 1919 年，春晖学堂已创办 11 年有余，有六届毕业生，成绩斐然。"天祖"为春晖学堂设立的基本原则是"惟教科即遵定章，将来毕业亦与官学堂一例办理"，这里所说的"定章"是指清政府为公立学堂制定的新学模式，初等小学堂学生 7 岁入学，学制 5 年，乡亲们都渴望上虞能早日有一所中学校的出现。

小学办的卓有成效，继办中学校再次紧迫提上了议程。这既是"天祖"的夙愿，也是乡亲们的需求。元旦刚过，便请来忘年交王佐商议如何实现承诺——继办中学校，王佐听了这番肺腑之言，深感于心，况且此事于民于国都是大利，是造福乡里的大好事，承诺一定尽力办好。王佐认为只是靠一己之力实难做到，必须请出一位能人出马，这位能人就是教育界德高望重的名人斗士，也是"天祖"的世交经元善的得意侄儿——经亨颐。

这年春节，2 月 12 日（正月十二）经亨颐回驿亭老家探亲过年，2 月 13 日冒雨前往丰惠拜访王佐，王佐家里"以备盛馔相待"，同坐均为上虞贤达人士共十人。席间，王佐将春澜公继办春晖中学的意愿说给大家听，也将春

小越横山春晖学堂大事记

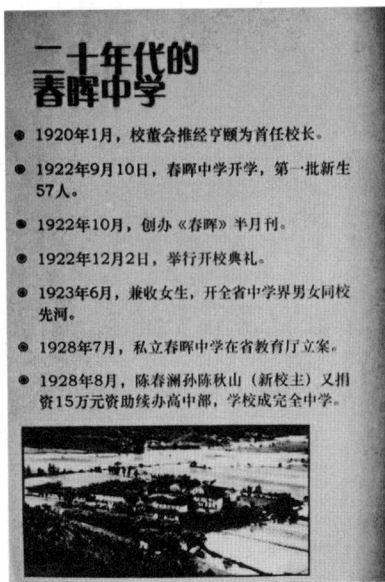

20 世纪 20 年代的春晖中学大事记

澜公的担忧和自己如何推荐经亨颐的情况详述一遍，大家纷纷表示赞同，经亨颐也感此事自己责无旁贷。事不宜迟，当即决定第二天与王佐同赴横山拜望春澜公，商春晖中学事。

第二天，有着共同志向、价值观的三位乡贤，为了继办春晖中学的意愿，走到了一起并达成了历史性的统一意见，春澜公嘱经亨颐"先制计划书"，经亨颐欣然从命，并答应一二个月拿出方案。

经亨颐按"本近来动的教育宗旨，希有一洗从来之积弊"的宗旨，着手制定了"春晖中学校计划书"（见1919年《浙江教育周报》第235期），按当时清政府遗下的老学制。据学校规模，设老师编制、常年经费、校舍规模、设备（包括教室、实验室、标本仪器、图书馆、运动场、办杂志期刊等），一一作了预算（以2万元为建造费，8万元存款生息，购妥股票平均以1分2厘计息，经常费9600元，亦可勉强支配一年的开支）。为留有一定余地，最后订了能有"12万元就会圆满无缺"的计划书。禀送春澜公过目，"天祖"听了王佐、经亨颐的逐条陈述。沉吟半晌，按他的处事原则，"常胜"须有十足的把握，当时局势不稳，物价在涨，人工材料费也在不断增加，预算恐有不足。考虑妥当后，即告子渊君、王佐兄：什么学制、编制我不懂。但办学校与办钱庄不同，学校是不能赚钱的这个理我是懂的，办校经费一定要保证，并留有充分余地，我决定办校的经费增加到15万，加上春晖学堂5万，共计20万，今后我也一定会保证办校之需，嘱后代遵照执行之。三位志同道合的乡贤，迈出了历史性的一步。

不久，王佐代为"天祖"拟就了《谨托校董书》（见上虞档案馆1927年第75卷第56页），经亨颐拟就了《呈请核准设立备案书》（见上虞档案馆1932年第71卷（下），第67—94页）请"天祖"过目。

当年12月2日，"天祖"隆重邀请上虞的贤达人士"备筵相招"，宣布上虞私立春晖中学校董事会正式成立，由王佐、经亨颐等十一位热心桑梓的乡贤和春澜公的侄、孙辈担任董事，王佐为校董会主任（董事长），校董会全面负责学校的各项事务。

会上，校董会一致决议"是日为创立纪念日"。决议将《呈请核准设立备案书》分别报上虞县知事，浙江省教育厅和浙江省长公署。一致决议奉"天祖"为春晖中学校"校主"。不久便收到批复，各级官署盛赞春澜公捐资兴学之举。（呈文及批文见上虞档案馆 1927 年第 76 卷，第 58—60 页）

1920 年 2 月 14 日农历已末年十二月二十五日，未过新年，"天祖"病逝于小越横山春记同兴里，享年 83 岁，安葬于上虞驿亭贾家村旋网山。

为纪念校主陈春澜的办校义举，春晖中学募资在学校大门前空地上特意建造陈春澜纪念堂——春社，并由经亨颐校长请蔡元培先生赐字制匾。蔡元培先生并到校做演讲，题为"羡慕春晖的学生"，大力赞颂春澜公不为名利办校的义举。

"天祖"的一生亦如后人评价：当颂德更当奉为公德千载流芳，能致富尤能善用其富万世景仰。

百十年后的今天，人们回看上虞白马湖畔那略见沧桑，但始终焕发着无尽活力，培养无数英才的春晖中学校时，三位先贤所做的一切都值得追思。他们好比三驾马车，"天祖"校主为春晖中学校的办校事宜竭尽全力。王佐校董会主任为春晖中学校各项事务全面负责。经亨颐首任校长为春晖中学校的教学事务开拓了一片广阔的天地，时至今朝，独领风骚。

曾祖父陈秋山

一、继承祖训，兴办春晖中学校

老校主离世后，校主、校董、校长三驾马车的运行框架模式仍一定要延续，此时"天祖"唯一的孙子，我的曾祖父陈秋山毫不犹豫拿过了接力棒，接任新校主，担起了办学校的重任，他定将不辱陈氏祖先，成就"天祖"的办校遗训，春晖中学校一定要不遗余力办好办下去，春晖中学校事务一定不

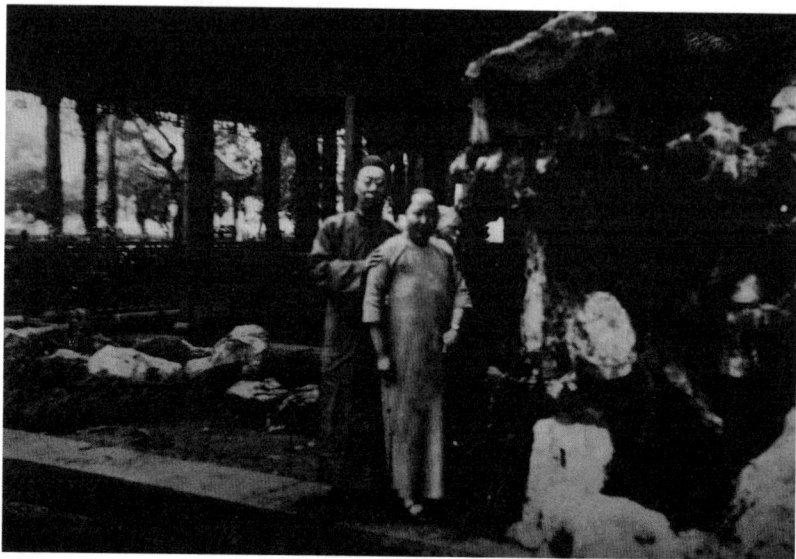

曾祖父母陈秋山、沈善因

得干预，春晖中学校发展一定要尽心尽力支持。实际上，从日常的置地建楼、人事管理到特殊时期、突发状况，每一件大事、小事包括经常性日常开支都需要强有力的资金支撑，正是秋山公一次次不遗余力地在危难中出资出力，春晖中学才得以延续至今，这是历史事实。

（一）新建校舍

1922 年，经过近一年半的时间准备，从学校重新选址、购地、考察建筑样式、设计招标到建造，一座占地 200 余亩的新校楼建成了。新楼中西合璧，由形态各异的多幢二层楼房将传统江南楼宇式样与瑞典宫廷风格巧妙融合，质朴而奇丽，各幢建筑间廊腰曼回、曲径通幽，下雨天穿行，也不会淋湿衣鞋。

夏丏尊先生为各楼分别命名，曰：仰山楼（教育主楼）、一字楼（行政事务楼）、曲院（学生宿舍）、钜堂（小学部）、博文馆（白马湖图书馆）、思饥轩（饭厅），后又为高中部及新增学生宿舍等命名二字房和西雨楼。另有浴室、游泳池、运动场，配有发电机房等辅助设施。

（二）办校的财政危机

经统计，春晖中学建造校舍耗资 10 万，置办各类图书、实验仪器、试剂、标本等共 2.9 万元，与原"春晖中学校计划书"相比，实际多支出 8 万银圆，已把经亨颐校长计划书中足以圆满无缺的 12 万元经费用光了。怎么办？

历史上古今中外办校都非易事，不为名利、甘于奉献是办校必须具备的最基本的品德，经费问题成了横在新校主秋山公面前的第一道坎，考验着新校主秋山公办校的初心。不是吗？

经亨颐校长在 1922 年 1 月开学前《呈校董会议案》中开宗明义讲了办校经费的事，提议："照计划书看来，决定依新学制办理，职业科暂且不计划在内……第五年只剩下基金 1.3 万元。难道办了一次毕业就此停闭不成，应请诸校董从长计议，非继筹基金不可！"他表示，第一希望，由陈氏继承人继捐 10 万元，再由各校董另募 30 万元，高级科完全开办，同时改名为白马湖中学以示大公。这个希望如做不到，一定要保留"春晖"二字，只有第二希望，由陈氏继承人继捐 5 万元，再免息借给本校 20 万元，仅以得息充常年费，不算本校基金。以上两种希望都不能如愿，应正式要求创立继承人明白表示对本校愿否维持，所以最后之第三希望，创立继承人如表示决绝，惟有请各位校董负责另募，应先改名为白马湖中学。（录自上虞档案馆 1932 年第 71 卷，第 67—94 页）

开学那日，由经亨颐校长亲自题写的"春晖中学校"匾额高挂校门，经费如何筹措而来一望而知。

从一个不太为人所知的侧面，能更清楚知道办校经费的来龙去脉。从春晖中学最早的校务主任、继任校长之一，也是最后一任主任校董章育文 1955 年写给春晖中学领导的信中可知，学校持有：1. 闸北水电公司股票 6815000 股；2. 统益纱厂 250000 股；3. 中一信托公司 5000 股；4. 萧绍嵊汽车公司 10184 股票，共计各类股票 700 多万股。这些是从 20 世纪 20 年代一直到公立前还在春晖中学名下领取股息的股票，1952年公私合营时股权已不在秋山公名下，从事实上看出秋山公已无偿把自己名下的股票作为经费划归给了春晖中学。

我们可以再从另一些侧面更深入了解秋山公的诚意。春晖中学薪资优厚，老师普遍年薪700银圆，校长1200银圆，生活设施一应俱全，为师生创造尽可能舒适、便利的生活学习环境。开学前，秋山公为答谢经亨颐校长办学辛苦，特意在学校旁造"山边一楼"赠予校长为住宅。但经校长谢绝了，提出要一万元现金报酬作为奖励，秋山公欣然同意。经校长要这笔奖励并非自用，而是全部用来添置图书，他说学校的图书馆最重要。春晖中学的图书馆本就建得极好，藏书包括中文、外文、各朝代线装书、辞书等近万册，其中一部《大英百科全书》弥足珍贵，重达百斤。

1928年，范寿康任校长，他认为办学条件已成熟，建议再办高中部，经校董会决议，秋山公二话不说，一次性拿出15万元，完成"天祖"办至中学程度为止的夙愿。

（三）办校的信念危机

然而树欲静而风不止，一波刚平一波又起，一波胜似一波险。两次危及学校停办的重大风波袭来，继续考验着秋山公办校的决心与毅力。

1930年6月，春晖中学遭遇了一起绑架案，经亨颐校长躲过一劫，代理校长范寿康等师生三人被绑匪掳走。后经事务主任章育文与绑匪谈判，交付赎金3万元，其中2万由校董会决定从学校基金中拨出，1万由范寿康父亲勉强凑足，师生三人方才如期赎出。经此一劫，范寿康、章育文均心力交瘁，双双辞职。部分校董建议召开临时校董会商讨对策，结果却不如人意。部分校董提出，学校"保护乏人，自卫无能"，不如"提前放暑假"，宣告春晖就此停办。这些意见以"私立春晖中学校董会"的名义向浙江省教育厅递交声明。主任校董王佐听闻后，明确反对停办，因年事已高，特将此意见委托教委朱云台与政府有关部门协商、请愿，再赴上海校主陈秋山处请示。秋山公竭力主张，定要把学校办下去。最后，照校主意见，经更多校董决议"继续开办"，春晖得以保留，请黄树滋先生为新校长。

1935年又有部分校董提出停办春晖中学，欲移用私分办校基金等款项，春晖中学成立护校会，各地校友也群起呼应，相继成立各地校友声援团，最后校主陈秋山力挽狂澜，顶着压力不采纳部分校董私分办校基金的主张，并积极支持护校团体把春晖中学办下去的意见（上海档案馆 Q117-5-186）。

在校主苦心维护下，在广大师生、社会各界的呵护下，春晖中学的凝聚力和社会声望提高了，学校不但没有停办，反而在那几年学生入学率是最高的，学校办得生气勃勃。

不久，全面抗战爆发，日本侵略者占领了上虞县，春晖中学成了养马场，学校被迫迁入山区，广大师生和当地老百姓自发组织护校队，巧妙与日军周旋。最后，春晖中学内得以继续上课，这样既保护校产，又可不耽误学业。当时，日军搞殖民政策，封锁经济，社会极度混乱无序，人心涣散。没有经济来源，学校难以维系，只有坚定信念者才能义无反顾地把办校事业坚持下去。抗战胜利后，在国民党的腐败统治下，物价飞涨、民不聊生，人们整日为生存而挣扎，读书成了奢侈事，办校的成本费用也越来越高，在种种艰辛曲折前，春晖屹立不倒的事实告诉我们，新校主的百折不挠与坚定初心。

我从历史档案中了解到，从1927年或更早一点到1949年，宝丰、人丰两钱庄每月始终有春晖中学、春晖小学的资金账户，账户中不断有资金进出，可以证实，校主陈秋山对春晖中

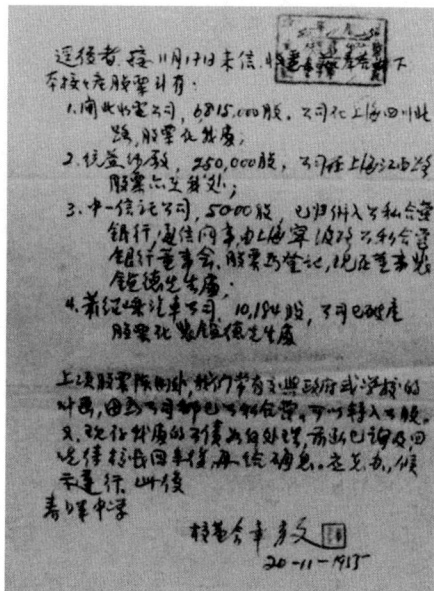

章育文1955年给春晖学校领导的信

学始终是负责任的。从 1955 年春晖中学尚有秋山公转予生息并最后归属春晖中学办校经费那 700 多万股各类股票也可印证，陈秋山没有辜负祖先办好完全中学的凤愿，始终秉承祖先的办校遗训：春晖生存要保证，春晖教学不干预，春晖发展要尽力。春晖中学经历了无数磨难，披荆斩棘，在新老两代校主的努力下，学校办成功了。

（四）春晖的辉煌

2018 年 12 月 2 日，是春晖中学一百一十周年校庆纪念日。

我们走进浙江小县城上虞，偏僻而美丽的白马湖畔，走进名人名师纷至沓来给予高度评价、付出青春热忱、留下美好祝愿的春晖中学，去看看那些受人尊敬的校长、老师们。

历任校长——

经亨颐，浙江上虞人，春晖中学的开创者之一，首任校长，我国近代杰出的教育家，廖仲恺的儿女亲家。

章育文，浙江上虞人，春晖中学最早期的老师，也是最后一任校董会主任，任至学校转为公立为止。

范寿康，浙江上虞人，著名教育家，哲学家，晚年（1982 年）从台湾取道美国回大陆，定居北京，邓小平曾接见并宴请他。

黄树滋，浙江上虞人，毕生从事教育事业，汤恩伯在东京高等师范学校的同学，抗战时期，在叶剑英的领导下，参与南岳衡山干训班（蒋介石任主任，汤恩伯、叶剑英任正副教育部长）工作，任机要室主任。

王文川，浙江上虞人，春晖中学第一批学生，后留学日本，就读东京高等师范学校，曾任开明书店外文翻译。

叶作舟，浙江上虞人，曾任上虞县教育局局长。

宋崇义，浙江上虞人，据浙江文物局资料，1920 年 5 月 4 日，在五四运动一周年之际，鲁迅先生曾书《致宋崇义》，称其为"知方同学兄足下"，谈了五四运动的感受。"无论如何"的最早出处源于此信，鲁迅是这样说的，

"要之，中国一切旧物，无论如何，定必崩溃"。

周異和，浙江上虞人，曾任浙江省历史学会会长，中国宗教学会理事，浙江省第五、第六届人大代表。

徐如愿，浙江上虞人，父亲徐浩抗战时期任国民党浙江党部书记长，在上虞指导抗战工作，徐如愿校长在抗战时期一直坚持在山区办春晖中学，直至抗战胜利。

陈兼善，浙江诸暨人，动物学家，中国鱼类学奠基人之一，1921 年参加柳亚子、陈去病等人创办的南社，曾任台湾博物馆馆长，1982 年回国，定居上海。

其余还有李文政、张革、胡玉堂、朱少卿、金翊文、袁绪英等约十六位在 1949 年前担任过春晖中学的校长。

再看名师荟萃的春晖中学，在春晖中学聚集了名师硕彦，他们铸就了春晖中学的辉煌，造就春晖中学的不朽——

夏丏尊，文学家、教育家，爱的教育的倡导者。

匡互生，教育家，五四运动火烧军阀曹汝霖住宅赵家楼的第一人。

叶天底，1922 年参加陈独秀召集的在上海新渔阳里 6 号密商组织的社会主义青年团，成为社会主义青年团创始人之一和第一批团员，1923 年与陈独秀、瞿秋白、罗亦农、恽代英频繁交往，同年入党。据说春晖中学图书馆就有陈望道翻译的《共产党宣言》首译本，上虞博物馆藏有全国仅存的 11 本首译本之一。

丰子恺，画家，散文家，美术教育家，早期的漫画曾刊登在春晖中学期刊上。

吴梦非，音乐家，艺术教育家，是李叔同（弘一法师）最得意的大弟子。

朱自清，散文家，诗人，民主战士，不为一斗米折腰，"春晖的一月"即出自早期在春晖中学的散文。

朱光潜，中国现代美学奠基人，曾任中国美学会会长，文艺理论家、教育家。

　　杨贤江，马克思主义教育理论家。

　　冯三昧，作家，诗人。

　　方光焘，语言学家，作家，文艺理论家，文字翻译家。

　　张孟闻，动物学家，教育家，中国生物科学史研究的奠基人之一。

　　王任叔（笔名巴人），作家，中华人民共和国成立后首任驻印度尼西亚大使。

　　毛路真，数学家，曾任浙江大学数学系主任，著有中国人编著的第一本《大代数》。

　　刘叔琴，历史学家。

　　赵廷为，小学教育家。

　　谢似颜，中国近代知名体育学者。

　　张维祺，文澜阁的四库全书总校。

　　刘薰宇，留法巴黎大学学数学，曾任人民教育出版社总编辑。

　　朱稣典，音乐教育家，弘一法师的得意弟子。

　　从校长到老师，他们每一位都是中国近代教育史上的一面旗帜。我们再回顾那些到春晖中学来考察、演讲的部分有记载的历史名人。有教育家，如同济大学校长袁希涛，上海澄衷中学校长曹慕管，民国首任教育长、北大校长蔡元培，著名音乐家、美术教育家、书法家、中国话剧的开拓者之一李叔同，著名农学家、茶叶事业复兴和发展的奠基人吴觉农，近代著名地理学家、最先在中国地图南海画上九段线的白眉初，著名文学史家、新诗运动的重要倡导者刘大白，作家叶圣陶，《辞海》总主编陈望道，《辞海》编纂者舒新城，近代出版家、开明书店创办者、中华书局总编辑章锡琛，红学家、中国白话诗创作的先驱俞平伯，联合国"世界百年文化学术伟人"荣誉称号获得者、里昂中法大学校长吴稚晖，社会活动家、新闻出版家胡愈之，民主建国会的主要发起人黄炎培，中国流行音乐奠基人黎锦晖，心理学家、曾任浙江大学校长郭任远，中国共产党早期领导人之一、茅盾的弟弟沈泽民，瞿秋白第二任夫人、妇女活动家杨之华，民革主要创始人女权运动的先驱者之一何香凝，以及廖承志、柳亚子、张大千、黄宾虹、姜丹书、刘新锐、沈仲九等。

铁打的营盘流水的兵，校董、校长、老师、学生走了一批又来一批，带着憧憬而来，带着丰硕的教学、学习成果而走，经校长"与时俱进"的校训永远激励着一代又一代春晖人勇往直前，走向春晖中学更辉煌的明天。

从1920年至春晖中学公立止，36年间陈秋山校主的身份始终没有变，不变的还有"校主"对春晖中学的办校承诺。不管是办校之初因预算超支而造成办校的财政危机。还是因社会动乱、校董人心动摇而造成办校的信念危机。以及抗日战争那国破家亡、国难当头的危难时局，在财政、信念严峻的双重危机面前，校主始终大义凛然，气度恢宏，不惧一切艰难曲折，只为实现办校初心不改，矢志不渝，留给了后人及上虞家乡人值得骄傲的春晖中学校。

二、另辟新径，成为近代金融投资的探索者、实践者

"天祖"离世那年，曾祖父陈秋山31岁，已到孔圣人所言"三十而立"的时光，育有三子一女，耳濡目染祖父三十余载在上虞兴农、办学、赈灾、办慈善等言教身传的大德大爱，对灵魂的触动是不言而喻的，春澜公的教诲"要立德立人，做一个对社会有用的人"的意念也深深融入了心髓，曾祖父秋山公必将要承上启下、继承家风、持家立业，非常事要达成功，亦应受非常之辛苦，他磨炼了20年后，一切都准备好了。

（一）继承遗产

1920年，秋山公继承了祖上春澜公的全部遗产。

计上虞乡间土地2000多亩，海地500多亩，还有春泽、同兴、协源、仁宝四家公司等。上海的永丰、兆丰、宝丰三家钱庄。宁波成丰钱庄，汉口厚德钱庄，以及汉口房地产约50幢。上海、宁坡、汉口、营口等地多处货

栈、布店、药店、酱园等。春晖中学校及各项慈善机构等。同时也承担了春澜公的全部责任和应尽义务。

这里我要特别说明一些事情，以便了解曾祖父陈秋山在那些岁月不太为人所知的原因。从客观上看，1894年秋山公过继给春澜公为孙子前，春澜公的产业已初具规模。当时的重要职位都由至亲、至交、挚友担任，他的侄孙辈也都有参与产业的经营管理，并代表陈春澜担任了重要职务，有些社会公众活动如钱业公会、上海商会等机构的日常社会活动也由陈氏侄孙代陈春澜出面，给人的印象是，陈春澜的产业皆由亲友、侄孙辈共同负责打理，并没有一位明确的继承人。此时的秋山公还值垂髫之岁，自然没有活跃在大家眼前。从主观上看，经过20余载的思量与实践，秋山公认为一切经营都离不开经济实力与经济保障。比起台前的经营，他选择了幕后的投资，从更高更广的位面去观察、判断、抉择，由此成为中国近代金融投资领域的探索者与实践者。

（二）投资理念

秋山公起用祖父留下的以田祁原、李济生为代表的卓越的职业经理人团队，准备在金融投资领域大展拳脚，他的经营方式主要体现在四个方面：1.投资为主，经营为辅。2.控股为主，参股为辅。3.多元经营为主，集中产业为辅。4.代理人经营为主，直接管理为辅。秋山公的主要精力在于经营人际、人文关系，为产业经营创造好的环境。作为实际的投资人，秋山公长居幕后，这就造成他投资的企业大多不见陈秋山的名字而只有代理人的位置。

（三）投资金融领域

秋山公的投资起步于金融行业。

1920年重组兆丰钱庄。

1921年参与投资创办了五丰钱庄，有实业家刘鸿生等参股，经理为谢钟龄、张梦周、张启祥等，资本金银圆 16 万，地址是宁波路 320 号。

1921 年参与投资发起成立中央信托公司（宋子文成立中央信托局，后改为中一信托公司）。发起人共有 48 人，其中有永丰钱庄经理田祁原、副理李济生、督理陈一斋，宝丰钱庄经理赵漱蔷，兆丰钱庄经理王志衍等 5 人，资本金为 1200 万，实收 300 万，每人认购 62500 元。

根据 1946 年中一信托公司办理《上海证券交易所股份有限公司法人经纪人申请书》有关历史材料记载，当时中一信托公司董监事名单中，上海商会会长王晓籁是董事长，秋山公的内侄（曾祖母沈善因的亲侄子，也是宝丰钱庄经理）沈景樑为第一常务董事，上海商会董事朱吟江、钱业元老裴云卿、银行家潘久芬是常务董事。董事中有中国银行董事长宋汉章、金融家严成德、上海潮州会馆郑淇亭等，监事有何联弟等。

中央信托公司最早的办公场所在宝丰钱庄的产业——秋山公 1921 年购置的虹口久耕里，于 1925 年搬至现上海市第四批优秀历史保护建筑——北京东路 270 号中央信托公司的产业中一大楼办公，此处也是上海信托公会所在地。

信托在当时是一项创新的高风险的金融产品，一般保守的商界人士都不太看好。为规避风险，中央信托公司成立时发起人王鞠如由其子王允中出面，赵文焕改用赵焕章户名，宋汉章、严成德分别由儿子宋杨、哥哥同安钱庄经理严仲渔出面。可见，做第一个吃螃蟹的人需要一定的胆识与魄力，秋山公的投资眼光也得以验证。

1922 年参与创办滋丰钱庄，荣宗敬之子荣鸿元、荣鸿三等参股，经理是李济生及子李仲选等。资本金为规元 10 万两，地址为宁波路 240 号，此地产是滋丰钱庄的自有产业，李济生的户籍住址也是此地。

1923 年参与创办厚丰钱庄，赵雨亭、王荫亭等参股，经理是罗稚云，资本金为规元 10 万两，地址为北京路福兴里。

1924 年参与投资创办春元钱庄（后改为春元永钱庄），地产商匡仲谋等参股，经理是沈晋镛，资本金为规元 14 万两，地址为宁波路 120 弄 15 号。

1925 年创办和丰钱庄（后改为人丰钱庄），田祁原、李济生干股各一股，经理是袁懋铟、王经畲，资本金为规元 10 万两，地址为河南路 505 号锦兴大楼 114 号。

和丰钱庄是采用股份制的家族式钱庄，从历史档案中可以看到，秋山公的第二、三代基本都在股东名册中，田祁原、李济生二位作为"天祖"时期的钱庄元老，他们的后代如田祁原的儿子田我醒，李济生的儿子李仲选也在其中。这是秋山公的一贯作风，给钱庄第一线职业经理人应有的报酬与奖赏，前方稳定，秋山公在幕后才可以安心运筹帷幄，制订长远、多元化的投资发展之计。

1920 年以后，秋山公在投资开办钱庄方面卓有成效，如宝丰、五丰、春元永三家钱庄和中一信托公司，都营业至 1952 年参加公私合营。钱庄的成功为秋山公产业多元发展提供了经济支撑。

（四）投资实业

在秋山公的筹划下，钱庄一贯重视对实体经济的贷款投资，尤其是国货行业，如恒源祥、老凤祥、宝大祥、裘天宝、老介福、老大房等，这样的储户数量众多，存款颇丰，申新公司、民丰、民生、中新、统益等十余家棉纺厂，都是长期放贷与投资的对象。

1922 年永丰钱庄、中央信托公司与另三家钱庄组团放贷 120 万两给大中华纱厂。1927 年永丰钱庄参与联合放贷给招商局轮船公司。1932 年单独一次贷款规元 100 万两给荣宗敬的申新公司。1933 年中央信托公司参与上海商业储蓄银行组团，分别贷款给申新纺织无限公司第八厂、第一厂 400 万、540 万，中央信托公司承担十分之一。顺便说，据我父亲结婚资料显示，1951 年上海商业储蓄银行行长陈光甫先生专程从香港抵沪，出席我父亲的婚礼并做证婚人。

永丰钱庄与金城银行共同设立永金公司，专门负责对南通大生纱厂放贷，永丰所占份额比金城大，永丰（1921—1926 年）存放款约千万两。李济生的儿子李升伯通过永金公司的关系进入大生纱厂当经理，抗战后，参加了宋子文直接领导的"纺织事业管理委员会"，束云章任总经理，李升伯任副总经理。

1921年，钱业公会建造新会所时，银根奇紧，垫款乏力，永丰钱庄毅然垫款银15000两，使新会所不误工期顺利建成。

1935年，在江苏上海第一特区地方法院刑事庭的判决书中，明确判决原告合伙人王磐泉的长子王逢年诉陈秋山侵占永丰钱庄财产案不成立，王磐泉原干股已被陈秋山收购，永丰钱庄基本独资，干股分红不成立，侵占财产无从说起。此种事端在陈氏钱庄的经营历史中不是个例，主要是由各经理人为秋山公代理钱庄一切事务。

据档案记载，宝丰钱庄的经营颇具规模，并具有近现代金融机构的特征。1920年，首先购置开封路曲阜路长康里作为宝丰钱庄仓库，占地4.547亩，时价规元11877两。

1931年购置山海关路264弄宝兴邨作为宝丰钱庄职员宿舍，占地4.997亩，时价规元20万两。计单间市屋8幢，三间两厢住房5幢，二间两厢住房12幢，单间住房3幢，共计28幢石库门住宅。

1937年购置天津路128号作为宝丰钱庄办公大楼，三层钢筋混凝土建筑，占地0.503亩，时价法币107000元。现为宝钢集团宾馆分部。

宝丰钱庄经营数十载，有商业、文化、实业各种客户数千，每年存放款数千万，1947年资产达67亿元以上，也热衷于投资实体经济。据公私合营前1952年报表统计，计有南洋烟草、信谊药厂、统益纱厂、永安纱厂、中国投资公司、振华油漆公司、闸北水电公司约30余家公司，1300股各类股票。宝丰钱庄一家便如此，那陈氏钱庄实力可见一斑。

宝丰钱庄还是上虞家乡企业的管理处，春泽、同兴、协源、仁宝四家企业每月都有一份经营报表，呈送记录事务函件也很频繁，而清晰的资金款项往来也都有记录。

宝丰钱庄账册中，春晖中学、春晖小学办校经费始终记录在册，从未有一年中断，包括全面抗战时期，日本侵略者占领上虞，春晖中学迁移山区时亦如此，和丰钱庄的档案中也都有此类记载，一直至 1949 年前后。

宝丰钱庄对上虞家乡的各类慈善机构、项目的资助也从未停止过，就在抗战后，据 1946 年上虞县第八次县政会议记录，春澜公创办宝丰钱庄投资的春泽公司还捐助本县各级国民学校田产 200 亩，帮助当地学校增加办校经费以渡过时局的艰难。

宝丰钱庄与上虞家乡背景的客户，如世界书局、开明书店等文化团体的经济往来也非常频繁，陈氏钱庄都有此类机构详细的账目往来，因资料繁杂，不一一列举。

据秋山公自述，他还投资了怡和纱厂、永安纱厂、宁波和丰纱厂、宁绍轮胎公司、汉口水电公司、汉口第一次纱厂、重庆沙市纱厂、上海天一电影厂、萧绍嵊汽车公司等。

据钱庄史料记载，至 1948、1949 年秋山公还投资创办了兴业砖瓦厂、兴业纸浆厂，投资了无锡维新织漂印染厂、新华酸碱厂。1976 年，中国银行收到了香港正广和公司联系陈秋山有关股权转让之事。中国银行给当时上海市革委会的报告中提到了有外股五种以及若干存款，如不及时回收，香港当局将征税等等，可见陈秋山投资项目的多样性。

房地产是秋山公一直关心的事。春澜公早年在汉口购置了一批地产，约 50 幢房屋，利润空间很大，资本升值也较快。秋山公在祖父春澜公去世不久，也开始向房地产业进军了。

1921 年，以宝丰钱庄的名义在上海虹口购置了久耕里，地契面积 15 亩多，实际面积 14.645 亩，多余土地为筑路之用（英册道契 1870 号）。后因抗战期间虹口成为日本占领区，秋山公为避嫌不与侵略者合作共事，于 1943 年以中储券 350 万元出售给华倍公司，包括中一信托公司委托爱尔德有限公司经租的部分久耕里房产。顺便说明一下，抗战时期秋山公为不被日本人利用，不计损失歇业了几家钱庄，如春元永、和丰等钱庄。

1929 年 12 月 25 日，长孙陈钧台在同兴里春记老宅出生了，随后秋山公全家也就从上虞迁居到上海已购置的石门一路 251 弄 4 号和 315 弄 21 号（统称觉庐）定居，251 弄 4 号是秋山公与四个儿子居住，315 弄 21 号由长子陈西园一家居住（有 1946 年户籍为证）。

陈氏家族完成了由上虞到上海，再从上海回上虞，最后由上虞回归上海的历史大腾挪，时间已过去了将近 80 年。

1930 年以后，秋山公开始更加努力地去拓展事业的疆界。

陆续购置了牯岭路 145 弄人安里，左右六排八列，砖木二层假三层石库门里弄房 51 幢，面积 7041 平方米。

购置了愚园路 750 弄，康有为晚年居住于此，现为"愚园新村"，由浙江兴业银行建造的假四层新式里弄洋房 29 幢，每幢面积 110 平方米，总计 3910 平方米。

购置了石门一路 293 弄（283—311 号）人瑞里，砖木三层旧式里弄房 14 幢，面积 2319 平方米，作街面房出租，分别有服装、贸易、药房等租赁。

购置了凤阳路 60 弄、58 弄人和里，现已拆除，与牯岭路人安里结构差不多。

当时的房地产规模也不小，不同档次的房屋约有 150 幢，都是生活设施齐全，交通、购物便利的宜居家园。惟有当地地痞流氓捣乱闹事比较麻烦，还好有杜月笙此类朋友的关照，倒也相安无事。房地产投资顺风顺水，为陈氏家族增加了不少收入来源，使之能更好地抵御金融风险，扩大了业务范围，可见秋山公敏锐的观察力和独到的商业眼光，以及驾驭市场和人才的能力，为秋山公的产业赢得了更大的生存空间。

万事俱备，牢记祖宗不忘实业为发展之根本的遗训，是时候向"实业立家""实业兴国"的路上走出去了。

1931 年，秋山公当年 42 岁，这一年收购并改组了英国人 1901 年独资开设的老牌电器公司依巴德电器股份有限公司，主营电报、电话机无线电等通信设备和器材的批发、零售、代理工程。商品是国外定购进口的，服

祖父陈西园

务对象都是高端客户，主要是政府机构，如全国国有铁路、交通部、国防部、招商局、中央信托局等。

像春澜公当年培养他一样，秋山公也悉心培养长子陈西园，令他尽快进入商业领域，尽可能地接触社会各界人士。那年我祖父陈西园20岁（1911年生），他不负父望，经过几年的磨炼已能独当一面了。

1936年，父子俩当年分别为47岁、25岁，这一年投资成立了中国兴业热水瓶厂股份有限公司（以下称中国兴业热水瓶厂），生产双喜牌热水瓶。按秋山公的一贯作风，创办之初请出民族工业的佼佼者周和甫保驾护航，此人1934年创办合众冷气工程公司，是国内最早的冷冻设备专业制造厂，有能人助力，祖父陈西园任经理，聘任厂长、工程师、技术员多人。

中国兴业热水瓶厂最初的厂址在闸北宝昌路442号，抗战时厂房被毁，1838年迁于威海路262号，因生产规模扩大，1939年工厂一分为二。玻璃工场迁于江苏路95弄100号，1939年9月工厂从威海路262号迁至石门一路315弄，在我祖父住宅边购地建厂。

同时，设立发行销售机构，并在南京洪武路239号设立分发行所，设门市部于南京中正路中央商场，在杭州也设办事处于英士街20号。

中国兴业热水瓶厂生产各种规格热水瓶，产品销于京沪及长江沿线居多，中国香港、新加坡也有销售。据统计，1946年6—11月共计生产各类热水瓶62222只，销出67598只。

中国兴业热水瓶厂、生产长城牌热水瓶的立兴厂、生产金钱牌热水瓶的益丰搪瓷厂、金叶牌等五家是上海当时所谓的全能热水瓶厂，与其他众多热水瓶厂需多方合作方能生产完整热水瓶不同，全能热水瓶厂从瓶胆到瓶壳的制作，每一道工序都是自己独立完成生产，而不需依靠协作厂家，所以都具备相当规模，具有过硬的技术实力与一定的研发能力，不时有新产品推出。

中国兴业热水瓶厂工人最多时有 200 多人，有工程师、技术员和普通员工，他们都是按社会局的要求签订格式的固定工合同或非固定工合同，每天工作十小时，每周休一天，一年工作 303 天。

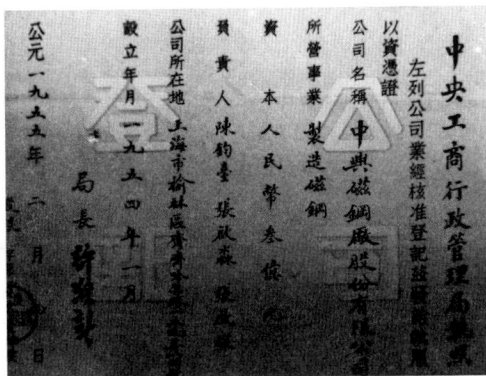

中兴磁钢厂股份公司核准登记执照

中国兴业热水瓶厂也是热水瓶行业公会理事单位，陈西园任公会理事。1947 年社会动荡，时局混乱，中国兴业热水瓶厂多次遭窃，案值数万元，委托厂副经理（世交的后代）张启峰，托人转呈当时的警察局长宣铁吾寻求帮助，尽早破案，宣铁吾特批转主管新成警察分局，促成破案。

秋山公实业兴国的观念成了家风，耳濡目染之下，他的长孙我的父亲陈钧台于 1951 年与父辈的朋友张启峰的兄弟张启淼等合伙成立上海中兴磁钢厂（有当年营业执照）。陈钧台时年 22 岁，该厂主要生产解放初当时国防工业等急需的贵金属材料、磁钢材料等，1955 年先与江南电工器材厂、北极电器磁钢工业社、永力冶炼磁钢厂有限公司合并，定名中兴磁钢厂股份有限公司。1958 年后与一篱笆之隔的同仁合金厂合并，当年全国人大委员长刘少奇曾视察同仁合金厂，1959 年迁厂嘉定，是上海合金厂的前身。

"文化大革命"后，陈钧台积极投身慈善事业，具体做的是残疾人康复领域，这一领域当时在国内还是空白，陈钧台联络旧友香港实业家吕建康以及他的女儿吕舜玲，积极向上海市有关部门建言，最后决定，在市红十字会的领导下，由热心于社会福利事业的吕舜玲女士及其亲友代表陈钧台和民政局、市红十字会等三方代表组成，成立上海市红十字会福利站，并经上海市编制委员会《沪编 81 字第 157 号》正式批复，成为上海首家民办公助的残疾人康复机构。

　　我有个叔叔陈铜台，从小特别爱读书，曾祖父爱孙心切，在宝丰钱庄专设陈铜台奖学金，鼓励孙辈努力学习，叔叔不负长辈托付，50年代毕业于清华大学，用学到的知识报效国家，服务于石油开采领域，参与了新疆等多个油田的大会战，开拓发展了中国海洋石油的建设，直至从中国海洋石油公司总工程师的岗位上退休，奉献年华五十载在石油战线奋斗了一辈子。

　　曾祖父陈秋山一生勤勉，立德立人，立业兴家，上无愧于开创基业的祖父陈春澜，下有功于陈氏家族的兴旺与传承。一方面，他发挥商业才华，致力于投资领域，始于金融业、发扬光大至民族工业、房地产业及其他实业。另一方面，他谨遵家风祖训，不忘实业而兴国，反哺而兴教，在危难时局为春晖中学保驾护航，守正笃实，久久为功。他的财富来自于民亦用之于民，谨遵祖父教诲成为了"一个对社会有用的人"。

（陈清淦，陈春澜五世孙，陈秋山曾孙）

先祖朱公葆三生平记事录

朱全卿

1848 年

3 月 11 日出生于浙江平湖乍浦县。排行第二，名佩珍，字葆三。朱熹第二十二世孙。（虹桥朱氏族谱卷九）国子监生花翎二品衔候选道，诰授资政大夫。①

朱葆三

1851 年

4 岁，全家迁居浙江定海，遂占籍为定海人。

1859 年

11 岁，移居定海县东乡北蝉村。弟捷三出生。

由于父亲在城里，葆三留守家中，俨然成为一家之主，家里大小事都由他承担。过早当家使他自小就养成了独立自主意识与观察分析事物能力。为了照顾母亲和弟弟，以及在城里的父亲，他每天早晨从北蝉村至定海县城去

---

① 朱葆三祖辈世代以当兵为业，居舍不定。祖籍徽州，自徽州经乍浦、黄岩、定海至上海，入籍定海。宗族归宁波镇海虹桥朱氏，系朱家瑶公派七房，属朱熹世孙。虹桥朱氏属徽州婺源朱熹宗族中徽荫堂一支后裔迁居宁波，定居镇海虹桥，繁衍成族，在五里桥建有家庙徽荫堂，供奉朱文公。曾祖父朱武宇，诰赠荣禄大夫，娶陈氏，诰赠一品夫人，合葬黄岩小南门外方山下凡井；生一子，朝龙。祖父朱朝龙，诰赠荣禄大夫，娶黄岩周氏，诰赠一品夫人，合葬黄岩小南门外方山下红石朱岩下；生祥麟、祥云、祥辉三子，三女。父朱祥麟，时任职于浙江平湖乍浦营都司，1851 年调任定海守备署右营游府都司（清同治年间），游击，貤封资政大夫；1861 年病逝，享年六十岁；娶黄岩方氏，貤封夫人，合葬定海北门外雷鼓山；生佩瑜、佩珍、华璋三子，四女。

看望父亲，顺便买回食物等归来侍奉母亲。每日往返数十里，习以为常。困苦的童年生活练就出朱葆三吃苦耐劳的品性。

1861 年

父亲病逝。母亲遂托乡亲带他进上海学生意。从此开始了他的传奇一生。乡亲荐他到上海协记五金店，拜店主为师，开始学徒生活。协记是一个吃食五金店，以经营罐头食品与小五金之类商品，货源来自洋人。学徒期朱葆三自学英语、珠算、书法、簿记、尺牍。三年中由学徒升跑街、进货员、会计员等职。

1864 年

17 岁，学徒三年满师。是年，账房先生去世，店主提拔朱葆三为总账房兼营业主任。

1867 年

娶定海傅氏。

1868 年

21 岁，协记经理病逝，朱葆三得店主信任升任经理。由于经营好，盈利可观，因分得的红利与额外酬金积累了一定的资本，成了有丰富商业经理知识的小商人。

1869 年

傅氏病亡，无生育。葬于定海玉兰桥。

1871 年

续娶定海夏氏。

1876 年

因欣赏时任上海制造局总办李兴锐人品高尚，与之订为至交。李当时经济较贫困，但为人清高，贫而不借钱。后李兴锐成为两广总督，请朱葆三去掌管财政，而朱因自己是一个商人，不敢轻入仕途，婉然拒绝。

1878 年

协记因店主病逝而闭歇。朱葆三由于经济与业务均已成熟，决定投资开办自己的商号，取名"慎裕五金号"，选址上海南市新开河。当时朱葆三最令人称道的，莫过于他有极好的人缘，以及在"协记"时练就的善于交际手腕灵活的专长，同时其英语专长在与洋行外商交往中胜人一筹。他礼聘好友顾晴川（其子顾维钧后为外交部长）为总账房。所聘店员都是行业专才，为慎裕以后快速发展打下了基础。

1879 年

多年来，交结了一位极为关键的同乡"五金大王"的叶澄衷。叶长其8 岁，朱葆三尊他为长辈。在事业上朱葆三得到了叶澄衷多方面的支持与帮助。

朱葆三交结的另一位关键人物是当时任上海县署主簿袁树勋（字海观，湖南湘潭人，太平军进入湖南时他被编入塔齐布统率的乡团，随即到沪，先后任上海县署主簿、江西景德镇知府、苏淞太道、山东巡抚、两广总督等职）。平时袁树勋常来慎裕闲聊，往来频繁，一时竟成莫逆之交。朱葆三、袁树勋、顾晴川三人还拜结为兄弟。

1880 年

筹办仁济善堂，1883 年租北海路格致中院。

由于业务扩大，慎裕五金号改名慎裕五金商行，受好友叶澄衷邀请，迁址叶澄衷所置上海福州路13号产业大楼内（四川路口）。主营大小五金、机械、钢材及进出口贸易，又开设新裕商行。年营业额在数十万两，成为五金魁首。同时还增加一项非常重要的业务，通过接收各慈善机构的现款存入行内，作为个人转用与放贷之用，开始涉足为人理财。而且在地产方面越做越大。

1882 年

10月3日，朱葆三36岁，妻夏氏第十次怀胎（前九次均流产），长子出生，取名鸿藻，字子奎（后又生子聪、子方二子）。朱葆三后有侧室吕氏，关宜人，关氏生子衡、子昭二子及七个女儿。

1886 年

次子出生，取名鸿达，字子聪。

1888 年

创办广益善堂，始设于天后宫余屋。1925年翻造堂屋。其他创办人有叶澄衷、王一亭。1945年朱子奎任副理事长，办理堂务。

1889 年

朱葆三参与投资华英药房，店址现福州路42号。主要股东袁树勋、严信厚、庄凌晨。集资一万两，是当时上海第二家华人创办的西药房。自创"润肺止咳露""明目精奇水"等。在1912年前营业额已达130万两，盈利达60万两，位上海药业之冠，1935年合并后改名为华美药房。

10月3日，三子出生，取名鸿逵，字子方。

1890 年

任英商平和洋行买办。平和洋行礼聘朱葆三的目的是希望通过其在商界与社会上的地位和影响力，来提高洋行在上海的信誉和市场的占有率。平和洋行从此在纺织机械、皮草业得到快速发展，建造了自己的办公楼、仓库，并垄断了上海的打包行业。成为英商在上海的十大企业之一。朱葆三当买办后，定海《挖花调》唱词中有"牛头朱葆三，平和做买办"，无意中也成为家喻户晓的人物。

增设了聚昌五金杂货号，兴昌珠宝玉器店等店铺。

1891 年

定海发生大火灾，半个市区成瓦砾。百姓露宿风餐，惨不忍睹。朱葆三率先捐巨款，以解燃眉之急。并号召绅商捐助，一呼百应，功德无量。

1893 年

定海又发生大旱灾，五谷不收。与 1891 年大火灾惨状相同，各方人士束手无策，遂又投入义赈活动，组织从芜湖急运大米至定海。一时义粟仁浆沾濡殆遍，民众莫不欢声雷动，颂先生之德。

1894 年

袁树勋调任江西景德镇知府，时发教案烧毁法国教堂 70 多处，事态十分严重，应袁之托，朱葆三请上海法国总主教出面调定，很快平息事态。

顺、直、奉、晋、京、吉林、黑龙江诸省天灾流行连年，朱葆三不遗余力地赈捐灾款，并以自己的声誉和威望募得巨款。朝廷特赏"勇于为善"匾额。

甲午战争爆发，定海遭日寇多次侵扰，为御外侮、清内奸，组织团练防护但缺少经费，于是朱葆三月寄数百金，以解决团练防护费用。

外商鸿源纱厂筹备之初，洋董邀请朱葆三入职董事会。

1895 年

购"济安"小轮，初试航运业务，仅限南通至上海。

10 月，朱家尖发生"争地事件"。两艘法国军舰抵达定海进行军事威胁，使旅居上海的舟山乡亲极为震惊，共举朱葆三、郭小兰赴宁波调介，旋拜会法国主教赵保禄并受到礼遇。主教随即去定海调解，迫使二艘法舰离开舟山。

7 月 31 日，四子出生，取名鸿钧，字子衡。

1896 年

朱葆三办理吉林制造局，成绩显著。输资清廷捐得三品候补道，成为沪上知名绅商。

1897 年

5 月 27 日，朱葆三投资创办中国通商银行，任总董（为开创时九位总董之一），行址中山东一路 7 号，资本 500 万两。共同投资人有盛宣怀、张振勋、叶澄衷、严信厚等。该行是我国第一家国人自办银行，打破外国银行独霸中国金融市场的局面。20 世纪 30 年代长子朱子奎任该行经理，印发有朱子奎签名的钞票。

创办内地自来水公司。

五子出生，取名子文，字子昭。

投资创办"东方轮船公司"。由于资金不足邀请法商立兴洋行参与投资，成为中法合资企业，其他投资人有李云书等。

虞洽卿一直尊朱葆三为师长，常在事业上请教。朱认为虞可以借鉴哈同在地产上的成功，发展地产。虞受启发即购苏州河东岸数百亩地，又购进闸北开顺里、天潼路顺徽里二条弄堂的房子，组成华顺，顺徽两个房地产公司。而自己的新宅建在海宁路，自此开始了他的地产事业。

捐款 2000 两，儒医周晓岚捐款 1000 两，在定海城南设立长春医局。当年发现自己患有糖尿病，遵医嘱控制饮食并开始服药。

1898 年

50 岁。进士、前翰林院编修、直隶候补道王修植，诰授光禄大夫、头品兵部尚书兼都察院右副都御史、前福建台湾巡抚、湖南巡抚邵友濂，分别为朱葆三作五十寿言（虹桥朱氏宗谱卷二十二）。

第二次四明公所案，与虞洽卿、沈仲礼等四明公所董事领导甬人对法斗争，并配合沈洪来发动广大甬籍劳工罢工、罢市迫使法国租界当局让步，保住了四明公所。①

同乡刘书云之子刘显哉拜见，朱见刘显哉诚厚恃重、精明干练、又有与外商交易的经验，推荐他去天津恒丰洋行买办间做"跑楼"。几年后又被朱推荐到顺全隆洋行任职。刘显哉因治事精勤、能精算操奇而赢，并以信义商德而行世，后又被荷商礼聘为天津恒丰洋行经理，成为名噪一时的天津商界巨商。由朱葆三推荐先后去天津的同乡还有孙尔善、朴道一、方安圃、金士祺等人，并且均在天津创造了事业，带动了一批同乡，形成了天津一带的宁波帮。

长子子奎娶定海方河头"九昌十八泰"主人许召卢三女许三妹为夫人，许氏长子奎二岁，育有五子一女（子奎成年时与镇海王氏定亲，但王氏未过门已病亡）。

1898 年前投资创办的其他企业有缲丝厂、纺纱局、马来西亚帮吉司橡胶公司。

1899 年

9 月 22 日，朱葆三投资上海华章机器造纸有限公司，并担任董事会七

---

① 1874 年，四明公所发生第一次流血案。1897 年，法租界公董局以筑路为名再次决定强占四明公所，1898 年年初，法国驻沪总领事白藻泰正式向上海道台提出扩展租界案，遭拒绝。5 月，白藻泰公然要求征收四明公所地产，甬人群起反对，7 月 16 日，法国海军陆战队悍然上岸，强占公所，并开枪打死两名华人。次日，30 万旅沪宁波人发动抵法运动，法租界所有商店全部停止营业，甬籍工人罢工。后经江苏布政史聂仲芳、上海道台蔡钧与法国租界当局交涉，达成初步协议，保留四明公所，但法租界扩张计划得到同意。清廷用严重的主权损失换来了四明公所的暂时安宁。

董事之一。资本45万两，派作4500股，每股100两。其他董事有耶松洋行屈的曼、道胜银行惠隆、立新洋行赖新、茂生洋行鲍尔、张磷魁、孙楚琴。1901年投产，1951年改为上海利华造纸厂。

11月20日，长孙出生，取名乃昌。在年过半百时终于盼来了迟到的孙子。此时的他已是候补道的身份，事业与名誉正隆，极喜爱长孙（宁波人有一个习惯就是把孙子当儿子养），于是一直把他带在身边。长孙懂事后就让他传递文件、批示、盖印，熟悉政、商两界的洽谈与交际，18岁时进三井银行，当时其父为三井银行买办。1931年日本在东北发动"九一八"事变，与其父、弟一起愤然退出三井银行，转入中华银行任襄理。解放后，银行实行改革，入中国人民银行任职。1959年退休，一生从事银行业。1972年病逝，终年74岁。

1900年

袁树勋调任苏淞太道，朱葆三受聘上海道台衙门总账房（袁树勋以后蔡乃煌、刘襄孙，两任道台继续请他当总账房）。朱葆三又推荐顾晴川为会计兼司银库出纳，为了增加上海道台库银的收入，慎裕将道台衙门经手的庚子赔款在周转期中拆放到上海各钱庄生息。于是朱葆三也成为当时对各钱庄有拆放权的钱业领袖。由于平时办事公正，为人耿直，受到国内外巨商大贾的加倍尊重，上海诸国领事对他也不敢怠慢，每遇难事必请朱葆三出面解决。

将济安轮租给大生纱厂，主持初组的广生轮船公司。

在外商鸿源纱厂召开的年度董事大会中，由主席提议、朱葆三附议通过一名董事的改选连任，这是华董积极行使自己权力的一种表现。

以四明公所董事名义与严信厚、席裕福、杨廷果、施则敬等共同创建济急会（济急善局）。

1901年

美孚火油开拓中国内陆市场，被聘为代理商。朱葆三认为这是家乡人脱贫致富的一条门路，就将此肥缺揽给了自己的学生并声明，谁获得成功，谁就把家乡人带出来共同致富。后来被朱推荐的丁慎庵（定海北门丁家第二子）、许维山、陈二梅、陈子钧等分别成为汉口、沙市、宜昌、常德的美孚洋行买办。而他们又把亲戚朋友、左邻右舍带去做生意，在汉口一带形成宁波帮。

1902 年

为给涉外商约谈判提供意见，时任中方首席代表的盛宣怀手谕上海道台袁树勋会同朱葆三等几位著名绅商紧急磋商，并在短期之内成立了近代中国第一个商会团体——上海商业会议公所，所址南京东路 146 号慈昌里。朱葆三为五个总董之一并兼议员，盛宣怀、严信厚任总理。公所章程为：1. 明宗旨，2. 通上下，3. 联群情，4. 陈利弊，5. 定规则，6. 追捕负。

上海商业会议公所在 1904 年改名上海商务总会，会址安庆路。1911 年又有上海商务公所成立。1912 年上海商务公所与上海商务总会合并成立上海总商会，1915 年经北京政府农商部批准，会址北苏州路 470 号。1949 年改上海市工商业联合会，会址香港路 51 号楼内。

与翰林院编修直隶候补道王修植、王绍勋等人共同捐银 6000 多两，作为办教育创业费。并呈准定海厅署，将厅署东南侧的关帝庙拨给他们作为创办官立申义蒙学堂校址。

改广生轮船公司为大生轮船公司，由通州和上海共同筹资，朱葆三负责招收沪股，行驶于通州、常熟、海门、上海一线。

9 月 5 日，长子子奎的次子出生，取名义昌。

1903 年

日俄战争爆发，大批难民与败兵风餐露宿，遍地哀鸿，惨不忍睹。会同任逢辛、施子英等人发起创办中国第一个红十字组织——万国红十字会。收留救济难民与败兵。吏部根据朱葆三的功绩，奏保朝廷，赏二品顶戴，诰授资政大夫。

1904 年

奉召进京，商讨振兴商务富国财经政策。

在大生轮船公司的基础上投资创办大达轮船公司（上海第一家民营轮船公司，至 1910 年拥有四艘轮船，吨位 1600 吨），集股 100 万两。其他投资人有张謇、李厚佑、汤寿潜。

2 月，日俄战争爆发。

5 月 29 日，又与沈仲礼等联合中外人士发起创办万国红十字会上海分会，驻沪办事处地址新闸路 856 号。推荐沈仲礼当会长，自己任稽核、财政出纳等筹款要职，全力解决红十字会经费，并组织救护团，赴东北治疗、接运难民。战争结束后该会又培训数千名救护队员为东北地区难民服务。1906 年由派驻英国公使去瑞士签订日内瓦公约，该分会获国际承认。1907 年改名为大清红十字会，成为全国性组织，1912 年改为中国红十字会总会，迁北京，上海设总办事处。曾创办三所红十字医院，后改中国红十字会第一医院，即现在的华山医院。

由英美两国为主的女侨民创办济良所，属美国教会，以收容妓女为主，所址东长治路 437—449 号。朱葆三是主要资助者，扩大后的"济良所"在天通庵路宝山路建造改造妓女的学校与医院，抗战时毁于日本军队的炮火。

12 月 28 日，与严信厚、沈敦和、虞洽卿、何良栋等出面为周生有案（俄兵无辜打死周生有）致电外务部，要求政府出面，饬令俄国领事交出凶犯。会同华官审办，"卑安众心而免意及外"。①

---

① 1904 年 12 月 15 日下午四时，沙俄军舰"亚斯古尔特"号二等水兵亚其夫、地亚克在南京路外滩乘黄包车不付钱，反而殴打车夫，顺手抄起路旁的铁斧砍去，误中过路人周生有。经过旷日持久的中俄外交商议，俄方无视中方要求参与审判并严惩肇者的正当权利，引起大规模抗议运动。最终由俄总领事阔雷明于 1905 年 1 月宣布判决：判决取消亚其夫一切权利，驱逐出国四年，兼作苦工；地亚克免于刑事处理；对周生有家属予以抚恤。审判结束，亚其夫由法国巡捕带往法租界西牢监禁。

1905 年

投资创办首家华商保险公司——华安保险公司。资本 50 万两，朱葆三任总董。司址静安寺路。其他投资人有王一亭、李平书、傅筱庵、严信厚。

投资创办中日上海绢丝公司（中日合办、集股），任总董。资本 40 万两，其他投资人有李厚佑、叶贻铨。

投资创办同利机纺织麻袋公司，任董事。资本 28 万两，其他投资人有严信厚、周金箴。

投资创办大有榨油厂，任董事长。资本 14 万两，其他投资人有席裕福。

投资创办中国图书公司。

投资创办江西蚕业公司。

投资创办大达轮步公司，地址浦西东门路至复兴东路沿江（大达码头），其他投资人有张謇。集资 60 万两。

由中国通商、交通、浙兴、浙江实业、盐业、中孚上海等银行联合建成上海银行公会，会所在上海银行，任理事。

因英租界工部苛捐杂税，引起摊贩及民众的抗议罢市，工部局以暴力镇压，拘捕数人。摊贩反抗更加激烈。聚集于市商务总会大门，拦住朱葆三汽车请愿，强烈要求以税额征税，并释放被拘人员。与英国领事交涉，达到目的，平息了摊贩罢市风潮。

5 月 8 日，上海各邦各业商人激愤于美国政府迫害华工，迫签新约。致电清政府、南北洋大臣，要求坚拒签约，通电 21 省商务局采取统一行动。

7 月，出面宴请美国财务官员及商人，要求改写歧视华工的《华工禁约》，遭拒绝。

7 月 20 日，在上海商务总会召开的会议上，代表洋广五金行业当众第一个在拒购美货认定书上签字，各行各业代表都纷纷上台签字，场面群情激昂，会后由上海总商会出面通电全国 35 个商埠，宣告抵美货行动正式开始。

11 月 11 日，长子子奎的三子出生，取名元昌。

11 月，上海租界外城厢地区试行地方自治，设立"总工程局"。领导机构为"参事会"，共有 33 人组成，任办事总董，与曾铸一起共同承担上海总商会和总工程局的双重职责。1909 年改为上海城厢自治公所（上海城中绅士以马路工程局官办腐败为由，申请改为绅办，以行使地方自治。上海道台袁树勋照会上海邑绅李钟玉等，支持地方绅商试行地方自治。推选代表经袁树勋选定）。

12 月，上海商业会议公所改组为上海商务总会。朝廷特准朱葆三为协理，曾铸为总理。

12 月 8 日，上海发生"大闹公堂案"，清廷派南洋大臣兼两江总督周馥到沪办案。由于中外对持，引发大规模的罢工。选派朱葆三、虞洽卿等人出面调停，工部局最后让步，释放了黎黄氏及其他华人。会审公堂今后由华人巡捕到庭维持秩序。开市复岗同时举行。①

官立申义蒙学堂改称申义初等小学堂。

次子子聪的长女出生，取名剑云。

1906 年

浙江盐务腐败，盐商侵蚀，朝廷电请其赴京商讨整治，并委任他为上海租界浙盐事务总办，成绩斐然，使盐务逐渐恢复正常。

2 月 8 日，发起创立上海租界内第一个华商参政机构"上海各业会馆华

---

① "大闹公堂案"又叫"黎黄氏案"。当时有粤籍官眷黎黄氏携带 15 名女佣过沪返籍，被工部局捕员指为"贩卖人口"，拘送公堂，公堂中方代表关炯之、金巩伯与陪审官英国副领事德为门之间因审毕羁押方式发生争执，德为门当众侮辱华官，金的官服被外方巡捕撕烂，引起华人强烈反应。次日，上海总商会召开千人大会表示抗议。15 日，工部局捕房受北京公使团命令故意将黎黄氏送广肇公所开释，侮辱会审公堂，激起民众更大怒火。18 日，公共租界商号罢市，激愤民众围攻捕房、市政厅，形势非常严重。适值清廷五大臣出洋途经上海，地方官员十分紧张，虞洽卿与关炯之向上海道台袁海观调队五万人维持秩序三日夜，后工部局作出口头承诺三点：女犯此后概归公堂收禁，德为门撤换事由两国政府决定；行凶捕头调查后予以处理。并同意华人组织咨询委员会协助工部局工作。至此，民众怒气稍息。在政府与总商会的劝令下商店才开市。

商公议会",任董事。其他发起人有虞洽卿、谢纯辉、周金箴均任董事（上海租界华商公议会难容于租界当局，3月13日，公共租界纳税外人会年会通过决议，以"工部局在《地皮章程》中并无承认华人组织'代表委员会'之权"宣告"不予承认"，公议会遂宣告解体）。

发起创立第一个华人武装团体——万国商团华人体操会，后改为万国商团中华队。其他发起人有虞洽卿、傅筱庵、李平书、王一亭。

发起组织宁商总会，并且获得了租界工部局第一号总会执照，称为"特别照会"，租界的捕房未经会审公堂的允许，不得任意到宁商工会捕人。宁商总会在辛亥革命前后成为革命党人秘密集会及掩护所。

发起成立第一个立宪团体——预备立宪公会。其他发起人有张謇、曾铸、荣宗敬、徐润、虞洽卿。

《新闻报》改为股份有限公司，参与投资成为股东。该报销量超过《申报》，成为销量第一。《新闻报》创建于1893年2月17日由张叔和、英商丹福士、菲里思出资创办，后洋股退出，1899年由福开森收购，原址山东中路。1903年新建报社，地址汉口路247号，1905年改为股份有限公司。

投资创办华人首家轮船公司——越东轮船公司，任董事长，资本5.5万两。购550吨"永利轮"，航行于上海与钱塘、宁波、温州等浙江沿海。其他投资人有陶祝华。

投资创办中兴面粉厂，任董事长。资本27.9万两。其他投资人有顾松泉、贝润荪、戴穆斋、王霭仁。1916年该厂先租给福新公司，后又卖给福新公司，称福新四厂。

与宋炜臣、王予坊等11人共同发起筹办汉口济水电厂，股本300万元，兴建水、电二厂。电厂设在汉口大王庙襄河边。1908年建成送电，有直流电机三台，总容量为1500千瓦，占当时全国民营电厂总容量的三分之一。规模居沪、京、穗、汉四大城市之首。水厂设在汉口宗关襄河边，并在后城马路（现中山大道）兴建水塔一座，1909年建成送水，日出水500万加仑。此举大大改善了汉口居民的照明与饮水条件。1909年扩股至500万元。

与李平书创办公立上海医院，院址积谷仓码头（今外马路、多稼路附近）。1934年改名为市立沪南医院。1947年改名为上海市立第二医院，现为上海第二人民医院。

与李平书、王一亭等创办上海孤儿院，又名龙华孤儿院。院址城南火神庙，现抚安街。1916年在龙华丰林桥（现枫林路）营建新院，1937年，全面抗日战争时，部分院舍被日机炸毁而停办。

四川路青年会由上海基督教青年会募捐6万两，总干事鲁尼斯在美国募捐6万美元，朱葆三捐赠四川路599号地皮一块，建成当时上海最新式的建筑楼。内设课堂、宿舍、健身房、淋浴室、大礼堂、会议室、游戏厅、弹子房、墙球房、办公室、游泳池等。

江北发生大水灾，蔓延全省，几成泽国。会同洋商李德立先生发起创办华洋义赈会，会址仁济路97号。历年拯救水、旱大灾及工赈，如堵筑高邮六大决口、浙江海塘工程、开凿陕西泾渭渠等。至1908年，三年共集资一百余万两巨款。为历来募捐者所罕闻。

创办四明医院，首任院长，院址八仙桥宁寿里（现为寿宁路）。1921年与葛虞臣、方式如一同发起募集十万余两银。在法租界爱来格路（现桃源路）维尔蒙路（现普安路）的原四明公所义冢地拨地十亩作为拓建医院用地。1921年9月建成正式开诊。设内科、伤外科、妇科、小儿科。朱葆三逝世后，院长一职由资深中医担任。现改名为曙光医院。

法租界当局再次借口扩展马路，要求四明公所拆迁。谈判破裂，宁波同乡会发起在法租界内举行总罢市，巡捕罢岗，煤气厂罢工，法租界陷入瘫痪。法租界当局请朱葆三出面调解，最后租界当局让步，四明公所没有迁移。前二次四明公所案件都由清政府赔偿法租界当局而平息事态。第三次终于以中国人获胜而告终。

本年投资、创办的其他公司有华兴水火保险公司、华成经保保险公司、宁波和丰纱厂、天津津门洋行、广州自来水厂（资本167.8万元）、海州赣丰饼油厂（资本42万元），在上述企业均任董事或董事长。

选址定海北门小余桥东侧建造家宅。

1907 年

发起成立华商水火险公会，被九家会员公司一致推举为会长，此为中国保险史上出现的首家华商保险同业公会。公会由华兴、华安、华成、华通、源安、源盛、合众、万丰、福安九家组成。除前三家总公司在上海，其余总公司在中国香港。比上海银行公会成立早 8 年，但晚于上海外商火险公会 8 年。

投资创办浙江兴业银行，任董事。行址北京路 230 号。

6 月，捐资中德合办的上海德文医学堂，并担任董事会董事。1905 年光绪皇帝发布敕令，德国驻沪领事克纳尔号召中德商人捐款，上海各界筹集款达 17000 马克，校舍初租白克路（今凤阳路）两幢小楼。董事会 22 人组成，主要成员有德医公会元老宝隆、福沙伯、福尔克尔三名德国商人，莱姆克、米歇劳、赖纳，两名中国绅商朱葆三、虞洽卿及德国总领事馆副领事等。首任校长宝隆。1908 年改名德文医学堂，同年在宝昌路以南（现淮海中路），金神露以西地段建校舍（现瑞金二路），于 1909 年落成使用。1912 年更名为"同济医工学堂"。1924 年 5 月 20 日，经南京国民政府教育部批准改名为"同济医工大学"。1927 年，由南京国民政府教育部接管，命名为"国立同济大学"。

10 月 8 日，举行中国青年会新楼揭幕典礼暨美国陆军部长达夫提（下任总统候选人）欢迎会，他的访华很受重视。朱葆三出席大会并在主席台上就座。该晚，寓居上海的美国人在礼查饭店举行宴会招待达夫提一行，朱葆三出席宴会。主客共 230 人，各国均有参加。据说上海从未举行如此盛大的宴会，宴会厅里高悬中美两国国旗，主客分为七桌，中外混席而坐。第一桌 37 人，有达夫提、马士、萨镇冰（水师提督）、朱葆三。第四桌有威尔弗雷、唐露园、乌挺生，第五桌有田夏礼、沈敦和。上第一道菜时，乐队奏《哥伦比亚友》与《中国皇帝》。达夫提发表长篇演说，阐释美国门户开放政策，评论美中关系，褒扬美国人在上海的贡献。值得注意的是，当时中国还没有国歌，所以乐队奏的是《中国皇帝》。

11 月 10 日，宁波旅沪同乡在三马路宝安里召开浙路集款会，认股 700 万银圆。16 日召开第二次会议，成立商办浙路甬属集股处。七位干事为：朱葆三、李书平、陈子琴、周金鉴、虞洽卿、严子彬、樊时勋。①

11 月，定海发生岭碇案件。因当局扣押无辜，激起民愤，提出要求，请朱葆三与镇海吴吉人出来主持公道。经朱协调得到解决。

浙江旅沪学会正式成立，被举为十六董事之一。该会宗旨是"敦厚乡谊，维护旅沪浙人公益，维持本省地方公益，研究学术，考求政法，推广教育"。

参与投资立大面粉厂，资本 27.9 万元。其他投资人有顾馨一、王一亭、沈曼芸、李平书、叶鸿英、苏本炎。

次子子聪的次女出生，取名菊妹。

与严筱舫共同创办吴淞时疫医院。

1908 年

农历正月二十日，夏氏病逝，享年六十岁。葬定海玉兰桥。

3 月 5 日，租界英商"上海电车公司"举行盛大通车典礼，与虞洽卿等上海名人应邀参加庆典。

在南京鼓楼开幕的南洋劝业会上与吕岳泉结交，为两人日后合作的开端。

投资创办四明商业储蓄银行，任总董。该行全部由甬籍人员组成，资本 150 万两，实收 50 万两。行址宁波路（1921 年迁北京路）。其他投资人

① 1903 年起全国人民开展路权运动。1905 年，浙江绅商成立商办铁路公司，奏准招股兴筑全浙铁路公司。英国则以 1898 年曾订立借款代筑苏杭甬铁路为由，胁迫清政府改订正约。1907 年清政府又把路权奉送给英国，只准两省绅商搭股。激起两省人民无比愤慨，把收回路权运动推向高潮。抗议清政府谕旨，然后引发上述浙路集款会。收回路权运动，最终成为辛亥革命运动的导火线。

有李云书、虞洽卿、陈薰等。四明银行为宁波帮在上海创办的自己的银行，是我国最早创建的商办银行之一。钞票正面为"四明商业储蓄银行"，背面英文则为"宁波商业银行"，简称"四明银行"。

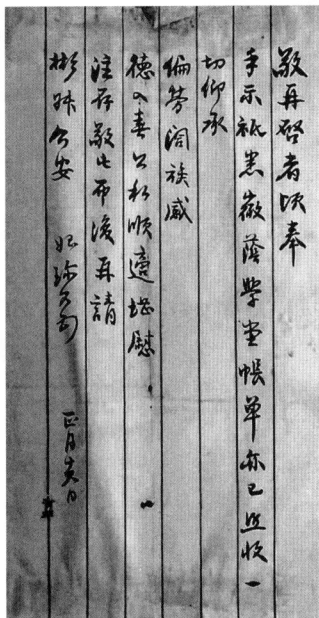

朱葆三致朱彬绳

投资创办宁绍轮船公司，任董事。资本100万两，实收70万两。宁绍轮吨位2600吨。其他投资人有虞洽卿、方舜年、严义彬、陈薰等。总公司设于上海，分公司设在宁波江北岸，有"宁绍""甬兴""赣宁绍"三轮，开创之初借用上海大达公司的十六浦一段自建码头、栈房。航行于上海、宁波之间，客货兼运。

上海时疫流行十分严重，往往朝发而夕毙。在此情况下，与沈仲礼共同请英国医学专家柯师医生，用西医新法救活2000多人。用款数万两，皆由朱、沈两人分认与竭力劝筹。

与旅沪绅商投资建造的"定海南郊商旅济生公所"告竣。朱葆三、刘东峰、丁紫垣、胡汝舟、许召卢、朱捷三等六人邀集绅、商两界百余人共同参观。

觉得自己的成功、幸福与先祖的荫佑分不开，为报答先祖的恩典，多年前朱葆三就开始了寻根之旅。他顺着父亲的足迹，追踪到黄岩，又从黄岩追踪到徽州，最后着落在宁波镇海虹桥朱家（镇海五里桥，宁镇公路沿线），当时虹桥徽荫堂由朱彬绳主持。从徽荫堂虹桥朱氏宗谱卷九考证，朱葆三为朱熹二十二代世孙。由于年代久远，朱葆三与朱彬绳等宗亲决定重修宗谱以及徽荫堂。

在定海北门小余桥下建朱氏家祠。朱氏家祠西与丁四房隔河相对。家祠皆为砖木结构平屋，前后二进，五开间，三厢房，连同用房共27间。屋宇雄伟，与家宅匹配。四周建有巡更道，大道地插旗杆。并修家谱。

9月7日，长子子奎的长女出生，取名桂娟。

1909 年

浙江地方银号经朝廷核准改为浙江银行，为官督商办性质，官股白银 30 万两，商股 24 万两，总行设在杭州，在上海北京路 39 号设立分公司。参与投资并为驻行董事兼上海分行协理。该行是全国第一家由官银号改组为地方银号，代理省库。1912 年改名为中华民国浙江银行，由官督商办改为官商合办，股本 60 万两，官股 60%，商股 40%。朱葆三为商股大股东，任总经理。主要投资人有岑椿煊、朱晓南、朱蘅斋。

投资江南银行，任董事。

投资中孚银行，任董事。

6月，宁绍轮船公司开创初期，实行低廉票价，从原来的一元降到五角，受到同乡欢迎。但英商太古轮船公司、东方轮船公司等外资公司即以雄厚的资本实力开始价格竞争，从五角降到三角，企图压垮宁绍轮船公司。在此情况下与虞洽卿、方樵岑、秦润卿组织"船业维持会"募集资金 20 万元以补贴票价从五角降到三角的差价部分。同时也要求四明银行出面支持宁绍公司，宁波同乡会还发出专函要求会员把货物交付宁绍公司承运。致使外资公司在竞争中坚持不下去，最后出面与宁绍公司言和，双方同意以宁绍公司制订的每票五角价格为双方统一价格，使宁绍公司与外资的竞争中胜出，这与朱葆三利用宁波同乡会的力量分不开的。

集资重建定海祖印寺，占地 5125 平方米。购置进口铁沙木为主要木材，现有建筑中天殿、大雄宝殿、后大殿、钟楼以及东厢房等均为当时所建。祖印寺寺址在定海昌国路，前身为五代后晋天福五年（940 年）所建衢山岛祖印院；1238 年，迁县城与接待寺合建祖印寺；元代时，高僧一山一宁（台州临海人）主持，弘传佛法，声誉鹊起。后屡建屡修。

与钱达之、孙梅堂、谢蘅聪、陈韵泉、陈蓉馆等人发起捐资复兴慈溪人洪宝斋创办的"四明旅沪同乡会"，会址汉口路。

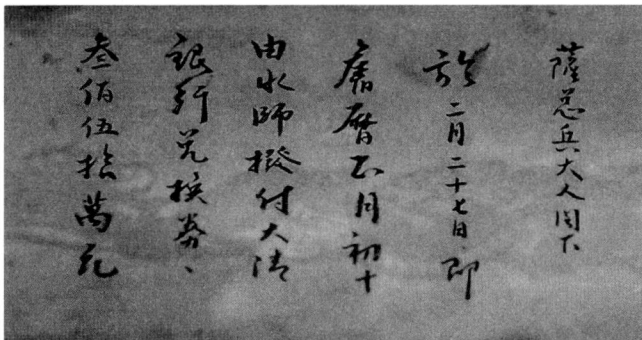

朱葆三致总兵萨镇冰便条

7月22日，由"洵、萨两海军大臣等会勘军港，将次抵定海"，绅商学界预备在大校场特开欢迎大会。朱葆三、虞洽卿、樊时勋等人从上海抵达定海。此后几天，作为宁绅欢迎代表的朱葆三、樊时勋等人陪同洵、萨两海军大臣会勘军港。

10月10日，上海城厢内外救火联合会在蓬莱路地方公益研究会召开两周年纪念会，与李平书、王一亭等十五人被选举为会长。

11月12日，长子子奎的四子出生，取名瑞昌。

次子子聪的三女出生，取名琰云。

1910年

诰授资政大夫、一品顶戴、陆军部尚书、两广总督、山东巡抚袁树勋为朱葆三作六十寿言。并由诰授光禄大夫、特赏太子少保、紫禁城骑马、邮传部尚书、前两广总督岑春煊书写。

4月14日，四明旅沪同乡会改名为宁波旅沪同乡会，在福州路22号设立事务所，5月订立同乡会章程。同乡会设会员大会、理事会、监事会三权分立的组织形式。经费除接受捐赠外，主要来自会员会费。

与德国人合资，在青岛设立中国制碱公司。

12月12日，华洋义赈会在张园召开会议，选举沈仲礼为华方议长，朱葆三、丁维蕃任华方董事。

至 1910 年，朱葆三投资创办的公益事业有洋货商业工会商学工会、浙江旅沪学会上海尚贤学堂、青年会商业学堂广义善堂、仁济善堂位中善堂、济良所贫儿院、新普善堂普益习艺所、同义与联义两慈善会、定海善长公所、体仁局台州公所、延绪山庄定海济生公所、定海会馆宁波仁安公所，并均任董事长或董事之职。

虹桥朱氏宗谱完稿付印，徽荫堂也焕然一新，并在徽荫堂旁划出一部分房屋创办徽荫学校。与朱蘅斋合捐民田五十六亩（市值三千元银洋）作为镇海虹桥徽荫学校的不动产，以支持学校的办学经费。

1911 年

12 月 21 日，宁波旅沪同乡会在四明公所召开成立大会，明确以"团结同乡团体，发挥自治精神"为宗旨，致力于保卫乡人，排难解纷，普及教育等事业。公推沈仲礼为会长，朱葆三、虞洽卿为副会长。同年 4 月会址迁九江路 7 号（1918 年 12 月迁至河南路抛球场 364 号，1921 年迁入西藏路 480 号新会所）。

朱葆三在宁波旅沪同乡会 1911—1912 年任副会长，1921—1926 年任会长。其一生为同乡做了大量的工作，形成了宁波帮商人通过同乡引荐，把势力深入到各个行业和各个阶层。仅其一人作保推荐已不知凡几，而为人赔保无数。为方便赔保，干脆成立一个赔保机构，专职处理赔保事务。其还有一个习惯，即在年三十夜，将到期两年未还的借条由长孙拣出烧毁，以教孙儿以宽厚待人为本。在宁波籍买办中更是多出于朱葆三的引荐，被誉为"买办中的买办"。

4 月，发起成立上海商团联合会。该联合会具有资产阶级准军事性质的团体。名义上处于清政府上海道台掌握之下，后来却成了参加辛亥革命上海起义的部队，是统治者始料不及的。其他发起人有虞洽卿、李平书、王一亭等。上海商团的成立，是沪埠绅商实力增强的标志，该会源自朱葆三、虞洽卿 1905 年发起创办的中华体操会，1907 年加入公共租界万国商团，为万国商团中华团。商团不仅在光复上海之役中英勇奋战，而且为孙中山来沪赴南京任临时大总统时担任护卫之职，并对上海革命后的社会稳定起了决定性的作用。

5月，清政府皇族内阁成立，宣告了宪政运动的破产。开始与清政府决裂。当时慎裕五金行伙计张晋①告诉朱葆三自己已参加了光复会，并在慎裕店先后介绍胡良箴、虞音（均为定海人）加入光复会。朱葆三同意张晋继续利用慎裕店作为他们和光复会联系与活动的场所。

5月，经沈缦云介绍，与陈其美建立关系。朱葆三长陈其美30岁。为助陈其美在沪开展工作，在粤华菜馆设宴，将周承弼、李平书、孙梅堂、方椒伯等头面人介绍于陈其美（这些人均为起义骨干及都督府主要成员）。为陈其美的安全考虑，朱葆三在粤华菜馆包租一房间和清和坊一座琴楼别墅供陈其美使用。为解决筹措革命经费，除向陈其美推荐虞洽卿外，并和虞洽卿二人以个人名义组织革命军筹饷征募队，虞洽卿担任队长，带领青年志士四处游说，向殷富人家劝募。传闻虞洽卿曾跪求朱葆三动员商界出钱，"男儿膝下有黄金"成为一时佳话。

8月1日，长子子奎的五子出生，取名溶昌。

10月，在上海起义前，与李平书、王一亭等人，负责对清政府的军警部队进行策反。经劝说后，巡防营统领兼吴淞炮台总台官姜国梁表示赞同革命，倒向同盟会。促使巡防营、吴淞炮台的清军官兵倒戈相向，使起义行动

---

① 张晋，定海蝉北人。光复会骨干，是一个传奇的人物。光复会组织很严密，加入时要举行刺血和对天发誓仪式。张晋参加了上海的光复战斗。其后，张晋和胡良箴受上海光复会的派遣前往浙江，宁波光复后受宁波军政府命由张晋、范贤乃（宁波人）率民军380人光复定海。胡良箴、钱保杭前往慈溪收缴县印。11月8日，光复民军到定海，受到民众的欢迎，张晋颁布安民告示，当晚在原厅署内开会宣布旧官吏已推翻，组织成立定海军政支部。公推乐骏等8人为定海军政支部各部负责人。张晋又率民军赴岱山、沈家门。11月11日，定海宣布独立，把原定海厅改为定海县。定海光复后，张晋回到慎裕五金商行，实践了光复会"光复汉族，还我河山，以身许国，功成身退"的入会誓言。朱葆三十分敬佩和看重他的政治操守。孙中山二次革命失败后助他出国留洋。胡良箴回宁波军政府后也引退，虞音随上海光复会攻打南京后下落不明。

如虎添翼。

10月24日，朱葆三、沈敦和等在上海大马路工部局议事厅召开中国红十字会特别大会，宣布成立"中国红十字会万国董事会"，中外人士700多人与会。大会决定以三马路《新闻报》报馆楼上为红十字会事务所。朱葆三和正金银行大班儿（倪）玉被推举为会计。当场募得银洋9339元，银4082两，药品、衣物不计件数。中国红十字会万国董事会和中国红十字会事务所的组建，保障了武昌辛亥革命战时救护的有效实施。

11月3日，上午11时上海起义提前开始，攻打江南制造局时，陈其美上阵劝降不幸被拘，强攻又遭失败。此时，朱葆三从上海道台刘燕冀处获悉清政府南京督署密电："上海革命党人起事，商团尽叛，两江总督已调清军向上海进攻。并饬令无论革命党人或商团团员，捕擒后立即正法"。遂即潜往南市毛家弄商团司令部密告李平书、王一亭、沈缦云。商团司令部迅即重新组织商团力量，会同友军连夜猛攻制造局，黎明前攻克并救出陈其美。而朱葆三在密告后潜回，并随同道台刘燕翼、上海知县田宝荣逃往租界洋务局避难。造成城内文武官员顿时群龙无首，纷纷出逃，商团火烧道、县衙署，各城楼先后悬挂白旗和革命旗，城门由起义军把守，大街小巷张贴着起义军的告示。上海城未经战斗即被商团占领。

11月4日凌晨，全市光复，朱葆三虽没有直接参加火线，但他在起义前做了大量的工作，特别是对清政府军警部队的策反、通报情报及安排道台出走对上海光复都起到十分关键的作用。

11月5日，朱葆三与吴澄瀛、虞洽卿等13人共同发起组织商界共和团。以赞助共和，扶持国民军为宗旨，入团者一律剪去发辫，并负有讲解共和原理，资助革命军政府，侦察奸宄破坏活动之责。

光复后，上海商务总会对时局变化迟缓，引起绅商们不满，发起成立上海商务公所，被公举为会长。召集虞洽卿、朱葡斋、傅筱庵、朱晓南、李征伍等一批工商界精英36人，组成财政研究会，作为军政府财政决策智囊机构，被喻为"革命商会"，会址爱而近路（今安庆路）。

宁波光复后，宁波旅沪同乡会推选朱葆三、虞洽卿等13人为代表，赴宁波犒劳革命军将士，并参加地方善后会议。提议创设六邑联合会（六邑指宁波府城下辖的鄞县、镇海、慈溪、奉化、定海、象山），管理商务、财政、交涉等事，意图官绅合作，共同办好地方事业。

杭州光复，朱介人、童保宣争夺都督职位，各不相让，褚慧僧，陈泉卿等赶到上海，请陈其美速定办法。陈其美即邀集朱葆三、虞洽卿、庞莱臣、张芝仙等人商议浙督人选，都认为汤寿潜最为适宜，要杭州军界以大局为重。褚、陈等回杭后，邀集地方知名人士敦请汤就职，11月7日汤寿潜被公举为浙江军政府第一任都督。

苏州各界要求江苏巡抚程德全和两江总督张人骏宣布独立，但程德全以军费短缺为借口要挟，发起聚集资金，由虞洽卿带100万两银，两次赴苏州劝说程德全，促使他宣布和平光复。但南京张人骏不接受。陈其美决定攻打南京。朱葆三等14人联名发起劝募军费，物资，由虞洽卿将大量军械，军需物资送往南京前线，有力鼓舞了前方将士。至12月12日攻克南京。

12月2日在张园（南京西路吴江路）召开千余人参加的财政大会，一致公举朱葆三为财政总长，因系大会公举而当选，虽欲推辞已不可能了，在此情况下，朱葆三提出"毋苛捐，毋滥费，毋挠权"三个条件后正式受任，并和由他推荐的财政部官员一起不支薪水，不领车马费，皆尽义务。其能任财政总长有三个原因：一是他与银行界关系密切，二是他能获得大众的信仰，三是他不会营私舞弊。他的人品得到社会的认同。上任第一天以私人名义向中外各大银行筹款，当即就有6家外国银行，每家允借5万两，90多家华商银行及钱庄，每家答应2万两，这样不出一天时间就筹集了200多万两军需款，用于攻克南京。

12月4日，与李征五、虞洽卿、李平书、王一亭等商界人士组织敬礼海陆军人大会，为参加北伐南京等地的江浙联军将士助威。

12月10日，发起成立财经研究会，定期在上海商务公所研究盐政、厘金及私茶出口、洋货进口等问题，由此密切了军政府、商务公所与上海商界的联系。

12月18日，与吴登瀛、虞洽卿、陆维庸等在英租界白克路侯在里发起成立商界共和团，"以赞助共和，扶持民国军"为宗旨，任务为："宣讲共和原理及专制流毒，使人人平等、自由、幸福""组织力量侦查汉奸售军货及私运粮食用品接济清廷、残害同胞的行为，加以处罚""劝募款项，缴解军政府，以应军需及财政之用"。

12月20日，为促进南北议和，确保民主共和政体建立，商界共和团与国民协会、共和促进会、共和建设联合发表公告，申明坚决反对君主立宪政体的主张。表示"君主立宪我国国民万死不认，誓当直捣黄龙，还我河山，以上慰我祖黄帝之灵，下为死事诸同胞之义"。同时商界共和团单独致函清廷议和专使唐绍仪，申明坚决反对君主政体的主张，要求他"劝袁反正，一言定天下"。

12月25日，与各界人士前往码头迎接孙中山到沪。亲闻孙中山介绍国外爱国情形，朱葆三问中山先生带回多少银两，孙中山答"未带银饷，只带来了革命精神"。朱葆三遂向中山先生建议创建中华银行，以解决财政困难，筹集军费。

12月26日，受陈其美委托，招募20万两创建中华银行，并主持银行的业务管理。行址南市久大码头吉祥弄口财政部总事所内，后迁北京路290号。中华银行为开国第一银行。履行中央银行职能。开办初期就为军政府筹办两百多万两，供军政府使用。

辛亥革命后，浙江军政府接收浙江银行，并改名为中华民国浙江银行，仍为官督商办性质。朱葆三任总经理，负责主持全部工作（朱蘅斋、陈显如为协理），在浙军加入苏浙联军进攻南京时，浙江都督汤寿潜以军饷不足，曾委托该行发行军用票200万元，以助军用。南京攻克，浙军凯旋后，此项军票全数收回，股东与百姓未受损失，行誉渐著。业务迅速发展，当时并印发有朱葆三印章和英文签名的钞票。

投资创办宁波电话股份有限公司，初创时只有100门磁石交换机。开创宁波电话业。

投资长兴铁路（长兴至五里桥）。

朱佩珍（即朱葆三）编辑的《竹坪先生（陈熙元）百岁仙寿启一卷附行状一卷，传一卷》铅印本出版（该书藏上海图书馆古籍部）。书中指出，陈熙元于19世纪50年代初至上海后，不久即成为著名的"丝通事"，并自设裕昌丝栈。

在定海投资创立的企业及公益事业有：定海电力公司、舟山电灯公司、舟山轮船公司、定海会馆。

修建定海南门南珍桥（另有一座北佩桥建在何处待查）。

1912 年

1 月，沪军都督府筹措军政费用再度没有着落，陈其美等人决定提用存于上海各钱庄的道库存款，当时避居租界的道台刘燕翼将存折交外国领事馆保管，但各国领事借口未承认革命政府不允许将道台交来的钱庄存折交出。而钱庄坚持非要凭存折才能取款，钱业与沪军都督府的矛盾激化。于是人们想到了朱葆三。一个能让钱业与沪军都督府都能接受的人。经磋商，钱庄出款由朱核收，朱以个人信誉出具担保，承诺保证钱庄利益不受损失。此据又使沪军都督府收到 37 万两款子，提款风波的平息。朱葆三的名字就是一种信用，故上海滩流传一句唱词"道台一颗印，不及朱葆三一封信"。

1 月 10 日，中华银行召开股东大会，推举孙中山为总董。朱葆三、黄兴、陈其美、王一亭、李平书、沈缦云为董事。为解决军政府的费用急需，以发行军用钞票作抵，向外商、钱业及工商各界借款（军用钞票印有沪军都督、财政总长印）。由于信誉良好，各界踊跃认购，风行全国。

2 月 13 日，朱葆三对招商局董事会承诺后，持轮船招商局董事会诸董事签字，到轮船招商局提取通商银行股份票 20 万两。

2 月 21 日，因无法再筹集巨款，朱葆三第一次向孙中山提出辞职。辞职未被接受，后数度请辞，方才获准。任期内为解决军政府财政困难，利用自己在商界的声誉和同外商的关系，会同虞洽卿、王一亭等人，向中外银行，四明、浙江兴业、荷兰、汇丰，以及宁绍轮船公司（16万两）、中华银行（65万两）祥泰布庄、三井洋行等借款数百万两。

4月20日，沪军都督陈其美、黄兴、朱葆三与日商三井洋行签订15万两借款合同，即第一次沪督三井借款（6月1日沪督陈其美、朱葆三与日商三井洋行签订借款10万两合同，为第二次沪督三井借款。6月13号，沪督陈其美、朱葆三与日商三井洋行签订借款10万两合同，为第三次沪督三井借款）。

5月15日，孙中山发起组织中日合办的中国兴业公司，在上海召开筹备会，朱葆三、沈曼云、张静江、王一亭、宋嘉树等任筹备员。

6月，发起并投资创办华安合群人寿保险公司，任董事，司址上海外滩路30号，当时最大的保险公司，其他投资人有吕岳寿、徐绍桢、王人文、顾棠三。7月1日在上海正式开业。公司招股10000股、每股100两，先交20两，实收20万两。公司规定是纯粹华人资本，只收中国人的股份。如有将股票转售给外籍者，均为无效。同时规定投资数额大的客户与董事一样享有决议权。这是很特殊的。

6月，孙中山辞中华银行总董，由朱接任中华银行总董（后改为董事长），时发生军用券挤兑风潮，朱葆三出面向承裕、恒祥、宝和、福康、永丰、同余、汇康、豫源、恒兴等15家钱庄借款10.5万两，维持军用券信誉，平息挤兑风潮。

6月11日，上海商务公所，上海商务总会合并改组为上海总商会，任议董。会址河南路桥北塅。

8月1日，陈其美在辞去沪军都督后对军队的演讲中肯定了朱葆三的功绩："……嗣以共和成立，财政又极困难，沪军军饷皆承财政司朱葆三先生及各界之力，多方告贷而来。"

8月25日，同盟会联合统一共和党、国民共进会、国民公党、共和实进会而改称国民党，并在北京召开成立大会。12月8日，中国国民党上海分部成立，王一亭任部长，朱葆三、沈缦云任副部长。可见，朱葆三在上海光复活动中是积极有功的，并得到了充分的认可。

9月，改组宁波电话公司，与厉树雄合资成立四明电话有限公司。

10月，作为24名特邀代表之一赴北京参加全国临时工商会议。出席代表共152人，特邀代表还有张謇、周金箴、刘揆一。

11月，宁波旅沪同乡会推举朱葆三任会长，并和虞洽卿、李征五等13人回宁波参加地方善后会议，创设六县联合会，意图相辅而治，共同办好地方事业。

农历11月9日，母亲方氏病逝。在母亲病重时朱葆三已率全家赴定海侍候。母亲逝世后，入葬于定海北门外雷鼓山上父亲墓中。

12月11日，发表《朱葆三呈孙大总统沪军都督文》。

中国红十字会获世界红十字会国际委员会承认。

创办妇孺救济会又称中国妇孺救济总会，任会长，会址民国路，其他创办人徐干、王一亭。后在江湾购地40亩，在江湾镇西站路建留养院，根据政府与家属提供的妇女失踪报告雇用私家侦探进行调查追踪，一旦查到即会同政府有关部强行索回被拐妇女、儿童。无家可归者则送习艺所培养谋业技能。至1924年，共救回被拐妇女2831名，资遣回家以及召集家族领回者1991名。由该会择配妇女120名，留养院内的还有620名。

创办广益中医院，院址劳勃生路88号，私立。宗旨施药给医，分住院、门诊两部。住院病人药品、衣被、水电等一概免费。1940年改为国医平民医院。1953年6月移交上海市第一平民诊疗所。

当时定海常有灾情，朱葆三独资先后运粮9批，救济家乡灾民。费银3.8万两。

申义初等小学堂改为私立申义小学，并负担办学全部经费。学校很注重汉文、英文、算术的教育，同时特别增设商业补习班。1925年又增加了高小班，使申义小学成了完全小学。朱葆三逝世后由长子朱子奎接任，操办全部费用。全面抗战爆发后因资金无法汇入而休学。抗战胜利，私立申义小学并入城镇第一中心国民学校。解放后改为城关中心小学。该校 1990 年被收录于《教育大辞典》，1998 年学校新建后改为定海小学，当年由朱葆三后裔捐款 27.5 万两成立了朱葆三教育基金会。会长由朱葆三曾孙朱全卿担任。

许夫人病亡，终年 32 岁。育有五子一女。

次了了聪的四女出生，取名霞芬。

次子子聪病逝，终年 26 岁。

1913 年

2 月 19 日，出席上海华安合群保寿公司股董大会。

2 月 26 日，中华银行在上海召开全体股东大会，决定改为商办，改名为中华商业储蓄银行，资本 25 万两。行址由南市久大码头迁至福州路慎裕五金行铺面，朱葆三出任董事长。其他投资人有顾馨一等。

袁世凯图谋称帝，陈其美在沪以倒袁为名，向浙江银行借款 4 万两，经朱葆三同意后，全数拨付，这是营业外的关系，也是该行第一次的亏损，需在该行行员的红利中拨还。但倒袁是当时政治上的正义之举，朱葆三的这一决定，得到董事会和全体行员的支持。

3 月 20 日，国民党代理事长宋教仁被暗杀，朱葆三当即与王一亭、沈缦云以国民党上海分部正、副部长身份致电袁世凯，要整顿吏治，保护人民，协力缉凶，严肃法纪。

4 月 13 日，国民党上海交通部假座张园召开宋教仁追悼大会，朱葆三担任大会职员。国民党各支部均派代表参加。

4 月，孙中山抵沪，并在中国铁路总公司内设中日合作中国兴业公司筹备事务所。5 月 17 日，出席中国兴业公司首次筹备员会议者有孙中山、朱葆三、沈缦云、印锡章、庞青城、宋嘉树、王一亭。7 月，因讨袁失败，孙中山出走，中国兴业公司流产。

7 月 21 日，袁世凯派人暗杀宋教仁后，与英、法等五国签订《善后借款合同》，筹措武力统一中国的战费，反动面目彻底暴露。孙中山领导国民党人在江西、江苏、安徽、广东以及上海等地举兵反袁，发动"二次革命"。上海总商会举行特别议董会议，讨论是否赞成上海独立。20多名议董中多数因屈服于袁世凯的压力，害怕战争会影响刚安定下来的和平局面，作出了不予接济的决定。仅4名议董赞成，朱葆三在会上未表态。但是从讨袁军筹组开始，直到"二次革命"失败，朱葆三个人在"二次革命"时期中却是全力支持孙中山，并资助、组织筹款。①

7月，朱葆三投资创办上海华商电车公司，任董事，资本100万两，董事长陆伯鸿。在南市老城区开辟有轨电车线路。电车工程由德国西门子公司承造，1919年6月竣工。

8月11日，中国人经营的第一条有轨电车超正式营运，定名1号电车。发起创办宁波旅沪公学，校址七浦路豫顺里。

创办普善山庄，取"普及善举"意命名，庄址闸北普善路，1920年改名普善医院，院址天目中路。

1914年

因上年8月中国银行成立浙江分行，中华民国浙江分行代理国库，省库由中国银行浙江分行办理。而且还停止了其发行货币的业务，造成银行的资金来源紧缩，给开展业务带来了困难。朱葆三立即决定修正经营方式，提出"扶助生产，发展实业"的新经营方针。

4月18日，上海总商会改选，在31名当选议董中，朱葆三以120票居

---

① 此在陈果夫的回忆录中可得到佐证："……从举事起，以至办理善后，我受英士先生之派，向各方筹款，如朱葆三、王一亭、杨信之、沈缦云、叶琢堂、叶惠钧等，均相当往来。这些人中间，朱与沈比较最好，并没有因为我们失败了，而加以冷眼，叶琢堂君不时以消息供给我，在我们危险时候，并常常加以帮助，其豪侠好义，尤能给人以一种不可磨灭的印象。""……我对于商人，本来是抱有中国的传统观念，认为是四民之末，不过常常想明了商业内容。民国二年，二次革命失败之后，我所认识而想念的上海老商人，只有朱葆三、沈缦云二位先生。在我们困难之中，筹款接济给我们以助力，可说是真正好的。"

首位。25 日，上海总商会举行新一任议董会，选举周金箴为总理，朱葆三任协理。

6 月 1 日，上海总商会总理、协理和全体新议董就职。

为解决上海总商会议事厅建造费用缺口，朱葆三提议以总商会名义出售天利公司公债票，以 5 年为限，分年抽还，此议案经公决通过。

出面调介宁绍公司"甬兴轮事件"。①

讨袁失败后，革命党人在宁商总会的机构被袁世凯密探发觉，革命党人面临危险，虞洽卿禀告朱葆三。经朱葆三向租界当局疏通，革命党人机构得以保护。随后朱葆三与虞洽卿还共同出资帮助革命党人出国。

长子子奎娶浙江湖州庞氏为继妻。

8 月 27 日，四子子衡的长子出生，取名纪昌。

12 月 29 日，三子子方的长子出生，取名汉昌。

1915 年

2 月 20 日，长子子奎的二女出生，取名梅芬。

4 月 10 日，上海四明公所成立董事会，董事有朱葆三、周金箴、沈敦和、虞洽卿、严义彬、方舜年、方积玉、周鸿孙、葛恩元等 9 人。

中华民国浙江银行改名为"浙江地方实业银行"，这是该行第二次改名，性质仍为官商合办，资本增加至 100 万两，官股六成、商股四成。为了拓展业务，朱葆三把全行的业务重心转移到上海，撤销原在宁波、温州的两家分行。另在省外汉口，省内的兰溪、海门（今椒江市）等地设立分行，由于以朱葆三为首的商股董事善于经营谋划，因此业务发展十分迅速。随着商股的权力和资本的逐渐扩大，也引起了官商之间的矛盾，致使提出拆股的建议。

① 因虞洽卿对是否出售甬兴轮与董事会发生分歧，表决结果董事会要求以 6 万元出售。虞洽卿十分气愤，并表示他个人出 6.5 万元买下。董事会无法拒绝。但虞洽卿又以一年 30 万元租给外商，股董闻而大哗，要求撤销虞洽卿的总经理职务，并要提出诉讼。严重影响了宁波帮的团结，在此情况下，大家请朱葆三出面调介，后虞洽卿将甬兴轮退还给宁绍公司。

至 1923 年 3 月 3 日，浙江地方实业银行正式宣布分家：省外、上海、汉口分行划归商股所有，定名为浙江实业银行；杭州、海门、兰溪三分行划归官股接办，改名为浙江地方银行。官商拆股后，由商股组成的浙江实业银行业务欣欣向荣，而官股组成的浙江地方银行业务却一落千丈，后者直至 1931 年改革前，始终未能出现转机。

辞中华商业银行董事长。该行改名为中华商业储蓄银行，此行虽为商办，但支持革命并不因此而中断。之后十多年至北伐完成，港、粤、沪三地革命款项之经汇，仍得该行支持。

担任四明公所值年董事，主持公所具体事务。当年四明公所扩建，朱葆三发起募捐，并亲自担任募捐团总队长，虞洽卿、王正廷为副团长。募捐活动十分成功，到 1922 年共募款 52 万两。该款除扩建旧所外，还新建了日晖港、褚家桥等南北东西四个公所和浦东新所；附建的四明医院，除门诊部不论籍贯都施诊给药，旅居上海的宁波同乡住院全免费医治。

10 月，周金箴调任，上海总商会议董推补朱葆三继任总理，沈联芳为协理。

12 月，朱葆三和沈敦和、颜福庆等人组织中国红十字会，在护国战争期间共救治伤病员 3000 人左右。

结束慎裕五金号的运营。

1916 年

3 月 9 日，长子子奎的三女出生，取名蕙芬。

3 月 19 日，以议事厅为主体的上海总商会办公楼竣工，建筑决算 12 万余银两。开幕典礼上，沈联芳代表总理朱葆三报告议事厅建筑始末。参加者有沪海道尹周金箴、副总统冯国璋代表马溶轩、护军使代表赵联潢等中外官员及各界代表千余人。

与沈仲礼创办上海时疫医院，朱葆三任院长，私立。初时为改善当时市民缺医少药的情况，无固定院址。1922 年，在西藏路爱多亚路口 25 号建造医院，1924年7月15开业，朱葆三仍任院长，另有史量才、窦耀庭协办。朱葆三晚年时，上海时疫流行，为募集经费他全力以赴。1926年朱葆三逝世后由朱子奎、刘鸿生两人任院长，朱子蘅任经济董事。1953年该院改名上海市红十字医院，1967年改名红光医院。

5月18日，陈其美在上海被袁世凯派人所刺杀，朱葆三担任主丧者之一。

5月27日，上海总商会在新落成的议事厅举行第三次会董选举大会，产生朱葆三等董事32人和候补会董15人。

5月30日，上海总商会新任会董选举宋汉辛、陈润夫为正、副会长。新任正、副会长因忙于自身的业务均辞不就职。会董决定，请前正、副会长朱葆三、沈联芳暂时主持会务，维持四个月，以顾大局。

5月，通过上海总商会支持中国银行上海分行抗拒执行北京政府在全国停止该行钞票兑现令。通告各商号对印"上海"两字的该行钞票一律照常通用，从而避免了沪地商民的损失。

8月4日，朱葆三等63人发起召开"陈士英先生暨癸丑以后诸烈士追悼大会"通告。通告曰："共和再建，薄海同欢。追念先烈，弥增怆感。不有殉者，国何以兴。衰亡励存，后死悠赖。兹谨订八月十三日下午二时起至六时，追悼陈士英先生及癸丑以来殉国诸烈士于法租界霞飞路尚贤堂"。

9月，上海总商会在函请新任正、副会长就职无效的情况下，常会作出重新选举第三任会董、会长的决定，经呈报农商部核准后，向会员、会友发出通告，定10月25日为重新选举日。

9月4日，四子子衡的次子出生，取名耆昌。

10月25日，上海各界人士及上海总商会会员、会友400多人到会，投入选票174张。江苏省长代表、沪海道尹徐汉松在场监督开筒唱票，产生新会董33人，朱葆三以144票居首位。

10月30日，上海总商会新会董选举正、副会长。朱葆三当选为会长，沈联芳当选为副会长。

11 月 4 日，上海总商会正、副会长和全体会董正式就职。

投资创办祥大源五金号，任董事。其他投资人有傅筱庵、虞洽卿、严子钧。借助朱葆三、虞洽卿等人的社会关系，祥大源几乎成为独霸上海的五金商号。

朱葆三投资创办顺昌轮船公司，任董事长。资本 45 万元，吨位 800 吨。其他投资人傅筱庵。

是年，朱葆三担任全国商业联合会副会长。

1917 年

1 月 13 日，上海总商会宴请来沪访问的美国美兴公司代表威廉斯及驻沪总领事，席间，朱葆三代表总商会致欢迎词。

5 月 1 日，《民国电报》刊登《陈公英士举殡讣告》，朱葆三是主丧友人之一。其他友人有孙中山、唐绍仪、章炳麟、谭人凤、孙洪伊、李烈钧、胡汉民、张人杰、王震。

5 月 11 日，长子子奎的四女出生，取名莲芬。

5 月 12 日，在上海法租界打铁浜苏州集义公所开吊陈其美。朱葆三参与致祭仪式。

投资创办和兴化铁厂，任董事，资本 12.5 万元。该厂为中国第一家规模较大的新式钢铁厂。其他投资人有陆伯鸿、乐振葆等。厂址浦东周家渡西村，1918 年投产，日产 10 吨。1956 年改为上海第三钢铁厂。

长孙乃昌，娶上海地方绅士之女洪钰为夫人（洪氏出生 1902 年，1983 年 11 月 18 日病逝，共生育八女六子）。

长子朱子奎任三井银行买办，朱葆三其他儿子子聪、子衡先后任平和洋行买办；子方任汉口平和洋行买办、日商日清轮船公司汉口分公司买办。

7 月 3 日，主持召开上海总商会全体临时会议，一致表示反对张勋复辟，拥护共和。另以朱葆三私人名义致电冯国璋请讨伐张勋。

被推选为新旅沪宁波同乡会会馆筹备会总主任，会址西藏中路 490 号。

由于宁波同乡会会务的扩大，原有的会所不堪使用。由乐振葆捐地二亩八分用作同乡会新楼（西藏路与六合路之间）价银5.6万两。并开始筹募建筑费，12月之后，开始新楼建设。1921年5月，宁波同乡会新大楼建成，共五层，造价9.5万两银。6月15日，迁入办公，并举行隆重的开幕典礼。

投资创小镇昌轮船公司，任董事长。资本15万元，吨位800吨。其他投资人傅筱庵。航行于杭州、苏州、湖州、常州、南通。

9月24日，四子子衡的三子出生，取名盈昌。

当年入秋以来，京、津等地区爆发大水灾，高鹤年受沪上狄楚青、王一亭、程雪楼等人之请，前往京、津等地勘查灾情。事毕，南下到达上海时，与朱葆三、狄楚青、虞洽卿、王一亭、程雪楼、应季中等人组织佛教慈悲义赈会，推高鹤年往各处劝办分会，负担总务及查放事。

因老城厢各方面的工作、居住、生活条件都不及租界方便，长子子奎觉得父亲年纪大了，办事来回奔走不方便，建议在租界购地新建住宅，全家搬往租界。朱葆三坚决不同意，并对子女说："我们是中国人，生意可与外国人做，但住一定要住在自己的地界上（指老城厢内），外国人的地界，我不去住"。子奎建议的搬迁之事就此打消。在父亲逝世多年后，子奎才在复兴中路585号（与瑞金路交会处）购地建新住宅，解放后该住宅改为卢湾区少年宫。

1918 年

3月，在华日商设立以经商花纱和股票为主的上海取引所，朱葆三应邀出任监察人。同月，投资长兴煤矿股份有限公司，资本150万元。总部设在上海（1914年8月，刘长荫于浙江长兴创办浙江长兴煤矿。后因资金不足，与朱葆三、刘万青组建股份有限公司）。

4月，投资创办的柳江煤矿铁路公司正式成立。该公司最初在民国初期由朱葆三、李治、张德勋、刘鸿生等人合作组建的。柳江轻便铁路为柳江煤矿公司专用，设于柳江车站及秦皇岛煤场之间，全长9.5公里。1919年6月，申请注册，资本为 72 万元，公司代表为朱葆三和刘鸿生等人。

5 月，北京政府与国本签订《中日陆军共同防敌军事协定》，各省旅沪学生在《民国日报》发表《警吁全国父老昆弟书》，呼吁同胞抵制。同时，1400 多名留日学生罢学回国。6 月 23 日，留日学生救国团联络上海绅、商、学各界，发起组织各界代表联合会。朱葆三、张謇、虞洽卿、聂云台等人参加了这一爱国组织。反对军事协定的斗争作为北洋军阀统治时期第一次大规模的群众政治斗争，振奋出全国人民的爱国热情。

10 月 1 日，创办上海中国义赈会，地址民国路老北门东首，卢永祥为会长。朱葆三、王一亭为副会长。

投资成立同益轮船公司，任董事长。资本 15 万元，吨位 3000 吨，其他投资人谢衡富。至此，朱葆三已控股 4 个轮船公司，6 艘轮船，总吨位 5000 多吨。航行于长江南北沿海。投资于其他的航运企业的有东方、宁绍、长和、永新、永利、永安、大达、舟山等轮船公司，分别任董事长、总经理、常务理事等职。有关学者估计，至 1918 年朱葆三投资各行各业资金在 460 万两到 800 万两之间。

10 月，第三次当选上海总商会会长，在 35 名会董，10 名候补会董中，朱葆三以 234 票居首位。同月，以上海总商会会长身份发表赞同美国商会倡议组织协约国联合商会意见书。朱葆三认为这是华商得与他国同志共组机关，以协商增进协约国商业利益之大好机会，并希望上海作为此联合会的所在地。

长孙朱乃昌进三井银行任买办。

投资创办华商柳江煤矿，任董事。资本 72 万元，其他投资人刘鸿生、李翼敬。

12 月，第一次世界大战结束后，北京政府和南方护法军政府分别派出顾维钧、唐绍仪等参加巴黎和会。国内工商界普遍关心的是废除协定税则，争取国际税法平等诸问题。上海总商会会同各业团体发出通电，要求出席巴黎和会的专使与议时力争达到上述目的，表示誓为政府后盾。朱葆三还另发公电，陈述协定税则对国家的危害，要求利用此千载一时之机，就全国生命财产关系最为密切的改正税则问题，陈请各友邦还我主权，冀去积年抑压之厄。

12 月，朱葆三当选为主张国际税法平等会副会长，张謇任会长。

担任四明公所南厂改建募核主任，后又担任新建北厂募核敦劝团总团长。至 1922 年共募集资金 52 万元。

1919 年

1 月 4 日，救济妇孺会改选，朱葆三再次当选为会长，王一亭为副会长。

1 月 9 日，再次任上海广益中医院董事。

2 月 14 日，再任上海仁济善堂总董。私立。宗旨施诊给药、施棺代葬、育婴、救灾、恤整、恤孤、瞻老、施衣米、义校等。

2 月 23 日，长子子奎的六子出生，取名顺昌。

3 月 1 日，朱葆三任中华慈善团全国联合会副主任，会址上海，主任熊希麟。该联合会由中国义赈会、仁济善堂、闸北慈善团、上海济生会等发起，负责国内外有益社会的慈善事业。

3 月 2 日，因上海商界的一致呼吁，经朱葆三和江苏省实业厅厅长张轶欧、上海道尹王庚廷联合会呈。据理力争，派虞洽卿赴北京向主管部门交涉，农商部这才核准"查此案既据查明上海证券物品交易所除金业、股票两业外，多数均以合办为宜，自应准予先行开办"。翌年 7 月 1 日，近代上海第一个华商证券交易所——上海证券物品交易所正式开业。所址在四川路与延安东路转角处，资本 500 万元，分为 10 万股，先收四分之一。理事长由虞洽卿担任。

3 月 28 日，上海总商会致电巴黎和会，要求将青岛直接归还中国。

4 月 30 日，巴黎和会同意日本继承德国在山东的权力。

5 月 4 日，五四运动爆发。

5 月 6 日，由 50 多个工商小团体组成的上海商业公团联合会分别致电北京政府、北京大学、出席巴黎和会的专使，坚决要求直接收回青岛，恢复山东主权。

5月9日，上海总商会致电北京政府，提出由中国派员与日本直接交涉，归还青岛（该电称佳电）。① 与当时国民要求无条件归还青岛不同，引发了一场风波。

5月10日，上海商业公团联合会极不以上海总商会佳电为然，致函上海总商会质询。同时致电北京政府极端否认佳电。

5月11日，上海总商会的一些会员对佳电也深为不满，纷纷在报上撰文予以抨击。要求商会"速召集全体大会，共同研究""振作精神，速图自白"。

5月12日，朱葆三和副会长沈联芳召开特别会议，有20多位会董出席。沈联芳发言：佳电发出后，各团体纷纷来电责问。因时间勿忙，来不及通知各位，这是欠当的，近日内将登报细说原委。

5月13日，下午4时上海商业公团联合会邀请上海总商会正副会长、会董及其他工商团体代表举行会议，朱葆三及沈联芳均未出席。会议由上海商业公团联合会提出商讨补救办法，并请总商会会董宣布发此佳电的宗旨和手续。代表会董发言的虞洽卿、周金箴均承认"佳电"措词确有失当之处，建议总商会另外再发一电更正，或者取消佳电。并请周金箴宣读新拟的电报。会议对电

---

① 5月10日，刊登于《民国日报》的"佳电"全文如下：

北京大总统、国务院、外交部、农商部钧鉴：

青岛问题激起全国公愤，皆由章使宗祥，不胜其任。查章使于洪究未成之后，不愿长农商，长司法，而独愿出使日本，其意知何故？又查欧战开端，最本以哀的美敦书至青岛德军云："尔曹不即退出，当以兵车相见。若青岛为我所占，待欧战平定，交还清国。"此言也，全球皆知，岂能更变？今欧战既停，章使应如何商承政府，询问日本作何手读交还。乃计不出此，电请我政府提交欧会公决，不料有英日、法日、意日密约牵制，致遭失败。又不奉命，随回本国。甫抵都门，忽有辞职之意，携眷到津，复潜往曹寓。其父其兄久处京城，何以舍而寓曹？情甚诡秘。人之猜疑，实有自召。值兹舆论哗然，群情鼎沸，尚系对于章使具有愤懑不平之现象，而对于日本外交，并无别种举动。凡我国民深知举步维艰，当静以处事。为此电请钧座，迅赐另派资格声望足以胜任大使，任命日使，克日起程前往，坚持"欧战平定，交还清国"一语，径与日延磋商交还手读，和平解决，免贻伊戚，并请电知陆专使，对于协商各国声明交还青岛之语，日本发表在先，与他条约并无牵制，应将此项议案提出大会，由中国派员与日本直接交涉。际此人心浮动，伏乞将办理情形，晓示天下，俾安大局而免鼓噪，无任迫切待命之至。上海总商会叩。佳（9日）。

文进行公决，并无异议，讨论决定仍以总商会名发出。会议认为佳电因起稿人之错误，而会长确系失察，因有会长辞职之议，提出一面登报声明佳电错误之原因，一方面挽留，使公义私情并顾。上海总商会当日致电北京政府和出席巴黎和会的中国专使，声明取消佳电之主张。此二电被称为"元电"。

5月14日，上海商业公团联合会否定昨天由它召集各界代表举行的会议及会议一致的公决，继续指责上海总商会，并发布宣言书，反对以总商会的名义发出"元电"，并指出元电"含混粉饰，离奇尤甚"。该日下午，上海总商会再次召开会议。为免事态继续激化，朱葆三、沈联芳向全体会董辞职。33名会董也准备向全体会员辞职。会上，身兼上海总商会会董和上海商业公团联合会干事会主任的虞洽卿当众挽留，会后总商会召开临时会议，意在挽留朱葆三，认为他是商界各行领袖，责任重大，但朱葆三仍坚持辞职，并将各会董写给他的挽留公函送回。

5月15日，上海总商会会董、会员70多人集会，推出代表到朱葆三寓舍，恳劝复职。

5月21日，虞洽卿对前一时期国民大会、商界同人的指摘之事刊登启示，称"今佳电既经总商会自行取消，则会长与议董当然一体负责——当外交日急，国势占危，凡我国均宜本之良心，一致对外"。

5月27日，上海总商会重要成员70多人在大东旅社召开会议，议决依法声明，请召集会员大会，公决会长的去留问题。

5月28日，上海总商会会员60多人在大东旅社召开谈话会。推举徐菊如为临时主席，汤节之提议现在总商会正副会长因事辞职，会中无人主持，会董等亦处于极端困难地位，会务停顿。在此外交紧急、国家多事之秋之际，上海作为商务总汇对全国商务关系重大。"商会为商人之商会，共出维持，鄙人援照总商会会法第十一条之规定，拟请公共具名致函会董，召集临时会员大会，共商维持办法。"最后全体出席者在致会董函上签名，并举手赞成通过。

5月29日，上海总商会接到北京农商部公函，希冀朱葆三"从速到会维持会务，勿以流言随萌退志"。上海总商会举行会议，朱葆三未参加，遂公推虞洽卿为主席，宣读北京农商部函。推举虞洽卿、祝兰舫、周金箴、顾馨一四君，到朱会长处欢迎到会。其余各约定5月30日午后3时，齐集会中恭候。

朱葆三表示如就职的话必须"妥为斟酌，以免反对者攻击"。

6月21日，朱葆三提出最后辞职书。①辞职书后刊登在7月1日《申报》上。

6月22日，上海总商会特别会议按照商会法决议，责以大义再函挽留。

7月1日，新普善堂、妇孺救济会、中国红十字会、普益习艺所、栖流公所、闸北慈善团、上海联益施材会、虹口普济善堂、闸北惠儿院、西门沪西慈善会联合在《申报》刊登《敬告各界为商会总董朱葆三先生共鸣不平启》。

7月5日，朱葆三作为上海仁济善堂代表，在《申报》刊登《上海仁济善堂劝募爪哇急赈广告》，"望急解义囊共襄善举"来救济在爪哇海外贸易的我国同胞，仁济善堂召集会体董事特开紧急大会，一致表决竭力挽留总董朱葆三先生。

7月7日，上海仁济善堂发布《仁济善堂挽留总董函》："闻先生因有感触，致抱悲观，尽举平日所负各机关之义务而辞去。本堂总董一席料在被弃之列，消息传至，惶急万分。7月5日特开全体紧急大会，一再讨论，金以非得先生继任百事难期发展。况本堂又值多事之秋，尤难受此打击。公决恳请俯念同人挽留情切仰赖多方，总董一席仍希继续。"

7月21日，朱葆三继续任上海位中善堂总董（私立）施医药，施衣米，恤，种牛痘，义校等。

8月6日，上海总商会特开董事会，各会董起立欢迎会长朱葆三，副会

①　朱葆三辞职书摘要如下，敬启者：鄙人无德无能，奔走社会数十年，辱蒙商界推重不以会不肖，而区区自信可无愧于屋漏衾影者亦惟此。——世界潮流，百川横决，玄黄易位，黑白混淆——。商会为商界正当团体，向来办事为章程所束缚，抱定在商言商，不预政治为宗旨，各界要求，未能因物而付，拘守定辛之处，即不满人意之处，怨尤丛集，因此而起其难一也。欧战告终，商战方始，各国皆新立商会，与我立于对峙之地，无真实力量，万难当此重任，既不理于众口，何取信于外人，经此一番波折，以后办事更难措手。若仍墨守成规，必遭各界攻击：倘竟随声附和，窃恐多所妨碍。上无以对国家期望之殷，下无以报各业委托之重，个人名誉，诚何足惜，贻误大局，责所难胜。佳电之是非，可证诸将来之事实，尚无足深辨者。

长沈联芳入席，然后振铃开会。

8月7日《申报》刊登。"佳电"事件结束，朱葆三继续担任总商会会长。①

---

① 佳电之事有多种说法：1. 当时朱葆三已72岁高龄，平时已不过问会务，仅画押署名
而已，一切由副会长沈联芳主持。而日本驻华使馆商务参赞儿玉常住上海，与沈相
熟，要沈发电支持直接交涉。沈不经过商会会董商讨，私自发出"佳电"。方椒伯回
忆（原上海总商会会董，60年代上海市工商联座谈会）："青岛问题，日本人想直接
与中国交涉取得好处。总商会发'佳电'主张直接交涉，正合日本人的胃口，当时
总商会朱葆三是会长，沈联芳是副会长。朱实在不做事，沈会动笔，总商会的实际
工作都是沈负责的。……电报是沈联芳和坐办严渔三所拍发，而朱葆三负了责。"
    赵晋卿回忆（原上海总商会会董，60年代上海市工商联座谈会）："朱葆三是随
随便便的好好先生，总商会的当家人是沈联芳，之外坐办是严筱舫三侄子严渔三。
会董除了开会董会去总商会，平时不大去。但有一二人常去，姓名我说不出来。至
于是否是沈联芳主动或被动，因陆润生（宗舆）与沈是亲戚，也许不是沈的主动。
根据'佳电'的措词，显然不是总商会的口气。"
    2. 5月4日，北京爆发学生运动，而当时虞洽卿刚同日商成交一笔大生意，将
日本的"仁丹丸"轮船公司易名为"升平"轮船公司。此时虞接到段祺瑞密电，要
虞与政府保持一致，虞在总商会会议上对起草"佳电"定调后，本想自己执笔，后
因尊敬资格最老的严筱舫，由严口授电文，沈联芳笔录发出。落款是总商会的公章，
而虞反而侥幸躲过了责任。在总商会和商业公团联合会为罢免正副会长的争执中，
他说了一番相当机智的话："现在，青岛一事未决，我等却互相攻讦起来，实是亲痛
仇快之举。即便撤除正、副会长，甚至解体总商会，怕亦未必于青岛主权回归有益。
恰恰相反，我们纠缠'佳电'，反叫日本人更加得意，笑话我等外患未除，却先闹起
内讧来了"，使罢免之争平息，当朱葆三坚辞会长时，虞心里明白，朱葆三既知事已
至此，不愿扩张事态，保全总商会的团结，辞职书故此语气才这么淡漠，实有把一
切责任全揽在他自己身上的意思。
    虞洽卿的奉命弹压，表面看去没有获得成功，实际上歪打正着。人们反把段祺瑞
那个大头忽略不计了。上海的五四运动虽然势头最猛，但成效却不理想。所以，风
潮过后虞在给段的信中说："敝人略使小谋，便叫那帮学生不辨东西。"段在给虞的
回电说他颇为赏识虞的"声东击西"。并通令嘉奖，任命虞为淞沪商埠会办。
3. 从史实分析，佳电之所以受责，亦即是同公众要求的不同之处，在商业公团联合会
信中所提，症结在于：（1）青岛如何发还中国。（2）是否要求取消中日二国间的密
约。关于前者，总商会在3月28日已致电巴黎和会，表明将青岛直接归还中国的主
张，4月30日巴黎和会同意日本继承德国在山东的权利后，佳电主张赴日争回青岛。
公众则要求我国代表团力争在和会上直接由中国收回青岛。但佳电主张不是没有一
定道理的。和会上，美、英、法三国偏袒日本，又作出决议。纵使我国代表团继续
力争直接收回青岛，显然已无济于事。日本在欧战开始时曾宣布"若青岛为我所占，
待欧战平定，交还清国"。故佳电建议另派驻日大使前往交涉，磋商交还手续。是国
民思想不同，方法不同而已，归还青岛未变。至于二十一条密约，中国人民一致否
认，早已表示，硬扣佳电就说不通了。
    佳电事件发生后，聂云台（时任上海总商会会董，1920年改选任会长）在董事
会上发表意见书："敬启者，对日交涉事，致正副会长提出辞职书，鄙人以为我正副
会长，主持会事，众望之孚。即山东交涉，主张向日索还，亦不无不合之处，虽外
国有人反对之说，由于办法主张各殊。用心则一。所有正副会长辞职书，鄙人以为
应行却还，并共相挽留。此上列位会董先生钧鉴。聂云台启"

8月12日，中国红十会召开常议会，增举常议员，组织委员会。总办事处下设财政、赈灾、卫生、交际四股，被选为赈灾股股员，其他股员有王一亭、聂云台、劳敬修、汪汉溪、洪文廷、陆伯鸿、袁仲蔚。

9月，定海境内时疫流行，与旅沪绅商等捐资组织临治疫医院。从上海聘请西医黄世康、杨钟甫来城关镇施医。开诊10天，收治病人500多人，除有8人不及救治外，余皆治愈出院。地方人士皆赞黄、杨两医师医术高深。

10月12日，新宁波同乡月会馆破土动工，朱葆三主持祀土礼，他高举立耜时，全体参加者高呼"同乡万岁"！

10月26日，上海租界地区拟行使印花税。上海商界联合会表示反对，并派代表赴上海总商会提出质问。朱葆三表示："总商会对于政府之意旨，处于不能反对之地位。此中困难，不足于外人道。"事后，具函复告商界联合会，要求勿加猜疑。

11月，在上海法租界召开定海旅沪同乡会议，商讨成立同乡会事宜。本次召集人刘鸿生向大家倡议，"同乡会要干一件前所未有的事，应该为家乡办一所中学"。朱葆三当即表示同意，并认为这是一件造福子孙的大好事。王甫卿提议学校就叫"定海公学"，大家举手表示赞同。刘鸿生决定将闸北天来、大来两丝厂全部房产捐出，估价房产23.2万银圆全部捐助办学，朱葆三出资10000银圆、美国人赫培德出资2.82万元，王甫卿、王启宇、傅志鸿、陈耕辛等纷纷出资。并成立校办董事会，推举朱葆三为第一任董事长。1921年7月12日奠基典礼。同年10月10日招生，1922年2月开学，初设中学、少学两部。上海沪江大学副校长董景安出任首任校长。1934年中华职业教育社的黄炎培到校参观，对普通中学能重视职业教育，甚为赞赏。解放后该校成为浙江省重点中学。现改名为舟山中学。由于热忱教育，在民国九年和民国十一年，朱葆三和刘鸿生分别获得大总统奖"敬教劝学"和"乐育菁莪"匾额。国民政府教育部以朱葆三、刘鸿生捐资兴学，功在社会，深堪嘉许，特颁给朱葆三先生捐资兴学甲字第一一七号一等褒奖状，刘鸿生先生甲字第一〇八号一等褒奖。

投资创办永安轮船公司，任董事长。资本 11.2 万元。

简氏兄弟的上海南洋烟草股份有限公司改组扩大招收外股时聘朱葆三为发起人。

12 月 6 日，任私立沪南神州医院董事，以施衣物、医疗为主，其他投资人李书平。

12 月 19 日，任河南义赈会名誉会长，会址上海。该会假座四马路一枝香饭店，邀集沪上官绅共进晚餐。席间，朱葆三发表演讲说邀请诸大善士为之赞助，共襄善举。各界来宾均表示赞同。

12 月 25 日，任湖北义赈会副会长，会长沈仲礼。董事许奏云曾说过："沪上为慈善渊，本会正副会长及董事等皆为开办慈善之人。试问各省水、旱偏灾，何一年不在上海募捐，而募捐办赈之人，又皆不出于沈、朱诸公。"

当选为上海总商会分帮会员（分帮会员是总商会一个最基本的会员职位，朱葆三的执业代表是四明商业储蓄银行）。

1920 年

1 月 8 日，长孙乃昌的长女出生，取名慧勤，是朱葆三的第一个曾孙女。

1 月 15 日，五子子昭的长女出生，取名琪。

2 月 5 日，任上海联合会急募赈款大会名誉会长。该会由上海中外慈善团体、慈善家联合会组成。

3 月 23 日，任中国广济医院名誉董事。

4 月 3 日，与唐少川、王正廷致函上海工部局，要求积极进行禁娼。1919 年乐灵生牧师等外国人发起组织进德会，提倡不嫖主义，并成立救济娼妓的机关——济良所。该会的废娼议案得到上海工部局的批准。这项由租界洋人的禁娼决定得到华人的支持，随后江苏教育会、上海教育会、海外留洋学生联合会、世界中学生联盟等组织也致函工部局要求禁娼。一场上海倡之于先、广东继之、各方人士次第响应的活动，逐渐弥漫全国。

5 月，朱葆三以宁波同乡会会长身体份与傅筱庵、王正廷及宁波当地绅商胡叔田、张申之等人，向宁台镇守使王宾、会稽道尹黄函之提出设立鄞县市政筹备处，并获北京政府内务局、陆军部及浙江军民两长批准备案。该筹备处以办理拆城、筑路、兴拓市场等事，全属市政范围。时人认为"市政筹备处，兴修道路，节节实行，确为市民之福"。《鄞县通志》称"鄞县建设实创自鄞县市政筹备处，虽属大行椎轮，然其首功，要不可没"。

5 月 10 日，再次选为中国救济妇孺总会会长，王一亭为副会长。

6 月 29 日，与傅筱庵致电浙江省督军卢永祥，请求将由湘、皖、赣等省采运接济的大米被扣予以放行。不久，被扣大米即予放行。

7 月 1 日，上海证券交易所正式开业，被推为名誉董事。

7 月 19 日，再次任上海时疫医院院长。

8 月 4 日，任福州水灾筹赈处第一发起人。

9 月，与虞洽卿一起创办浦东医院，其他创办人王一亭、朱福田、傅筱庵为名誉董事。院址东昌路北警局路，后改为东宁路。解放后改为第三人民医院，现为东昌路地段医院。

9 月 16 日，因山东、河南、直隶三省"水旱巨灾，赤地千里"，华洋义赈会特在上海云南路仁济堂内召开紧急筹赈会。到会并与各位董事商定由在各界董事先行筹垫若干万元，"亟办粮食以济之"。其中航运局傅筱庵借垫 10 万元，银行公会宋汉章、钱业公会秦润卿以及朱葆三、陆伯鸿、孙仲奚等纷纷认垫，总数要求为 50 万。

9 月 26 日，上海华洋义赈会在事务所黄浦滩前德国总会召开会议，被公推再次任上海华洋义赈会会长。沪上各界绅商、名士 400 多人到会，并由朱葆三推举朱已臣报告筹备义赈经过情况，截至该日，共募捐 40.6 万元（募集资金要求 50 万元，朱葆三捐 1 万元），不足部分由朱葆三、陆伯鸿、孙仲奚纷纷认垫。

9 月，投资上海华商水泥公司，任董事长。资本 120 万元，其他投资人有刘鸿生（控股）、刘宝余、李拔可、陶桂林。这是上海第一家水泥厂，朱葆三出面主持和参与刘鸿生办厂，有栽培提携乡亲晚辈之意。在朱葆三支持下，经过若干年的努力，刘鸿生继朱葆三后又一个定海商人成为上海滩上的领袖人物。

发起创办宁波旅沪同乡会第二公学，校址邓脱路谦洁里。第三公学校址西门路三庆里。第四公学校址浦东陆家嘴春江路 200 号。

10 月，上海总商会改选，任满交卸。至此，朱葆三当选会长达 6 年，是总商会任期最长的一个会长。在最后的任期内，朱葆三倡议并广集经费 10 万两动工兴造上海总商会商品陈列所落成。

与陈鉴堂、丁紫垣等人发起成立定海（舟山）旅沪同乡会，被公推为会长，钱达三、周金箴等人为副会长。此会是在 1871 年旅沪定海人士创建之定海会馆善长公所基础上发展而成。1927 年 8 月，迁址宁波旅沪同乡会大楼东首。

舟山连年灾害，赈济大米 10000 石，深受舟山民众爱戴。

10 月 17 日，任陕西义赈会董事。

10 月 27 日，四子子衡的四子出生，取名景昌。

11 月 12 日，与傅筱庵、谢天赐、盛炳伟、费绍冠、陈道域等备公函，请会稽道尹黄涵之派兵舰巡护洋面，以安渔商。

与刘鸿生等共同创办中华煤气公司、中华码头公司。

1921 年

1 月 20 日，任私立上海仁济育婴堂董事。

1 月 21 日，任上海广济会董事。其他创办人王绍裘、周金箴。

3 月 16 日，长子子奎的七子出生，取名同昌。

5 月 15 日，宁波旅沪同乡会新会馆举行盛大开幕式，朱葆三代表筹备委员会主持开幕仪式，并作建筑概略报告。宁波同乡会于 1919 年 10 月 12 日破土动工，同乡会公推朱葆三为筹建总主任，出银 5.6 万两，在西藏中路 480 号购地二亩八分建造新会所。

7月，创办《商业月报》，上海总商会会刊主要撰稿人有朱葆三、马寅初、许晓初。

7月6日，任湖南济赈会（设在上海）干事主任。另有干事王一亭、聂云台。

7月12日，参加定海公学奠基典礼。王正廷、冯元涛、会稽道尹、鄞县知事、警察厅长以及各界来宾共计千余人参加。以校董事长的名义致开幕词，接着由定海县知事演讲，继而会稽道尹施揭石礼。

9月23日，朱葆三任江浙皖水灾义赈会（设在上海）会长，淞沪护军使。何丰林任名誉会长。

投资中易信托公司，任董事长。中易信托是我国第一家信托公司，资本800万，司址上海黄浦路12号。

发起创办宁波同乡会第五公学，校址南市大东门。

投资振泰纱厂，资本银十万两，纱锭两万只，其他投资人王启宇。

再次当选为定海旅沪同乡会会长。

1922年

法租界公董局批准华安水火保险公司产业的所在地内的一条马路，取名朱葆三路以示纪念（1943年汪伪统治期，此路更名溪口路。1946年为纪念朱葆三逝世20周年，恢复为朱葆三路。1953年又改为溪口路）。

朱葆三路路牌

朱葆三路旧景

1月，宁波镇海发起修建后海塘。因工程浩大，旅沪宁波同乡会在沪成立上海镇海塘工协会事务处，任名誉主任，主任傅筱庵，副主任李征伍、盛竹书等。

3月10日，上海镇海塘工协会朱葆三、傅筱庵、李征伍等致电余润泉、宁波黄道尹、浙海关甘税务司、镇海塘工局主任朱彬绳（镇海虹桥朱氏，朱熹第二十一世孙）表示"昨在华洋义赈会提出决议，准拨八万六千元作筑镇海塘工之用。"

3月28日，《宁波时事公报》刊登朱葆三、傅筱庵、虞洽卿、俞佐庭等人公禀黄道尹文："……禀为镇海塘工需款浩大，恳将浙江塘工奖券展期继续，拨于应用，以资悃注而竟全功，公叩转呈督军省长核准事。"

6月19日，为浙江督军卢永祥废督事，与傅筱庵、周金箴、盛竹书、洪雁宾、王心贯等旅沪156个著名宁波籍人士致电杭州省议会、总商会、省教育会、省农会、律师公会、沈省长、陈潘张师长、各团体、各报馆。朱葆三又电函卢永祥，表示："……葆三等旅食沪江，不谙政治，但瞻顾桑梓，商业凋零，闾阎坐困，丁此绝续之际，地方治安万不堪再生变动，用特缕述鄙忧，务乞俯纳为幸。"

7月21日，长子子奎的八子出生，取名安昌。

7月28日，镇海塘工协会召开干事会，讨论塘事宜。

8月，浙江发生特大水灾，上海华洋义赈会成立浙灾募款委办会，举行浙灾征募大会，在《上海华洋义赈会预防江浙水灾计划书》中公布收到捐款数达124.3343万元。

投资创办舟山轮船公司，任董事长。资本32万元，其他投资人有许廷佑。购置舟山轮，开辟上海—定海—穿山—海门航线，投资创办江南银行，任董事。资本25万元。其他投资人有徐乾麟、王一亭，地址上海宁波路35号。

发起创办宁波同乡会第六公学，校址大东门浙宁会馆内。

9月，旅沪宁波同乡会成立宁波急赈会，被公推任会长。

9月18日，以宁波同乡会、宁波急赈会的名义致电北京华洋义赈会，要求赈济迭遭三次台风灾情奇重的宁波七邑。

10月7日至次年1月，美国人在上海办的英文周刊《密勒氏评论报》做了一次"中国当今十二位大人物"问卷调查。一周之后，同样内容的公告和选票以中文形式发表。这次调查按照社会调查的规范进行，参加者达1900多人，引起社会广泛关注。《密勒氏评论报》公布了在195位被选举人中，孙中山等12位"大人物"的名单和具体得票情况。

11月16日下午2时，旅沪宁波同乡会为政府下令拿办会董傅筱庵一事，紧急召开特别会议。与虞洽卿、周金箴、谢衡窗、盛竹书及理事李征伍、陈蓉馆等50余人参加。指责交通部滥用职权，罗织人罪，愤激异常，一致主张电达府院，严加质问，宣布真相，以免陷及无辜。并与虞洽卿以宁波同乡会名义致电苏浙军民长及护军使，为之辩白。

11月22日，招商局股东召开第三次重要会议，到会股东60多人，傅筱庵亦出席，由朱葆三主席。会上傅筱庵表示："董事会由股东会产生，董事会愿董之主张为主张，之于局中账目，尽请股东审查，予为董事之一，有所质问，当一一答复。总之，局中是否营私舞弊，此刻不容多辩，一经股东审查，不难水落石出。"

12月23日，《中国经济通报》曾报道，由于对政府失去信心，有些企业家干脆拒绝参与政治事务，而专心从事传统的社会慈善事业。他们希望在国内能建立一些安全和繁荣的地带，他们憧憬理想的公社，有时甚至身体力行力图实现之。张謇试图把南通办成一座模范城市，朱葆三则在上海郊区购置了一千亩土地，设想建立一个试验城。

12月25日，与周金箴、陈忠铭针对舟山盗贼危害一方，指出：定海属于海疆要地，现在盗贼蜂起，肆无忌惮，而水陆军警均分派他地，致使全城空虚，危险重重。要求"请速遣派掬见，下邑填驻"。

岱山瘟疫猖獗，死者枕藉。捐资4000银圆，在岱山西桥头资福寺办岱山医院，聘请三名医生，历时二月，日夜拯救灾民，分文不取，邑人称德。

长子子奎继妻庞氏病亡，终年 37 岁，续娶庞氏之妹（庭梅）、继续当选为上海总商会分帮会员。

与刘鸿生、朱岚沁、王启宇等捐资创办定海医院。在成仁祠旁，建两层楼房一座，平屋 5 间，设床位 20 张。有内、外、产、儿科，每年春秋两季施种牛痘，夏打防疫针。贫者求医收半价，住院全免济于膳食。

1923 年

由于朱葆三每次募捐均先自认巨款捐款，使他居于倡导地位，然后再向其他人去募捐。自 1918—1922 年，四明公所扩建的项目更为突出，公所为报谢众人，特于南厂大厅东序设崇报祠，西则设同辉祠，公所内设长生禄位，凡有功于事业及捐募巨款者，均供奉长生禄位，永垂不朽。朱葆三父朱祥麟列甲级中龛第一位。朱葆三亦列其中。另，四明公所特为朱葆三在公所内设立纪念碑。

投资创办济东实业银行，任董事长。资本 35 万元。其他投资人有傅筱庵。

与许廷佐等人合力捐资 4000 多元，作为张康甫在上海与沈任夫等人发起并参与编修《定海县志》的经费，捐洋 200 元，名列捐款额首位。(《定海厅志》修于清光绪八年，后人事变迁已不适用，新编《定海县志》)。

出巨资将定海南珍桥改为钢筋水泥桥，委托李咸来定海操办。

6 月 3 日，外滩汇丰银行新大厦落成，应汇丰银行邀请出席竣工纪念牌揭幕典礼。

9 月 1 日，日本东京、横滨发生大地震，上海总商会成立救济日本震灾救灾大会，为第一发起人，首次募集 6 万大洋，先购籼米 1 万石，面粉 2 万包，由招商局专输送往日本。发起的中国救济日本震灾义赈会由上海各法团、公团、善团联合组成。上海市民在短短几天内捐款 33 万元及数万件衣服和一批食品、布料，并作为中国红十字会代表团团长，亲自赴日本，将赈灾物资送至日本。在日本期间会晤了孙中山。10 月 18 日收到日本神户商业会议寄来的感谢信。

9 月 13 日，长子子奎的九子出生，取名南昌。

10 月 8 日，任浙东温黄风灾义赈会（设在上海）干事长。

1924 年

1 月 1 日，上海宁波同乡会召开理事会，推朱葆三等 10 位代表赴宁波参加观点属各县筹办民团会议。以解决奉化、象山等地"匪患"，除暴安良，稳定社会。

上海总商会推举朱葆三出任特别会董。当时正副会长系虞洽卿、沈联芳，会董有傅筱庵、闻兰亭等人。

7 月 15 日，西藏路上海时疫医院举行新院开业礼，来宾 200 多人，院长朱葆三偕史量才、窦耀庭等出席。《上海时疫医院章程》规定以救治疫病，保卫生命为宗旨，由华人组织，纯属慈善性质，对于无论何界一律待遇。

10 月 3 日，任商界难民收容所（设在上海）名誉董事。

发起创办宁波同乡会第七公学，校址闸北香山路仁果里（今临江路）。

朱捷山病逝，终年 65 岁。得知弟逝心情十分悲伤。因脚疾，未能赴定海参加弟葬礼。

11 月 5 日，长孙乃昌的次女出生，取名爱勤。

1925 年

5 月 17 日，《宁波时事公报》报道，宁波旅沪同乡会为筹设宁波七县游民乞丐教养所，推定虞洽卿为募捐总队长，方椒伯、袁履登为副队长。朱葆三、傅筱庵、李征伍三君为名誉总队长。

8 月 2 日，任普济善堂名誉董事。

8 月，因年老骨质疏松，膝踝肿痛，行走不便，经牛惠霖医治后，有所好转。

8 月，刘海粟收到假冒落款为上海正俗社董事长朱佩珍、副社长张淦杨代的来信，内容是谴责模特儿事件。刘海粟为辨清是非，回信朱葆三。往返通信后真相大白。揭穿了有人冒朱葆三的名来攻击刘海粟，刘海粟欣慰给朱葆三的信出言平和，没有闹出误会和隔阂。

8月，镇海旅沪同乡会选举职员，朱葆三以553票当选。其他当选人有方伯椒、虞洽卿、盛竹书、傅筱庵、李征伍、洪雁宾、董杏生等人。

9月1日，长子子奎的十子出生，取名亿昌。

12月3日，为挽留鄞县江知事，与虞洽卿、傅筱庵致电浙江省省长夏超。

12月17日，任上海救济湖北水旱灾义赈会名誉会长。

1926年

6月以来，上海时疫流行，其在大世界附近创立的上海时疫医院是一个施诊性质的单位，一时病人涌集。朱葆三见无数贫民染病后无钱医治，只能听天由命。遂让时疫医院免费为贫民医治。但是由于医院经费短缺，急需筹款应付。朱葆三一方面为此连日冒暑气奔波医院，查看病人，巡视疫情；另一方面奔走各处劝募捐款。至8月，终因年老体弱、气血两亏而感染疾病。

8月21日晚饭后，朱葆三与家人聊天，到半夜发高烧后，就昏迷不醒，忙请医生前来诊视，但已回天无术，病情急剧恶化。

9月2日下午三时四十分，朱葆三终因气血俱衰在上海西门斜桥寓所逝世，享年79岁。

朱葆三14岁赴上海谋生，在沪经商60余年，通过勤奋工作与锲而不舍的学习，从一介小学徒为奋斗起点，直至成为商界知名人士，为上海滩个人奋斗的典型之一。成功固然是他在经济领域的纵横斡旋、长袖善舞，更在于他的诚信与慷慨性格，为同人所敬仰、社会所公推。地位、荣誉以及事业上的成功，为他的慈善公益事业提供了扎实的基础，并随之转化为具有社会意义的实体，他身体力行，用尽了精力与财力。他的人格与事迹，形成了当时上海社会的共识——即热忱于慈善事业被认作是一种崇高的境界，也是衡量名人功业的重要标准。为此，上海的中外各界准备为朱葆三举行隆重的葬礼。

9月3日上海总商会、四明公所等7家机构下半旗志哀。4日下午大殓。5日定海县议会、参事会等4家政府机关下半旗志哀三天。9日《申报》刊出了由宁波旅沪同乡会发起的"筹备朱葆三先生追悼会告示",登记参加团体70多个。

10月24日宁波旅沪同乡会举行追悼大会,由傅筱庵致悼词,另有社会知名人士发表演讲。参加吊奠的有军政商各界和各驻沪领事及外商代表等,参加追悼会的中外人士达7000多人。

11月5日团体公祭日,参加吊奠的有100多个团体和中外机构,共计出席人数1400多人。6日,下午一时半举行出殡,一路上有36处路祭,50多万人

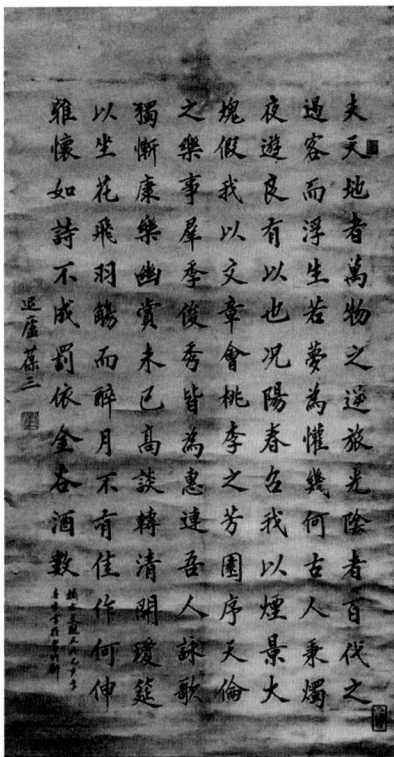

朱葆三楷书李白《春夜宴桃李园序》

走出家门为他送行。灵枢送入新江天轮,在家属等200多人护送下向宁波进发。丧仪盛况由英美烟草公司、新人公司、明星电影公司等拍成纪录片。7日,黎明新江天轮抵达宁波镇海口时,要塞司令部所属各炮台均鸣礼炮,要塞司令等官员前来迎接。六时抵宁波港,各官厅、团体借招商局方,设位祭奠。九时新江天轮离开宁波,十时到镇海码头,由当地官绅,绅商等分四批祭奠。随后船调头出港驶向原籍舟山,外海水上警察厅各巡逻艇,鸣炮相送。船入舟山港,定海的乡亲聚集在江边迎候,蜿蜒数十里。8日,备齐全部仪仗队,灵枢入城时凡车辆均绕道,不走主要街道,所有商店下半旗,路祭之多,无法数清。可谓备极哀荣。10日,葬入定海玉兰桥。墓碑由陈立夫题写。

1958年,墓地因建水库,迁移到杨岙。

1995年,墓地扩建重修。长子朱子奎的墓碑由宁波著名书法家沈元发题

写（朱子奎的墓，1966 年"文革"时被毁，由上海迁葬在定海杨岙父亲朱葆三的墓旁）。

1998 年，舟山淀海第一小学教育基金会聘请上海交通大学青铜研究所铸造朱葆三半身铜像，陈列于校史室。

2001 年 6 月，朱葆三墓被定为舟山市定海文物保护点。

2018 年 3 月 11 日，朱葆三诞辰 170 周年，舟山市定海区政府隆重举行葆三公园奠基典礼，以纪念朱葆三先生。

朱葆三一生担任的公职有：

上海道台总账房

上海总工程局办事总董

吉林制造局主办

上海租界浙江盐务总办

上海银行公会董事

上海各业会馆华商公议会董事

宁商总会会长

预备立宪会副会长

华商水火险公会会长

上海城厢内外救火联合会会长

上海商务总会协理

浙江旅沪学会董事

上海四明公所总董

宁波旅沪同乡会会长

定海旅沪同乡会会长

上海商务公所会长

上海总商会会长

洋货商业公会会长

国际税法平等会副会长

上海都督府财政总长

国民党上海党部副部长

全国商业联合会会长

中华慈善团全国联合会副会长

中国红十字会赴日本地震代表团团长

　　据不完全统计，在民族工业（1895年至1913年）和航运业（1890年至1926年）的投资中，买办占12.46％。而其中四位宁波籍商人朱葆三、叶澄衷、虞洽卿、朱志尧的投资接近半数，占47.35％。

朱葆三的工商业投资：

慎裕五金商行	新裕商行
缫丝厂	纺纱局
华英药房	鸿源纱厂
马来西亚吉帮橡胶公司	中国图书公司
上海大有榨油厂	上海丝绢公司
华章机器造纸公司	上海华商水泥厂
同力机器纺织麻袋公司	上海丝织公司公利线厂
立大面粉厂	中兴面粉厂
上海第一呢绒厂	上海祥大源五金号
华丰造纸厂	中华煤气公司
振泰纱厂	汇广公司
天津津门洋行	中国制碱公司
宁波电话公司	宁波四明电话公司
宁波和丰纱厂	长兴铁路股份有限公司
长兴煤矿股份有限公司	江西蚕业公司
海丰棉纺厂	海州赣丰油饼厂
鄱乐煤矿	柳江煤矿铁路公司

柳江煤矿公司　定海电器厂
定海缚利渔业公司　和兴化工厂

金融、保险方面：

中国通商银行　四明银行
浙江兴业银行　浙江银行
中华银行　浙江实业银行
江南银行　中孚银行
中华懋业银行　振丰银行
利华商业储蓄银行　济东实业银行　华成保险公司
华安水火保险公司　华兴水火保险公司
华安合群人寿保险公司　中易信托公司
上海联保火险公司　中国证券物品交易所

航运方面：

越东轮船公司　顺昌轮船公司
镇昌轮船公司　同益轮船公司
东方轮船公司　宁绍轮船公司
舟山轮船公司　广生轮船公司
大生轮船公司　大达轮船公司
长和轮船公司　永和轮船公司
永利轮船公司　永安轮船公司
大达轮船公司　中华码头公司

公用事业方面：

上海华商电车公司　上海内地自来水公司
上海南市自来水公司　上海内地电灯公司
定海电气公司　舟山电灯公司
广州自来水公司　汉口利济水电公司
宁波电话公司

新闻事业方面：

《新闻报》

教育慈善　社会公益方面：

仁济善堂	广益善堂
广义善堂	位中善堂
新普益堂	上海仁济育婴堂
万国红十会	中国红十字会上海分会
中国红十字会	中国妇孺救济总会
济急会（济急善局）	上海四川路青年会
同义、联义两慈善会	中国广济会
延绪山庄	普善山庄
上海孤儿院	贫民平粜局
济良所	普益习艺所
四明公所	宁波仁安公所
定海会馆	定海善长会所
定海体仁局	定海济生公所
台山会馆	台州公所
华洋义赈会	佛教慈悲义赈会
上海中国义赈会	上海联合急赈会
河南义赈会	福州义赈会
陕西义赈会	湖北水旱义赈会
湖南义赈会	京津豫义赈会
江浙皖水灾义赈会	宁波急赈会
浙东温黄风灾义赈会	
四明医院（曙光医院）	上海时疫医院（红光医院）
吴淞防疫医院	上海公立医院
红十字医院（华山医院）	上海广益中医院

沪南神州医院　广济医院

浦东医院　定海长春医局

定海医院　定海南珍桥

兴办的学校有：

定海申义小学（定海小学）　上海中医专门学校

镇海虹桥徽荫学堂　上海德文医学堂

定海公学（舟山中学）　同济医工学校（国立同济大学）

上海尚贤学堂　宁波益智学校

青年会商业学堂　上海商业学校

宁波旅沪同乡会公学（第一至第七公学）

编写于 2019 年 3 月

（朱全卿，朱葆三曾孙）

两个百年家族的交集与传承

聂崇彬

我曾祖父聂公缉椝是近代一位人物，出生湖南衡山的他，是清末封疆大臣，洋务派代表人物之一，中国民族资本家。历任江南机器制造局总办、苏松太道（上海道台），接着又先后任浙江按察使、江苏布政使、江苏巡抚、湖北巡抚、安徽巡抚、浙江巡抚。生平重视实业，创办私有上海恒丰纺织新局。而他的另一个身份是曾国藩的女婿，他娶了曾文正公的小女儿，后来的大湘商家族——聂氏家族的领袖、朝廷诰封的一品夫人曾纪芬。

聂缉椝传

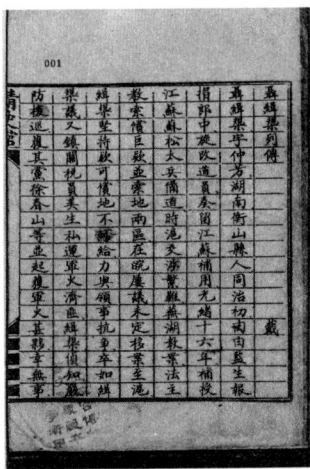

聂缉椝传内页 1

2015 年 5 月，我带着海外聂家人的嘱托，带着自己的心愿，从美国抵达中国香港，开始采访整理研究家族文化和寻觅先人历史痕迹，先后去了湖南、北京、南京、安庆，继而又辗转美国纽约、日本东京，再回到北京、上海，两年多时间，沿着祖先的遗迹，居然在北京国家图书馆和台北故宫藏书院，找回了太婆百年前的著作和太公遗失的 602 封朝廷奏折。

固然，祖先的珍贵文字记录失而复得令我很安慰，但令我激动得想留下这两年多经历的文字，却是一路上见证了祖先们留下脚印的山山水水的变化，没有辜负他们之前为之的艰辛付出，而生活在那些土地上的人们也没有忘记他们曾经的努力，且更加努力地在之前的成果上再接再厉，令我们现今世界更趋美满。

一、一切从湖南开始

聂家人非常低调，打我记事时候起，从来没有从长辈口中听说过聂家的故事。很小的时候，就感觉到自己家的亲戚特别多，尤其是逢年过节，出出进进的人络绎不绝。

略大一点，被弄堂里玩伴认定，我们家里很有钱，因为我们一家住在一幢房子里，独门独户；而他们却是一幢房子里住了许多家、很多户。

到了社会上做事后，许多次别人一见我的名字，就会问我，你是不是湖南衡山人？当我点头称是时，马上会引来对方一长篇的言论，从中知道我们家曾几何时也有过名望。而真正认识我们家的历史，要感谢宋路霞女士，从她写的《聂家花园百年春秋》一文，连载在《上海滩》杂志上后，才开始了解我们家怎么会有厂，怎么会有田，为什么捐地办学校，为什么会丢公馆。也是因为我们家的低调，宋路霞女士把写聂家详细故事的任务交给了我，尤其当她把手中所掌握的多方寻觅得到的聂家资料交到我手中，嘱托我继续，我感到了一份信任和责任。

当匆匆的岁月几乎要把当年写书决心磨砺一空的时候，我发现家人们依然在为卫护聂家的点滴而赴全力。泽芳表哥秉承瞿家优秀品行，为聂家打创及维护了家庭网站，一个维系家庭的平台，十几年如一日，而瞿家已是第四代为聂家的故事做继承文字的工作。当然仲芳公的墓志铭就是他的曾祖父、清朝的军机大臣瞿鸿机撰写。

从不依照传统做事的我爸聂光禹，居然冒着严寒，去为祖坟的落成主持典礼，并因此知道了崇嘉、崇玲堂哥等为修缮祖坟做出的种种努力。在中国上海，退休后依旧为自己的专业忙碌的崇嘉哥，居然能流利地叙述整个衡山聂氏的来龙去脉，由此可看出他为此倾力的程度；在美国德州，看到崇镒哥如何设法学会中文输入法，把厚厚的家谱上的油墨符号变成电脑上跳动的字符，为的是修正家谱中任何一个错误。

而此时，匆匆的岁月已经把我因"文革"从未能在学校接受过系统正规学习的伤残女子，打磨成受过世界级专业媒体训练的华文女作家协会的终身会员。而这整个过程，和家族文化息息相关，是家族的传统公德和人际脉搏的惠益。

每个人，随着年龄的增长，就会有了许多过去；每个家，随着时代的延续，都会有自己的历史。而聂家的历史要从衡山讲起。

衡山

湖南衡山县开云镇环溪村是衡山荆林聂氏家族聚居地、祖坟地。过去，从环溪村出来至西门城外今人民西路北望桥不远处，有一座高高挺立的牌坊，叫"聂家牌楼"，嘉庆皇帝下旨修建的。牌坊正中有一匾额，上写"重上蓬莱"四字，也是嘉庆皇帝亲笔题赠，以表彰聂家两次点中翰林。可惜这座牌坊在20世纪60年代因兴修水利被毁。由这座牌坊向城内走来，至西街四牌楼今宜家百货处，又可见一座灿烂辉煌、极具气派的"聂氏家庙"，内有三进，前两进为楼房，包括戏台、钟鼓楼、厢房、穿堂、天井、水井、族校等；后进为正殿享堂，主要供奉聂氏家族先祖神位。古制规定，祭祀祖先的场所分两类，一为一般家族普通的祭祀场所，叫宗祠；一为士大夫家族特殊的祭祀场所，叫家庙。家庙者，表示在朝为官者众，家族显赫也。由此可见，当时的聂氏家族确实非同一般，这座家庙在1944年沦陷时，被日军毁掉。循着当地人们记录的衡山聂氏家族这些历史印迹，可见昔日的辉煌和许多鲜为人知的珍贵史料。

衡山聂氏家族由江西清江荆林聂氏迁徙而来。其开籍始祖乐山公（"乐"在此处念 yao），生于清康熙十一年八月初三，殁于清乾隆三十年正月初五，享寿 93 岁。他盛德卓识，性格仁慈，治学严谨，事亲至孝，精通医道，救死扶伤，在衡山美名盛传。他写给儿子陕西省镇安县县令聂焘（先焘公）的《诫子书》，是千古不朽的传世瑰宝，教育了一代又一代的贤达之士。在这篇《诫子书》中，他教育儿子安心山区小县的供职，并要有所作为，为民造福，他写道："尔在官，不宜数问家事，道远鸿稀，徒乱人意，正以无家信为平安耳！"

这篇以一届布衣草民之《诫子书》而入《皇清经世文编》的乐山公给儿子的家书，被誉为具有永恒历史意义的传世警言。时任陕西巡抚陈弘谋将《诫子书》转发给陕西省官吏精读，历代的《镇安县志》《陕西省志》《衡山县志》《衡州府志》乃至清朝国史，都将其作为重要文献全文刊载。即使是当今社会，仍对《诫子书》高度重视。1991 年，安徽省文艺出版社出版的《中国历代名人家训精萃》一书，从汉至清各个朝代浩如烟海的家训中只精选了 76 篇，其中不仅全文刊载了《诫子书》，而且强调"这一不朽作品所言居官之道，可供今人借鉴，在历代家训之中，可称上乘之作。"《陕西日报》《人民日报》都曾发表专文阐述《诫子书》的现实意义，"为父当比乐山公，做官要赛聂家郎"被传为佳话。

聂焘公生养的三个儿子，都是当时著名的学者，各有不同凡响的建树，其中的第三子肇奎，曾经担任益阳教谕，岳麓书院监管，是乾隆五十七年（1792）乡试亚魁。他共生育了七个儿子：镐敏、镜敏、铣敏、镇敏、及敏、惠敏、钰敏，均学有所成：或中举人、或中进士、或点翰林，并在朝廷担任要职，嘉庆皇帝曾先后九次询问其兄弟七人的情况，在当时衡山，产生了"七子登科"的轰动。

"七子登科"中人丁兴旺且事业有成者要算镇敏。排行第四的他，生养了三个儿子，其后人特别发达，其次子有豫聂亦峰是咸丰三年（1853）进士，钦点翰林，外放广东三十余年，历任石城、新会、南海等县县令，累官至高州知府、奏奖道员。他继承祖德，为官公正清廉，尽心民事，每至一地，必捐出薪俸建设牛痘局、育婴堂、清节堂（为贫苦寡妇而设）、宾兴馆（资助贫困学生），凡地方应办之公益，无不尽力为之，尤其是在新会县妥善处理余姓和李姓械斗大案，拯救了众多人命，百姓代代感激，所建生人祠至今香火不断。李姓甚至在李家祠堂设"聂恩公"牌位，每年均进行祭祀，说是没有聂恩公，李家的后代就没有了。江西人民出版社 2012 年出版的《聂亦峰先生为宰公牍》就是他出色工作的记录，读过的人均表示钦佩和敬佩，难怪扉页上有十个大字给予豪气的评定"法官之模范县令之准绳"。

他的为人，被曾国藩极为看重，函信往来，以愚弟自谦。并看中其儿聂缉椝为自己的女婿。

有豫公聂亦峰的次子就是我的太公聂缉椝仲芳公了。

光绪元年（1875），聂缉椝迎娶夫人曾纪芬。

双峰

湖南省双峰县荷叶镇富坨村（原属湘乡县），有一座富厚堂，是晚清重臣曾国藩家族的府第。曾氏家族在富坨村本有祖业田庄，咸丰七年（1857）曾国藩于此建立家庙，田宅后分归其弟曾国荃，同治四年（1865）移归曾国藩所有，同治五年竣工，曾国藩家属移居于此。至光绪元年，富厚堂建设全面完成，曾氏家族世代居住于此。2006 年富厚堂藏书楼被列为全国重点文物保护单位。如果说，曾国藩是一部中国传统文化大典，他的故居富厚堂就是最精致的封面。

"吾不愿代代得富贵，但愿代代有秀才。"晚清重臣、湘军创立者和统帅，曾祖母曾纪芬的亲生父亲曾文正公，终生倡导寒素、勤勉、笃学的家风，曾国藩兄弟五人的家庭，至今 190 余年、绵延至第八代孙，共出名望人士 240 余人。正如他希望的那样，子孙都是才德双修的君子。

文正公将祖父星冈公的遗训编成家规，即"八字家诀"：早、扫、考、宝、书、蔬、鱼、猪。书，是指读书；蔬，是指种菜；鱼，是指养鱼；猪，则是指养猪；早，是指早起；扫，是指扫屋也；考，是指祭祀祖先；宝，最为重要，是指正确处理各种人事关系。曾氏认为一家运势取决于家中气象，书、蔬、鱼、猪所形成生发之气，早、扫、考、宝所形成的收敛之气。

"八字家诀"中把"书"列为生发气象之首，以此来形成独特的耕读家风。关于如何读好书，曾国藩认为"第一要有志，第二要有识，第三要有恒"，并要求"看、读、写、作，四者每日不可缺一"。他要求兄弟子侄遵循"八诀"家规，就如同吃饭一样每天必做必行，并强调"我家世世守之，永为家训"。

有史观之，盛不过三代，是大多数官宦富贵之家很难逾越的瓶颈。而曾家却代有英才，出现了像曾纪泽、曾广均、曾广铨、曾昭抡、曾宪植、曾宝荪等一代代杰出人物。

探寻曾氏家族长盛不衰的奥秘，曾文正公对家风家教的重视，起到了决定性的作用。

咸丰六年（1856）九月二十九日，他写信给九岁的儿子曾纪鸿说："凡人多望子孙为大官，余不愿为大官，但愿为读书明理之君子。勤俭自持，习劳习苦，可以处乐，可以处约。此君子也。"

教育9岁的儿子要成为"读书明理之君子""这样的期许较之一般的家庭教育显得境界更高"，媒体的评价如是。

"早饭后，做小菜点心酒酱之类，食事；已午刻，纺花或绩麻，衣事；中饭后，做针黹刺绣之类，细工；酉刻（过二更后），做男鞋女鞋或缝衣，粗工。吾家男子于看读写作四字缺一不可，妇女于衣食粗细四字缺一不可。吾已教训数年，总未做出一定规矩。自后每日立定功课，吾亲自验功。食事则每日验壹次，衣事则三日验壹次，纺者验线子，绩者验鹅蛋，细工则五日验壹次，粗工则每月验壹次。每月须做成男鞋壹双，女鞋不验。上验功课单谕儿妇侄妇满女知之，甥妇到日亦照此遵行。"

曾国藩对家中妇女所定的"功课单"是衣、食、粗、细四字缺一不可，并特别注明了"满女"知之。"满女"即曾国藩最小之女儿曾纪芬。"相习成风"，崇德老人曾纪芬把曾国藩的教导用于行动，并传播至衡山聂家。18岁时由叔父曾国荃做主定亲衡山聂家。衡山聂家，是个三代进士、两代翰林的书香门第，乐善好施，门风极好。曾纪芬的婚事，由于曾国藩的染病、去世，一直拖到光绪元年九月二十四日进行，这年曾纪芬已经 24 岁，带去的嫁妆中就有文正公给她的"功课单"。

杨嘉桥

湘潭县杨嘉桥镇的旷家山东约三华里处的杉树山，当地的老百姓称这里为石人石马，其实，石人石马并不能称为地名的，只是这里曾经有过很多石人石马而已，当时此地称之为湘潭南六都四甲杉树山庄。1912 年三月初二我的高太祖母、晚清翰林聂亦峰的夫人张氏下葬于此。聂母张氏夫人墓庐始建至今，已一百余年了。

聂母张氏夫人，她的名字并不为历史所熟知。尽管聂氏家族在近代史上是那样显赫。但是，张氏却主持了一场旷世婚礼，让晚清著名的曾国藩家族与聂氏家族联姻，从此后，开启了一段轰轰烈烈的近代湘商史。也正因为曾、聂两个显赫的家族对中国近代史的影响，我们不能回避这个平凡的女性。

文正公有五个女儿，他择婿自然会与众不同，首选的就是女婿家世。而曾国藩至爱的满女儿曾纪芬更是他特别关注的。当时的聂亦峰，因秉公处理广东余李积案，其气节深受士林推重，曾国藩亦为之动容，决定把曾纪芬嫁到聂家，并由当时的广东巡抚亲自提亲。聂家公子，也就是聂亦峰和张氏夫人的儿子聂缉椝（字仲芳），长得一表人才，生平好经世之学，酷似乃父。

1872 年，亲事订了下来，可是，文正公却因病于二月初四日逝世。那时，曾纪芬 21 岁。当时正要举办婚礼了，新郎官聂缉椝千里迢迢从广东赶到上海曾纪芬所住的地方，正是曾国藩逝世一周后，大丧期间，婚事自然不能办了，只好将婚期推迟。谁知返广东后的第三天，他自己的父亲聂亦峰也去世了。直到曾纪芬 23 岁时，两家又议嫁娶，八月间，她的母亲欧阳太夫人又去世了，结婚的事，又只好继续向后推。第二年九月，"欧阳太夫人之丧已逾小祥"，总算可以出嫁了。这时，他们夫妻两人的上辈，只剩下婆婆张太夫人在世了。

1875 年，聂家方面，在母亲张太夫人的主持下，曾家方面，在曾国藩之弟曾国荃主持下，聂缉椝与曾纪芬终于完满联姻。尽管结婚仪式极其简朴，未事铺陈，但是，这一场联姻，却对中国近代商业史产生了深远的影响。一个巨大的湘商家族——聂氏家族随着精神领袖曾纪芬的到来而叱咤风云，盛极一时。

在《崇德老人自订年谱》中，有一段曾纪芬对其婆婆张太夫人的描述："先姑张太夫人家本湖南安乡籍。其祖官奉天锦州，殁后诸子奉丧归，侨居京师。太夫人自少明敏，持门户，应宾客，理家务，皆一身任之；作男子装，豪迈倜傥，无闺阁态。亦峰公时以举人困春闱，留官京师，适前姑甘太夫人逝世，求主中馈者，媒妁以太夫人生庚进。公初殊无意，属二伯翁春帆公退还；而春帆公忘，未送往也。公久而始觉，念其已久未决，难于终却，遂毅然许之。既成婚，相敬殊甚。公一以家事委之太夫人，且谢绝友朋征逐，未几遂第春宫，入翰林，家自兹兴矣。"张氏是湖南安乡人，也是出身名门，在聂亦峰前妻甘氏去世后，与聂亦峰机缘巧合，成为伉俪。她一生主持着聂氏大小家务，让夫君安心读书做官，在主持聂家门户时，一介女流，竟有男人气派，行事明敏，使聂家"自兹兴矣"，可见张氏也非一般人物。

根据曾纪芬后来对张太夫人的记载，我们得以知道：张氏的丈夫聂亦峰在广东去世后，手头仅有六万两现银，别无其他产业。张氏扶聂亦峰灵柩回湘时，得知衡山原籍不宜居住，就带着家眷直接到长沙。在姻家子曾纪泽的帮助下，在长沙购买了住宅，安顿下来。后又陆续购置田地，嫁三女，娶二媳，非常辛劳地主持家务，培养着聂家子孙。张太夫人是在北京长大的，操京语，又因幼时患病，耳朵不便，有重听，使她在湖南生活极不习惯，特别是语言障碍。但她还是把聂家事务打理得井井有条，这也为儿媳曾纪芬树立了很好的榜样。

"墓庐在四面稻田环绕之中，几间农舍相伴，丝毫不引人注目。如果不是当地老人对当年这里的石人石马有着深刻的记忆，如果不是墓碑上刻的清诰封一品夫人聂母张太夫人字样，显示着这里曾经有过的繁华，没有人会来追寻这段历史，尽管这历史还并不遥远。"

当时写以上故事说这些话的刘安定先生，当时没能预料到，若干年之后，他亲自陪着聂家的后代寻根来此墓庐。

还愿

2015年明媚的5月，我带着满腹的信心和寻根究底的好奇，踏上了回国的寻根之路途。回到了湖南，但并没有去祖籍地衡山，而是先去了双峰富厚堂。

作为聂家人，我熟悉曾祖母崇德老人的故事却要早过曾祖父仲芳公，因为是我的奶奶。她老是在我们孙女辈前提起张太夫人这位和她相处了二十年的婆婆，给她做人的典范和榜样。

我奶奶亲笔写下的有关自己的和婆婆的故事："我在她身边为媳将近20年，未见过她老人家发过一次怒，她的一言一行，使我得到了良好的知识，为人之道至今不忘。"

奶奶过世也很久了，但她慈祥的音容笑貌，至今常在我眼前出现，从来没见过她发脾气，忍让是她展露的最好品格了，所以我一直希望，了解一下能影响奶奶的人，我们聂家的精神领袖，亲眼去看看曾家的源头，了解一下聂家的规矩家训文化和曾家有多大的关系。为此我从美国来到了曾文公的故居富厚堂。带我去的是一位未曾见过面的网友彭志，自愿开车做向导陪同前往，他一直钟情湖湘文化和乡村历史建筑，用业余时间去发现和维护。至今他的《乡村发现》已经做到了133期。

彭志，我们都叫他大少，我和他相识因都是石九让的粉丝，但他对湖南美食的了解更是我所欣赏。他出钱出力做义工，我实在不好意思，说汽油钱应该我付的吧？别说汽油钱，到了富厚堂，他买票都是自己的，我有香港伤残证，享受到国家待遇，免票。另一位朋友正在就读大学博士，有学生证，也优待半票。这时飞驰来了一辆轿车，停稳后下来一位健壮男士，他就是曾国藩研究会主任刘建海，他做的第一件事，就是让票房把票钱全部退回给我们，豪气地反问说，回自己家还要买票?!

也是因为自家人的关系，我们上去了不对外开放的藏书楼，虽然没见到一本藏书，但藏书楼的设计，这空间内在隐藏的内涵，给了我无限的遐想，更是因为自家人的关系，我们被招待了家宴，曾家油豆腐的美味，难忘啊。

那天的日记保存的移动硬盘坏了，征得刘主任的同意，在下面节录他发表在《曾国藩研究》季刊的文章《聂崇彬富厚堂寻根记》，也让我自己再回味一下那天的情景：

　　6月3日上午九点，我接到富厚堂资深讲解员廖静电话，她说曾国藩女婿聂缉椝的后裔聂崇彬今天要来，她要出差，能不能辛苦我接待下。我答：这是好事啊，我们印象中聂氏后裔是第一次来曾国藩故居，我们正想与他们建立联系，多加交流。

　　在半月台"毅勇侯第"匾下，聂崇彬面向富厚堂，毕恭毕敬地双手合十鞠躬。从爷爷到她们父辈，再到她们堂姐妹五人，都是直接或间接受到崇德老人的深远影响。富厚堂是崇德老人曾经生活、学习过的地方，今天，她特地来瞻仰朝圣，她是来还愿的。

　　这一天有点迟，但她终于来了。在富厚堂里，聂崇彬仔仔细细地听取讲解，认认真真地观察每一个角落，时不时地发声刨根究底。她觉得这栋老房子精巧实用，充满了大浪淘沙后沉淀下来的人生智慧。由于腿脚有疾，当她乏了，便随意地在台阶边或是门槛上静坐小会，她说这里真是太亲切了，有回家的感觉，恬静舒服。

　　中午在机关食堂的午餐也让品尝过无数美食的她赞不绝口，紫苏鱼汤以捕捞溪涧的新鲜小鱼熬煮而成，鲜美无比，她一连喝了几碗。而席间的一道"曾家油豆腐"，则让她吃出了奶奶的味道。她告诉我们，过去家里每年所吃的湖南特色菜"腊八豆"和"剁辣椒"，都是奶奶亲手做的。她做出来的腊八豆，总是软硬适中。奶奶说，其中的窍门是一定不能出现黄霉，而白霉越厚，效果越好；而做剁辣椒的关键，是买回来的辣椒在"剁"之前不能洗，要用干净毛巾一个个抹干抹净。

　　聂崇彬的奶奶是晚清浙江藩司颜筱夏的长孙女，四书五经、吟诗作画、针织刺绣，无不精晓。奶奶虽然是聂家最小的媳妇，但她恭敬婆婆，伺奉丈夫，善待下人，与妯娌和睦相处，深得崇德老人的喜爱。聂崇彬对崇德老人的认知和敬仰，来自奶奶的述说。她回忆，奶奶经常和她们说起崇德老人，语气敬重无比。说她持家处世是怎么做的，她们在一起生活将近二十年，从未见过崇德老人发过一次火，那是她的偶像。聂崇彬说崇德老人不仅生前和媳妇们关系好，去世数十年后也依然能够得到媳妇们的敬重；而且，受崇德老人的熏陶，他们家族到现在婆媳关系都是很好的，这就是好家风的一个重要表现！

　　美好的时光总会觉得短暂，真挚的感情也会充满每一个心房。下午在查阅过《大界曾氏族谱》之后，也是她们返回告别之时，聂崇彬心生感慨，每一个家族，在时代的变迁之中，都会有自己的历史。经历无数的打拼之后，她才发现今天自己所拥有的一切，原来源自家族那份深厚悠远的传承。她很感恩祖辈们对她的潜移默化，因而也愿意把自己余生的时间和精力投入到令她受益匪浅的家族精神文化遗产上，通过收集并整理家族的历史，让这份宝贵的精神财富更好地滋润后辈。

　　富厚堂，她还会再来的！

　　说真的，刘主任太理解我了，所以在我寻根路上大大助力。因为他的引荐，我加入了有关历史探究学术研究的群组，认识了包括他在内的，已经研究了曾家和湘军历史二十多年或十几年的专家学者同好，我面向的不再是聂家曾家故事，而是波澜壮阔的湖湘文化，浩瀚的历史洪流一直在暗涌激荡，从来没有停止。

寻根

机缘巧合，我认识了广州诗词杂志社刘社长，那时还是诗词报社长兼总编的刘安定先生，见到了他著文详细介绍的湘潭聂氏张太夫人我的高太祖母的文章《一个牵系两个湖湘文化世家的人物——从湘潭县杨嘉桥镇旷家山聂母张太夫人墓葬谈起》，决定跟他回乡去办一个很重要的活动时去拜祭。本以为是低调的寻根，但不知怎的惊动了湘潭当地宣传部和统战部，以及得到以研究曾氏家族女性为优的湖南人文科技学院的热情接待。

杨嘉桥，地处湘潭的一个400人的村子，见过父母官聂村长和他帅气的公子志勇。同时也见证了刘社长的辛苦奋斗，凌晨，我们一行人跟着他回到镇上小旅社歇息，迎接明天的大活动，他领导的独山诗社为纪念大诗圣谭半农诞辰200周年而召开的大会。早上在杨嘉桥，刘社长气宇轩昂地带领我们吃早餐，桌上放着的瓶瓶罐罐都是拌面的调料浇头，猪油香的面好吃。

乡间小路，通向寻根深处，聂氏的始祖高太祖母，一品诰夫人的安身之地，虽然经历"大跃进""文革"的两次破坏，由原来的100亩地的石人石马墓园到现在几尺之方，依然给予后代力量。我一站停于墓前，眼泪流了出来，不管世界的风云如何反复，有根在，聂家定会生生不息。

感动，惊动乡亲们帮我准备，杀鸡放炮仗上高香感恩，县统战部和宣传部领导陪同拜祭。那天很特别，有了第一次走乡村田耕小道的记录。当年的墓庐有着丈多高的围墙。至于墓庐为何变成现在的样子，当然是经过浩劫之后的简单修复。

在村长的摩托车陪同下，访问了当年太太婆聂氏张太夫人的守墓人。有录音记录了当年见证词。太太婆墓地被毁两次，第一次只是外围的泥土墙被破坏，第二次把棺材都打开了。守墓人夫妇都大赞称奇，因为棺木是紫楠木做的，不但太婆身上的绸缎衣服依然鲜亮，肉身也是好好的。楠木是罕有的宝物，清朝时平民百姓是不能用的，如果被朝廷知道，重者杀头，轻者坐牢。我太太婆是朝廷赐予的一品夫人，当然可以用。当年聂家买了100亩地，修墓庐只用去了20亩，余下就分给了守墓人。当年守墓人的房子有几百平方米，住了12家。告诉我的老人就一直住在里面。在一九八几年的时候政府把房子拆了，把地分给了住在里面的人。以前的墓地基建大概还能看到，是八角外开的，这次拜祭祖宗的三处墓地，都不是原装的了，历史还真需要多用文字和图片记录。回到香港，我居然还从鞋底清出很多家乡的泥土，全部来自三处墓地，我想留一下。等汇集曾祖父等的，以后带去美国，清明就可以年年祭拜了。

往事如风。当年的聂氏家族，如今已绵延四五代了。晚上在聂村长家吃上了地道的农家菜，看不出来志勇烧菜不仅有知识，而且有手艺。全部都是他烧的。那晚我也以家人身份住他家了。这位16岁就开始做生意的民选村长，虽然也是衡山人，但从乐山公那一代开始就和我们分了枝。可以说出了两次五服了。他依然热情关注好像亲兄妹，饭后三代聂氏送走客人关起门来了场小小讨论，留在了湖南和外出上海聂氏的不同生活。大家认为，我们那一支不可否认要强，并搬出一件史料佐证，20世纪30年代的时候，他们盖祠堂，我们去资助，拿去的不是钞票，而是黄金。不过我觉得，曾经的辉煌不代表什么，看看他们现在的生活，你会说，平淡是福，尤其是饭后大家开车离去，问路让路那一幕和在美国去亲友家聚餐后势必发生的情景一模一样，你会完完全全忘了自己是身处在中国内地普通的一个小山村。

聂村长是民选的，趁他出去解决村务时，同他的村民聊聊，大家都竖起大拇指，说他建树很多，做人从不吹牛自私，到处筹款搞乡下基建。被选上村长后，国家给他的工资并不多，才1000元人民币出头一点。

村长家养猪养鱼养鸡，出入会经过他的鱼塘，打听了一下，养猪的收益并不是很高，猪仔买回来要500元一只，途中看到的是四个月和两个月的猪，饲料并不便宜，所以一头猪连1000元都赚不到，还会有死猪的风险和损失。他之所以养猪是觉得并不累事。他鱼塘里养的鱼很好吃，是供家宴吃的，这种黄嘴鸦的鱼看看很小，但很嫩很鲜。第二天中午的草鱼拿猪油抹后再烧特别香腻。我特意拍了一大盆猪油，在美国和中国香港不容易买到呢，天天吃猪油，村长太太和两个媳妇都很苗条。说起来，在湘潭和长沙都没见过胖女人。

聂村长其实是做大生意的，自己拥有四辆挖掘机专门出租，每小时200元人民币。在村里还有门市铺头呢，他是一个勤俭持家的生意人。

好人有好报，村长两个儿子都继承他的事业，大儿子9年前还在他只有40多岁的时候，就给他添了孙子。孙子从6岁开始就自己起身吃饭上幼儿园，相当独立。小儿子是当地出名的无名救人英雄，后来派出所调查出来经电视台传播，大家才知道的。

每逢过年、清明我们家如果没有人去，聂村长就会去替我们拜祭太太婆，却都没有向我提起，还是春明告诉我的。这次知道我要回去，前一天把墓地整理过了。

他每天晚上都有看会书再睡的习惯。这次回乡最为震撼和感动的是感受到湖湘文化之深厚和普及。小小的一个杨嘉桥，以前出了三个举足轻重的大诗人，而今一个小小的独山诗社，不仅能让普通的并未走出过村庄的农民把吟诗书法当作生活的一部分，而且他们的诗绝对不是目前所流行的新诗，而是很有深度内容的和遵守诗牌形式的上乘作品。刘社长的中学班主任张笃庆老师当场作诗，赐我《崇彬女士杨嘉桥寻根拜祖坟》：

寻根问祖到湘潭，万里河山一日还。杉树山庄松柏剪，石人石马断垣残。

宗亲簇拥乡情笃，跪拜心香一寸丹。好趁清时圆凤梦，天涯芳草路漫漫。

（注：石人石马即杉树山庄）

这次目睹他们庆祝谭半农诞辰200周年的活动，组织紧凑有效，感动的是中午几大桌酒席，都是村里九〇后年轻人作帮手，味道好极了。小小诗词社出版的书，在内容和装帧方面绝不输给各大城市的出版人。很自豪，可以自称为湖南人，但很惭愧没有好好地浸淫在湖湘文化中，此次回乡看到了自己成长的空间，我要赶上故乡的步伐。

在杨嘉桥终于见到了纪录片《曾国藩》的导演曾海波，他带着团队用摄影机记录了当天的活动和我的拜祭，并向我展示了10米的世界上最长卷的联姻关系图——湘军联姻图，150个影响中国近代政治、军事、经济、文化、科技的家族2000多个名字历历在目，是他2013年耗费半年通过手绘和印刷装订而成的。从2016年起，计划每年更新数据，出版书籍，拍摄故事。曾导在杨嘉桥向我展示了聂家部分，本人榜上有名呢，荣幸。

如果杨嘉桥文情诗意的文化内涵之深厚让我惊叹，张笃庆先生的《我的人生三部曲》回忆录里所写的杨嘉桥故事，让我从中看到了整个中国的缩影，那是我几经想补回的乡愁所缺少的那一角；家乡人那坚韧的身影，和我梦中的南岳一样挺拔。

二、仲芳公的朝廷奏折

太公聂公缉椝生于咸丰五年（1855）。由于篇幅有限，对他老人家的出场介绍就从上海开始。

光绪八年（1882），聂缉椝任江南制造局会办。两年后，升任总办（相当于总裁或总经理）。1867年，江南制造总局创设于上海县城南之高昌庙，是清朝洋务运动领导人曾国藩、李鸿章在上海建立的最早的国营军工企业，也是中国近代规模最大的军工企业，制造兵轮和军火，制造总局的负责人称为总办，江南制造总局也是江南造船厂的前身。

美国华盛顿大学教授 Kennedy 所写的一书《*The Arms of Kiangnan：Modernization in the Chinese Ordnance Industry，1860—1895*》里曾提及太公：

1879 年至 1895 年，推荐总办的南洋大臣都是湖南人。不仅如此，在江南制造局还立有纪念其湖南创始人曾国藩的祠庙，曾国藩的神主牌位供在其中，每逢曾国藩的忌辰，从总办开始一切官员聚集祠庙举行纪念仪式。

这 10 年间，江南制造局的总办之一，是聂缉椝，此人是湖南衡山人，曾国荃的侄女婿，未经任何科举考试便开始当官。1882年，左宗棠被提为两江总督，27岁聂缉椝在金陵机器局当上了一名小官。聂初次与左谈话时，左宗棠引用了自己20年前便熟记在心的《皇朝经世文编》中的一段文字。聂纠正了他的错误，这使得左对他的能力有了深刻的印象。结果，左任命他为军事幕僚。他们两人经常共进晚餐，后来聂被任命为江南制造局的助理总办，再后来在当时也是在颇为成功的总办钟云谷去职之后。曾国荃任命他的侄女婿聂缉椝为总办，月薪破例为二百两银子。

聂的家庭以节俭而著名，在任总办期间，聂缉椝成功地在江南制造局建立起了一套健全的财务结算制度。

也是因此，加上他的能干，这个"国营特大型企业"还甩掉了连年亏损的帽子，扭亏为盈，他卸任时还盈余十几万两银子。聂缉椝和其他湘军将领一起掌控制造总局前后长达二十年，在此期间，他创立了上海湖南会馆。

光绪八年至十六年，聂缉椝在江南制造局会办和总办任内，主持完成国产的阿姆斯特朗后膛钢炮的仿制，制造钢甲兵轮。光绪十年，由于法越战争，为防止法军进攻上海，聂缉椝协调组织水陆各军，以水雷在港口布防，并不断向前线供应军火。

光绪十六年（1890）任苏松太兵备道（因为机构驻上海，俗称上海道台，相当上海市长，正四品）。在苏松太兵备道任内，安徽芜湖发生毁损法国教士坟墓事件，法国索赔巨款，无理要求割偿两区土地，安徽官员没有能力办理此案，朝廷将此案件移交上海，聂缉椝在与法国领事的谈判中，坚持"款可偿而地不可给"的原则，维护国家领土，取得成功，最终"以捐给二千五百两（银子）"结案。

太公在上海，做过很多出色的业绩，其中有一项不为人知是他规范启用了华商道契，才有了之后成为完全意义上的华人土地产权凭证。

1890年至1894年间，道台聂缉椝接受绅商意见呈报南洋大臣核准办理华商道契。1898年华商道契正式开始办理。华商道契的具体操作方法完全模仿洋商道契，其契证的设计与制作也与洋商道契完全相同。不论是在租界内外，华人买的土地都可以请领华商道契。申领程序也与洋商道契相同，由会丈局首先丈量该块土地，详细绘制地形图，订立契约，禀道台，由道台进行复核之后，盖印成立。华商道契在租税上的规定与洋商道契相同，每亩缴纳1500文铜钱年租，其余赋税如税契等则一律免除。

华商道契与外商道契办理方法几乎完全相同，但是其中最重要的一点区别是，外国人所请领的道契中所写明的是"永租"，而在华商道契中则不再有永租或出租字样，在道契中写明的是"置地"和"给地契"。这就是说，外商所领得的道契赋予外商的是永租权，而华商道契所赋予华人的则是土地产权。华商道契是完全意义上的土地契证。

光绪十九年（1893），任浙江按察使（俗称臬台，主管刑狱，正三品）。台湾前线形势紧张，这时聂缉椝已经被任命为浙江按察使，台湾巡抚邵濂奏请朝廷，请求将聂缉椝暂时留任上海，办理筹集军火粮饷运往前线的事务。虽然当时日本军舰在海上干扰，运输任务非常艰险，但聂缉椝还是设法将这些军事物资源源不断地送达台湾。

光绪二十年（1894），聂缉椝在上海正忙于办理向台湾转运军火粮饷，当时浙江形势吃紧，实行戒严，巡抚廖寿丰打电报催促聂缉椝到浙江赴任督办海防，这时聂缉椝才到浙江履职。

光绪二十一年（1895），朝廷与列强和议成立，苏杭新开商埠，浙江省奏派聂缉椝督办通商界务条约。在外交谈判中，聂缉椝力争捕房和管路完全主权，与外国领事签订十四条章程；但是苏州方面的谈判未成，使聂缉椝的外交成果仅被局限于杭州。

光绪二十二年（1896），任江苏布政使（俗称藩台，主管民政，从二品）。

光绪二十四年（1898），法国人强占上海四明公所（宁波同乡会），宁波籍同乡奋起反抗，法兵开枪杀害十七人，伤二十余人，于是数十万宁波人罢市，群情激昂，两江总督刘坤一上奏朝廷，派聂缉椝到上海处理。聂缉椝亲自上街抚慰群众，劝说开市，同时照会法国领事馆，严词驳斥其谬论，经过交涉，终于收回被侵占地盘。

光绪二十五年（1899），调任湖北巡抚（正二品），尚未及上任，又被任命为江苏巡抚。当年秋天，奉朝廷命到北京与朝廷聘任的总税务司赫德会谈加税免厘事务。

光绪二十六年（1900），再度任江苏巡抚。

光绪二十七年（1901），调任安徽巡抚。正值安徽沿江十九个州县严重水灾，溃堤数以百计，聂缉椝刚到任立即采取救灾措施，解决财政人力问题，组织修堤，开浚新河，不数月水灾就得以解决，民气大振。任内，聂缉椝发现前任巡抚与英商凯约翰签的开铜官山矿的合同中有"合同期六十年、积六万英亩"的不合理条款，指出"期太久，地太广"，需要缓发准照，因此在合同下面批示"此系勘矿合同，不得执为开矿之据"。并责令凯约翰向商务局先缴五万两银，限期一年勘矿，逾期则合同作废。合同期满时，聂缉椝已离任，凯约翰要求续约并扩约，不了解真相的人不但不理解聂缉椝维护国家利益的初衷，反而群起指责，由于继任巡抚查核合同和聂缉椝的奏履，认为聂缉椝处理无误，真相方始大白。

光绪二十九年（1903），调任浙江巡抚。

光绪三十一年（1905），聂缉椝被御史姚舒以所谓任用私人和扩张铜元局参劾，朝廷令福州将军崇善查覆，虽据查明没有问题，但最后以"听信随员"的罪名，让聂缉椝"奉旨开缺"。事实是：原浙江铜元局总办刘更新（道台）办事不力，聂缉椝改派朱幼鸿（也是道台）任铜元局总办。朱到任后，局中盈利十余万，聂缉椝对朱作出奖励，委任他署粮道。按原来规定，铜元局的余利，应有一部分留给巡抚署，但聂缉椝没有留，批做公派出洋留学生的经费和练兵经费，这本来是有利于国家的举措。由于其他不得志者妒忌怨恨，又刚巧有一个不称职的道台被聂缉椝参劾，怀恨报复，纠集仇恨聂缉椝的人，结纳御使参劾聂缉椝，朝廷查核结果是参劾并无依据，但因幕后原因，只得以类似莫须有的罪名——"听信随员"，将聂缉椝开缺，就是停止职务，虽然是一种处分，但是没有任何法律责任，可见聂缉椝是清白的。但在聂缉椝逝世时，朝廷还是以某种照顾朝廷体面的形式恢复了聂缉椝的名誉——"已故开缺浙江巡抚聂缉椝，着加恩照巡抚例赐恤，任内一切处分，悉予开复……"

聂缉椝在各省巡抚任内，想尽办法，使省的财政扭亏为盈，改革陋规，增加国家收入；体察民情，减轻老百姓的赋税和各种不合理的负担，这是大多数当年同级官员没有能力或不愿意做的事情。

聂缉椝在政务、涉外政事、军事后勤和财政等方面都是解决难题的能手，朝廷和当地总督、巡抚经常调派聂缉椝去处理本职以外的、朝廷的和外省的棘手事件，有时甚至要求聂缉椝在调任路途中留下临时就地处理问题。在涉外的政事上，虽然我国当时处于弱势，但聂缉椝总是坚持原则，做到有利、有理、有节，至多在经济上稍让出有限的利益，而在维护国家领土、主权和尊严上，绝不让步，因此得到朝廷和上级的信任和倚重，甚至令外国官员敬畏。这些方面，可以看到聂缉椝忠于祖国，具有高度的责任心、超人的胆识和出众的才干。

甲午战后，聂缉椝历任浙江布政使、巡抚等职。19世纪末叶，聂缉椝正在浙江巡抚任上。浙江一省担负了战争赔款每年达百万元，不堪重负，于是动脑筋开发财源。他发现铸制铜元获利甚厚，于是剔除各种杂乱货币而以颁布新型铜元为流通货币，一年下来，居然盈利上百万。至今在北京的中国钱币博物馆，有他老人家的，以及他发布的铜元照片和记录。

聂缉椝出身于忠厚的诗书之家，从小受的是农业中国的传统熏陶，对泥土有着深厚的感情，在官场上待久之后，就更加厌恶都市的尘嚣氛围，所以一旦有了一些积蓄之后，他便要回到老家去，置办农田，种稻种棉，过几天清闲日子，而把上海的产业交给他的三儿子聂其杰和四儿子聂其炜去打理。

1904年，聂缉椝在洞庭湖边大规模地围湖造田。先是在南州淤田地带买得四万余亩，又陆续收买邻近刘公垸一带的湖田一万余亩，组成了聂家的领地：种福垸。这片湖田东西长十六华里，南北宽十华里，总面积达五万余亩，可称一个超级大庄园了。

聂缉椝正直坦荡，不畏权势，不计个人得失，这方面的例子不在这里一一列举了。在清廷政治腐败的当时，聂缉椝必然受到妒忌、报复、排挤，所以正当他政绩辉炳、最能发挥才能的时候，迎来的却是"奉旨开缺"的结局。对于仕途的险恶，聂缉椝深恶痛绝，训诫子孙：聂家子孙莫做官。从此，聂缉椝回到湖南，将精力放到侍奉老母张太夫人和考虑发展家族产业上去。

聂缉椝有十二个孩子，八个儿子，四个女儿。

长子聂其宾早逝。

二子聂其昌 1903 年（光绪二十九年）到北京皇宫保和殿参加过经济特科考试，是清末朝廷急需罗致洋务运动人才而增添一种与传统科举同等的国家考试制度，录取的人才，与进士体制和阶位等同。聂其昌被录取二甲，以后为洋务运动做了很多重要工作。

三子聂其杰 1893 年回湖南参加科举乡试，考得秀才。后领母命随江南制造局的外国顾问学习了英语，走上弘扬科技振兴实业之路。1905 年（25 岁）接手管理当时家族参股的一个濒临倒闭技术落后的纺织小厂"华新纺织新局"，经过三年努力扭亏为盈，1908 年集资买下外股成立聂家独资公司"恒丰纺织新局"。在恒丰厂的经营管理上着力创新，引进国外先进设备，扩大厂房，率先将老式的蒸汽机动力改为电力马达，在质量和产量上都大为提高。不到六年恒丰厂成为全国有名的大厂。他 1920 年当选为上海总商会会长。聂其杰一贯重视推进社会教育事业，在恒丰厂开办数期训练班，请外国工程师讲授，提高技术水平。选派多名技术人员去英美国深造，后多成为新中国纺织界的中坚骨干。他曾任复旦大学校董，和中西、启明和启秀三女校的顾问，推进妇女现代教育和提倡职业教育，1917 年与黄炎培发起成立中华职业教育社。他始终不忘社会公益事业，反对奢靡的社会风尚，他撰写《保富法》，劝人散财布施，在《申报》上连载，曾引起上海滩轰动。

老四聂其炜，曾留学日本，安徽省都督孙多森兼中国银行总裁邀请聂其炜出任副总裁协理，曾无畏袁世凯的势力，宁可被辞也拒不执行对方无理要求以保障银行利益。在任内抗拒袁大总统（世凯）违反中国银行董事会章程的要求拨款，被逼离职。孙多森又创办了中孚银行（1916年），自任总经理，亦请聂管臣出任协理，该行总部设在天津。

老六聂其焜是恒丰纱厂中期的总经理，曾积极参加湖南长沙湘雅医学院的筹建，并担任湘雅医学院的校董，为培养湖南医学人才，发展湖南医疗事业作出了重大贡献。

老七聂其贤将军，聂家兄弟唯一的武士，清末民初湖南武军司令官，省防守备队司令官。

老十聂其焕则是带家眷留学哥伦比亚大学，是著名的仁社创办人之一，回国后曾任广州统税局副局长。

最小的儿子聂其焌，一生在自家的厂里效力，善待职员工人。他乐善好施，帮助邻居贫困的邻里街道上的孩子；对京剧艺术有非常精湛的造诣，为名票友，扶助了许多上海戏曲学校的正字辈的学艺孩子，中国京剧艺术教育史上第一位女教授——获得京剧艺术家终身成就奖的表演艺术家张正芳至今对自己幼时得到聂其焌给予的资助照顾及家庭温馨感恩不忘。

女儿们也都是精通诗文，知书达理。五女聂其德在1910年正月与被梁启超先生盛赞的文武双全的清末进士将军、南军事厅厅长、约法会议议员、广西省长张其锽结婚，时年25岁。过了一个月，19岁的八妹聂其纯也出嫁了，夫君卓宣谋是福建闽侯人，原实业部参事。同年12月，年方17岁的九妹聂其璞，也在长沙与清朝军机大臣瞿鸿禨的儿子——史学家、文学家、画家，历任国史编纂处处长、印铸局局长，南开大学、燕京大学教授瞿宣颖举行婚礼。1923年5月，能讲一口流利英文的最小妹妹聂其璧23岁时在上海与后来成为我国著名的科学家中科院华东分院副院长、上海冶金研究所所长、上海硅酸盐研究所所长、上海科技大学校长、中科院学部委员周仁先生结婚，举行了西式婚礼，聂家请了宋美龄作女方傧相，在婚礼照片中，聂其璧的右手边是宋美龄。

树大遭风，后来曾祖父遭人妒忌陷害，被人冤枉挪用公款后，朝廷派出福州将军诚勋专程调查，回禀朝廷调查结果的奏折写明我曾祖父是清白的，该奏折至今存放在故宫博物馆内。

至此，仲芳公看清了官场的黑暗，正逢其母张太夫人病恙，他辞官回乡伴母左右，在母逝世时后不久，紧随而去。生前留下充满了浓浓爱意的告诫：聂家子孙再也不要做官。先祖以亲身经历的代价而得出的这句处世警言。纵观聂家后世子孙，多为教育、科技、文化界以及其他的专业人士。

仲芳公逝世后，朝廷诰授光禄大夫，特旨旌奖头品顶戴，历史记载朝廷还了他的清白。

2007年，在衡山老家族人的帮助下，聂家修复了湖南湘潭县响塘乡龟头村外聂家大屋附近仲芳公的墓茔，我爸特意从香港赶去，作为孙子去主持仪式。

弹指一挥间，到2016年，我在彭志的陪同下，来到了聂家大屋旁的曾祖父墓茔，见到了仲芳公墓旁屋主刘锡宏老爹。聂家后人仍感念刘老爹，将修墓工程委包其二子。那天我也有略表心意，拜祭方式也一并从他所言，要放鞭炮，他认为不放鞭炮，仲芳公他老人家又从何知道我的拜祭呢？

没想到三天后在中国台湾，台北故宫有重大发现！

真是好心有好报，2016年12月下旬来台北是为母亲落葬在阳明山，忙中挤时间又去了台北故宫找文献，并不是为了聂家，我以为我们家已经查完，就去帮来不了台湾自由行的家乡儒商学者李超平去找资料。通常都是台北故宫藏书院的工作人员让我在电脑储存功能哪里查，我就在哪里查，在结账准备走的时候看见前面有人记录的查法和他们教我的不一样，这时也换了工作人员，就再回到座位，让他再帮我一下。这时，仲芳公名字的拼音一下子清晰地出现了（上次台北故宫还没有拼音输入法），一下子跳出那么多从光绪二十八年到三十四年有600多封奏折。看来曾祖父是勤劳的朝廷命官。后来证实，这600多封奏折也是大陆出版的《光绪朝朱批奏折》中所缺差他的那部分奏折了。

高兴啊！居然被我找到我家老太爷 602 封给朝廷的奏折。2015 年只发现 3 件关于他的资料。正如三天前彭志带我去在湘潭拜祭时刘老爹让我放鞭炮所预言那样，突然一下子给了我大惊喜。

那天台北故宫下雨，已经扶着墙走了，但还是被青苔滑一下，仰面朝天八字腿摔了一跤，裤子全湿了。台北故宫工作人员很好，就不用我走去寄包，我不敢坐，他们的沙发椅是布料椅子，怕湿了位子，给下一位顾客就不好了。他们坚持说，总不能让你站着，你坐完了，我们会换的。晚上朋友请吃饭时对我说，台湾所有清史之类的都已有命令不让查阅和取阅，还说我应该 602 封全部要调出来，当时我没带那么多钱，只复印了 20 多封也用了 500 多元，光是目录就是一大迭。我准备尽快再来台北，并要带足钱。在美国德州的崇镒哥知道后，马上从聂家海外基金往我的美国账户里转了钱，和以前的不一样，以前是半额赞助，这次是全额报销。我算了一下基本要一个星期才能把全部奏折打印出来，过年后，马上又去台北，因过年是假期，藏书馆休息。

在台北的日子。差不多十天，每天从我住的汉口街一段走去台北车站的捷运坐到士林再转红 30 巴士去台北故宫博物院藏书馆，这是唯一一辆公车可以开到台北故宫大门口的，早九晚五绝不偷懒。碰到博物院的藏书馆休息，只好在酒店工作，但定定心心吃顿酒店免费早餐，东西蛮丰富。

那天在酒店的工作，包括整理 2015 年 12 月份来台北故宫打印出的东西，能顺利衔接我这次的文献，另外整理曾祖母《聂氏重编家政学》一书的图片，后天要去出版社讨论初稿。中午的话出去午餐，走一条新路线，去成都街，据说有出售咖啡壶的店，我一直想买一只一人用的袖珍咖啡壶，希望台北不会让我失望。然后再去拜访一次明星咖啡店，台北著名的文化地标，好多年前去过，不过行色匆匆，这次要坐定定细心品味。

从台北带回上海的奏折经全部扫描后带去了美国，堂哥崇镒仔细翻译整理后，又经香港带回了湖南长沙，岳麓出版社正考虑汇集北京故宫的那一千多封奏折后整理出版。

三、崇德老人的家政著作

富厚堂不但完全满足了我内心的渴求，还发现了崇德老人还有在近代史上具有举足轻重的《聂氏重编家政学》。感谢美国哥伦比亚大学东亚图书馆的程健馆长和他的堂兄北京国家图书馆的程真二位先生，他们二位是我取到《聂氏重编家政学》全本原作的关键。

话说我在网上看到刘建海主任贴出当年的《聂氏重编家政学》版本照片，欣喜若狂，以为唾手可得，不过他的一句话令我马上消沉：就只是这张照片！

太婆出版物很多，而且大众的评价很高，但就是没能找到《聂氏重编家政学》文本。于是，我想到了纽约的东亚图书馆，曾听堂哥崇嘉说起，馆长程健有和他联络，为的是收集有关聂家的文献，于是我想到，是否他会从其他地方收集到呢？于是我主动冒昧地联系了他2016年，乘我回美国加州检查身体的机会，我飞去了东岸。

纽约哥伦比亚大学是这次东岸行的主要目的地：寻找祖先的本性和足迹。穿过校园来到KENTHALL，承蒙东亚图书馆馆长程健先生的接待，并在图书馆留影，还有中文部王主任，他们事先布置帮我办妥了图书馆出入证，还陪我去了十爷爷当年留学时住的宿舍楼看了一下。100多年了，依然还是做宿舍呢，哥伦比亚大学本科生都在那里住，真的令人羡慕。

那一天，两小时在图书馆查书过程细节都可以写长篇了，被工作人员带错路，慌兮兮地跑到阁楼了，都跪下来找啦，因为自己一向找东西很粗心大意，居然突然醒悟可能是别人的错误，其实要的东西就是在大堂。果然出成果了！《聂氏家言旬刊》，在民国佛教期刊文献集成，修补编，民国十五年二月出版。编撰者聂其杰；印刷者，中华书局，上海静安寺路277号；中代售

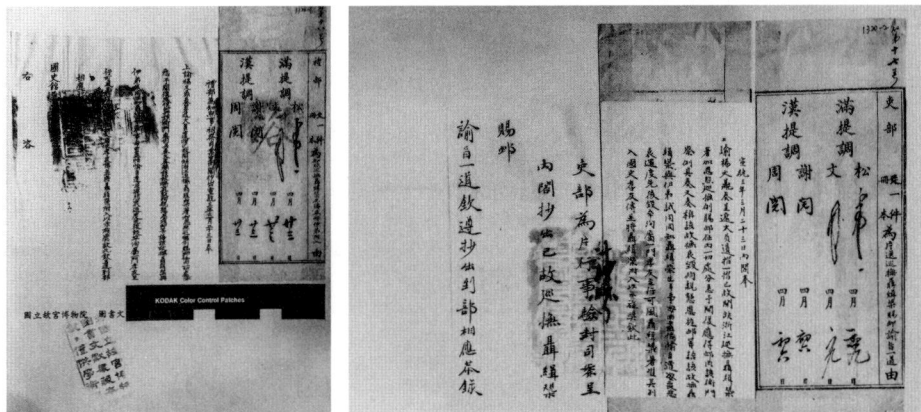

宣统三年三月礼部、吏部奉喻赐恤聂缉椝任内一切处分

所，官正书局中华书局，分售处，各大书坊。

太意外惊喜了，这份家庭公开发行的杂志，被很多历史文化学者认定只有聂家才具备，跑赢中外呢。但是我都不敢翻看，因为看颜色和质地，觉得是经不住翻阅，宁可他们翻页我看还好，做了扫描文件，有100多页，每次只准复印五章，因不属于哥大的财产，据说只要懂电脑，一下子都可以下载回家。

话说宣统三年（1911），聂缉椝因病在长沙逝世，朝廷"诰授光禄大夫特旨旌奖头品顶戴兵部侍郎都察院副都御史""着加恩照巡抚例赐恤""准其列入国史孝友传""赐祭葬如例"，夫人聂曾纪芬当时健在，朝廷诰封为一品夫人。

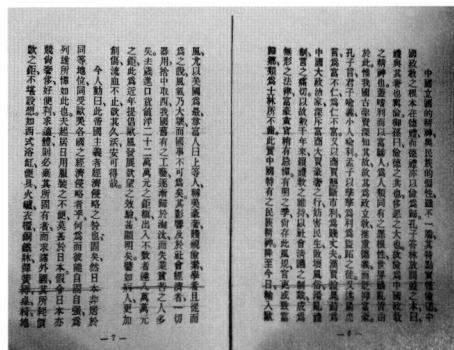

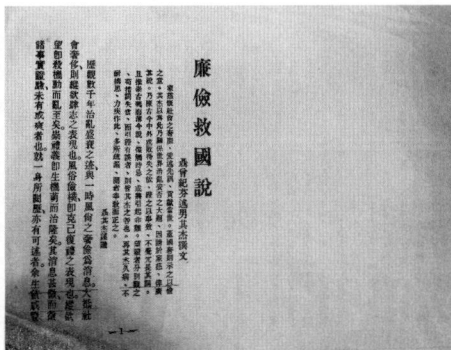

曾纪芬述、聂其杰撰《廉俭救国说》及其内页

太婆聂曾纪芬晚年自号崇德老人，在外，以自己的懿行，在清末至民国期间得到社会的尊敬，享有崇高的声望；在内，是聂家最高的掌门人。

聂家，在这里单指聂缉椝直系子女的家族。聂缉椝在世之日，他是聂家的大家长，聂缉椝去世以后，他的妻子曾纪芬就成为聂家的家长。从聂家成员的情况看来，聂家是一家人数众多的大家庭，这个大家庭一直维持到1918年才分家。在此之前，各房儿子家庭的开支都由聂崇德堂（曾纪芬）统一掌握。分家之后，她依然是家庭崇敬的一家之主，而且还是维系家庭情感的精神领袖。此后，聂家往兴旺路上行走的脚步并未停下。欧战结束后，聂家除积极经营湖南的种福垸土地以外，还在长沙设立协丰粮栈，专营食米的堆存和买卖；在上海开设一家恒大纱号，作为当时纱布交易所经纪人，经营纱布交易并代客买卖；在丈夫逝世16年那一年，在上海经历过两次买地盖屋搬家之后，崇德老人的年谱是有如下记载：75岁（1926年）八月二十八日迁居辽阳路新宅。此时作为恒丰独资经营者的聂家已成为上海商场中有名望的家族。此外又以聂家资本为中心创办一家规模很大的在当时负有盛名的大中华纱厂；又投资中国铁工厂、华丰纱厂和中美贸易公司等事业。辛亥革命前后的几十年间，是聂家最为兴旺发达的一段时期。不能不承认，崇德老人的家政理念："修身齐家治国平天下"为聂家的顺畅护航。

太婆自奉俭约，即使后来年纪大了，每逢大寿，子女想送些珍贵的礼物来，都一定会被她阻止。曾纪芬对子女的教育从不放松。即使对已经成年的子女，都非常严格要求，随时耳提面命，管束查察从不疏忽。她说："教导儿女要在不求小就而求大成，当从大处着想，不可娇爱过甚。尤在父母志趣高明，切实提携，使子女力争上进，才能使子女他日成为社会上大有作为的人。"

为了聂氏家族"联络感情、切磋道义"，在曾纪芬的带领下，聂家有家庭聚会的习惯。集会命名"家庭集会"，定期"星期日下午二时半"，地点在会所"辽阳路崇德堂宅"。甚至还规定了职员"设干事一人，记录会议言辞，执行议定事件"与议事规则等。聂家历次家庭集会记录表明，这种集会规模多在二三十人，不仅与会众人热烈发言，"老太太"（聂曾纪芬）更是必然告谕。且有时还有集体唱诵诗歌以表"歌诗习礼"之意。

聂家还不断致力出版聂、曾两家先德祖述家训之言，和宣扬有为家庭教育而创办《聂氏家言旬刊》（曾用名还有《家声》《聂氏家语》等），被历史学者秦燕春认为此举确也只能发生在 20 世纪前期的上海，更只能发生在这聂、曾联姻所形成的特有的"双料家族文化"氛围之中。在这份期刊 1925 年付有正书局出版时，近代报刊研究权威戈公振所做的"序"中大为赞赏，评价极高："聂氏一姓之定期刊物"，宗旨在联络家庭之情感，而切磋其道义，这一形式更是"在吾国为创见，即在欧美新闻事业发达之国，亦未之前闻"。

虽然纽约哥伦比亚大学之行，没有带回《聂氏家言旬刊》，因为知道可能会在香港大学等图书馆找到复印品，另外聂家的文化资产不少，为了更有效地工作，我把寻找太公太婆的文献放在了首位，还多亏馆长程健先生帮忙，主动介绍他还有一位堂兄程真在北京国家图书馆，说是以后可以去找他帮忙。可以说没有这位程真先生，我找到崇德老人的家政学一书绝对没那么顺利。因为《聂氏重编家政学》并没有孤本，而是被收入《晚清四部丛刊》第八编，册 62 之内。

九点钟对外开放的国家图书馆，十点我就把崇德老人的《聂氏重编家政学》和另一本《廉价救国说》去复制了，老太太的著作，全书 200 多页，不仅从婴儿开始怎么教育，连怎么管下人都有明确的思路，佩服。

北京的重头戏完成！全套 PDF 版的聂氏重编家政学到手，复制了两份，一个 U 盘一个光盘，还有一份打印。帮我弄的小伙子小心翼翼地问我：这是您家的吗？我回答：是我太婆出版的，他是曾国藩女儿。小伙子恍然大悟般地说：名家呀。然后告诉我，万一还您还需要副本，打电话来，我们马上发一个给你，他说他做的照片像素很高，直接去印刷都没问题！出来见到白塔，觉得好顺眼。

从 4 月底见到原作，到决定 10 月出注解版，速度不慢，其原因精神文化的东西是刻印在家族骨子里的，从来具有之，2017 年的 2 月在中国台湾以原名出版了曾祖母的《聂氏重编家政学》，诚品书店等均有出售，网上的话，博客来和当当网都可以订购。跟着6月在美国旧金山市立总图书馆举行了《聂氏重编家政学》新书发布会，当地所有中文媒体都发了新闻稿报道，并在星岛中文电台直播，旧金山市立总图书馆先是购买了30多本上架供读者借阅，不到20多天，又追加买了20多本，紧接着收到了东亚图书馆的此书的收藏证书。

在崇德老人的回忆录上，有这样的记载：戊辰同治七年十七岁，是年三月由湘东下至江宁。二十八日，入居新督署。五月二十四日，文正公为余辈定功课单如下：早饭后，做小菜点心酒酱之类，食事；已午刻，纺花或绩麻，衣事；中饭后，做针黹刺绣之类，细工；酉刻（过二更后），做男鞋女鞋或缝衣，粗工。吾家男子于看读写作四字缺一不可，妇女于衣食粗细四字缺不一可……

曾文正公对家中妇女所定的"功课单"是衣、食、粗、细四字缺一不可。我的曾祖母崇德老人，是最忠实的传承人，禀记父亲"总以习劳苦为第一要义"和"吾家子侄辈，总以谦勤二字为主"。戒傲戒惰，保家之道的教诲，随着出嫁，崇德老人把这种勤奋、俭朴、求学、务实的曾家家风带到了聂家，亲自写下，并时时以"家勤则兴，人勤则健；能勤能俭，永不贫贱"来要求和规范家族成员，并发扬光大。随着社会的进程，扩充训言有加。

虽然后来太公官至浙江巡抚。但太婆崇德老人也没忘她父亲跟她说过："予自三十岁以来，即以做官发财为可耻，以官囊积金遗子孙为可羞。盖子孙若贤，则不靠父辈，亦能自觅衣食；子孙若不贤，则多积一钱，必将多造一孽，后来淫佚作恶，大玷家声。故立定此志，决不肯以做官发财，决不肯以银钱予后人。"

崇德老人感恩家训所得，更想为子孙积德，加上十分欣赏日本下田歌子编写的《家政学》，于是她据我国妇女事实，改编撰写了一本4万余字的《聂氏重编家政学》，"是编专为启发我国妇女起见，凡所推广，皆应尽之义务，不倚不偏，闲引外邦绪论处，亦皆确切详明，论贵适宜，无分畛域。"

全编分十二章，始教育，终仆婢，每章条目秩然，了如指掌，务令智愚均晰贫富咸宜操内政者随时翻阅。

"是编以便妇女日用行习，一切奥义缛词，概所弗尚，反复详明，如说白话，意在一目了然，亦圣人辞达而已之义。"

《聂氏重编家政学》中心思想就是推广治家理念。崇德老人为此引用了孟子的话，"孟子曰：国之本在家，吾以为家之本即在主妇可矣，今变法维新造士育材蒸蒸日上亿万家之为主妇者，胥得其所以立教之体由一家而扩之一国焉，则文明之进化，不可思议矣"。

一百多年后，崇德老人这段话依然适用！

家喻户晓的孟母三迁的故事，也印证了崇德老人编著的《聂氏重编家政学》中的一句经典之说：慈母育儿之功，大于丈夫之济世。

崇德老人的《聂氏重编家政学》的可贵之处，符合中国民情的概念和细节，其中不乏很多她自己和家族的体验，例如孩子的教育和医药，她的家政学是有聂氏家族实践的，且树立了为国培养精英贤士的宏伟抱负。下田歌子创立学校来实践她的规范条例，而崇德老人则以聂家前途来试验，殊途同归。

1899年在美国平湖召开的第一次家政会议，把家政学定义为 Home Economics（家庭经济学），主要为家庭经济管理活动。直到现代，东西方家政理念才渐渐趋于一致，涉及家庭生活的方方面面。在今天的家政学中"家政"一词包括以下含义：家政是指家庭事务的管理。"政"是指行政与管理，它包含有三个内容：一是规划与决策；二是领导、指挥、协调和控制；三是参考、监督与评议。

早在20多年前就潜心研究曾国藩及其文化的惠州大学成晓军教授，先后在30多家重点期刊上发表了160多篇论文，其中曾国藩专题论文有20多篇，专注研究有关中国传统家训和家族研究有9篇，是著名的曾国藩研究学者。他对《聂氏重编家政学》赞不绝口。他在湘潭大学出版的《慈母家训》一书中，加入了《聂氏重编家政学》的选编。

　　成教授认为，崇德老人自幼接受过系统的家学教育，知书达理，且具新思想、新观念。因她深受曾国藩家训、家风观的影响，在主持聂家内政60多年间，不仅继承和发展了曾国藩家庭教育理念和方法，而且育化聂氏家族子孙后代成为有用人才方面产生过重要影响。

　　　　曾纪芬在篇中明确指出，她赖以主修《聂氏重编家政学》的动因，即是自幼年开始深受曾氏家训、家规、家风的熏陶和影响，明确认识到治理家庭内部事务的责任，首先应有家庭主妇来承担。换言之：家道之替兴，实与妇道之臧否为消息。

　　从而，她依据曾氏家训、家规、家风的基本内涵，结合聂氏大家庭的实际情况，并参考中国古代有关家训、家规、家戒、家范等方面的有益成分，立足现实，展望未来，精心主修了这部《聂氏重编家政学》。该书足以表明，曾纪芬对家庭教育问题给予了高度重视；而这种重视，则又来源于曾国藩家族家训、家风对她产生的巨大影响。

　　"总督之女，巡抚之妻，巨商之母"的崇德老人，胸怀大志，她在出版的另一部著作《廉俭救国说》文章结尾特别指出：顾亭林（即顾炎武先生）曰："国家兴亡，匹夫有责。"吾则曰："匹妇尤有责焉。"屏斥华美之服饰用具，勤俭刻苦，以激励男子，共造成良好之社会习气，培养国家之元气，保全世界之安宁，非吾女子之责乎？愿吾女同胞勿以其为"老生常谈"而勿视之也。

　　"地方义举如创兴学校，救荒济贫造桥修路，皆公共之正事，家用足者亦宜，量力捐输。"即便丈夫逝世后，曾纪芬也督促孩儿们不忘社会的职责，为中国共产党的创建和早期党的建设作出重要贡献。蔡和森等人去法国留学，有一部分经费就是由聂家捐助的。

　　1919年春，蔡和森前往法国，毛泽东到上海为蔡送行。他在法国成为坚定的马克思主义者，先后给毛泽东等写信，明确提出：只有社会主义能够拯救中国与改造世界，要发展中国革命，先要组织党——他第一次旗帜鲜明地称这个党为"中国共产党"。毛泽东对他的主张"深切赞同"。

如果说现代提倡的"妇女半边天"，是指国家兴亡，男女都有责，体现了男女平等的思想，然而"匹妇尤有责焉"则进一步指出了妇女在"国家兴亡"中特别重要的地位。

可以说曾纪芬的"匹妇尤有责焉"的思想是对顾炎武"匹夫有责"响亮口号的一个重要的完善。

这就是聂氏家政学现今的社会意义。

聂家虽然不再拥有田地企业，但聂家子弟个个都有一技之长在手，人才辈出。崇德老人的精神继往开来。聂家人还像崇德老人在世时候那样团结，她的子子孙孙还是那么注重教育，不论在海外或国内，他们的生活习惯如此相像，勤俭持家，自食其力，和睦生活，健康快乐，使社会对聂家出来的人有大家风范的印象，谦让，诚实，勤奋。

四、缘分和传承

在湖南我终于祭拜了文正公墓地。彭志陪同我，他像黄牛似的扶我走过一脚宽的水渠边，然后拖着我上坡，因我两个踝关节都是手术45度角固定的，所以走斜坡异常吃力。文正公的墓地已经被破坏了，正面上墓茔的路被封了，石人还在，石马已经没有了头。

感谢彭志从网上帮我淘来了《裕湘纱厂的前世今生》这本书，据说是见证长沙民族企业起步和发展艰难历程的裕湘纱厂的故事，欣慰的是中西合璧的建筑群给修复保留下来了。记得上次去长沙，我还去留影了，并胆粗粗地冲进去，看门人正在吃饭，满嘴食物嘟囔着：不对外开放。我只对他说了一句话，他就放心放行了：这以前是我们家的。哈哈，的确这场子和我们家有交集，请看我三爷爷聂云台的名字、照片都在书上。我就是如此这般寻找先人的足迹的，有点放肆。

　　彭志还带我去了堪称湘军将领发源地的杨家滩，被湘军文化基地的谢总谢光辉深深感动。他不仅收集有关文物，还整理湘军资料，呼吁抢救将领们的故居，并把湘军水火席推向社会。

　　据谢总介绍：湘军水火席是曾国藩领导的湘军在作战中摸索出来的一套特定的军宴，它作为一种饮食文化，被解散的湘军将士带回家乡作为婚丧喜庆的宴席，在杨家滩地区流传了一百多年。今天为我们烧全宴的林姐就是从烧了六七十年水火席的爸爸手里学到的，老人家94岁高龄逝世。时至今日，水火席有十道菜组成，其中只有一道肠子汤是辣的，其他都不辣。因为湘军考虑了在外打仗有很多江浙籍的兵士不吃辣的，体现了极大的包容。林姐的直爽令我们很快成了好朋友，她还特意为我炒了一大盆腊鱼腊肉，她酿的米酒太好喝了。结果临走，她把所有自己亲手制作的家乡特产都送了给我，分量还特多，再次感受了家乡人民的热情。

　　长沙会亲，曾家亲戚第一次见，是崇德老人哥哥曾记鸿的后代。我和曾大哥同辈，之前也是在刘会长的朋友圈先认识了他女儿曾梦佳的。饭局上，只听见历史名人故事贯穿首尾，曾大哥还说，以前他家还有聂家恒丰纱厂的股票，但不知如何得来，是自己买的还是聂家送的。去年在北京一场亲戚聚会，发现两位亲戚是住在一个小区，哎，他们完全不知道，同样的事情再次发生，曾大哥和张表姐，原来也是同小区的邻居。

　　去高太爷爷奕峰公墓地的路更为艰难，终于心想事成在他老人家坟前磕了头。多亏了彭志的牛劲，当导航失去作用后，他下车问路超过10次，人人都知道聂家大坟，但每一个人都说不清去的路，等到车无路可走时，问到最后一家，我一个人在车上，嘴里念念有词：祖宗保佑。如果白白走一次的话，我太不好意思了，临时硬拖他出来，会浪费他多少宝贵的时间啊。2分钟后，摩托车带来了一人，正是我们多次电话都找不到，可以带我们到目的地的李姓生产队长。我是被两个男士合力扯上墓地的，虽然比不上文正公墓地的规模，但至少清静啊！我们跟随生产队长拨开比人还高的野蔷薇丛走向墓茔，居然脸上手上一点也没有被蔷薇刺划到。我的祈祷起作用啦！最辛苦的还是彭志，司机导游保镖还兼摄影师，感恩。

湖南乡下的红米饭稻子酒都是第一次品尝到，生产队长热情地留我们吃了午饭，好吃的红米饭很糯，连添两次饭，很饱。从湖南到深圳回到香港，再也不用吃什么了，饱到第二天早晨烧点粥伴腊八豆吧。

2016 年 12 月，承成晓军教授推荐，曾国藩全国第二次研究大会邀请我上台发言，我带着老爸从香港前往湖南娄底赴会，谁知因大会工作人员失误，把我的证件号码搞错，未能如计划在深圳拿到高铁车票，只好老爸一人前往。大会派人在长沙半夜接了他之后就直接送去了娄底，赶上第二天的开幕式，在没有任何准备下，他上台替我发言，很受欢迎，会后还到处被人拉着合影。原来他在台上讲了一下小时候和崇德老人的一些往事，吸引了大家的注意。确实，除了我家三四位老人外，已经没有人有幸见过这位一品夫人，更何况在一起住过。

在安庆，我沿着历史线路寻找自家的遗迹时，最令人感动的，就是发现很多人早就在做了，例如《两江穿越——走读曾国藩》的作者李超平和纪录片的策划人及导演曾海波，下面是该书第九章《安庆掠影》节选文字："3 月 17 日晚，我们沿当年的陆路，从祁门的赤岭镇经由石台、池州，前往长江边的安庆城。安庆历史悠久，人文荟萃，是国家历史文化名城。东周时期，安庆是古皖国所在地，安徽省简称'皖'即由此而来。南宋绍兴十七年（1147）改舒州德庆军为舒州安庆军，'安庆'自此得名。安庆城始建于公元 1217 年，至今已有近 800 年的历史。东晋诗人郭璞曾称'此地宜城'，故安庆又别名'宜城'"。

从清乾隆二十五年（1760）到民国二十六年（1938），安庆一直是安徽省省会和全省政治、经济、文化中心，是中国较早接受近代文明的城市之一。

咸丰十一年（1861）八月初一，曾国荃率军攻克安庆省城，八月初七日，曾国藩乘船抵达安庆，进驻这座百废俱兴的城市，于同治三年九月初一离开，前往南京，他在这里驻留了三年的时间。

安庆内军械所造出了中国第一支新式步枪、第一台蒸汽机和第一艘轮船。故而，安庆被认为是中国近代工业的发源地，中国近代制造业的原点。曾国藩也因此成为自强运动（史称"洋务运动"）的首领。

当年，安庆作为曾国藩的两江总督行辕，夫人及儿子、女儿、女婿等一大家子也曾在这里生活过一段时间。多年后，小女儿曾纪芬曾在其《崇德老人自订年谱》中提到了这段难忘的岁月。可惜，当年的记载已经很难与目前的状况吻合起来。

《崇德老人自订年谱》有这样的记载："戊午咸丰八年七岁（1858）。是年五月，文正公奉援浙之命，六月初三日自家启程，再入江西。十月叔父愍烈公殉难于三河，兵败于陈玉成也。"

"癸亥同治二年十二岁（1863）。是年九月二十九日，欧阳太夫人率儿女媳孙自家到安庆督署，惟仲姊未随行。护送同行者为邓寅皆先生及牧云母舅，时惠敏先已东下也。眷属所乘之舟，乃彭刚直特备与文正公自用之座船。四壁张绢素，刚直自画梅花，视常舟为华整，船艄有一亭，可以瞭远，俗呼为长江第一船者也。沿途见岳阳楼、黄鹤楼之胜，眼界一开，颇歆羡之而无由登陟。至皖时以陈玉成所居为两江总督行署，所谓英王府也。署中内宅口一进，其前即签押房，其后有一院，在左旁复小有隙地。文正公稍增葺三楹，以分居二女及婿，复隔别其门，出入异路。文正每至一处，常喜种竹，故环室有竹。又喜构望楼，以资登眺，因于三楹上加小望楼。又于上房楼上每夕登楼祷天，不设香烛，惟有一拜垫而已。凡修葺更造之费皆出自养廉银，不动公帑分文也。欧阳太夫人自原籍东下，仅携村妪一人，月给工资八百文。适袁姊有小婢一人，适罗姊则并婢无之，房中粗事亦取办于母氏房中村妪，乃于安庆以十余缗买一婢，为文正所知，大加申斥，遂以转赠仲嫂母家郭氏。文正驭家严肃守俭若此，嫂氏及诸姊等梳妆不敢假手于婢媪也。

余幼时头上常生虱，留发甚迟，十一岁始留发。因发短年稚，须倚丁婆为余梳头。其时方行抓髻，须以铁丝为架而发绕之。余闻而以意仿制，为之过大，文正见而戏曰：'须唤木匠改大门框也。'文正平日对儿女极严肃，惟亦偶作谐语。文正又尝对欧阳太夫人云：'满女是阿弥陀佛相'。阿弥陀佛相者，湘乡语云老实相也。

余在督署虽仅髫龄，而随诸姊之后不出署门一步，惟从望楼上得见迎会之高跷，稍知市井间情状耳。"

去安庆，就是想见识崇德老人所记录的一切，尤其是"惟从望楼上得见迎会之高跷，稍知市井间情状耳。"原本想请去过那儿采风并记录了所拍的纪录片《走读曾国藩》的策划人之一的超平老弟带我去，他最近忙大策划，我又等不及他下一次自驾，为了节省时间和金钱，决定夜车来回去看个究竟，当天来回。好心人提醒我，高铁马上要通车了，也不等了，还自我安慰，见识最后的绿铁皮列车的运行，不巧，去程没有卧铺，那就坐着去，合适我作（坐）家的身份。

很幸运，居然让我买到了靠窗口的位子，我顿时对着通宵10个小时硬座有了信心。人生难得做某事，那就做对应该做的事。

可能是夜车，全程大家斯文，没大呼小叫地讲电话或者大声喧哗。5点多，列车员来推销剃须刀，进口的双头。合肥是半夜到的，5点多到达的是一个叫什么书的站，还有些灯光照着斑驳的小窗，要不是有一个穿着制服的人物向启动的列车行注目礼，还以为火车停在哪家庭院。接下来的小站灯光更暗，完全看不出背景。早上6点多拍了一些照片，因为很多乘客下了车，车厢松动了很多，空气也没那么混沌了。

天是一点一点亮的。早，安庆你好！到站了。

李超平把我托付给安庆的一位校长陈党生先生，陈校长又找来当地有名家乡历史专研透的年轻精英查健，不仅事业做得出色，全程的古迹名景开口就是滔滔不绝叙述，他带我们参观多处曾聂两人遗下足迹和业绩的地方。见面时他并不知道我曾祖父就是聂缉椝，知道后他是这样回答我的：聂巡抚的建树太多了，迎江寺与振风塔、安徽巡抚石狮、康济门炮台（义渡局、通商口岸）、炮营山炮台、大清饮马塘监狱、敬敷书院（安徽大学堂）、造币厂旧址（铜圆局）、华洋义赈会（赈捐局）、大清邮政（厘金总局）、圣救主座堂、天恩堂、同仁医院、圣保罗中学、巡警与工业学堂（安徽巡警学堂、中等工业学堂）、天主教安庆总铎区……几天都看不过来！

中午我计划请他们二位午餐以表谢意，不过校长太会安排了，居然请了七位文人贤士一起用餐，安庆的名酒家美食特色菜鸡鸭鱼肉鱼汤，双份肉也分鸡牛猪羊，蔬菜，除了青菜，还有很多你叫不出来的菜肴，我真应该全部拍照。一位退休的文化局局长还送我一本自己20年研究成果的书。美酒佳肴，配上文化熏陶，彻底醉了。

我上了迎江寺内的振风塔，踏上了倒爬狮的青石板街，不知怎的，脑海里浮现的却是一百多年前文正公和仲芳公的身影。安庆自古素有"万里长江此咽喉，吴楚分疆第一州"之称，历来就是长江流域重要军事重镇。特别是近现代史上，安庆留下了一段精彩纷呈的革命历史印记与光荣革命传统的城市地位。安庆，历史上太平军曾三克该城，它是太平天国都城天京西大门，也是清军与太平军双方攻占的同一重要目标。太平天国干王洪仁玕称："安庆一日无恙，则天京一日无险。"这样重要的军事重镇在双方多次攻占中，也留下双方最高军事机构驻扎同一处的历史印记——"太平天国英王府暨大清两江总督督帅行署"。

曾家可以说是破了安庆太平天国英王府，才能有大清两江总督督帅行署，而之后出现的仲芳公他确实以洋务的经验和超前的胆识，让安庆进入了一个新的历史阶段，即便是他仅在安庆只数年。

咸丰十年（1860）5月，曾国荃率军进驻安庆以北的集贤关，开始了对安庆的围攻。安庆位于长江中游，溯江而上则能据汉口、武昌，顺水而下，则南京门户洞开，军事地理位置极为重要。在湘军准备攻取安庆时，该城已被太平军占领达9年之久。一月内，仅在集贤关内外，太平军死亡一万多人。

在距离曾国荃打败太平天国30多年后的1898年，时任安徽巡抚是他自己推荐的侄女婿聂缉椝。调任当年正值安徽沿江十九个州县严重水灾，溃堤数以百计，聂缉椝刚到任立即采取救灾措施，解决财政人力问题，组织修堤，开浚新河，不数月水灾就得以解决，民气大振。

就在集贤关，聂缉椝也利用自己的职权保护了一宗与国家经济利益有关的主权，有日本人眼馋中国丰厚的资源，几次三番地申请要买下集贤关附近的煤矿，被聂缉椝严正拒绝。这件事在《安徽外事志稿》中有记载。

作为大清官员，在处理内患和保护主权上，曾国荃、聂缉椝都为朝廷鞠躬尽瘁了。

那天，已经不记得是第几次去安庆那次的最后一天，查健以安庆历史名城文化研究会负责人的身份陪我，安庆历史名城文化研究会特邀顾问。再一次来到集贤关，那天，集贤关一带一片宁静，市府早有规划在那地方大建博物馆，呈现历史真实。我望着一汪池水，听着查健娓娓而谈以后的大计。

那天查健发了一组照片，特意提醒我看：安庆建城展，你家祖上排第一，安庆人民没忘！

生命中，缘分是由各种情结丝丝入扣的，安庆的历史关键上的不破不立进程恰恰有曾聂两家参与，安庆也成为我的一个不可缺少的家史情结地，所以总想为安庆做些什么，2017年尾，当地报纸和电台都有这样的报道：

12月28日，曾国藩、聂缉椝家族档案资料捐赠仪式在迎江区举行。聂缉椝的孙子聂光禹、曾孙女聂崇彬分别从中国香港和美国旧金山来到安庆，向迎江区档案局捐赠了《聂巡抚仲芳公》《聂氏重编家政学》《聂亦峰先生为宰公牍》三本档案资料。迎江区委书记尹志军，区政协主席叶进明，区委常委、办公室主任张晨，和区文化委、区档案局、区政协文史和学习委主要负责人参加了捐赠仪式。尹志军书记首先对远道而来的聂氏后人表示热烈欢迎，并热情的向他们介绍迎江区的区情区貌，以及近些年迎江区政治、经济、文化等方面的发展情况。

尹志军表示，此次捐赠的资料，让我们更加深入地了解了聂氏家族，尤其是聂缉椝在安庆任职期间的历史，同时弘扬了安庆的历史文化。他表示，将在迎江区正在打造的人民路以南历史文化街区建设中用好、用活聂氏家族捐赠的档案资料，传承文化精髓，加强文化交流。尹志军还向聂光禹和聂崇彬颁发了捐赠证书，感谢他们对迎江区的信任，希望他们今后多来迎江走走看看，一如既往地关注迎江。

聂光禹和聂崇彬也表示将分批次再捐赠一些家族照片和文献资料。双方还就成立聂缉椝研究会一事进行了商谈。

2016年的6月，在上海市东中学金校长的安排下，我和上海著名的老建筑摄影师席子一起来到了聂家花园。

宋路霞在《聂家花园　百年春秋》中对聂家花园有这样的描写：这片地面上有两处聂家花园，一处在霍山路（旧称威赛路），俗称"聂公馆"，是聂氏早期在沪的家园（更早一些时住在江南制造局内和上海道道署），方圆不足三亩地，据说绕有亭台之胜，可惜现已成为历史的过眼云烟，只见高楼拔地而起，直逼云天，已是教苑宾馆和霍山路小学的所在地了。只有大门口花坛上堆积的几块太湖石，据门房间的老师傅说，那是当年道台花园的旧物。

"另一处是在辽阳路亚明灯泡厂的马路对面。长长的一条街面，南达惠民路，北接霍山路，面积足有几十亩地，现已挤满了密密麻麻的各式民居。而当年里面只有五幢旧式三层的红砖房子和一个网球场。所有的亭台、花园和池塘，都用高高的竹篱笆圈围着。篱笆的尽头是一家香烟厂，男孩子们调皮，在篱笆上掏个洞，可爬到香烟厂去偷香烟牌子。大些的孩子喜欢打篮球，所以网球场又可用来当篮球场用，以至于后来竟诞生了一个'崇德'聂氏家族篮球队，常在报端登出赛事。"近年聂家有一外孙女名张心漪（我国台湾地区前"财长"费骅的夫人）在海外撰文回忆说："外婆家永远是一座美丽的迷宫，那里有曲折的小径，可跑汽车的大道，仅容一人通过的石板桥，金鱼游来游去的荷花池，半藏在松林间的茅草亭，由暖气养着玫瑰、茉莉、菊花、素心兰的玻璃花房，小孩子随时可以去取葡萄、面包的伙食房，放着炭熨斗和缝衣机的裁缝间，其中我最感兴趣的是，三层楼上两间堆满着箱笼的'箱子房'……由此可知，这是一处中西合璧的、相当现代的海派园林建筑。"

　　还记得 21 世纪的初夏，上海辽阳路，我们见到了父辈们住过的大屋，屹然挺立，那一栋属于我们十一房居住的独立屋子，里面现还住着 17 户人家；可惜已见不到庆云姑妈曾描写过的花园迷宫，花园上早已建起了两家工厂。一位住在大屋里的老婆婆，骄傲地向我们讲述了当年她是怎样用两根金条，顶下一个亭子间，成了大屋里的其中一户。现在他们都因为政府的妥善安排，有了更好的家园，祝福他们。

　　感谢上海市政府耗资 600 万元，我爷爷奶奶爸爸叔叔们曾经住过的在辽阳路口的那栋房子被修旧如旧，也是聂家花园五栋房子中单独的一栋。其余的聂家花园例如崇德老人住过的楼，杨浦区领导也来关心过了，决定也修旧如旧，投资额应该颇大的，感谢政府。

　　那天可能是聂家人在聂家花园最后的留影。中间推窗的就是太婆住过的二楼朝南房间。天公作美，黄色警报，竟然是最适合拍人像的天气。我临时决定拍危楼写真集，感谢专拍上海城市建筑的鼎鼎大名的席子颇具魄力拍摄的人像，没有化妆，也没有灯光；还要感谢市东中学金校长肯担肩膀负责任让我们上了楼，还有市东中学的员工配合，不管校长还是员工，见到我们说的最多的话，就是常回家看看，太温暖了。

　　那天晚上睡不着了，也是因为这照片。多少聂家人在这楼梯上上下下过，每天去和住二楼的老太太请安的聂家孩子们就要搬手指头数了，姑奶奶聂其璧周日带着孩子们回到娘家，也是这里。教育家曾宝荪参加过的聂家家庭会议，也是在这里召开，很多聂家的故事都从这里传了出去。真的很感谢席子，他和我们聂家有缘和聂家花园有缘，六七年前他就拍摄了聂家花园拆迁时的照片，幸亏同济大学阮仪三教授的呼吁，聂家花园得以保存。

　　2017 年 3 月 29 日，是本人 60 岁的生日，为了庆生，其实是巧合，金辉校长委托校友钱衡，前上海上市公司协会秘书长安排了非常有意义的活动，去江南造船厂寻觅太公的足迹。

　　光绪八年（1882），仲芳公在江南制造局会办和总办任内，主持完成国产的阿姆斯特朗后膛钢炮的仿制，制造钢甲兵轮。光绪十年，由于法越战争，为防止法军进攻上海，曾祖父协调组织水陆各军，以水雷在港口布防并不断向前线供应军火，使得法国佬的目的无法得逞。因为在江南制造局八年业绩显赫，扭亏为盈，他被升为上海道台。

去到江南造船厂很震撼，没想到150年的老厂居然能造出除了核潜艇之外的任何船只，一年出五艘船。在厂史馆看到许多熟悉的名字，包括李鸿章、左宗棠、曾国荃、邵友廉，还有曾祖父聂缉椝的名字也在督办的名单上。如果这些先人知道，这企业经历了那么多年代和战争，一定会非常欣慰。从百年市东中学和150年江南造船厂的发展，对比聂家私有的恒丰纱厂和洞庭湖土地的命运，看来回馈社会的企业生命力长久些。

五、百年家族，百年教育

对于聂家，我从爷爷娓娓道来的故事里，从曾纪芬老姑奶奶的回忆录里略有了解，与聂家亲戚却从未谋面。感谢互联网的迅猛发展，在亲友微信群里，我认识了聂家姑姑崇彬。她向我热情地介绍了曾纪芬老姑奶奶住过的聂家花园以及在聂家花园基础上建设的上海市东中学。因为骨肉亲情，我对聂家花园颇为向往。2017年春节，我带女儿到上海观光，怕麻烦亲戚们，我要崇彬姑姑把聂家花园和市东中学的地址发给我，我和女儿去好好参观一番。崇彬姑姑不在上海，却执意把她的两个表姐妹媕媕、均均介绍给我，让她们带我去参观。2017年大年初二的上海，春风拂面、阳光灿烂。媕媕姑姑和姑父开车接我们到了上海市东中学。市东中学的老校长金辉先生已在校门口迎接。均均姑姑带着孙子，推着一个鹤发童颜的老人走过来。介绍后方知老人是曾纪芬老姑奶奶的孙女聂光来，她是李鸿章家和聂家的后代，已经93岁了。老人耳聪目明、思维清晰，澹澹微笑的脸庞看不出多少皱纹。最让我吃惊的是她说一口地道的长沙话，原来老人小时候随父母在长沙长大。她和我亲切地回忆起长沙的岳麓山、落星田、楚怡小学……遗憾2014年去长沙时没有找到儿时熟悉的小巷。互相熟悉后，金辉校长带着我们参观市东中学。上海市东中学位于杨浦区，是聂云台先生为纪念父亲仲芳公捐地、上海工部局出资于1916年建立的学校。经历百年发展，校名从缉椝中学变更为市东中学，现在已成为上海一所包含小学、初中、高中的重点完全学校。百年前的教学楼依然耸立在蓝天白云下，老式建筑的高窗长廊厚重沉朴，校史馆的陈列叙述着学校的辉煌。学校一隅，安静地立着一栋红砖房。亲戚们向我介绍，这就是曾纪芬老人居住过的聂家花园老房子。我略有些惊讶，这栋两层楼的洋房外表朴实、里面也不见得敞阔，简单的木质门窗上更没有繁复的装饰。和聂家当年的财力比起来，这栋房子显得太过低调朴素。或许这也是曾家和聂家的性格使然，不张扬、不炫耀。在学校久久流连，我们拍了很多合影，记录下美好的瞬间。照片是存放记忆最有效的载体，亲人之间初见的亲切、百年老屋与人的和谐均在照片中长存。聂光来老人已辞世，虽觉遗憾，却也感慨将近百岁的老人历经坎坷依然心地纯良、乐观开朗。脑海中老人的身影定格在了红砖房前那个云淡风轻的上午。时光如梭，均均的孙子聂瑶均已成为聂家第四代入读市东中学的学生，我女儿今年也考入长沙市实验中学。这所学校的前身是曾宝荪姑奶奶1918年从伦敦大学学成归来后发誓终身不婚以教育救国而创立的艺芳女中，学校培养了一代代自立自强、勤奋好学的女子。历经百年，学校已变为男女同校的省级示范性中学。沪湘两地，曾聂两家分别创立了两所百年名校，两家的后代都在百年之后入读自家创办的学校，足见繁华褪去之后，教育才是家族延续的根本，教育也是国家、民族生生不息、蓬勃发展的保障。百年树人，诚不我欺也。

以上的文字，是曾国藩的第六代孙女，也是崇德老人哥哥曾纪泽的曾孙女曾梦佳所写。

是的，聂家和曾家一样，视教育为头等大事，曾祖父仲芳公一有机会就关注教育，在做安徽巡抚时，安徽大学堂就是由他建立的，可以说是安徽省的高等教育起源，即便是没时间，他也会托付他人代劳。1901年苏州江苏武备学堂就是他委托丁翘山创办，当时他是江苏布政使护理江苏巡抚，这在朱有瓛主编华东师范大学出版社出版的《中国近代学制史料》第一辑上册有写到。

说起教育延续，除了自家的必需，其实社会也有此需要。就拿市东中学来说，新中国成立后的两任校长都是由著名的教育家段力佩、吕型伟担任，为学校的发展奠定了坚实的基础。之后市东中学校长都要由特级教师来担任，也就是说，校长本人就要优之为教。果然，市东中学为国家培养了大量德才兼备的人才，涌现出众多党政领导、科学家、外交家。

2016年的金秋九月，上海市市东中学迎来了百岁华诞，来自海内外的3000多名市东校友从四面八方齐聚，为母校建校100周年庆贺。很荣幸我们聂家被邀请参加，还有特别的贵宾房提供给我们家使用。

百年校庆庆典仪式由市东中学高缨书记主持，市东中学校长金辉、校友代表王基铭、杨浦区区长谢坚钢分别致辞。庆典演出分"立魂""传情""追梦"三个篇章展开。老校友龚学平，他是上海市人大常委会原主任，为母校赠送了"世纪基石，光耀市东"的匾额，市东不同时代的校友代表讲述了市东之魂对他们各自人生的引领和启迪，校友们把自己有影响力的书画、诗作、研究著作等捐赠给母校。"堂堂正正做人，实实在在做事"的精神就是市东的基石，永远有其独特的价值，耀眼的光辉。

2017年上海市家庭教育指导者培训项目，我被邀请主讲家风和教育的关系。记得当时站在讲台上，我特别地有感触，这是曾祖们为之热爱和付出过的地方啊，一个家族的价值，不就是该家族的价值观经历了岁月的洗涤，年代的激荡，依然被社会需要。这多么值得告慰他们的在天之灵。

（聂崇彬，聂缉椝曾孙女）

康有为的海外岁月

康雪培

童年时我知道母亲的爷爷康有为，是历史名人，家里有些陈旧而又珍贵的东西与其有关，仅此而已。记得在 20 世纪 50 年代时期，母亲在很远的虹口区的一条老式里弄房子里有个小阁楼间，曾带我去过几次。在我朦胧的记忆里，屋里满满地堆放着积满灰尘的书卷字画，陈旧家什等物件。屋内光线不足，空气滞闷。房间很小，母亲进屋后就没有空间了，我只有站在门口等候。再说我嫌脏，对那些属于历史的东西毫无兴趣。当时房

康有为

子里没有煤卫设备，地段又偏远，虽然上海住房紧张，母亲从没在那屋里居住过。用上海方言发音，那地方叫"洞狐狸"，我根据谐音称其为"狐狸洞"，觉得我的编造很贴切，因为我讨厌去那个脏兮兮的小房间。直到长大后才知道那条里弄名"同和里"。根据康有为 1913 年结束逃亡生涯回国先后在北京、上海居住，最后迁居青岛，"同和里"阁楼间堆放东西的主人应该就是先祖康有为。

我出生在解放后的新中国，从小在阿婆（外祖母）家长大。生活中，康有为不再是家人的话题，因为康有为和他的改革维新理念早已过时，无人问津。再者，阿婆岑德静在 20 世纪 30 年代初就与外公康同篯离异，之后与康家后人不相往来。阿婆自己出身显贵，是清朝两广总督岑春煊之四女。岑春煊（1861—1933）是中国近代史上的一位重要的政治风云人物，能文能武，性情耿直刚烈。他支持康有为的变法维新，主张引进西方的现代文明，曾与戊戌赴京维新派人士诸多往来，并多次上书大清王朝条陈变法事宜。维

新失败后，康岑两人在政见上分道扬镳。岑春煊 1900 年护驾皇室西逃，之后成为晚清重臣。康岑两家成为亲家，顺理成章。阿婆天生聪颖美丽，倍受父亲宠爱。岑的千金女儿自小都反叛当时的社会传统观念，不接受裹足。阿婆在教会学校长大，毕业于南京金陵女子大学，她会弹钢琴，讲得一口流利英语，是当时极为少见的新时代知识女性。她与康有为之子康同箴（1908—1961）结缘，我猜想是经人门当户对的撮合吧。阿婆是在康有为 1927 年去世后嫁到康家，所以没有见过公公。康家的一切由康有为精明强干的第二任夫人梁随觉掌管。母亲和阿婆都称她阿妈。

阿婆和阿公生有二女一子。由于家庭背景政见相悖，两人性格不合之故，于 1934 年离异。分手后阿公康同箴带着他母亲梁随觉、儿子康保延去了台湾定居，阿婆和女儿康保庄（我母亲）和康保娥留在国内生活，这一别就是几十年的渺无音讯和无穷思念。1987 年中国改革开放数年后，阿婆终于能到香港与别离几十年的儿子保延和儿媳田良玉会面。两岸往来开放之后，保延舅舅夫妻也来过上海姐姐家小住，与亲人团聚。阿婆高寿，一生低调经历了几个年代。"文革"期间已退休在家的阿婆被召回她原来工作的化工厂劳动改造。她每天穿上褪了色的蓝布褂，挤着公交车到厂，洗刷没完没了的化工用瓶。从小娇生惯养的阿婆成了洗瓶工，她为之自豪，说自己是工人了，还经常把她的工作证给人看。"文革"后期，阿婆因胃大出血数次，

外婆岑德静和女儿康保庄

康保延与阿妈梁随觉，父亲康同箴

不再被要求到厂里洗瓶，身体才渐渐好起来。因为她是历史名人岑春煊的后代，电视台联系采访她。阿婆行事低调，以年事高的理由婉言谢绝。她于2009年辞世，享年98岁。

康有为的后人众多，分散在世界各地。留在国内的，大多默默无闻，生活平淡清苦，与世无争。在我记忆里，母亲的四叔康同凝（康有为三夫人何旃理之子），妻子庞莲，妻妹大毛（小名），生前同住康定路的一条弄堂房子里。一楼亭子间住的是别家。独身的大毛阿婆住二楼正房，四叔公和叔婆俩蜗居在不到十平米的阁楼间。楼梯过道的板架上堆满了旧书、字卷、文稿等文物，占据了本来就狭窄的楼梯的三分之一空间，老人们上下侧着身子，很不方便。白天大家均在大毛阿婆明亮的大房间里度过。三个老人都已退休，膝下无小，相依为命。家里有一个很忠心的保姆照顾他们。"文革"期间，他们也被抄家。由于他们的低调为人，没有遭受批斗。80年代叔公病逝后，叔婆庞莲将家藏文物全部捐赠给了青岛康有为故居。作为条件，他们选择青岛康有为墓园作为他们夫妇的葬身之地，以永久陪伴孤寂的父亲康有为。

（一）

20世纪60年代初，母亲和妹妹保娥阿姨商量，决定将爷爷的遗物捐赠给国家。她们联名捐赠的文物有祖父康有为的《大同书》遗稿，《政见书》《戊戌奏稿》等手稿，以及旧抄稿、电稿、函札、账册、章程、电码、山水轴、书卷、碑帖、画册、照片等，博物馆捐赠清单列有几百号的文物编数。这样一来，"洞狐狸"的小阁楼就给清空了，母亲也随之放弃了那间小屋的所有权。她们这一捐赠举动后来被证明是十分明智和及时的。否则在隔几年后的"文革"中，康有为的书卷字画必然作为"四旧"被付之一炬，其他家什古董等遗物也难逃避红卫兵的疯狂打砸，母亲自己也因此免遭因收藏"四旧"而带来的灾祸。康有为的遗物是分别在1961年8月和12月、1962年1月捐献给上海博物馆的，所以在"文革"中安然无恙。在上海博物馆大厅

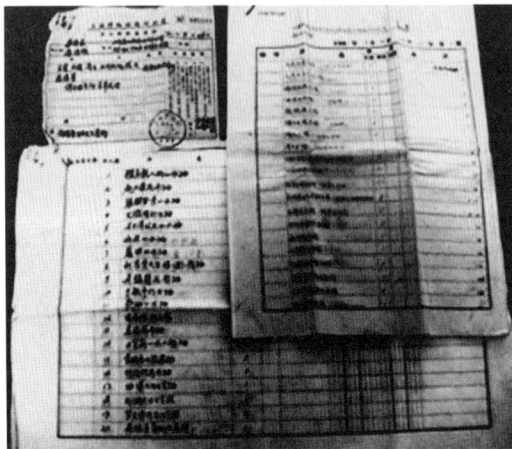

康有为文物捐献清单（1961 年 8 月、12 月）

上海博物馆正门大厅墙上的文物捐赠者名录上
康保庄、康保娥名字出现三处

的正门大理石墙上，有几处刻写着捐赠者母亲和阿姨的名字。康有为的另小部分遗物由母亲陆续捐赠给青岛故居、南海博物馆。1997 年，康有为大著《康有为手书真迹》由母亲和保延舅舅、保娥阿姨联名捐赠给北京大学图书馆，嘉惠学林。

我对先祖康有为的了解仅限于"戊戌变法""百日维新"等一些事件名称上。虽然上海我家的书橱里列满了研究康有为的书籍，床底下还有本硕大的《大同书》，因没有古文功底，对历史也无兴趣，我从未想过要翻书研读。我随母亲姓康，"文革"初期，经常会在报纸上看到或在收音机里听到批判康有为的消息，心里便十分紧张，生怕哪天那名字会连累我和我家。因此我的心门紧闭，从不敢向任何人提及祖先康有为。因为康有为的名字带给我的不是光环，而会是罩在头上驱而不散的乌云。80 年代末来到美国留学后定居休斯敦，二三十年来我也一直保持这个沉默习惯。

（二）

是个机缘吧！2013 年 3 月，儿子告诉我，休斯敦 RICE 大学将放映一场有关康有为的电影。放映那天我和儿子同去观看。儿子沈康达从小在美国长大，不识中文，对中国近代史一无所知。康有为对他来说，仅是个名字而已。名字响亮，提之会有反响，使他觉得祖先是个不凡人物。香港陈耀成导演的《大同：康有为在瑞典》摆脱了以往历史纪录片的严肃沉闷，集记录、戏剧、场景剧为一体，与众不同，让我耳目一新。陈导运用了"蒙太奇"的电影表现技巧，将跨越百年的史料，经过消化沉淀和筛选，采用父女对话形式将历史真实地展现在银幕上，也将康有为和伴随他流亡的次女康同璧表现得有血有肉有生命感染力。影片开场与结尾也颇具美感新意。因为是康有为的晚辈，我看得极为认真，泪流不止，怒康之怒，悲康之悲。我不时地关注儿子，他也看得十分投入。虽然听不懂粤语，但通过英语字幕，他能看懂情节。影片使他对祖先康有为有了基本的感性认识，特别是看到美国总统罗斯福接见康有为时，很激动，对祖先更加肃然起敬。

　　电影结束，我们顺便参观了 RICE 大学的 FONDERN 图书馆，在馆内一面墙上看到挂有康有为的真迹对联，十分惊讶。了解下来此珍宝的来路还有个颇为有趣的故事。早在 20 世纪 70 年代，该校教授一行出访中国，回国前委托带队的理查德·史密斯（Richard Smith）教授寻购件有意义的东西带回纪念。一天 Smith 教授偶然迈进了北京的一家古董店，见墙上挂有翁同龢的真迹对联，试着询问是否有康有为的真迹。出乎意料，店主边点头边走进里屋，恭恭敬敬地捧出了一副保存完好的康有为真迹对联，开价是一千四百美元重金。见此珍品，史密斯教授喜出望外，与店主约定为他保留此件珍品至次日晚六点。晚上教授们开会，一致表决购买并纷纷解囊，凑齐了钱数。次日 Smith 教授回到古董店付款购买时，店主顺便提起白天发生的一件事：一团日本生意人进店，看中对联，好说歹说，定意购买。店主遵守诺言，坚持不卖，日本人只好扫兴离去。这个插曲使得这副康有为真迹对联更显珍贵。回美路上，史密斯教授小心翼翼保驾护航，安然无恙地把至宝带回学校挂到墙上，还把此故事写成一篇文章刊登在报上。流亡北美的康有为在半个多世纪后仍有这么大的魅力，我实在为之惊叹！

电影《大同：康有为在瑞典》海报

挂在休斯敦 RICE 大学图书馆的康有为对联真迹

美国总统罗斯福曾两次接见先祖康有为的事实鲜为人知，我也是第一次从影片里看到，令我深有感触。由于早期年代的地域限制和信息闭塞，康有为在海外的经历鲜见于之前国内所有的康有为研究书籍。康有为的青岛故居，南海故居博物馆的陈展也都是以戊戌变法运动失败，康有为出逃海外而匆匆结尾。国画大师吴昌硕曾给康有为印制一方章，印文是："维新百日，出亡十六年，三周大地，游遍四洲，经三十一国，行六十万里。"印文精确地概括了康有为十六年的流亡经历。然而那高度概括的文字下必有众多故事，是我很想要了解的。

本文作者（左）和谭精意摄于康有为纪念馆门前

有幸的是，因为电影结识了陈耀成导演之后，相继认识了几位重要的北美康学者。其中一位独立学者谭精意（Jane Leung Larson），她外祖父谭良（Tom Leung）曾是康有为"万木草堂"的弟子，洛杉矶"保皇会"的创办人，父亲是瑞典人。谭精意对来自母亲方面的中国文化传统和外祖父谭良与康有为的密切关系十分骄傲珍惜，促使了她几十年

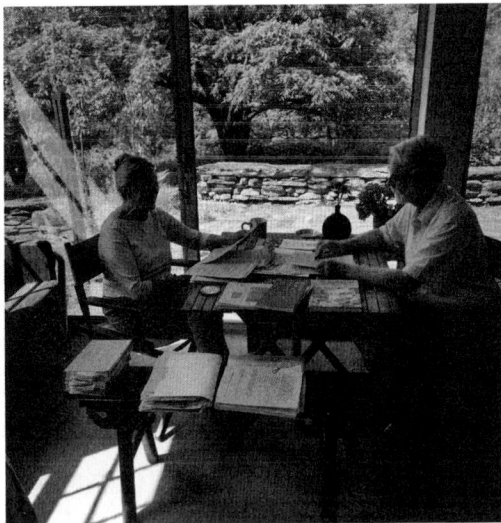

罗伯特·沃登博士（右）和谭精意在讨论著书（2018 年）

如一日孜孜不倦地进行康有为在北美和"保皇会"的研究工作。目前她和几位北美著名康学者罗伯特·沃登（Robert Worden）博士、陈忠平教授、德哈特·胡·伊芙琳（DeHart Hu Evelyn）教授以一丝不苟尊重历史的态度，正在联手著书《流亡海外的中国改革家：康有为和北美保皇会 1899—1909》。此著书工作已进入尾声，它的问世将会成为迄今为止最权威最完整的康有为在海外经历的研究成果，为填补国内学术界对康有为在海外（主要是在北美）历史研究的大块缺失具有重要意义。

无独有偶，我还有幸结识了分别在北京和温哥华居住的张启祯、张启礽

2017 年出版的《康有为在海外》

康有为研究学者张启礽（左）与张启祯

两位康学者。兄弟俩是知名学者张沧江教授的儿子。张教授曾是康同璧朝夕相伴的文书挚友，多年帮助整理康有为的未刊遗稿。1969 年康同璧逝世时，张教授仍因冤案在关押之中，康同璧嘱托将她的重要遗物交托给沧江。获释后的张教授移居温哥华，献其余生继续进行文稿整理研究。张教授百年之后，启祯、启礽两兄弟联手继承了父亲未能完成的工作。在没有任何报酬的情况下，他们埋头工作，一干就是许多年。启祯的古文功底，启礽的英语能力加上他居住的温哥华是保皇会的发源地，便于他走访各处寻找史料，寻觅康父女的足迹。2017 年他们联手出版了《康有为在海外》一书，为康有为研究工作开拓了新的篇章。感恩他们的执着和付出，祝他们在今后的研究工作中硕果累累。

（三）

1899 年"戊戌变法"失败，康有为成为朝廷头号"钦犯"，在英国势力的帮助下，乘船逃往香港，后辗转日本，从此开始了他长达 16 年的海外流亡生涯。流亡期间，他一直没有中断政治活动。1899 年 4 月 7 日从维多利亚进入加拿大。同年 7 月联合华商在维多利亚创立了中国维新派的政党——保皇会，全名"中华帝国维新会"（CERA）。康有为任会长，弟子梁启超任副会长。保皇会的宗旨"保皇救国"，为积重难返的晚清中华找寻出路。会旗三颗星代表：教育，团结，平等。在北美，康有为所到之处，都有华人民众盛装游行，宴请招待。他的救国演讲雄辩激昂，激励华人爱国救国，极有号召力。其间，康有为还多次上书清廷甚至慈禧本人，让她归政皇帝。他多方进行政治募捐，并组织了一次武装暴动，史称"自立军起义"，但没有成功。保皇会后期改名为"帝国宪政会"，以康有为构想的宪政结构治理：有章程，选举，议会，旗帜，学校，商业，报纸，军事院校，等等。保皇会发展迅速，扩展到北美、南美、亚、澳、非五洲，超过 200 个分会和成千上万名成员，一度在海内外有很大的政治影响力。

1901 年，康有为年仅 20 岁的次女康同璧毅然只身离开家园，寻找陪伴父亲。她积极参与父亲的救国事业，为父亲作翻译，并在北美演讲保皇救国立宪。1903 年康同璧在加拿大成立保皇女会，担任会长，号召各地华人妇女同胞，为国家兴亡担当责任。同时也宣传解放女性，抵制裹足。进入美国后，她在西雅图、波特兰继续发展女会。之后她又去到芝加哥、纽约、哈特福德等地进行政治活动。1907 年到 1909 年，康同璧注册在纽约的伯纳德大学学习毕业。康同璧是一位历史上妇女解放运动名册上的先驱者。她曾自豪地称自己："若论女士西游者，我是支那第一人。"当年父亲流亡海外，"支那第一人"忠实追随父亲海外的救国大业，始终气节坦荡，坚定不移。"文革"中最受批斗逼迫的是康同璧。1969 年康同璧因感冒生病，最后在医院过道里悄然离世。

2013 年尘封了一个多世纪的康涅狄克州南温沙旧藏首次在美国 EBAY 上出现，南温沙是哈特福德（Hartford）的一个小镇，康有为的老友容闳在那里居住。当年，康有为安排同璧到那里生活，委托容闳照顾并为她安置住

康同璧为会长的妇女保皇会资料

康同璧曾住过的房屋，有关康同璧学生时期的文章

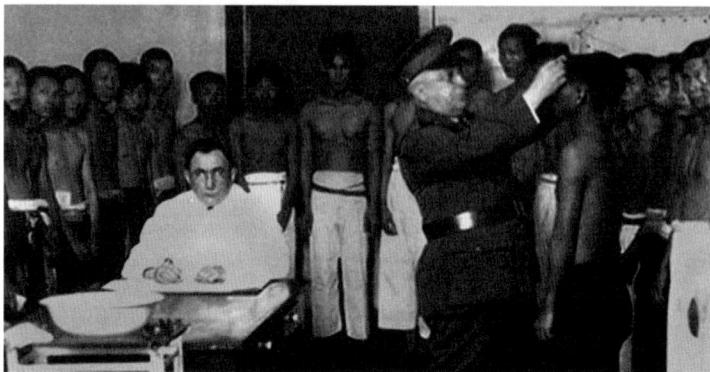

华工进关时必须经过裸身检查

处。容闳为同璧找了家房东，是当地的知名医生。南温沙旧藏就是康同璧在
那里留学时期（1903—1907）遗留在她房东家的一批珍贵文物，包括康有为
《年谱》誊录本原件，康父女和保皇会成员往来信札，北美保皇会各类文档，
新闻界报道保皇会活动的剪辑、旧照等。这批文物落入收藏家之手，又经朵
云轩 2014 年底拍卖，最终落户于一些学术研究机构、南海"康园"博物馆
和一些个人收藏家。这批珍贵文物的问世，是世纪的穿越，历史的佐证，把
学术界对这段历史的真相带入更深层的研究。

由于美国早期修建铁路、开发管道等基建工程需要劳动力，与清政府签
署了提供华人劳力的条约。1882 年，美国联邦政府通过了一项"排华法案"
（Chinese Exclusion Act），开始禁止华工入境美国，还规定华工进关时必须经
过裸身检查。

康有为 1905 年 2 月经温哥华赴美，入美的目的是为了巩固和发展保皇
会，多方面进行筹款，来推动维新保皇事业。康有为于 6 月 8 日抵达华盛
顿，为解禁之事求见罗斯福总统。他到华府时，正值总统出访在外。康有为
投书于外部官员，提出求见总统的要求。罗斯福总统回到华府后，于 6 月 15
日在白宫接见了康有为及随行人员。康有为先谈了当时中国的政治形势，然
后开门见山地提及"排华法案"，恳请总统考虑解除对华工进关时进行的侮
辱性裸检那项条约。之后康有为又呈上了一封 6000 字的书信给罗斯福总统，
针对法案对中国移民的歧视和不公平限制，陈述了华工对美国基础建设作出

的不可忽略的贡献。同时康有为号召国民同心为解禁出力，他呼吁道："我
同胞岂可任其限禁，而不发愤以求自解耶。天下之事必我既尽力，而后人乃
相助。愿我国民，坚持拒约之事。"时隔不多日，6月24日罗斯福总统再次
接见康有为，同意了对华工解禁。康有为对华人人权的强烈维护意识加上他
的雄辩胆识，使他比其他清朝为解禁派遣的政府官员更具有说服力和影响
力。康有为还针对美国的"排华法案"建议了一项报复性威胁："美国若不
将禁令改革，将来美人入中国，每人收入口税银5元，并需遍体查验，以对
待之。"

（四）

康有为流亡海外，他没有意志消沉，仍一如既往，爱国救国敢作敢为。
据了解，康有为是1905—1906年轰轰烈烈的国内外联合的反美抵制美货运
动的重要推手。1904年发生了一件辱华事件：一位赴美参加圣路易斯世博会
的清府专员，下榻在亲戚谭良家。一天数名移民局官员突然夺门而入，把正
在床上休息的他粗暴拉起，驱除出屋，差点把他关押起来。康有为认为这是
一种是可忍孰不可忍的辱华行为。数月后美国政府又迫挟清政府签订更进一
步的禁华条约，康有为拍案而起，致电各地保皇会领导人，以美国保皇会经

康有为和谭良（1905年摄于洛杉矶）

美报报道：中国改革家康有为在费城受到隆重游行欢迎，有关抵制美货问题他已与罗斯福总统对话

济援助为失业人员作保，呼吁国民行动起来，进行反美抵制美货运动（Anti-America Boycott）。康有为从洛杉矶发给上海保皇会报社《时报》的一份电报，促使上海商会在 1905 年 5 月 10 日宣布反美抵制美货运动正式开始。此运动遍及全国各大城市，声势浩大，亚洲且有多国加入，对美国经济造成很大损失。此运动持续了一年多后，因清政府妥协而终止。这是中国史无前例的大规模群众运动，意义不仅停留在经济层面上，而在于此运动唤醒了中华民众沉睡已久的爱国之心和民族意识。

　　2018 年 8 月，我去温哥华开会，正好有机会去看祖先在加拿大留下的印迹。在学者张启礽先生的陪同下，我们来到在温哥华中国城的保皇会会馆旧

维修一新的温哥华保皇会馆旧址

维多利亚英属不列颠省的议会大厦

维多利亚保皇会旧址

址。会馆保存完好，现作他用，里面宽敞的会议室可容纳四五百人。大门一侧是很窄长的楼梯，楼梯墙上有块陶瓷挂牌：大中华剪发所洗身房。张启礽先生告知，保皇会旧址原已经疮痍满目，那陶瓷挂牌的字已经很难辨认。是2017年由加拿大政府为保留中国文化，出资修复一新的。康有为号召华人洁身自好，持有仪表尊严。站望着这块挂牌，一幅画面呈现在我眼前：保皇会会员在窄楼梯里上上下下，脏兮兮地上去，容光焕发地下来，带着华人的尊严。

　　离开温哥华，我和朋友一行来到维多利亚，参观了英属不列颠省的议会大厦，那也是先祖曾涉足之地。当年康有为的访问是由省财政部长卡特·科顿（Carter Cotton）先生亲自接待。当地报纸对这位尊贵的东方客人的参观访问有详细记录和报道。省财政部长向康有为介绍了议会大厦的所有细节。康有为饶有兴味地询问有关收入、税收、建筑成本等许多问题。他的提问内容凸显了他超常的思维，令接待人员惊讶。在地政及工程方面，他详细地问了关于如何收取登记和相关科目的金额问题，为了学习如何在金额短缺的情况下建造完成这个大型工程项目。在教育署，他仔细看了图书资源，询问了师生比例，维护金额等管理问题，所有答复由其秘书——记录下来，以备后用。在美国，康有为走了很多地方，学习美国的先进政治和教育制度，如饥似渴地吸收知识，以待有朝一日可以报效祖国。

（五）

离开维多利亚，在回美国的途中，我们开车绕道去了汤森港（Port Townsend），为的是去寻找祖先一个多世纪前曾留下的足迹。Townsend 是一个具有历史故事的港口小镇。当时的海关和邮局是在同一建筑里。那建筑是 1887 年开建的，中间停顿了一段时间，最后在 1894 年建成。康有为 1905 年 2 月 11 日从温哥华经过 Sumas Border Crossing（美加边境）进入美国后，再去 Port Townsend 的海关通关。康同璧是 1903 年 8 月从维多利亚乘渡轮到达 Port Townsend 入境美国的。他们在那里通关时，那楼还是个全新的建筑。一个多世纪后，这个古老的建筑仍然完好无损，一楼的邮局照常营业。海关那部分后来由于船只往来和移民人数增长的需要，已在 1913 年迁移到西雅图市了。

风和日丽，曾经熙攘忙碌而现在是开阔静谧的港口海边，平静的海水在午间温和的阳光下，懒懒地拍打着海岸，湛蓝的海水泛着晶莹的涟漪。坡

汤森港的邮局海关大楼（1893 年）

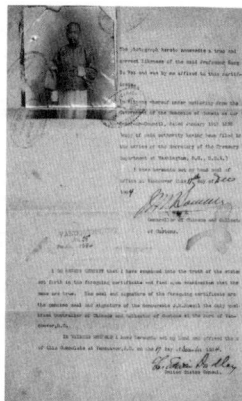

1903 年康有为入关记录

上的邮局海关大楼庄严恬静地面对大海，细语诉说它旧日的辉煌。面对着大海，我联想翩翩，想象着先祖康有为穿着长衫、康同璧纤细的身影，他们在人流中行走在我现在脚下的这块土地上，壮志凌云，继往开来。

流亡期间，康有为广泛考察各国的政治、经济和文化，得出了许多对今天依然具有启发的结论。他与东西洋各国政要广泛接触，使他对他们的政治体制有深入的了解，这是他人无法具备的经历和无法获得的知识。他的游历在近代史上无人可及，使他具备了对当代政治观察的真知灼见。貌似"八股"的文字表达里展现的却是先进前沿的思想体系。康有为首开改革图强先河，有关"帝国宪政会"及他的"物质救国论""强军保国论"对现今社会仍被视为真知灼见。

1913年底，先祖康有为回到了他日夜思念的祖国。回国后，他积极为民国初期的共和体制出谋划策，洋洋洒洒写了六万多字的《拟中华民国宪法草案》，发表于他独自创办并以他为唯一撰稿人的《不忍》杂志。可惜历史的演进淡化了他共和立宪的建议和影响，他拟的草案成了一纸空文。然而民国1913—1914年因立宪失败而出现的南北分裂、军阀混战、列强侵略都应验了康有为的早年的分析和预测。中华民国第一任副总统、第二任大总统黎元洪为康有为六十岁祝寿，赠送了他亲笔书写的字匾"人望若仙"，简单四个字凸显了他对康有为先知先觉的无比敬意。中华民国十六年，为庆贺康有为七十之华诞，摄政国务总理外交总长顾维钧率各部门政要拜寿并撰书十二屏字幅，以诗文歌颂康有为传奇式的辉煌人生。

国务总理外交总长顾维钧撰书十二屏字幅恭贺康有为七十之华诞

先祖康有为不仅是位政治思想大家，他把革故鼎新改革家的不凡气度和创造力直接运用于书法艺术，使他成为一个集书法家、碑帖兼容的艺术改革家、多元化创作风格的艺术家于一身，书法史上开宗立派的一代权威泰斗。他在书学上的精湛造诣是近百年来书学界中独特持久的研究话题。2018 年10 月在青岛召开的"康有为书学国际研讨会暨首届青岛国际书法双年展"，国内外数百位书法专家、汉学家参加了这次盛大的研讨会，集体发声高度评价康有为在书法学术领域不可取代的地位和影响，并对他的书学研究有了新的提升。这是给献给康有为诞辰 160 周年最好的纪念。

一个多世纪后的今天，先祖康有为安息在青岛的青山绿树中，但他的传奇并没有止息。在南海、青岛的康有为故居博物馆都是当今众人的参观瞻仰之地。感谢南海家乡人民对康有为的敬佩和爱戴，总投资 2.5 亿，历时 5 年，在 2018 年落成的"康园"康有为博物馆，是原康有为故居的改造和提升。展陈以康有为生平事迹为线索，涵盖了他的一生，包括了他和次女康同璧在海外的岁月，表彰了他崇高的爱国主义思想和敢为人先的改革精神。二期、三期工程完工后，"康园"将成为中国文化旅游的重要新地标，康有为的名字将名垂青史。

正如梁启超先生所言："后有作新中国史者，终不得不以戊戌变法为第

康有为青岛故居博物馆

南海"康园"康有为博物馆

一章。"先祖康有为是中国近代史上绕不过去的重要人物。对于他的评论和认识必须基于他完整的一生，完整的思想体系，完整的救国业绩，及对当今社会完整的意义。可喜的是国内外的学术界和书学界正在朝这个方向努力前行，并已取得可喜成果。

（康雪培，康有为曾外孙女，现居美国）

段祺瑞在上海

天　涯

段祺瑞为什么南下上海

中华民国临时执政段祺瑞 1926 年辞职下野，隐居天津，潜心佛学，天天念经，日日素斋，自号"正道老人"，编纂《正道居集》，将自己多年的诗词楹对汇编成册。

段祺瑞（1865—1936）

"九一八"事变后，日军步步紧逼，华北危矣。段祺瑞虽说下野，但北洋元老声望犹在，同僚、部属、学生满天下，一呼百应。日本人为物色傀儡出任华北五省"领袖"，自然瞄上了段祺瑞。

先是由曹汝霖拉段祺瑞参加"中日密教研究会"并出任会长。该研究会由天津日本驻屯军香月司令组建，成员有日军军官、日本侨民，赋闲在津的前北洋军政大员孙传芳、陆宗舆、王揖唐、齐燮元等，经费由日本方面解囊。名义上中日共同研究佛学，实质是笼络北洋下野政客军人。不多久，段祺瑞看穿日本人的阴谋，便退出了研究会。

日本人并不死心，开始派人造访段公，其中更有关东军特务机关长土肥原贤二，游说段祺瑞出面组建伪政府，任华北五省领袖。段祺瑞表示："我若为中国政府首脑，必将以政府名义同贵国政府谈谈'九一八'问题。"

其时，逊帝溥仪在日本人协助下，已经潜溜到天津，住在日租界前清将军张彪的别墅张园。土肥原第二次造访段府，便提出愿带段祺瑞去张园会会溥仪。老段兴趣索然："会他作甚？"

土肥原巧舌如簧："想当年，芝公一纸通电，把7岁小皇帝赶下台，如今溥仪已是二十出头的小伙子了，不妨瞧瞧这位废帝是否长了知识。见见就回来，贤二亲自陪同芝公往返。"

段祺瑞由土肥原陪同去张园见溥仪，前后共花了四十分钟，刚跨进家门，曹汝霖已在客厅等候，问道："芝公去见溥仪啦？"

段祺瑞一屁股坐在沙发上，气鼓鼓道："敝人不才，忝为国家元首，这小子到今天还摆皇帝臭架子，岂有此理！"

日军攻打榆关、热河，挑起战事。中国军队奋起抵抗。某日，日本外务省次官、原驻沈阳领事吉田茂由曹汝霖引见，造访段祺瑞。自称是应日本政界前辈西园寺公爵之托前来拜访，并表示西园寺公爵愿与段祺瑞一道，以中日在野元老之身份，共同斡旋热河罢兵息战。

老段警惕地问："请问，如何达成和平？"

吉田茂："先会商两军就地停战。"

段祺瑞火了："怎么谈？你们制造了'九一八'，这次又攻打榆关，热河，均是你们先开火。战争是你们日本人挑起的，现在要谈停战，应由日本先停。"

吉田茂威胁道："目前关东军气焰甚高，如不停战，只怕战事扩大。"

段祺瑞针锋相对："中国将领也纷纷请缨，中国士兵正顽强抵抗！真正打起来，结局尚难料定！"

北洋下野元老的一言一动，尽在蒋介石的密切监视之中。其时，溥仪已由日本人秘密护送到奉天，组建伪满洲国。蒋为了消除隐患，先由全国商会联合会理事长、上海总商会主席、上海各界抗日会常委、上海市临时参议会参议长王晓籁给段祺瑞发一份电报：

> ……国人无不盼公能以颜杲卿、文天祥之正气对待日人，使阴谋消阻，并诫旧部勿为利用……速发宣言，表明态度，俾定民志，勿坠日人狡计。

段祺瑞收到后，即回电：

> ……痛心国难，辱以正气相勖，自念以身许国，不后于人，他事姑勿论，昔年抵制举国若狂，瑞居屹然，谔谔自若，威武不能屈，宁卑辞所可诱耶……

之后，蒋又委托上海商界王晓籁、李组绅组建上海名流代表团，赴北平拜访吴佩孚、天津段祺瑞，劝说两位北洋元老南下。上海名流代表团由"辽吉黑热民众抗日后援会"会长朱庆澜为团长，成员有上海地方协会代表杜月笙、教育界代表黄炎培、商界代表王晓籁、实业界代表穆藕初、南洋华侨代表徐克成等。

代表团在天津拜访段祺瑞，表示北方形势危急，请段祺瑞早日南下。一直陪侍在旁的继子段宏纲及妻弟吴光新均赞成南下，段祺瑞则询问政府方面持何态度。民间团体岂能搬动根深叶茂的北洋元老。

蒋介石的第三步棋便是请交通银行董事长钱永铭为迎段专使，代表蒋介石乘迎段专列赴天津，携蒋氏亲笔信，请段祺瑞南下。

钱永铭到了天津，对段祺瑞说："永铭临行前，蒋委员长一再嘱咐，见到段老师，一定代为请安。委员长还特地安排专车恭迎芝公南下，颐养天年，以便随时就商国是。并要永铭转告芝公，待将来局势稍微安定后，拟改组政府，请芝公出任总统，他任副总统。至于条件，一切从优，以国民政府名义，每月拨给生活费二万元，芝公手下亲信，每月也给一千元津贴。"

段祺瑞看过蒋介石亲笔信，

段祺瑞离开天津南下上海

又听了钱永铭一番言语，见蒋介石谦恭执弟子礼请他南下，条件优厚，乐得顺水推舟，避开日本人纠缠。于是对钱永铭道："祺瑞老朽，不中用了，如介石认为我南下于国事有益，我可以随时就道。"

南下之路

段祺瑞的言行，也均在日本人的监视之下。迎段特使钱永铭前脚离开段府，住在对门的老部下王揖唐即赶来向段宏纲打探消息。段宏纲告诉他，老爷子接受蒋委员长的南下邀请。

王揖唐急得大嚷："咱们一向是北方的，去南方能干啥？不要去南方，守在北方好。"

第二天，段府上下正忙碌收拾行装，王揖唐又来了，见到段祺瑞，忙道："芝帅，想当年，袁大人就任总统，说什么也不肯去南京就职。咱们的基业在北方啊！"

段祺瑞爱理不理，只管闭目养神。王又道："国民党就是要打倒北洋军阀，芝帅南去，且不自投罗网？国民政府对您无恩，倒是日本人与您无怨，他们雪中送炭……"

段祺瑞突然睁眼，斥道："我是中国人，决不做汉奸傀儡。你自己也得好好想想，别对不起祖宗、父母、子孙后代。我累了，想歇会儿，什公（王揖唐字）先回吧。"

临行当天晚上，段祺瑞携全家乘汽车去火车站，众人忙着将行李搬上车，王揖唐急忙赶来，气急败坏道："芝帅，走不得！芝帅，走不得！"

段祺瑞三女儿式巽见王揖唐如此固执，拉长脸道："王大哥，别再来出主意了。"回头对下人道："快送王老爷回去！"

1933 年 1 月 20 日晚，段祺瑞旧部、门生、老管家等挥泪送别，在国民政府特使钱永铭陪同下，乘迎段专列离天津赴南京。22 日上午 8 时，专列到达浦口。国民政府要员朱培德、张群、何耀祖、杨杰、杨永泰等以及少将以上军官悉数到车站迎接。段祺瑞一行登上"澄平号"渡轮，直抵南京下关码头。蒋介石亲自上船迎接段祺瑞，并挽扶段老师走下渡船。

这时，码头上鼓乐齐鸣，国民政府文武大员和社会各界代表夹道欢迎民国元老。原保定陆军军官学校在京校友会、旅京安徽同乡会代表举着"欢迎三造共和的芝公""欢迎抗日救国元老段祺瑞"的横幅，也在码头迎接。有记者在警戒线后面大声发问："国难当头，芝公将如何与国民政府合作？"

段祺瑞驻足，朗声答道："当此共赴国难之际，政府既有整个御侮方针和办法，无论朝与野，皆应一致起为后援。瑞虽衰年，亦当勉从国人之后。"

出了下关码头，段祺瑞登上蒋介石的轿车，段祺瑞居中，蒋介石和段宏纲分坐左右两侧。数十辆轿车直奔中山门励志社临时下榻处。

晚上蒋介石在黄浦路宅邸设素宴为老师接风。第二天上午，蒋介石、孙科、张群、何应钦陪同段祺瑞晋谒中山陵。当晚，蒋介石安排专列从南京开往上海，并微服简从，亲自到火车站送行。

段祺瑞定居上海的消息很快传开。第二天《申报》记者要求采访。当问到抗日之事，老先生铿锵作答："日本人横暴行为，已到情不能感，理不可喻之地步。我国唯有上下一心一德，努力自救。全国积极备战，合力应付，则虽有十个日本，何足畏哉？"

在上海住豪宅

淮海中路 1517 号大门

段祺瑞起初住在市政府为其安排的福开森路（今武康路）世界学院内，不久便移居霞飞路 1487 号国民政府军事委员会军事参议院院长陈调元公馆（今淮海中路 1517 号）。这栋德国古典风格的花园别墅建于 1900 年，最初是德国人的住宅，1912 年被前清总督盛宣怀买下，故称盛氏家宅。后为陈调元租居。陈调元乃保定陆军军官学校毕业，段祺瑞的学生，官至皖军总司令、安徽督办、山东省主席。陈将此宅让于段祺瑞全家居住。

这幢三层楼砖木结构的别墅有建筑面积 1775 平方米，分主楼与侧翼，正面和侧面共有八根塔斯干式柱子。厅内有彩色玻璃天棚。园中有大理石喷水池、雕塑，假山等。园内奇花异木，绿荫高大，草坪清郁，堪称花园住宅之上品。抗战期间被

段祺瑞在寓所打台球

日本人购去大半个花园，建造了上海新村。留下部分仍不失其华美，后为日本驻沪总领事馆，上海市级文物保护单位。

在上海的社交活动

段祺瑞寓居上海，仍然每天吃素诵经，雷打不动。还参加上海居士王一亭、屈映光等组织的"菩提精舍"，精研佛法。

下野政界元老段祺瑞到了上海，上海总商会召开三百余人的欢迎大会，会址就在当时上海总商会大楼会议大厅，盛况空前。主席王晓籁还邀请段祺瑞出任总商会顾问，段谢绝说："多谢厚爱，老朽这把年纪，不中用了，对工商也是门外汉，还是另择贤能吧。"商界巨头如虞洽卿、王晓籁等经常造访段公馆，并陪同段外出参观访问。

1935 年农历二月是段祺瑞七十寿辰，上海各界热心要为段做寿。虞洽卿、王晓籁、沈吉甫等商量欲大唱京戏堂会，南北名角荟萃一堂，热闹一场。段祺瑞闻讯，连连拱手道："心领，心领，祺瑞从来不做寿，六十岁生

1933年段祺瑞南下定居上海，上海总商会召开欢迎会。图为段祺瑞与部分人员在总商会大会场主席台上合影留念。前排左一王晓籁，左六虞洽卿，左七段祺瑞，左十妻弟吴光新；后排左六杜月笙，左十段宏纲。

日也没有做寿。当此国难时期，尤不可铺张奢侈。待河山完整之日，祺瑞定当与众人同庆。"并吩咐段宏纲分头到各处婉谢。生日那天只是在玉佛寺以素面招待宾客。

段府的座上客还有国民政府军事委员会委员长蒋介石。蒋曾是保定陆军学堂学生，学名蒋志清，段祺瑞当时是总管军校的督办，两人有师生之谊。蒋介石如在上海，每星期六下午必来看望段老师。段患有膝盖神经痛，时常要用冰水敷于患处，蒋对此一直记在心上，待段到上海后，便介绍名医延治。蒋还吩咐时任上海市长吴铁城陪段祺瑞参观江南制造局和吴淞炮台旧址。

蒋曾把段祺瑞接到南京游玩，陪同段参观中央军校，一路上搀扶着段，段祺瑞心知肚明，这是蒋做给学生看的。故1935年，他被蒋介石委任为国民政府委员，但一直没有就职。

段祺瑞定居上海后，国学大师章太炎曾登门拜访，段祺瑞也赴章宅回拜。章一口浙江余杭话，两人南腔北调，各弹其调，虽有段宏纲在旁翻译，无奈宏纲也不懂浙江话，故双方均有不能畅谈之憾。尽管如此，章太炎仍对段祺瑞推崇备至。段祺瑞七十诞辰时，章太炎专门作了《合肥段公七十寿序》，冀望段祺瑞能公忠体国，效法唐代郭子仪和晚清李鸿章，肩负保住长城以内国土之重任。可惜段祺瑞年迈体弱，自身难保，南下上海三年有余，后病逝。

带动上海围棋的兴盛

段祺瑞平生无甚兴趣爱好，唯嗜棋如命。他南下上海后，棋坛高手顾水如也跟着到上海。顾是上海金山枫泾人，1914年到北京比试棋艺，年方22岁，击败北京名手汪云峰、伊耀卿等，轰动北京，被誉为"围棋圣手"，段祺瑞视他为"弈林不可多得之天才"。1917年春，顾被选送日本留学深造，为我国赴日学习围棋棋艺第一人。成全此事的即段祺瑞和北京朝阳大学校长汪有龄。所以顾视段祺瑞为知遇之恩。

原本上海棋坛的实力仅次于北京，北方棋界"大后台"段祺瑞的到来，便促进了上海棋坛的兴旺发达。除了早先南迁上海的北方名手刘棪怀外，北方棋界精英雷溥华、王幼宸、余冠周等也先后赴沪，年近古稀的棋坛元老汪云峰也曾一度南来上海。顾水如仍为段府的常客。30年代中期，上海迅速取代北京，成为全国围棋名手汇集的中心。

1934年5月，日本著名棋手木谷实（当时六段）、吴清源（当时五段）一行来沪访问。其时，吴清源与木谷实在日本棋界被称为天才和鬼才。两颗巨星来上海，自然是棋界盛事。吴清源不忘恩人，造访段祺瑞，两人相遇，感慨万千，手谈一局，吴清源以小败终局。段祺瑞明白其中的意义和情分，这也是段祺瑞人生的最后一局棋。

1935年夏，段祺瑞因胃出血身体

吴清源

虚弱，蒋介石闻讯，邀其上庐山避暑，随行者除张佩蘅夫人外，还有段宏纲与顾水如。在庐山期间，蒋介石曾五次往访牯岭特区 230 号"段公馆"，向段老师嘘寒问暖。见面时曾谈及围棋，段祺瑞告诉蒋，吴清源是稀有的围棋天才，很有可能被迫加入日本籍，这将是中国一大损失，应设法召吴回国，指导国人棋艺，否则日本围棋越来越强，中国则越来越落后。蒋介石当面唯唯，然而老蒋那时一心剿共，过后便不了了之。

保持晚节不做汉奸

段祺瑞为避开日本人而南下，但日本人及汉奸仍不死心，天津的"中日密教会"借段祺瑞的名义，四处活动，组织便衣队，扰乱社会治安，助纣为虐。消息传到上海，段祺瑞断然致电王揖唐等人，表明自己的态度："余养病海上，不问世事。目下华北局势严重，恐有假借名义，为轨外行动者，殊非爱国之道。盼诸弟严密访察，告知地方当局，严加制止。"

某日，上海总商会主席王晓籁造访，向段祺瑞出示几份日文报纸，上面刊登电通社东京消息，称日、中、俄、"满"将相互提携，实行"大亚细亚主义"……此议已得到中国政坛元老段祺瑞谅解，段氏南下后，曾向蒋介石、张学良力主此方案。联想起前不久，日本驻华公使有吉明来沪拜访段祺瑞，转弯抹角要求段老出山主持"华北五省自治"。经同王晓籁、段宏纲等商量后，段祺瑞接受中央社专访，予以辟谣。

数月后段祺瑞收到一份神秘电报："玉裁诗集，已预约五部，余诗接洽，再待奉告。王赓。"段祺瑞反复琢磨电文含意后，叫段宏纲去电报局拍回电："专电转陈。玉公谓：股东决不同，不约其他方面，切勿接洽。即已预约者，请作罢。"

不意，第二天上海《申报》披露，称：预约诗集有五部，段祺瑞不出售；津王某来电，措词闪烁；段复告务须一切作罢，态度坚决可佩。

消息一出，沪上轰动。段祺瑞对宏纲道："事已至此，干脆把电文公布，并向记者解释清楚，免生误会。"

记者招待会在段公馆举行，段祺瑞向众记者解释："日前收到老朽旧部王揖唐自天津来电，内容隐晦。诸位听我分析。'玉裁'原指清代文豪段玉裁，这里隐喻老朽。老朽闲居天津时，曾编纂《正道居集》，'玉裁诗集'由此而来。'五部'指'华北五省自治'。'余诗接洽'就是有待同日本人进一步商谈。'王赓'即王揖唐，又名王赓。显然，王揖唐欲拖人下水。"

段祺瑞继续道："余坚决反对日本人分裂中国之图谋，故回电严辞拒绝。电文意思清楚，就不用解释了。"

接受《大公报》专访

1935 年夏，段祺瑞因长期胃病，应蒋介石邀请，上庐山避暑养身达两月余，四处走走看看，病体倒是有所好转。时值国民政府主席林森在庐山黄龙寺后侧"鹿野山房"避暑，潜心佛学，自号"青芝老人"。"正道老人"和"青芝老人"多次往来，共同探讨佛学。

在庐山，段祺瑞接受了《大公报》编辑部主任王芸生的专访。段祺瑞对《大公报》颇有好感，1933 年自津门南下，《大公报》特地发表社评"送段芝泉先生南行"，称芝公此行是举国团结的新象征。王芸生因编《六十年来中国与日本》一书，好评如潮，声名鹊起。

王芸生先是问候段祺瑞的身体状况，饮食起居，然后问及对《大公报》的评价。段祺瑞答道："余在天津时就订阅贵报，南下上海，也继续订阅。报纸杂志舆论之责是要监督政治与指导政治，故老朽看来，贵报不失为有责任之报刊。"

王芸生继而请教治国之道。段祺瑞道："治国之道，说来简单，'维持人民，提倡商业'八个字而已。看现在的政令，哪一件不是剥削人民的？商业情形，入超年年增加，而平津一带的商店多少家关门，不关门的也多赔累不堪。如此下去，国将不国。为政不在多言，顾力行如何耳。"段又说："中国的事，坏在一般人的我见太深。汪精卫到上海看我时，我当面说：'现在不是讲吾的时候了！'治国如防水，大堤一决，再防堵就难了。"

"那蒋委员长是否也和当年的您一样呢？"

"不一样。介石是国民党推举的领袖，我是北方军人推出的代表。"

两人又谈到中日关系问题。段祺瑞表示："中国本无亡国之理，而目前情形，却向亡国之途以趋。中国吃亏在'大'字上，日本却得力于'小'与'穷'。中国惟其大，故一切不在乎；日本惟其小与穷，故拼命苦干。日本人妄念太重，当然有碰钉子之一天。不过中国人若长此泄沓，前途实难乐观。"

段祺瑞继续道："自日本占领东北、华北以后，政客叛国投敌者大有人在。但无视敌人之威逼利诱不出任伪职者，也不乏其人。日本人要我重返政坛，遭我拒绝，为防日人毒手，感谢委员长接我移居上海。"

八勿遗嘱盼复兴

段祺瑞的病情越加严重，须发全白，体力日见衰弱。医生建议开荤以增加营养，段祺瑞犟得很，死活不肯，说"人可死，荤绝不能开"。段宏纲偷偷在继父的粥里放一点鸡精，被老爷子识破，他坚定地说："我自庚申年起，吃素念经，至今已近二十年。如今国难日深，愧我老矣，效国无力，但求早日超脱，尔等万万不可再作恶作剧，增我罪过。"

段祺瑞以虚弱之身，仍然关心华北时局。懋业银行总经理、段的老友沈吉甫和老部下李思浩结伴看望段祺瑞，得知北方局势混乱，日军在华北搞了许多"事件"；在平汉、津浦、北宁、平绥各线驻扎重兵，威胁平津；日军汉奸在平津滥捕抗日人士，浪人乘机兴风作浪，制造恐怖。又听说老下属王揖唐当上冀察政务委员会委员，成了日本人得力走狗。段祺瑞不禁悲愤伤感，心情激动，夜不成眠。自知来日无多，命段宏纲磨墨铺纸，亲自写下"八勿

遗嘱":

　　余年已七十有余，一朝怛化，揆诸生寄死归之理，一切无所萦怀，惟我瞻四方，蹙国万里，民穷财尽，实所痛心，生平不喜多言，往日曲突徙薪之谋，国人或不尽省记，今则本识途之验，为将死之鸣，愿我国人静听而力行焉！则余生虽死犹生，九原瞑目矣。国虽微弱，必有复兴直道，亦至简单。

　　勿因我见而轻起政争，

　　勿尚空谈而不顾实践，

　　勿兴不急之务而浪用民财，

　　勿信过激言行之说而自摇邦本。

　　讲外交者，勿忘巩固国防；

　　司教育者，勿忘保存国粹；

　　治家者，勿弃国有之礼教；

　　求学者，勿骛时尚之纷华。

　　本此八勿，以应万有，所谓自力更生者在此，转弱为强者亦在此矣。

　　余生平不事生产，后人宜体我乐道安贫之意，丧葬力崇节简，殓以居士服，毋以荤腥馈祭。此嘱。

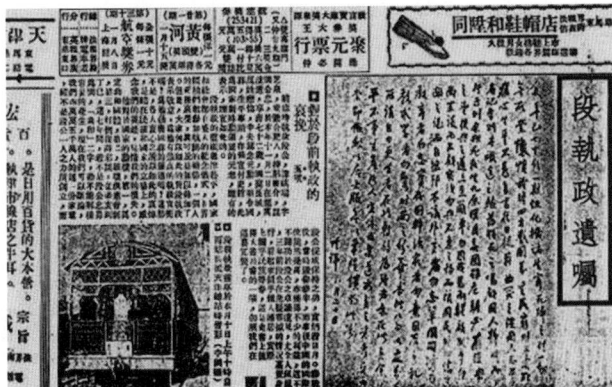

报纸刊登段祺瑞八勿遗嘱

1936 年 11 月 1 日，段祺瑞胃病复发，大出血不止，送宏恩医院（今华东医院）抢救，医治无效，于翌日晚八时驾鹤西去，享年 71 岁。11 月 5 日，南京国民政府主席林森下令，经行政院长蒋介石、财政部长孔祥熙副署，表彰这位老人，国民政府令：

前临时执政段祺瑞，持躬廉介，谋国公忠。辛亥倡率各军，赞助共和，功在民国。及袁氏僭号，洁身引退，力维正义，节慨凛然。嗣值复辟变作，誓师马厂，迅遏逆氛，卒能重奠邦基，巩固政体，殊勋硕望，薄海同钦。兹闻在沪阒逝，老成徂谢，怆悼实深。应即特予国葬，并发给治丧费一万元，生平事迹，存备宣付史馆，用示国家笃念耆勋之致意。

此令

段公馆内设灵堂，张挂巨幅彩绣灵幔，上端悬国民政府主席林森手书大匾："元老徽猷"；中间竖立着黑色雕花大镜框，内置段祺瑞晚年半身照，像前供着其"八勿"遗嘱。灵堂四壁挂满政府要员及在野名流的挽联。

北洋故人、南京新贵、在沪名流、各国驻沪领事纷纷前往段公馆吊唁。唁电、挽联如雪片飞来。段祺瑞大殓之日，南京国民政府通令全国下半旗一日，以志哀悼。

朝野名流的挽联有：

天下无公，正未知几人称帝，几人称王，奠国著奇功，大好河山归再造；

时局至此，皆误在今日不和，明日不战，忧民成痼疾，中流砥柱失元勋。

——吴佩孚挽

硕德久为天下望；

大雄终合佛家风。

——国民党中央委员、国民政府委员李烈钧挽

了世间生死而来，形没性存，若悯群伦仍普渡；

系天下安危甚巨，人亡国瘁，悲深薄海况亲知。

——老部下龚心湛挽

三造共和著青史，创立勋名在事慨推杆，一局安危谢太傅；

千秋论定伴碧云，饰终葬典箴言伤属纩，毕生忧瘁武卿侯。

——国民革命军第 7 军团总指挥傅作义挽

白发乡人，空余涕泪；

黄花晚节，尚想功勋。

——国民政府军事委员会副委员长冯玉祥挽

项城云殂，中山不朽，慨共和手创，实历百艰，地下若相逢，应叹先生老矣；

保阳开业，新镇谈兵，记方略亲承，早经三沐，斯人庸可作，更为国家痛之。

——国民政府军事参议院院长陈调元挽

谋国公忠，鞠躬尽瘁，溯自典兵戡乱，参战誓师，正气壮河山，出处一身关大计；

经年感慨，观变沈机，惟有扼腕推心，赌棋诵佛，悲声动天地，沧桑满眼老奋才。

——国民政府察哈尔省主席兼国民革命军东北军第 29 军军长宋哲元挽

一生刚介，三造共和，定大难，决大疑，峙如泰山，淳如止水，晚节念艰贞，莽莽乾坤能有几；

卅载论文，百年知己，言可坊，行可表，进思尽忠，退思补过，衷肠今割裂，茫茫人海更何人。

　　　　　　　　——国民政府赈务委员会委员长许世英挽

论功祗马厂誓师，足见勋名隆万古；

怀旧则鸡坛萦梦，顿令风雨洒千行。

　　　　　　　　——中国同盟会元老（孙中山护法军政府顾问）尤列挽

往事已成烟，当此月冷风悲，忍听亿兆哭元才；

人生原如梦，试看河残山破，公能放著即解脱。

　　　　　　　　——北京广通寺退居长老长悟偕住持性然和尚挽

再造邦家，大名垂宇宙；

统御文武，参战定华夷。

　　　　　　　　——国民革命军东北军第16军军长胡毓坤挽

申府笃生，百世殊勋光史垂；

东山系望，万方多难痛星沉。

　　　　　　　　——国民政府冀察政务委员会委员万福麟挽

生有自来，勋劳谐河山益寿；

殁无遗憾，惠泽与天地同流。

　　　　　　　　——国民政府河北省政府委员兼民政厅厅长张吉墉挽

欧陆参战，俾国际地位之提高，眷怀前徽人已渺；

马厂誓师，使共和肇基焉底定，言念后死责方殷。

      ——国民政府内政部部长、水利部部长薛笃弼挽

起家亦自寒儒，再莫谈谁败谁成，过客而今归佛域；

盖棺也无定论，更休说为功为罪，大名终古在人间。

      ——国民政府驻北平政务整理委员会委员汤尔和挽

身系于全局安危，岂图再造共和，逮今日邦家巩固；

五族当集中团体，庶冀大兴民国，慰我公霄汉英灵。

      ——国立北平大学代理校长徐诵明挽

下为河岳，上应日星，时势造英雄，三定共和成往迹；

功在苍生，名垂青史，国家摧柱石，万方涕泪哭之初。

  ——国民政府河北省政府主席兼国民革命军第 29 军 37 师师长冯治
安挽

磨而不磷，涅而不缁，名世五百年，手造河山归大隐；

仰之弥高，钻之弥坚，传薪十六字，愧承衣钵哭先生。

      ——国民革命军北平宪兵司令部司令邵文凯挽

春秋明义战，周占辅共和，若论元宰功勋，历数贤豪堪首届；

正气照日生，留形归河岳，俾留国人矜式，况曾庵慢受心书。

      ——国民政府军事参议院参议李鸣钟挽

  梁启超评价段祺瑞：其人短处固所不免，然不顾一身利害，为国家勇于
负责，举国中恐无人能比。

段祺瑞死后，蒋介石拨款 20 万元，建议以国葬的名义，将段祺瑞安葬于黄山。但段的长子段宏业认为乃父创业发迹，一世功名均在"京师"，决定扶柩北上，在平郊另卜风水宝地。北平方面便成立了"段前执政平市治丧处"，并举行隆重的迎榇、移灵、停灵、公祭等各项事宜。

段祺瑞去世后，全家搬出霞飞路段公馆，张夫人迁居愚园路一幢小别墅，蒋介石仍派人每月送生活费 5000 元，直至其终享天年。

（天涯，原名郑国强，段祺瑞孙女婿，段祺瑞继子段宏纲女婿）

我的外祖父沈吉甫

普 凡

　　我的外祖父沈吉甫，宁波奉化人，出生于1871年，病殁于1952年。因为我是1955年出生的，无缘和外祖父见面，所以今天所记大多为母亲之叙述，另一部分则是引自于各类资料。据先母说，沈家原籍为宁波奉化，祖上世代行医。我的太外祖父（即外祖父的父亲），由于年轻时屡试不第，便在咸丰年间携妻带女来到上海定居。我的外祖父沈吉甫是在上海出生的，有一姐一妹，他6岁丧父，后来生活主要靠祖产及亲戚们的周济。外祖父读书非常用功，因家里贫寒，他总是

沈吉甫（1871—1952）

希望能靠博取功名来改变困境。中国第一次改革大潮强烈地冲击着人们的观念，严信厚办纱厂，朱葆三开五金店，从此争着冒险的宁波人越来越多。外祖父走入商界，完全得益于自己母亲和塾中老师水先生的开明意识，两位长辈硬是把这位后来成为中国新式银行的弄潮儿推上了风口浪尖。

　　外祖父弃学从商后，第一个工作地方就是到他姨母家产业中当账房，慈溪郑家主要经营钱庄和当铺，因为外甥有文化，另外加上是至亲，所以一上手就不以学徒为待遇，让他边学边做，报酬十分优厚。外祖父从小心存大志，他知道光依靠别人终归非长久之计，要改变窘况唯有自己。当外祖父对银钱业务逐渐熟悉之后，马上花钱请人教起了英语和俄语，这一手弄得亲戚们左右尴尬。为了开阔眼界，通晓业务，外祖父又辗转服务过好几家商号和洋行，并且遇事特别讲求信誉，不敢一丝半点的马虎敷衍。外祖父这脾气常被人嘲笑为"寿头"，不想洋人们倒大为欣赏，他们在中国开展商业活动，

最需要的就是寻找可以托付事情的管理者，最后还是由郑家姨夫做担保，外祖父进入了梦寐以求的华俄道胜银行。

在中国办事情历来讲究行走官道，大概的确是福星高照，外祖父刚进入银行便被孙仲英①和王铭槐②看中，这两位都是李鸿章手底下的大红人，在买办中说一不二。中日甲午海战之后，李鸿章和俄国签署了《中俄密约》，允许俄国修筑一条通过黑龙江、吉林两省到达海参崴的铁路。当建造东清铁路③的操办权交给了道胜银行之后，两位大佬都很希望沈吉甫助一臂之力，因为他们知道这个小字辈既熟悉会计，又会俄语和英语，能力上可满足各方面要求。机会的降临对外祖父是一个大考验，去东北造铁路千难万险，但贴近与官府之间的关系却是上海所不具备的。外祖父权衡利弊之后，决定走一步险棋试试。外祖父在建造工程中负责银钱及预算，为施行这项开天辟地的计划，单东北严寒就差点送掉他性命。巨大付出很快产生巨大回报，当铁路通车之后，他即开始负责道胜银行北京分行的全部工作。

华俄道胜银行是一家由中国、法国和俄国三方出资的合办银行，其名为合资，实则被俄方独霸。他们在中国有代收关税、盐税、专营铁路、发行卢布的权力，同时更是有史以来外国在中国最大的扩张掠夺机构。当外祖父走马上任之后，才发现自己手中权力竟那么炙手可热，塌掉了大半边的朝廷急着要钱；买枪、买炮、急着要钱；训练新军急着要钱；处处都是钱、钱、钱。从此利益链发展得异常迅猛，外祖父很快就和权势熏天的庆亲王父子④搭上了关系，爱新觉罗·载振担任御前大臣、农工商部尚书，双方正好是你

---

① 孙仲英，浙江宁波人。初在上海供职，后结识李鸿章，在天津经商任买办，特别是经营军火和铁路，获利甚丰成巨富。

② 王铭槐，是天津早期宁波帮领袖，因奔走于李鸿章门下，专门从事军火及机器生意。其儿孙都在洋行任买办，被誉为买办之家。

③ 东清铁路是沙俄在清朝末期修筑的，从俄国赤塔开始，经中国满洲里、哈尔滨、绥芬河到达俄国的海参崴，其实质应属西伯利亚铁路在中国境内的一段。民国后改称中国东省铁路，后也简称中东铁路。

④ 爱新觉罗·奕劻和爱新觉罗·载振，为父子。庆亲王奕劻，任总理各国事务衙门大臣、军机大臣。载振任农工商部尚书时年仅30岁。

需要我，我需要你的关键时候。从此外祖父常常跟随着王爷和大臣们宵游夜宴，他们逛琉璃厂、赏字画、买古玩。外祖父从南方来，逐渐适合了北方生活习惯，特别是官场中的那些高级享受和交际作派。

大清朝虽然风雨飘摇，可谁都没想到，在革命声浪中及袁世凯的胁迫下，皇上竟会如此之快地颁布《退位诏》。外祖父很庆幸，政权的更迭，时局的动荡，对自己银行业务并没有太大影响。共和之后，新瓶装旧酒，大政实权仍旧由钱能训①、李思浩②、曹汝霖③、唐绍仪④、梁士诒⑤等这班前朝大臣把持着，外祖父和老朋友们打交道熟门熟路，一点没有多费心思。外祖父从年轻时就非常感叹洋人治理银行的诀窍，他看见现如今世道变了，便想把银行也变变样子。在几位朋友的共同发起和努力下，中国第一家股份制银钱组织"溥益银号"成立了。银号章程中规定该组织为股份有限公司，并在财政部注册开业。资本总额为大洋两万元，经营范围为商业汇兑和贴现业务。董事为张嘉璈⑥、杨荫荪、徐辑甫、赵润秋、邓宇安。监察人为沈吉甫、慕玄父，

---

① 钱能训，字幹丞，浙江嘉善人。29 岁中戊戌科进士，翌年留馆为翰林。民国后历任北洋政府内务总长、国务总理等职。钱能训后任中华懋业银行总理，1924 年病逝于北京。

② 李思浩，字晓沧，号赞侯，浙江慈溪人。早年就读于京师大学堂，清朝光绪三十年进士及第，受户部主事及盐政和税务司等要职。民国后出任北洋政府财政次长、总长，兼任中国银行总理等职。

③ 曹汝霖，字润田，上海人。民国后先任职于商部后调入外务部，1911 年签订了丧权辱国的《二十一条》。1916 年任交通总长，后兼任外交总长和交通银行总理，五四运动中，北京学生一致要求惩办亲日派卖国贼曹汝霖、陆宗舆、章宗祥等三人。北京学生包围并放火焚毁其赵家楼的房屋，由此引发了震惊中外的五四运动。

④ 唐绍仪，字少川，生于广东珠海。著名政治活动家、外交家。唐绍仪就读美国哥伦比亚大学，归国后任驻朝鲜总领事、南北议和北方代表、民国第一任内阁总理。

⑤ 梁士诒，字翼夫，广东三水人。光绪进士，授翰林院编修。1907 年起历任邮传部京汉铁路提调、交通银行帮理、铁路总局局长。后在袁世凯内阁中任总统府秘书长、交通银行总理、财政部次长等职。1921 年任国务总理。梁士诒是旧交通系首领，被称小财神。1933 年病逝于上海。

⑥ 张嘉璈，字公权，江苏宝山（今属上海）人，1889 年出生在上海宝山县的一个大家庭。银行家、实业家。1979 年病逝于美国。主要著作有《关于旧中国的通货膨胀》《关于旧中国的铁路建设》等。

中华懋业银行发行的壹百圆票

股东中还有陆宗舆 ① 和曹汝霖二人。

我曾听先母说过多次，外祖父在赚钱上有个绝技——炒外汇，他常利用自己熟悉外汇及与政界间的密切关系，选择适当时机炒上一把，而且从无闪失。这里面他有三次最幸运，第一次是因德国战败而引发的新旧马克兑换，第二次是因俄国革命造成的货币改制，第三次是中国自己的银本位换金本位。外祖父都不失时机地替政府、替银行、同时更替自己本人狠狠地赚了许多钱。意外收获让大总统徐世昌高兴无比，他两次颁发一等大绶宝光"嘉禾"奖章，以表彰沈吉甫为国家做出的贡献。两个奖章我小时候都看见过，材质颇有点像景泰蓝，挂了根很长的缎带，后来怕惹事母亲让我扔掉了。20 世纪 80 年代初，上海社科院一位经济学家辗转找我母亲了解往事，这位老先生又做笔记，又录音，可惜我对金融一窍不通，至今也不知道其价值所在。

在北洋当个总统真不容易，最困难的就是手中没银钱，关税、盐税早被用作贷款抵押给了银行，地方税收又多为各路军人所截留。在拮据和无奈中，大总统徐世昌就想利用美国资金，他提议中国和美国合办一家银行，开创事务交给了中国银行总理徐恩元 ② 操办。徐恩元先生和我外祖父是至交，

---

① 陆宗舆，字润生，浙江海宁人。1913 年担任驻日公使。五四运动中，他与曹汝霖、章宗祥一起被称为卖国贼。

② 徐恩元，字荣光，浙江吴兴人。早年留学英国，回国后历任财政部制币局局长、中国银行总理、国务院参议等职务。中华懋业银行成立后，前国务总理钱能训任第一总理，不久后即由徐荣光接任第二任。人事纷争和业务动荡让他疲惫不堪，1923 年年仅 38 岁的徐恩元便辞别人世。

当工作开展后，他首先就是约请老朋友来参与这档子千载难逢的好事情。更凑巧的是，俄国刚好发生革命，道胜银行前程难卜，外祖父考虑后即接受了新工作。民国八年（1919）中华懋业银行正式成立了，它是中国历史上唯一的一家中美合资银行。总行设在北京的东交民巷内，同时开设的还有天津、上海、汉口、济南、大连、广州、重庆等各个分支行，第一任总理为前国务总理钱能训。据报界评论："中国从未有过如此的大资本、大势力合组而成的如此的大银行。有之，自懋业银行为始也。"银行请年老多病的钱能训当总理，完全是为了考虑社会影响，结果没几天徐恩元便接替了前任的工作。徐恩元有能力更有魅力，可惜天不假年，由于银行业务及内部派系矛盾的纷扰，徐总理很快折倒了。外祖父沈吉甫是第三任总理。因为有前两任的乖舛命途，老太太死活不让儿子就职。外祖父一辈子不信邪，其中更重要的是他希望单独执掌门户，因为长期屈居于洋人之下，他对得到权力的愿望远远甚于金钱。外祖父到任后，唯一做的就是强化个人权力。他知道前两任累死的真正原因，银行中错综复杂的人事纠葛才是问题根本。

民国时候上海的宁波人势力很大很大，主要集中在商业圈里，严信厚、朱葆三、周仰山、虞洽卿、傅筱庵个个都是呼风唤雨的人物。宁波人厉害归厉害，可是去北方的极少，生活习惯和语言障碍应该是最大原因，外祖父沈吉甫属凤毛麟角。据先母说，那年蒋介石北伐成功，组织中央银行迫在眉睫，当他抵达北京后第一个想到的就是老乡亲沈吉甫。两个人的会面地点设在西山行辕，那天由黄郛①作陪，外祖父非常明智，当即辞谢了总司令的重托。他另为蒋介石推荐了三位年轻人，张嘉璈、吴鼎昌和钱新之。事后外祖父对家人和朋友解释说：第一是他和国民党素无渊源，而且工作能力也远逊于这些生机勃勃的留洋派，勉强做事实上没有必要。第二是仕途险恶，特别

---

① 黄郛，字膺白，浙江上虞人。清光绪三十年入浙江武备学堂，后留学日本。在东京振武学校与蒋介石、张群结识，参加辛亥革命。后历任教育总长、代理内阁总理等职。1927年南京国民政府成立后，任命为上海特别市市长。1928年被任命为外交部部长。1936年病逝上海。

沈吉甫（左）年轻时

是政治圈中太龌龊。自己虽然在官场游走一生，可从不深涉，现在功成名就，更没必要去冒这个危险。

大概是受到生活和工作上的磨砺，外祖父从小就有一套洞察事物的特殊本领，懋业银行总管理处主任陈宗藩先生形容说，沈总理天生有一对老虎眼，凛然不可冒犯。外祖父确实很自信，对工作、对人事、甚至对洋人都采取说一不二、独断独行的态度。想想也对，偌大一个金融机构，不设置权威寸步难行。武汉分行行长陈行被开除，上海分行行长沈叔玉被调职，就是他处理问题的典型方式。常在河边走，哪能不湿鞋，外祖父不知道这种坏脾气如同定时炸弹，搁久了必定闯祸。果然没多久，震惊全国的协和骗案就发生了，此案既害苦了银行，更害苦了外祖父自己本人。骗案的直接原因当然是懋业银行协理兼天津分行经理张伯龙的超额放款，可根本责任则是当家人对下属盲目信任和管理疏忽所致。骗案发生后，全国各大银行都不同程

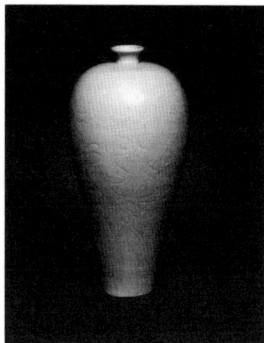

宋定窑刻花瓶

宋定窑刻花洗

（大维德藏品沈吉甫旧藏）

度地受到损失。美方受损最大，他们吁请中方维护，四大行及宋子文也有意相救，但最终因不符合蒋介石的政治利益而作罢。银行歇业后，为了亡羊补牢，外祖父意识到开展信用调查才是保证放款安全的首要条件。后来在他的努力下，中国征信所终于在上海成立了。

关于外祖父的收藏，先母只提及了大概，许多细节均引自陈重远先生的《古玩史话与鉴赏》。据陈先生记载，沈吉甫收藏极广，他用每年收入的十之二三来购买古玩，古家具、青铜器、玉件头、书画、瓷器应有尽有。当然瓷器乃之一绝，共藏一千二百多件，单宋元珍品就有两百多件。据说有件汝窑的笔洗，大小不过半尺，瓷胎香灰色，透过莹润如同堆脂般的釉色，呈现出淡淡天青。奇怪的是，这笔洗的底足还有六个小支钉眼儿，并刻"奉华"二字。据先母回忆："沈家宝贝的第一次劫难是1931年，华北局势动荡，父亲思来想去，决定丢掉累赘搬到天津租界去住才是安全。这次卖掉的大多是古家具和青铜器，当消息走漏后，日本人立即垂涎三尺。为了不落在日本人的手里，父亲以极低价格卖给了中国古玩商。"后据陈重远先生记载："1931年北京发生了一件大事，它是有史以来最大的一次古玩流失，整个古玩界都震动了，最后沈吉甫的藏品还是以二十四万现大洋落入日本山中商会手中。"第二次劫难是"七七事变"之后，华北沦陷，为了逃避当伪官，外祖父再次携家从天津南逃到上海，所有东西损失殆尽。

北伐胜利后，蒋介石立即把首都迁往了南京，原来的京畿要地渐渐不安全起来，甚至东交民巷里的洋人们都感到失去保障。这时候外祖父因为已辞去工作，所以就和他的朋友们一样，卖掉旧宅，在天津租界另外建了个新居。沈家人少，大女儿早出嫁，天津一幢大洋楼统共才住五个人，老太太、两个太太及小女儿（笔者的母亲）。天津生活比北京舒服许多，洋楼中设施全是西洋制造的，街上物品全是欧洲舶来的。可悲的是，好日子没过几天，卢沟桥枪声响了起来，昔日的老朋友一个个附了逆，王克敏、梁鸿志、殷汝耕、张鸣岐。最可怕的是日本人认定沈吉甫必须当伪官，曹汝霖有次对外祖父说你赶快躲躲吧，连老朋友王揖唐也看上你家的钱了。王揖唐是谁？乃大名鼎鼎的汉奸二号也。王揖唐虽是读书人，可心尤恶毒，他想让自己儿子去娶沈家女儿，居然派了张鸣岐去沈家说亲。外祖父听完曹汝霖的关照，吓了个半死，立刻携着家眷，带着细软，连奔带跑逃到上海，暂租亨利路（今新乐路）一小楼中避祸。

仗越打越厉害，上海租界已似孤岛，最想不到的是天津因大雨变成泽国，大水漫泡数月不退。沈家逃难，贵重东西全部藏在洋楼地底下的保险库里，这下彻底完蛋了，古董、票据顿成泡影。战争中受到巨创的何止沈家，在一次亲戚家婚宴上，外祖父遇到虞洽卿，两位老乡无言以对，涕泪交流。两位老人除去生活上困苦，更觉精神寂寞，战争让大家毫无指望。突然有一天美国人出手了，他们投下两颗原子弹，日本投降了，可是外祖父在从重庆回来的人群中再没找到过虞洽卿。

胜利的喜悦没让外祖父开心几天，突然又响起枪炮声，国民党发动了全面内战。双方越打越厉害，物价更是随之飞涨，后来为了抵消国家储备的亏空，国民党突然想出个禁止私人持有黄金和外汇的绝妙办法。外祖父已经一文不名，如何敢和政府对着干，他只好将仅有的近百条黄金换成了金圆券，最后又再将这些纸币换回两听美国咖啡。小聪明无法解决大问题，经济仍旧一天不如一天，蒋介石只好使出了把宝座让给了李宗仁的"下野"花招。代总统一上台，桂系立刻就想恢复中华懋业银行，因为他们本来就占着极大一块股份。白崇禧在国际饭店约见了外祖父，双方说好沈吉甫只负责撰写备忘录，其余一概不管。据先母回忆，她每天下班时都见门口停着一辆汽车，家里有一位年轻人在记录，前后时间约半年。当白崇禧和沈吉甫两人都各持一份厚厚的誊印件时，共产党炮声已离南京城不太远了。

金圆券贬值贬得一塌糊涂，据说两相之差竟达好几万倍，外祖父知道这摊子家产快砸光了。果然小女儿有一天带回音信说，她在菜场遇见陈洁如，这位蒋介石的前夫人也在嘀咕，今朝不晓得明朝呀。曹汝霖就住在对面的格罗希路（今延庆路），和沈家仅隔百步，几位风烛残年老人一致认为大家再聚一次吧，咱们不会有下次了。这天家里客厅格外热闹，除了曹汝霖，还有李思浩、姚慕莲、张丹荣。听曹汝霖的太太说，因为历史原因，夫妻两人如同惊弓之鸟，正准备远走高飞，可惜飞机票售罄，只剩下坐货机逃命的一条路了。过了没几天，外祖父早晨掀开窗帘，只见马路上鸦雀无声，地上齐刷刷地坐满了共产党的士兵，解放军没向老百姓讨要一口水喝，如此守纪的军队外祖父还是有生以来第一次遇到。

外祖父迎来了新中国的成立。看到新气象，许多民主人士异常高兴，包达三、章士钊、颜惠庆都约他去国际饭店参加酒会，大家要商讨如何报效国家的方法。外祖父此时此刻早就身心疲惫，他心里暗说，唉！我现在连吃饭都成问题，哪还有心思关心政治呀。轰轰烈烈的开国大典刚结束，国家为了更好地进行社会主义改造，立刻开始了"三反""五反"运动，外祖父最想不到的是小女儿竟变成重点对象。先母那时在财政局内做内勤，当她被监管人员带回家探望时，外祖父已至弥留之际。老人家仰身躺在床上，把嘴张了张又闭上了，他可能是希望赶快去往另一个世界，因为解决这许多问题，自己实在无能为力。

外祖父一生其实很悲哀，他之最大不幸就是整个辉煌期都处于战争和动荡中，再因家里只有两个女儿，没儿子，所以更觉无望和无趣。今说两件好笑事，似能对有些问题做些补充：第一件事是，我知道外祖父是收藏家，居然源自收藏史专家陈重远先生写的《古玩史话与鉴赏》。陈先生记录很详细，"沈吉甫，宁波人，华俄道胜银行买办，中华懋业银行总理，沈以每年收入的十之二三购买己之所爱，藏有古瓷一千余件，乃京城第一也"。我猜想，若不是别人回忆，沈家后代至今也弄不明白祖先的那份荣耀。第二件事是，五年前偶遇同济大学两年级学生张斯琪，小张同学极具收藏知识，当他知道我外祖父的姓名之后大吃一惊，我则心想小屁孩不知轻重，沈吉甫又不是大名人，定然弄错了。想不到他马上让我上网查询。果不其然，真有五件宝贝现存于大维德基金会，居然还是爵士亲自购买和记载的。2018年5月我去伦敦，站在大英博物馆展柜前，望着曾经的家中旧物啼笑皆非。

　　纵观先外祖父的这一辈子，我认为最有价值的就是，从他起步到病逝刚好覆盖了整个民国，外祖父的命运和他朋友圈中朋友们的遭遇都非常具有代表性。我把这些事情凑在一起，现已由上海文艺出版社出版了一本纪实文学《富贵人家》。书不厚，也没多大深度，但唯一好处就是很真实。我想通过这些历史碎片，通过讲述一个家庭中的鸡毛蒜皮，来折射一下当时的整个社会。

　　　　　　　　　　　　　　　（普凡，原名沈路平，沈吉甫外孙）

记二伯伯沈钧儒

沈 宁

我们家一直比较老派，讲究辈分，礼仪严格，晚辈人不可以直呼长辈姓名。古代读书人，都有名、字、号。按照传统，只有天地君亲师，即皇帝、父母、老师，可以直呼某人的名。同辈亲友则用某人的字来称呼他，或者为了表示更加尊重，以号呼之。至于晚辈，须以辈分称呼，一般而言，连号也不能用的。现今国人，经过几十年涤荡，这些礼仪规矩，都被扫除殆尽，人人可以没大没小，直呼大名。仅为当今读者们方便，笔者随波逐流，斗胆提及二伯伯及长辈们的大名，也是无奈之举。

在我们家里，一辈又一辈子孙，之所以能够延续家族礼仪和规矩，并非由打骂斥责或关黑屋获得成功，而是依靠着儿孙们日日所见所闻，看到长辈们如何为人处世，如何待人接物，跟随长辈们读书习字，赏玩琴棋书画，从而养成温文儒雅的习性，得以知书达理，礼貌待人，自觉遵循富贵不能淫，威武不能屈，贫贱不能移的家训。

我们家族五世以降，乃浙江嘉兴人士，且老老少少都为自己的故乡骄傲。记得我很小的时候，父亲每每讲起故乡，总是眉飞色舞，口若悬河，滔滔不绝。他说浙江自古人杰地灵，名人荟萃。《三国演义》作者罗贯中，是浙江杭州人。《水浒传》作者施耐庵，是浙江钱塘人。吴承恩是江苏淮安人，科举不第，在浙江长兴做了九年县丞，写出《西游记》。《拍案惊奇》作者凌濛初，《西游补》作者董说，《水浒后传》作者陈忱，都是浙江湖州人。《说岳全传》作者钱彩，《剪灯新话》作者瞿佑，是浙江杭州人。大文豪李渔，是浙江金华兰溪人。王阳明、黄宗羲、章学诚、袁子才、龚自珍，全是浙江人。近现代文人，章太炎、俞曲园、周作人、蔡元培、郁达夫、许寿裳、范文澜、俞平伯、钱玄同、梁实秋、孙伏园、夏衍、丰子恺、艾青、鲁迅、徐志摩、朱自清，也都是浙江人。

父亲告诉我，曾经有人总结：中国近现代文学史上的领衔人物，浙江籍占去一半以上。又有人总结，浙江文化名人之中，嘉兴籍占去一半以上。

嘉兴是一块古老的土地，始于春秋时期。宋明两朝期间，嘉兴升为府，与绍兴府和杭州府齐名。嘉兴府地面广大，历来管辖周围五县。现在仍是行政大市，下管二区五县。海宁、海盐、桐乡、乌镇、平湖、盐官等地，都属嘉兴。

国学大师王国维先生，是嘉兴人，在嘉兴启蒙读书，也在嘉兴考中秀才。大翻译家朱生豪先生亦生于嘉兴，去上海工作十年之后，回故乡定居，专心翻译研究莎士比亚戏剧，直至生命完结，成为中国莎士比亚研究的最大权威。巴金先生虽说生于四川，但牢记祖籍浙江嘉兴，曾数度回乡揭拜李氏祠堂，住在嘉兴伯祖家中。茅盾、丰子恺、张元济、蒋百里诸位，都是嘉兴人。现代青年崇拜的武侠小说大师金庸先生，也是嘉兴人。而我的二伯伯，则也是嘉兴大批文化名人当中的一员，数十年来被全中国人民所敬仰。

二伯伯沈姓，名讳钧儒，字秉甫，号衡山。二伯伯的祖父跟我的曾祖父是亲兄弟，人称老三房。二伯伯的祖父是长兄，我的曾祖父是三弟。我的祖

作者一家与沈钧儒合影

父一辈，叔伯兄弟八人，二伯伯的父亲又是长兄，我的祖父则又是老八。所以二伯伯称我的祖父为八叔，称我的祖母为八婶娘，我亲耳听到过。至我父亲一代，伯仲二十四儒，二伯伯排行二，我父亲排行二十三。所以父亲叫他二哥，我们称他二伯伯。这是我小的时候，祖母翻着《沈氏家谱》，一页一页讲给我听的。

上海解放以后，父亲工作的上海《新闻报》被封闭了，经过种种变动，终

于被安排进中共上海市委主办的英文《上海新闻》报馆，算是参加了革命。父亲是个孝子，认为后半生得以稳定之后，便把祖父祖母和舅婆婆（父亲的舅母）从嘉兴搬到上海，跟我们一起住。浙江嘉兴方言，把祖父叫做大爹，把祖母叫做亲妈，我们兄妹至今还是如此，改不过口。无奈此文为了读者方便，沿用普遍的祖父祖母称呼，甚觉别扭。

那时候我家从虹口溧阳路的洋房，搬到陕西南路租的二楼上。父亲请人把一起租用的楼下汽车间改装成住房，他把汽车停到马路边，后来干脆把汽车捐给了国家，也就没有停车的需要。祖父祖母年纪大了，住在楼下，不用天天爬楼梯，比较方便也更安全。

我的记忆里，祖父祖母刚到上海那些天，我们家特别忙。从早到晚，很多人到家里来，有的西装革履，有的长袍马褂，有的白须皓发，有的年轻力壮，有的见过，有的没见过。所有来人都一样，进门见到祖父祖母，一律马上跪倒磕头。

有几次来客人，我正在他们屋里。客人磕过头爬起身，祖父又命我对着客人跪下。祖父说，那客人是我的长辈，我要叫他伯伯或者爷叔，见到伯伯和爷叔，定要磕头。祖母告诉我，祖父是他那辈人里最后一个健在者。在嘉兴乡下的时候，凡沈家门里的人，都要时常来对他磕头请安。现在他们来了上海，家住上海的所有沈家亲戚，也都是他们的晚辈，来见面请安，自然要下拜磕头。然后祖母拿出家谱，讲给我听家族的来源和辈分等故事，那时我4岁多，第一次听到二伯伯的名、字、号。祖母一直叫他衡山，叫了几十年。

那些年里，每天下午，我都喜欢下楼，到祖父祖母的房间，去等父亲。父亲每天下班，总是先要到祖父祖母那里请安，讲几句话，然后才领着我上楼回家。有一天，父亲到祖父祖母屋里讲话，说起二哥要来看望两老。祖父祖母听了，十分惊慌，四只手摇了半天，嘴里一直叫：弗可以，弗可以。

上楼之后，父亲告诉母亲，二哥来了上海，要来拜望祖父祖母。祖父祖母坚决不答应，他只好去报告二哥。然后父亲母亲换了衣服，带上我和弟弟，到永嘉路去拜见二伯伯。那年我6岁，第一次见二伯伯。

去的路上，坐在黄包车里，父亲讲给我听，二伯伯是个非常讲礼数的人。他在上海做了有名的大律师，每次回到故乡嘉兴，还都必去看望我的祖父祖母，而且进了门，一定要下跪，行大礼。父亲又说，他自己在浙江读书的时候，全靠二伯伯资助。他每年拿了好成绩向二伯伯报告，二伯伯高兴，就继续资助他读书。父亲到重庆读大学的时候，有了政府发的战区学生助学金，不需要二伯伯的资助了，但他还是经常到二伯伯家去，看望他，吃饭谈天，十分亲近。父亲说，二伯伯对我家的好处，我们要永远记牢。

到宾馆，进了门，父亲要我和弟弟跪下，给二伯伯磕头。二伯伯呵呵笑着，说：现在新社会，不作兴了。父亲说：头次见面，一定要磕头的。

我爬起身，看清楚了二伯伯。个子不高，额头很大，胡子很长。穿着一件有四个大口袋的蓝色衣服，那时候我在上海还从来没见过这种衣服。父亲笑着说：二哥不穿长衫了。二伯伯说：现在北京城里，政府干部，都是穿这样的制服。可是父亲还穿着西装，母亲还穿着旗袍，好像很有点不好意思。

二伯伯安排我坐到一边吃点心，母亲抱着弟弟，跟二伯伯和父亲坐在沙发上谈天，讲些过去多年的老故事，也讲当时京城里的稀奇新闻。我吃着糖果，细细观看二伯伯，确定他是个和蔼可亲的小老头，想不出来他早年如何能够考中进士，有那么大的胆子应殿试，面见皇上。后来又只身远渡重洋，到日本去留学，成就盛名天下的上海大律师。回家路上，父亲告诉我，二伯伯现在是中华人民共和国最高人民法院的院长，大人物。

过了两年，因为父亲调工作，我们全家搬到北京，每年都要去看望二伯伯好几次，可是父亲再也没有要我们给二伯伯磕过头，大概北京到底比上海要革命许多吧。奇怪的是，我们每次去二伯伯家，祖母都不要跟我们一道去。我们搬去北京之前，祖父就去世了，埋回嘉兴的沈家祖坟地。有几次我们去给二伯伯做寿，父亲反复请求，祖母始终没有答应。祖母说：衡山在朝廷里做官，我是平头百姓，辈分比他大，年龄比他小，我去了，当着众人，衡山可以怎样招呼我？下跪不下跪，磕头不磕头？几十年了，祖母竟然还记

得当年在嘉兴，二伯伯到家里来下跪磕头的
情景。

20 世纪 60 年代初的一天，二伯伯忽然
派了汽车，专门来我家，接祖母和舅婆婆去
聊天。我放学回家，刚好在大门口碰到，祖
母便拉了我一道去。二伯伯的车是苏联的吉
姆，很宽大，很舒适，一路畅通。

走进东总布胡同的大铁门，在天井里，
就见二伯伯快步赶下台阶，连声说：八婶
娘，实在不好意思，我应该去拜见你老人
家，却劳动你老跑路，难为情，难为情。二

沈钧儒弄石

伯伯在北京做了几十年官，居然依旧满口嘉兴话，听不出任何北方口音。祖
母拉着他的手，不晓得如何是好。三个老人坐在客厅里，喝茶谈天，无非讲
些古朝轶事。我则在二伯伯书房里，沿着一个一个大书柜，看他收集的各种
石头。

回家路上，祖母感叹：衡山做了蛮大的官，到底还是我们沈家的儿郎。

到了家里，祖母又拿出《沈氏家谱》给我看。那时候我已经认得不少
字，读得出书上注明是 1917 年修订。祖母说：这本家谱，衡山亲自校阅
过。我后来得到一本《沈钧儒年谱》，上面有记载曰：秋在京寓编《沈氏家
谱》。十一月十二日得一女。因正在编撰《家谱》，遂名谱。在祖母给我看的
《沈氏家谱》上，沈钧儒条也有小注：女一谱小名又菊，民国六年丁巳九月
二十八日子时生。二伯伯《年谱》上讲的是公历，《沈氏家谱》上讲的是农
历，正好相互符合。家谱上，至 1917 年止，所有各世各代的姓名承传，都
是铅印的，而 1917 年之后，很多人名，包括我的父亲（1919 年生），都是用
毛笔补记上去的了。如此两相对照，可以推断，这本《沈氏家谱》确是二伯
伯亲手校撰的。而以二伯伯的学识人品和律师身份，此一家谱所录各项，均
当属实无疑。

祖母并且告诉我，嘉兴沈家代代遵循祖制，一辈单名，一辈双名，家谱上历历在目。我的曾祖三兄弟，名讳玮宝、璋宝、瑜宝。我的祖父一辈单名，二伯伯的父亲名讳翰，我的祖父名讳懿。我的父亲一代双名，儒字辈，二伯伯名讳钧儒，我的父亲名讳苏儒。我这一辈单名，言字辈，二伯伯的公子名谦、诚、议、谱，我生于南京，父亲命名为宁，祖母对父亲不遵家规非常不满，把我的名字填到家谱上去的时候，给宁字加个言字边，写成䛖，咸丰皇帝奕詝的詝字。祖母说，那个字还读宁。后来我翻《辞海》，这个詝字里的宁字边仍是繁体，可读音不是宁。到我的下一代，又是双名，人字辈，二伯伯的长孙名人镰，我的儿子生在美国落基山下，名为人峻。

有一年我远涉重洋，专程回国，重访故乡，去嘉兴沈家祖坟祭扫。在当地沈钧儒纪念馆张书记的协助下，七转八绕，找到地方。可是那里已经没有沈家的祖坟地，而成为了一片农田和树林。20世纪50年代农村搞合作化，这里的墓地被推平深翻，棺木移去不知何处。我再也寻找不到太祖、高祖、曾祖和祖父的墓地了。听母亲说，当年送祖父归葬嘉兴的时候，祖坟墓地进口立着一块石碑，上面"沈氏墓道"四字，是于右任先生手迹。那是因为沈家一个叔祖沈淇泉公（名讳卫）做陕西学台的时候，办起宏道大学堂，收于右任做了学生。叔祖1945年去世，于右任官至国民政府检察院院长，仍执弟子礼，出席下葬，并题字刻碑，以示敬意。那块石碑，早已随着沈家祖坟地的铲平而不知去向了。

不过农村合作化运动的时候，二伯伯是中央领导，所以嘉兴政府经过请示，决定原地保存沈家两座孤坟。也是因此，沈钧儒纪念馆才得以找到沈家祖坟地的所在。那年我看到那两块墓碑，一是二伯伯的父亲，碑上字迹残缺，仅依稀可辨。一是二伯伯的夫人，墓碑乃复制，较好认。伯母的墓碑原件，立于沈钧儒纪念馆内，为二伯伯亲笔。

依照《沈氏家谱》记载，二伯伯的父亲在苏州做知县的时候，二伯伯出生。二伯伯三岁在家里跟随母亲启蒙，读书识字，5岁入私塾，15岁从苏州回祖籍浙江嘉兴应试，中秀才，诗赋名列第一。我想，正是由于二伯伯幼承庭训，自小苦读经史子集，从而铸造出他一生温文尔雅，学富五车，深谙仁义礼智信的传统文人高贵品德。而二伯伯这些少年读书的故事，就像一座灯塔，指引着我们后辈遵照前行的人生道路。

二伯伯考中秀才之后，当时江苏吴县三品花翎中书张廷镶先生，十分喜爱二伯伯的才华，特聘他住家，教授张家子弟读书。1946 年 4 月 23 日，二伯伯在《我的生平》一文中，第一句话是"我的生平可从十六岁说起"，即指他考中秀才，得张廷骧先生西席之聘，足见此事于二伯伯人生有多么大的意义。

其之所以格外重要者，更在于二伯伯任教两年后，张廷骧先生爱之甚，乃将自己的女儿张象征女士许配给二伯伯，他们 1894 年结为夫妻，二伯伯是年 19 岁。其后数十年间，二伯伯为学业进步，或赶考，或出国，更为争取民族生存和社会民主，不辞辛劳，呼号奔走，夫人与之两相厮守，不弃不离，全力支持协助，直至燃尽生命的最后一点火焰。

婚后 10 年，二伯伯 28 岁，到北京应顺天府乡试，考中第十九名举人。次年，二伯伯 29 岁，考中甲辰科第五十一名贡士，殿试榜列二甲，进士及第，签分刑部贵州司主事，正六品顶戴花翎。再次年，二伯伯 30 岁，去日本东京私立法政大学深造。学成归国，二伯伯在上海做律师，名气很大，与鲁迅、宋庆龄成了朋友。此后，二伯伯积极参加国民革命，享誉天下。其中最著名的，是抗日战争中的"七君子"事件，举世皆知。我们从小就认得二伯伯坐监牢的照片，背后挂着一幅大字：还我河山。

我们也从小就听父亲讲二伯伯的一首诗《我是中国人》，父亲并且要我们背下来。实际上，在创作这首诗之前，二伯伯写过另外一首诗，叫做《我所爱之国》，曰："我欲入山兮虎豹多；我欲入海兮波浪深。呜呼嘻兮，我所爱之国兮，你到那里去了？我要去追寻。"之后又云："国之为物兮，听之无声，扪之无形；不属于一人之身兮，而系于万民之心。呜呼嘻兮！我所爱之国兮，求此心于何从兮，我泪淋浪其难禁。"

爱国新闻工作者戈公振先生逝世，二伯伯的好友邹韬奋先生著文悼念，二伯伯读到，一时悲愤难耐，口占五绝四首：

> 浙江古越国，勾践人中杰，尝胆卧则薪，我是浙江籍。
> 苏州有胥门，炯炯悬双睛，怒视敌人入，我是苏州生。
> 哀哉韬奋作，壮哉戈先生，死犹断续说，我是中国人。
> 我是中国人，我是中国人，我是中国人，我是中国人。

父亲说，二伯伯写下第三首末句"我是中国人"之后，泪如雨下，情不自禁，又连书四句"我是中国人"，诗罢掷笔，痛哭失声。父亲停住话，连连摇头叹息，道：要做个自尊的中国人，多么难哪。

1934 年 3 月，伯母突然间患了肺炎。当时青霉素还没有诞生，肺炎无法医治，伯母不几日便去世了。二伯伯非常悲痛，在为伯母书写墓碑的同时，也把自己的名字并列写上，表示生与夫人同生、死与夫人同死的心意。伯母去世之后近 30 年，直至 1963 年逝世，二伯伯始终独身一人，没有再娶，一直保持着对已故夫人的爱和追念。1950 年嘉兴农村平整沈家祖坟地时，二伯伯请求嘉兴政府，保存他父亲的墓地之外，同时保存伯母的墓地。我想，二伯伯是想自己逝后得与夫人合葬，永相厮守。可是因为二伯伯作为国家领导人，必须安葬在北京八宝山革命公墓，终于未能如愿。

伯母逝世之后，二伯伯时时思念，写过许多悼念夫人的诗词。其中一诗前言写道："一九三六年二月某日枕上。夫人既殁，我以影置其胸前，旋以遗影置我贴身衣袋中，睡则置枕上，今二年矣。"这首诗题名就是《影》，诗曰："君影我怀在，君身我影随。重泉虽暂隔，片夕未相离。俯仰同襟袍，形骸任弃遗。百年真哭笑，只许两心知。"

自伯母逝后，二伯伯衣服口袋里，贴着心口，永远存放着两张小照片，一是伯母的单人小照，一是两人的最后一张合影。

二伯伯的仁厚和亲情，不仅仅表现在他对夫人的爱，而且惠及社会和民众。1945 年二伯伯的三子议，我称叔羊三哥，在重庆结婚。二伯伯办婚礼，出席者众，一幅巨大的贺幛上，数百签名，足见二伯伯获得多少的爱戴和敬重。许多政要名流都到场，如褚辅成、于右任、董必武、周恩来、邓颖超、黄炎培、史良、陶行知、郭沫若、张申府、茅盾等，及一众沈家亲属，包括我的父亲。

"七七"事变之后，蒋介石汪精卫在庐山牯岭召开抗日战略会议，邀请全国知识界名人，会商救国大计。蒋梦麟、张伯苓、梅贻琦、胡适、傅斯年、罗文干、黄炎培、梁漱溟、晏阳初、张君劢等都应邀。还有中共代表周恩来、林祖涵、秦邦宪三位。二伯伯和我的外公陶希圣先生，也都应邀出席了会议。

牯岭会上，因为政见不合，二伯伯和我外公经常争执。一次散会，两人同桌吃饭。二伯伯说：庚子年八国联军时候，尊大人由北京到西安，我和他是莫逆之交。外公年岁比二伯伯小，恭恭敬敬回答：沈先生后来到开封赴北闱，寄居舍下。我叫您沈大叔，您教我八段锦。那时我只有三四岁，如今还记得。二伯伯说：以后希望你我客气点。外公说：世交是世交，辩论还是辩论，才是民主。二伯伯说：那又何必。这段对话，外公记在他的回忆录里，教后辈永远记得世交情谊。

重庆时期，我的外公被任命为委员长侍从室二处第五组组长，做了蒋介石的文胆，主持国民党文宣。而二伯伯主持民主同盟，支持中共，成为中国政治的重量级人物。两人立场仍旧不同，政见继续针锋相对。但是没有想到，二伯伯的堂弟和外公的女儿，在重庆中央大学英文系同班读书，坠入爱河，就是我的父母亲。

1945年夏天，父亲大学毕业，二伯伯介绍他到美国新闻处求职。当时美国新闻处英文部主任是金仲华先生，中文部主任是刘尊棋先生，都是中国文化名人，也都是二伯伯的朋友，他们录用了父亲。工作如意，薪水丰厚，父亲母亲郑重订婚，在酒楼里宴请双方家长。二伯伯代表男方家长，外公作为女方父母，双双出席，把酒言欢，世交联姻，格外亲密。他们还不仅只是私下里吃顿饭而已，第二天，即当年9月12日，在《中央日报》刊出订婚启事，陶希圣沈钧儒两个名字，并列一起。

抗战胜利之后，父亲回到上海，随即离开美国新闻处，进入上海《新闻报》，不久调任《新闻报》驻南京记者站，专访要闻。当时中共在南京设有一个代表处，名叫梅园。中共代表团的首席代表是周恩来先生，代表团新闻发言人则是二伯伯的女婿范长江先生。范先生称我的父亲为苏叔叔，经常不断地通过父亲的报道，向上海和全国民众宣传中共的主张。父亲给我讲过很多次，他如何接受范先生的约定，到哪个餐厅见面谈话，又如何被接入梅园去参观，甚至曾经面见周恩来先生，促膝谈话。

1949 年，外公跟随蒋介石，远走台湾。父亲则坚决留在上海，迎接中共。母亲表示决意与父亲厮守，生死不移，没有随外公一家去香港和台湾。解放军进入上海后，封闭《新闻报》，遣返人员。父亲写信请求二伯伯帮忙介绍工作。

中华人民共和国成立之初，二伯伯受任为最高人民法院院长。经过二伯伯的举荐，父亲被接到设于上海长治路 288 号的华东新闻学院进修。刚解放的时候，中共在各地建立了很多这样的学校，有的叫大学或学院，有的叫党校，用来审查甄别和改造旧人员，同时对旧人员进行共产主义教育。父亲和我的叔父，那时都在华东新闻学院改造和学习，一起度过两年时光。结业之后，叔父被分配到新华社陕西分社，带着全家离开上海，搬到西安定居。可是父亲一直没有被分配工作，便找熟人董寅初先生求职，到董先生的私营建源公司做总经理英文秘书。

父亲一边在建源公司工作，一边继续给二伯伯写信，请求进一步帮助，加

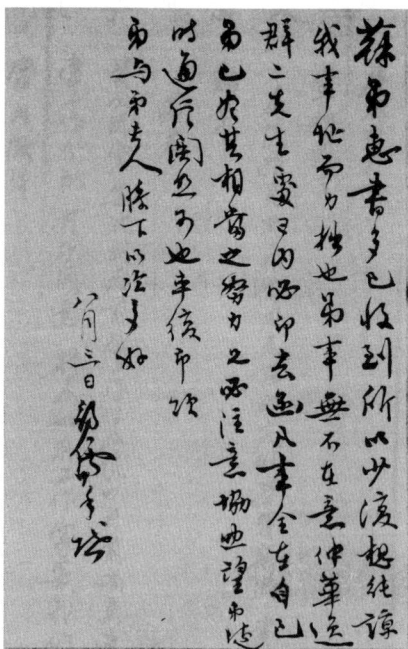

二伯伯给作者父亲手书

入革命队伍。我手上保存着二伯伯两封
亲笔信的拷贝，一封是二伯伯写给我父
亲的，告诉父亲，他已去信上海，向金
仲华和恽逸群二位先生推荐。当时金仲
华先生是上海市副市长，恽逸群是中共
上海市委宣传部部长。同时二伯伯又鼓
励父亲说，凡事全靠自己努力，为兄的
必会注意协助。

不久，父亲接到恽逸群来信约见，
并随即被分配到金仲华先生主持的《上
海新闻》报社工作。我也保存着当时恽
逸群先生写给父亲的通知，呼应了二伯
伯的介绍信。

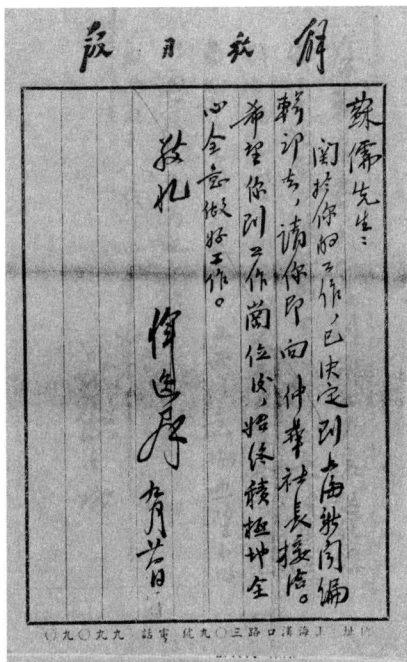

恽逸群给作者父亲的信

这家《上海新闻》是英文报纸，设在爱多亚路原来的外商报纸《字林西
报》(North China Morning News) 旧址。能够到《上海新闻》工作，父亲非
常高兴，把自己的汽车也捐给了报馆。父亲对我讲过好几次，恽逸群先生是
老干部，地下党，多么多么和蔼可亲，对他如何如何尊重。

几年之后，北京政府为了开展国际宣传，决定成立外文出版社，下令将
《上海新闻》全部人马，包括编辑部和印刷厂，尽数搬到北京。我们全家迁
到北京之后，头一个去拜见并道谢的，就是二伯伯。

我保存的二伯伯另一封亲笔信，是写给当时上海民主妇联负责人韩学章
的。母亲当时在上海找工作，需要一份政治担保，便请求二伯伯帮忙。当时
我的外公已被中共中央宣布为国民党四十三名大战犯之一，给战犯的女儿作
书面政治保证，显然担着很大的风险。二伯伯接到母亲的信，正值出国访问
欧洲的前一天，他完全可以放下此事，观望观望，等回国之后再说。但是二
伯伯亲情当先，急人之所急，生怕耽误了母亲求职的机会，连夜落笔，为母
亲做出政治保证。

学章先生

沈钧儒致韩学章信

因为二伯伯的这个担保，母亲获得上海市总工会的聘约，任教于工会学校。后又接受任务，担任总校长，建起若干所工会学校，深受上海工人的爱戴和尊敬，曾得到工人学员们赠送的一面锦旗。母亲工作了两年，才携带全家老小，搬去北京，与父亲团聚。又因这些年在上海的工作经历，母亲到北京后，很快在中华全国总工会国际部找到了新工作。母亲跟我说过，像她那样战犯家庭出身的人，能在中共机构得到一份稳定工作，每天能把饭菜摆到桌上，让全家人吃饱，全是靠了二伯伯的这份政治保证啊。

二伯伯一生，为我国的民主和法制建设作出了很大贡献。他任过中国民主同盟的主席、中华人民共和国最高人民法院院长、全国人大常委会副委员长，被周恩来总理誉为中国民主党派左派的旗帜。但是对我家人而言，二伯

沈钧儒副委员长灵堂

沈钧儒追悼会出殡现场

伯永远只是和蔼可亲的二伯伯，他几十年来施于我父亲母亲和全家老少的种种恩情，我们是代代永记在心，时刻不敢忘记的。

1963 年 6 月 11 日，二伯伯与世长辞，享年八十有八。二伯伯的追悼会，在北京中山公园举行。父亲母亲一早就带着我们去了，十岁上下的亲属孩子，分了几组，轮换站在棺木前守灵。记得我值了两班，公祭时间就到了。朱德、董必武、周恩来、陈毅、贺龙、彭真等大批中央首长出席，我头一次同时见到那么多国家领导人，很觉吃惊。然后出殡，亲属们跟随二伯伯的灵柩，低着头，慢慢走。当时新华社拍的照片，我保存至今，里面能够清楚地看见父亲母亲，以及我们一班孩子，垂头而行。

（沈宁，沈钧儒堂侄）

水泥大王姚锡舟

姚 升

姚锡舟

水泥大王——姚氏家族的创业发迹史，要从我的祖父姚锡舟说起。

姚锡舟（1875—1944）

我的祖父姚锡舟出生于上海南姚（今西康路）的一个贫苦家庭，少时无钱求学。13 岁时，父亲死亡之后，他提着分得的全部家产——三捆花秸柴和半竹罐食油，离开故居，只身去社会闯荡。凭着天资聪慧，他在租界的网球场所为外国人拾球，学会了"洋泾浜"英语；每天晚上从龙华集市上批进桃子，整理干净后，翌日清早肩挑步行到虹口三角地去卖，练就了一身筋骨；他还曾当过马路小工，在建筑工地干过苦力。由于他勤奋好学，逐渐得到杨斯盛等建筑前辈的赏识，被提升为工地领班，不久又提携为包工。在这过程中祖父悉心钻研营造技艺，趁着上海建筑业应运崛起之际，自立门户，于 1900 年在闸北的恒丰路创建了姚新记营造厂。

1906 年，在业内崭露头角的姚新记以"借水拔桩"的传奇手笔，一举赢得了外白渡桥的承建工程。开启了华人承包租界重大工程的先河，引起哗然。从此祖父的声名鹊起，成了业内的领军人物。

1921 年，为了改变建筑工业重要原料水泥长期依赖进口、仰人鼻息的局面，祖父奋力游说上海、无锡等地的金融家和实业家吴麟书、陈光甫、荣宗敬、朱吟江、胡耀庭、聂云台、萨桐荪、顾兰州、张继光等人集资白银五十万两筹组中国水泥公司，自行生产泰山牌水泥。

抗日战争时期，日军入侵占领了水泥厂，并开出极其优惠的条款，想和祖父合作生产。祖父对之虚与委蛇，连夜出走香港，宁愿不赚钱也坚决不为日军效劳，不与侵略者合作。

"八一三"淞沪抗战时，为了救治抗日战士中的伤病员，他出资在四川南路的天主堂内设立了临时伤兵医院。为了拯救苦难同胞，他义不容辞地捐款建立了难民收容所。

非常可惜的是被誉为中国"水泥大王"，对中国民族工业作出不可磨灭贡献的爱国民族资本家姚锡舟，终究未能等到抗战胜利的那一天。他于 1944 年 8 月 20 日与世长辞，享年 70 岁。

姚新记营造厂与外白渡桥

20 世纪初，上海英租界当局决定把位于苏州河、黄浦江交叉口，横跨在苏州河上的外白渡桥营造成新型的钢架肇引横桥，以适应苏州河南北交通日趋繁忙的需要。这在当时是一项大工程。

当年，在租界中要进行比较大规模的建筑工程，都必须经过洋商设计，租界工务当局外籍高级官员的审批，最后由外籍营造商承包。华人开发的营造厂，有天大的本事，也没有染指的资格。于是，翻造一座新型结构的外白

早期木结构的外白渡桥（Wills Bridge）

渡桥，照例被洋商包办去了。

　　一开始建桥工程根据施工方案按部就班地进行着，在河岸边造桥墩的周围打下了木桩。接着架起铁壳子，排除被围起来的泥、水。随后，动手浇灌钢筋混凝土桥墩。不几天，洋商营造厂和工务局的外籍高级职员看到桥墩已经筑好，一个个满面春风，得意非凡。但是，他们做梦也没想到，一个始料不及的麻烦问题随之而生了：他们没有拔桩的大型设备。而如果不拔掉这些为建桥打进河底的木桩，建桥工程难以进行下去。主管造桥工程的外籍高级职员、外国营造商，天天围在河边工地上发愁，感叹着真是"打桩容易，拔桩难啊！"木桩不拔掉，钢架就安不上，桥面就铺不成；拖延竣工日期，还得赔钱。最后，他们不得不破例把拔桩工程登报公开招标。

　　公开招标，就是说这项工程要请教华商营造商了。这在上海营造史上是破天荒第一遭，轰动了全上海的华商营造商。但许多营造商看了建桥场地后，望桩兴叹。也有些营造厂老总看了场地，心中若有所悟，准备投标一试，反正"八仙过海，各显神通"，看谁家的本事大。

　　别看我祖父文化程度不高，头脑可着实灵活。他到建桥工地一看，已经胸有成竹。投标前，他计算好拔桩需要的力量，又花了几天工夫亲自到苏州河口去观察潮水涨落的情形。不久，提出了一套成本小、收效快的办法。开

建造中的外白渡桥

建成后的外白渡桥（Garden Bridge）

标时，姚新记营造厂一举得标。

起桩那天，姚新记营造厂既不动用大批人工，也没有架什么机器设备，工地上丝毫没有大动干戈的迹象。只见祖父和厂里几个工人趁苏州河落潮的时候，架着好几只有相当吨位的民用木制空船，把露在水面上的主要木桩统统扎在空船上，就完事了，然后等着苏州河涨潮。当潮水涨时，空船随着河水逐潮升高，只见木桩也慢慢从河底一点一点上升。定点先拔的那些木桩拔出之后，河底基础松动，其余木桩的抢拔，就自然不在话下了。

原来租界工务当局洋人无法在短期时间解决的问题，没有几天工夫被姚新记营造厂的工程队轻而易举地解决了。

这项工程的成功，使英租界的工务主管部门看到了姚新记营造厂的实力，他们索性破格到底，把桥面和配装钢架的工程一并交给姚新记营造厂承包了。从此，"姚新记"的名字不胫而走，在上海承造了中央造币厂、中孚银行、怡和纱厂、法国总会等大建筑。在青岛、汉口等地也陆续建造了许多著名工程，还参与了中山陵的主要工程——陵墓和祭堂的营建。

中山陵的建造

1925 年 3 月 12 日，我国民主革命的先驱孙中山先生逝世，灵柩暂厝于北京的香山碧云寺。国民政府遵循总理生前遗愿"吾死之后，可葬于紫金山麓。因南京为临时政府所在地，所以不忘辛亥革命也"，决定在南京东郊的钟山风景区筹建国父陵寝。

中山陵建筑工程极为浩繁，费资额巨，工程分三期进行。第一期工程，包括陵墓、祭堂、平台、石阶、围墙和石坡等，由全国著名营造公司——上海姚新记营造厂以造价银圆 443000 两低价中标，夺得承建任务，聘请吕彦直为总建筑师，刘梦锡任总监工。中山陵建筑工程自 1926 年 1 月 15 日开工挖山填土，是年 3 月 12 日孙中山先生逝世一周年之际举行奠基典礼，正式动工兴建。

中山陵工程建造精良，用料考究（其中规定水泥必须使用泰山牌水泥和启新水泥厂生产马牌水泥）。当时中山门外只有一条从南京通往汤山的土路。姚锡舟事必躬亲，亲自带领二三十人，白天勘察路线，晚上栖身于紫霞洞西边的寺庙里。披荆斩棘十余日，才将孝陵西面的一条小路填平加宽。姚新记自备的四辆卡车把各地的材料、工具运达山下，再由工人扛着上山。大石料及柱基则需在山坡上铺好铁轨，用绞关拉上山去，艰苦程度可想而知。当时南京尚为军阀孙传芳部队所盘踞，时局不稳，频繁火并，交通经常中断，中

中山陵建造中

山陵工程因战争影响，几度停工复工。由于经费、物资损失巨大。直到1929年三四月间，两期工程终于同时告竣，6月1日举行大典。

祖父做事一向认真严谨。中山陵工程承包要价虽低，但他对施工质量丝毫也不降低。在高处定位的设计方案中，所有建筑材料都需用人力搬运上山，建陵期间受到地痞流氓的敲诈勒索。在如此困难的条件下他依然坚持严格的质量要求，因而从1926年3月奠基到1929年主体工程竣工为止，他非但没能挣得一分一厘，反倒赔掉了十四万两银子。原来准备在中山陵建成后树立由章太炎撰写的墓志铭《祭孙公文》，为设计者吕彦直塑像，为建造者姚锡舟立碑。但是，由于章太炎曾经斥责蒋介石的革命不是真革命，开罪过蒋氏，蒋介石以中山陵建筑总监和党国代表的身份拒绝使用章氏所写的墓志铭。墓志铭没了，吕彦直的塑像和我祖父的碑文当然也就没了。

国民政府丧事委员会的林森曾对我祖父说："先生这次为修总理陵寝出了力、亏了本，国民政府是知道的……"并且表示"今后姚氏企业若遇经济困难，可获政府的低息贷款或入股"。但不屑官商合流的祖父和他的挚友荣宗敬（荣毅仁的伯父）却未领情，在董事会上力排众议，终获多数通过，拒不接受官方的资助。他说："生意人赚钱蚀本是平常事，何况这项工程是千秋大业，做好了，不但要留给子孙看，还要留给全世界的人看。蚀本不要紧，面子可蚀不起呢！"除了面子，他还有"蚀不起"的，那就是信誉。

如今，建造在海拔158米的山坡上巍峨壮观的中山陵，以其朴实典雅的设计风格，体现了中华民族的精神

中山陵

和陵墓主人的气概。其气势之宏伟，建造之精良，容中西建筑于一体风格，素为中外人士盛赞。在我国近代史上写下了光辉的一页。

每当我翻阅自己收集的中山陵图片，就如同看见了我的祖父认真指挥着施工的身影。

姚锡舟、荣宗敬和中国水泥厂

水泥生产是一桩耗资大、周转慢的买卖，一般商贾不肯问津。清朝末年，北方唐山有了一家生产水泥的工厂——启新洋灰厂，这开了国产水泥的先声。上海姚新记营造厂的业主，为什么也热衷于开设水泥厂呢？

第一次世界大战结束时，姚新记正在承包吴淞大中华纱厂厂房建筑工程。那时，建筑用的水泥，国内只有启新独家供应，面对营造业的不断发展，水泥需要量大增，启新的洋灰逐渐供不应求。我祖父不善结友应酬，所定启新洋灰，到货时断时续，工程有停工待料之虑。祖父有点着急起来，万一水泥真的断档，不能如期完工，许多棘手事情，就会相继发生，为了不致在工程上陷于被动，乃不计价格，向香港青州水泥厂买到一批水泥，火速装船运到上海，解了燃眉之急。

祖父对此感触至深，凭他多年从事营造业的经验和眼光，估计今后定有许多大批建筑陆续兴建，水泥需要量必将大增，国内水泥缺货，长此仰人鼻息，终究不是上策。他决意为发展营造业而先发展水泥生产，于1920年初创办了中国水泥股份有限公司，姚家是公司70%的大股东。

这里说一下荣宗敬投资中国水泥厂的经过：1920年，中国水泥厂开工。但因产量不大，成本高昂，以至泰山牌水泥在市场毫无竞争能力。祖父想，如果这一关不闯过，休想站住脚跟。所以，决定扩建厂房，增添设备，降低成本，改善经营方式，增加竞争能力。荣宗敬得知后，表示愿意资助中国水泥厂买下无锡太湖水泥厂进口的两套设备。

中国水泥厂（1928 年）

荣宗敬和我祖父本来只是几面之交，但自从这笔生意由荣氏介绍成功之后，他们两人就成为莫逆。荣宗敬曾对我祖父表露：水泥工业是他看中的行业，因他办的企业已多，没有力量再去办水泥厂了。荣氏为了赞助这个行业的发展，他以个人名义向中国水泥厂投资 20 万两银子。荣氏常言："只有别人投资于他，他不投资于人。"所以，在荣氏创业史上，这笔对申新系统之外的投资，是绝无仅有的。

荣宗敬投资于中国水泥股份有限公司，并继吴麟书之后任该公司的第二任董事长，而我祖父姚锡舟一直是大股东并兼任总经理。因当时公司的董事长并不是真正的公司大股东，请社会名流担任董事长其实就是摆门面而已，而总经理才是公司的大股东，所以我祖父姚锡舟过世后，由我大伯父姚乃炽（即姚有德）接任总经理，史乃修任经理，我父亲姚清德任协理。直到公私合营，我们姚家仍然占公司 60%—70% 的股份。

当时中国有四大水泥厂。上面提到的启新洋灰公司，它的前身是唐山细棉土厂，该厂建于 1889 年。1907 年改名为启新洋灰公司，是官僚资本。资金初期借用淮军银钱所及天津官银号的官款银，后来启新主要投资人是周学熙（清两江总督周馥之子、直隶总督袁世凯手下的官僚）、袁世凯（袁死后则分给十几个子女）、李善人（天津大盐商李春城的长孙）、卢木斋（历任当地知县）、李士鉴（二品衔，山东补用道）、陈一甫（三品顶戴，江苏候补道，农工商部议员）和3000多名中小股东。

华商上海水泥厂是在1922年9月由朱葆三、刘鸿生、韩云根、刘吉生等23人创办的。

台湾水泥厂是在1945年6月台湾成立，是有官方支持的一家水泥厂。

当时四家中国水泥厂的生产规模如下：

启新水泥占国内主要水泥总产销量的比重（单位：吨）

公司名称	1919年				1932—1935年每年平均数				1947年			
	产量		销量		产量		销量		产量		销量	
	数额	%	数额	%	数额	%	数额	%	数额	%	数额	%
启新洋灰公司	106478.225	100	109133.880	100	246966.667	43.73	239566.667	43.56	159681.200	21.32	132893.000	21.30
华商水泥公司					75727.168	13.41	75121.522	13.66	23926.650	3.19	18924.050	3.03
中国水泥公司					117062.333	20.73	113600.833	20.66	113583.116	15.16	81870.011	13.12
台湾水泥公司									192535.339	25.70	184609.023	29.59
总计	106478.225	100	109133.880	100	564756.168	—	549955.689	—	749109.744	—	623866.414	—

资料来源：《启新洋灰公司史料》，第158页。

不难看出，中国最大的民营水泥公司是中国水泥厂。

从另一个例子也可看到，当时官办的启新洋灰公司与中国水泥厂联营，在中国水泥市场上二巨头占据着垄断地位。中山陵建筑完成后，祖父退出了营造界，专心致志于发展水泥工业。面对日货水泥倾销，如何抵制外货，发展民族工业？我祖父姚锡舟的中国水泥联合启新洋灰和江南水泥（由前启新洋灰公司成员组成）厂实行三方联营，三厂共同认定价格和划区销售。下图是当时三厂代表达成协议后在姚锡舟家的花园里留影：

右一荣宗敬、右二姚锡舟（中国代表）、右三不详、右四袁世凯六子袁心武（启新代表）、右五不详、右六陈范有（江南代表）、右七姚锡舟女婿黄旭东（在姚锡舟住处花园里合影）

我祖父重视对设备的更新并积极扩大生产，到 1936 年水泥年产量达 11 余万吨。当时报纸称："本埠所用水泥一律华商，日货被挤，毫无地位。抵货声中，建筑界有此热血团结，很是自豪。"

1927 年，中国水泥厂经过多方筹措，生产有了极大起色，一批批泰山牌水泥，源源不断地销往南洋和香港。我祖父非常高兴，他多年的愿望终于实现了。

这里还要说个插曲，1937 年徐美峰因在上海交易所失败，由其父（我祖父的好友）介绍进中国水泥公司龙潭工厂，后任中国水泥公司南京发行所主任（作为资方代理人，他在中国水泥公司的股份甚少）。抗战胜利后，他利用中国水泥公司南京发行所的职位，以公司名义捐款给蒋介石，建造"美龄宫"。蒋介石则赠巨幅画像并题词"美峰仁兄留念 蒋中正赠"表示感谢，该像曾长时期挂在中国水泥公司发行所大楼的正中央。此后，他同南京中央政府交往更为频繁。徐美峰在这段时期开始用上别克（Buick）新汽车，在高安路 1 弄内的空地上造了洋房，然后从泰兴路张家花园的出租房迁到高安路的洋房。直到 1954 年，中国水泥公司公私合营，徐才提升为公司经理。

姚家花园

由于伯父的私邸——"怪楼"和姚家花园紧相毗邻，因此现今的人，包括有些学者，总是把两者混为一谈。其实，"姚家怪楼"是在姚家花园落成几年之后才开始购地筹建的。而姚家花园是为我祖父姚锡舟建墓所造。

祖父长逝于抗战胜利前夕。这位爱国民族资本家突患阑尾炎，手术后因药物匮乏而发展成腹膜炎并发，撒手人寰，溘然离世！呜呼，一代功臣如划破长夜的流星稍纵即逝。他在生前曾经关照过子女："等我死后，别把我葬到公墓里去。"

抗战胜利后，继承他所创建的中国水泥公司、大通纺织公司和华伦造纸厂的后辈们为实现他的遗愿决定为他建造一座独立的陵园。于是八个儿子每人拿出一年的利息，在西郊的淮阴路（后被并入西郊宾馆，不复存在）买下了约五十亩地，其中一半是棉花地（淮阴路 88 号），一半是德国人的私家花园（淮阴路 168 号）。

买下地后，按照风水先生的指示，在棉花地那边给墓穴定位，然后把两块地的分界处那条小河挖深加长，挖上来的泥土垒成山丘筑起陵寝。原来德国人的那座老花园保持不动，棉花地那边专门请了一位外国专家设计，建

姚家花园一角

造了和老花园风格基本一致的新花园，种上雪松、龙柏等珍贵树木和各色花卉。

如今，每当我回忆起老花园里那棵在暖风熏拂时会透出阵阵沁人心脾清香的、浓密的枝叶覆盖游泳池上空的我最喜欢的樟树；那片新花园里我们嬉耍游玩的连绵起伏的草坪；那些我们捉迷藏时的天然屏障，坟茔山坡上错落有致的灌木丛；还有那条河，那坐在船上用船桨拨开白瓣黄芯的水浮莲、穿过木桥在河面上缓缓地划行的感觉，和祖父的坟山边上那一片栽种了草莓、蚕豆等农作物的田野（我父亲后来买的地），仍会情不自禁地陶醉在田园诗画的意境里……

20世纪50年代开始，姚家人很少再有机会赶那么远的路到虹桥去玩。眼看偌大一个花园，养着那么多的园丁，却形同虚设，缺少管理，把资源白白地浪费了。50年代末，我父亲提议把它无偿上交给国家。在征得叔伯们同意后，他通过市园林管理局正式向政府提出申请并获准接受，政府曾征求我们的意见：是否要保存坟穴。父亲经考虑后认为：既然已经上交了，何必再孤零零地留下个坟台，今后上坟也不方便，还是不留为好。于是，便决定把祖父的灵柩迁往万国公墓，那时万国公墓已实行了"一人一穴"制。因为我们上交家产而导致的坟穴迁徙被看成是一个特例，由当时的上海市长柯庆施亲批，拨给了十几个穴位，市政府还表示：所有的迁坟费用可由政府承担，但我们没要，自己花了13000多元买下墓地，然后再重筑坟台。

父辈们顺应潮流做出那样的决定，在感情上肯定有过激烈的矛盾和冲突，但是面对现实，就连祖母都没吭过一声，谁也没有提出异议。

"人间正道是沧桑"，不变是相对的，变才是绝对的，祖父的坟冢变了，姚家花园的容貌变了，一切都在随着时代而变。而令姚家后人欣慰的是，姚家的那座"怪楼"至今还在西郊宾馆保留着，被编为四号楼，称"紫竹楼"。

上海西郊"怪楼"

很多人都知道，在 1960 年建成开业的虹桥路 1921 号西郊宾馆内有一座楼被称作"怪楼"。也有人知道它原来的主人姓姚，因此说它是建在"姚家花园"里的豪宅。然而，这座楼的真实历史也许很少有人知道。

伯父姚乃炽（即姚有德）是我祖父最疼爱的长子，他在家族企业中国水泥公司挂了个总经理的头衔。但他是个享乐主义者，对公司日常经营事务不太关心，除了在某些重大决策上提出个人的建议外，他把大部分事物都交给我父亲去打理。伯父胸怀很开阔，从不在背后搞小动作，对我父亲——他的同父胞弟姚清德尤其信任，兄弟俩坦荡无间地长期合作。"怪楼"是我的伯父亲自督造的一所私人住宅。

1946 年，我伯父在淮阴路 200 号买了十亩土地建别墅（与姚家花园的北面连成一片）。由多年的世交汪敏信工程师、汪敏庸结构师合组的协泰建造师事务所参照了伯父从外国带来的杂志照片，并融入伯父本人的审美理念，设计承建了这栋别具一格的豪华宅第。

这是一座错位结构的建筑，空间采用不同层高，凸显它的现代风味。那

"怪楼"

间配有红木家具，挂有红木宫灯的餐厅设在半地下室的底层。和它处在同
一层面上的是顶端的玻璃天棚可以滑动启动的休闲室，内置小桥水池，池中
养了金鱼水草，水底有灯光射出。休闲室摆着几只藤椅。它的墙面是用涂过
清漆的大石块垒成的，墙上面爬满了龟背竹。通往二楼的扶梯则用毛竹做护
栏，在半腰的平台上，同样用毛竹搭起了一座亭榭式的小酒吧，由美国运来
的茅草覆顶，富有农舍情调。二楼共有大小四个起居室。在室外便是游泳池
的那间里，吊顶中部用白色木片构成的方格栏垫底。

1953 年初，我随父亲和伯父去北京（向建材工业部申请中国水泥公司公
私合营），他在东安市场看到蜡制的工艺品绿葡萄，激起灵感，立马订购了
好几百串运回上海挂在那方格栏上，平添了不少生趣。室外的游泳池顺着地
形起伏，下水口处垒有巨型石块，紫薇树依石而栽，花枝直伸池内。盛夏季
节，人在湛蓝的水中荡漾，玫红的花朵在水面上空盛开，如同置身于大自然
的怀抱。泳池边的外墙是用又长又粗的棕褐色木条和漆成白色的木板间隔着
装饰起来的，非常醒目。建房时，我曾经在大花园里看到工人们架起火堆，
把木材翻转着熏烤。父亲告诉我：那样做的目的是，一来可烧死木材内的小
虫，防止木材被蛀；二来按照伯父的设想，把木条烧成焦褐色，比人工上色
更显得自然。当时运输条件较差，在他花园里种的大树都是由工人们置于圆
铁棍上一路滚推到工地上去的。总之，他强调的设计理念是营造人和自然的
和谐统一，因此"怪屋"被外界誉之为"卓而不凡"。

伯父的妻子郎妮莎（Neesa Long）是个混血儿，她的父亲郎德山是山
东人，马戏班的班主。母亲奥地利人，是一位艺高貌美的绝色女子。伯母
也很尊崇我父亲的为人，跟我们的来往相当频繁。她平时讲的是英语，所
以和他家交往最为密切都是住在上海的外国朋友。伯母和宋庆龄是甚好
的朋友，每星期总会一到两次遣人去宋庆龄府上送自家花园里采摘的玫
瑰花。

20 世纪 50 年代中期，伯父全家去了香港。为了争取公司被冻结的款项

解冻，他绕道台湾去了美国。在台湾机场上，记者把他团团围住频频发问，从不关心政治的他一时无所适从，不知说什么好。这个经历使他备遭非难，职务被撤销了，只能漂流在外。直到"文革"结束之后，他才得到了适当的补偿。但晚年的他还是决定叶落归根，80年代末在上海谢世。

水泥大王姚锡舟年谱

1875年（清光绪元年）9月13日，生于上海南姚。

1887年，与其兄琴舟、赢舟分居。独自外出谋生。

1893年，因勤奋好学，得上海营造商前辈杨斯盛赏识提携。

1900年，在上海闸北恒丰路创办姚新记营造厂。

1904年，在松江辰山创办新记轧石厂。

1905年，上海电话大厦招标，姚锡舟奋然应命。当时，钢筋混凝土的施工技术刚刚传入上海，姚锡舟不畏艰难，潜心研究，妥善安排铁匠结扎钢筋，由石匠浇捣混凝土，凝固后再用斧头敲凿表面而酷似花岗岩。

通过周详的计划和对新技术的科学应用，严格按照设计图纸施工，巍峨大厦如期落成，令中外人士竞相瞩目，开创上海建筑营造业之先端，姚新记声誉渐著。

1906年，在业内崭露头角的姚新记以"借水拔桩"的传奇手笔，一举赢得了英租界工

上海电话大厦

中央造币厂

部局负责外白渡桥公开招标的承建工程，从此开启了华人承包租界重大工程的先河，再次引起哗然，从此声名大振。

1908年至1910年左右，姚锡舟和马勒、德利合伙开办了上海早期的中外合资建筑企业——协泰洋行。这是一家集设计、施工于一体的新兴企业。它和姚新记营造厂同时进军建筑行业，一连承建了上海的中央造币厂、中孚银行大厦、怡和纱厂、恒丰路桥，以及南京的和记洋行大厦、粤汉铁路的全线建筑工程。

1919年，与好友聂云台、胡耀廷及崇明士绅杜少如、施丹甫等集资64万银圆，在崇明堡镇大通河南岸购地100亩，创办大通纺织股份有限公司，被推举为董事兼经理。翌年开工生产，共拥有10800枚纱锭。产品以14支纱为主，也生产10支、12支、16支、20支纱，牌名为大飞艇牌棉纱，正式商标为飞艇。年产量达万余件，畅销上海及国内各大市场。

1921年，第一次世界大战刚结束，大战爆发致使欧美各国忙于应战，大量减少了水泥的输出，我国建筑业的水泥原料缺口变得更大。为了改变建筑工业重要原料水泥长期依赖进口、仰人鼻息的被动局面，祖父奋力呼吁上

法国总会（今上海锦江俱乐部）

海、无锡等地的金融界和实业家吴麟书、陈光甫、荣宗敬、朱吟江、胡耀庭、聂云台、萨桐荪、顾兰州、张继光等人集资白银五十万两，筹建中国水泥公司龙潭工厂。9月3日，在上海南京路余兴里通惠居（营造业集会场所）召开公司成立大会，祖父被推举为董事兼总经理。同年12月22日，经国民政府农商部批准，注册营业。

1922年，在上海吴淞蕴藻浜承建的大中华纱厂历时三年竣工，成为当时华商第一流纱厂。

1923年4月16日，中国水泥厂正式开工生产，日产水泥85吨，翌年7月16日使用泰山牌商标应市。

1925年，承建法国总会（今上海锦江俱乐部）竣工。法国总会的设计属于典型的法式建筑风格，它的布局、装饰不仅富丽堂皇，而且精微细巧。椭圆形的舞池采用弹簧地板，工艺复杂，在上海的建筑史上堪称首举。姚新记的优良作业足令海内外倾倒，赞不绝口。

1926年，姚新记营造厂最后承包的，也是最为艰巨、最令世瞩目的一项工程就是南京的中山陵主体工程。为了发展中国水泥厂，毅然以工厂的全部资产向上海银行界抵押，换取资金百万，经荣宗敬、荣德生兄弟帮助购得太湖水泥厂全部设备。荣宗敬以个人名义投资20万两银，并继吴麟书后出任第二届董事长。荣姚两家自此成为莫逆之交。

1927年，在北伐战争中军阀孙传芳部队毁坏了部分厂房和机器，机房也亦被付之一炬，数月才得以修复。中山陵因战争几度停工。

1929 年，中山陵交付使用，得社会各界赞誉。

1934 年，中国水泥厂再度扩股增资，向德国购买旋窑、磨机。至此四台旋窑日产量可达 715 吨，泰山牌水泥获得国内外好评。

1935 年，专心致力于发展我国水泥工业，是年夏偕子清德等去日本考察水泥工业，回国后日本三井财团代表访姚，谋求与之"合作"遭拒绝。同年送其子根德（乃煌）去德国攻读化学，以便日后回国发展水泥工业。

1936 年，与范旭东、陈光甫等于沪太路创建永新麻织厂，部署将竣，不意翌年"八一三"事变中毁于兵燹。同年为抵制外货、协调产销，提高民族工业的竞争能力，中国、启新、江南三家水泥厂实行联营，上海设总管理处，南京设分理处。

1937 年，"八一三"事变中，年逾六旬的姚锡舟出于爱国热情，毫不吝惜自己白手起家积累起来的钱财，毅然捐款，在今四川南路市六中学校址设立临时伤兵医院支持抗战，还办起了难民收容所，以拯救苦难同胞为己任。同年送其子怀德（乃康）去美国攻读机械专业（1945 年获学士学位，归国后任中国水泥厂厂长、工程师）。同年龙潭沦陷，日军以军管名义强行将工厂交日商盘城水泥株式会社经营，又以"中日经济提携"为名胁迫与之合营，遭拒绝。

1938 年，为躲避日军之诱逼去香港，半年后回上海隐居；送其子福德（乃寿）和润德分别去英国（后转美国）和德国（后转瑞士）攻读纺织和电机专业。1945 年润德学成回国，任中国水泥公司龙潭工厂厂长。

1939 年，患风痹之疾数月，愈后步履艰难。

1940 年，投巨资令其子有德、清德与胡国梁等合资创办华伦造纸厂，制造国产牛皮纸，期望自用之余还能外销。成效大著，加入纸业界，改厂名为华伦造纸股份有限公司，出品金轮牌纸张，风行沪市（1947 年 6 月并入中国水泥厂，为造纸部）。

1942 年 8 月，日军管理工厂委员会声称出于军事需要，龙潭工厂应归盘城水泥株式会社，改为南京工厂。

1944 年 8 月 17 日夜，患急性阑尾炎；翌晨入上海协和医院治疗；20 日并发腹膜炎，抢救无效，于当日下午 6 时溘然长逝，终年 70 岁。

（姚升，姚锡舟之孙，现居美国）

我的曾外祖父周宗良

陈 达

我妈妈的名字"广仁"是她祖父周宗良给起的。在我的记忆里，她无数次提起过这件事。后来，当我妈妈出名了，很多人在写她的文章时都会特意提到"广仁"这两个字——即广大之仁德，这就是我妈妈一生的写照。我妈妈的祖父也就是我的曾外祖父去世时我才两岁多，当时没有什么印象，真正开始了解曾外祖父的事迹，那是二十年后的事了。1978 年，我外公周孝高去世，为了遗产继承的相关事宜，外公的律师从杭州往返北

周宗良（1875—1957）

京多次，这时，才使我进一步了解了我曾外祖父周宗良的传奇人生。

人的一生中，总会遇到属于自己的重大机遇。对我妈妈来说，她的人生机遇应该是发生在 1950 年，那时她刚刚 21 岁，正满怀期待地准备去法国留学。这时，贺绿汀①先生劝她说："现在是新中国，留下来吧，我们需要你！"在了解她想继续深造的想法后又说："放心，国家到时会培养你！"我妈妈的心似乎被什么东西点燃了，她毅然决然地选择了留在国内继续工作，从而成就了她在中国的钢琴事业。回忆我自己所走过的路，我的人生转折点是发生在 1987 年去日本留学时，在铃木才能教育学院遇到了我的恩师片冈先生。那么曾外祖父周宗良的人生机遇，绝对就是遇到了谦信洋行的创始人约翰·格罗门先生。

曾外祖父周宗良出生于 1875 年，祖籍是徽州歙县昌溪周邦头。他自幼

---

① 贺绿汀（1903—1999），当代著名音乐家，教育家。曾任上海音乐学院院长。

天资聪慧，禀赋过人。曾外祖父的父亲在宁波开了一家规模不大的漆店，同时还在一所基督教会任职。因为父亲的关系，曾外祖父自幼接触教会，潜移默化中受到一些西方文化的熏陶。他早年上过私塾，后就读于宁波基督教会所办的斐迪中学。毕业后先是进入宁波海关工作。当时的海关是进出口贸易的衙门，在海关的工作经历让他明白了什么是资本主义商品经济、对外贸易等。同时，他充分意识到英语的重要性，于是就利用闲暇时间跟海关税务司司长夫人学习英语，并积极创造机会与外籍职员交谈，他的目的很明确，就是要练习英语口语。等到曾外祖父离开海关进入颜料行业时，他的英语被公认是业内最棒的。

19 世纪末，格罗门（1873—1967），一位年轻商人从德国汉堡来到中国，他先后在上海与天津两地建立了进出口贸易公司，中文名称是"谦信洋行"。公司的主要业务是从德国进口染料，还兼营机械和洋杂货等。当时的中国，进口染料还没有完全打开市场，而且已经有多家外商洋行在经营染料，竞争非常激烈。格罗门在一次去宁波推广业务的时候，经人引荐，请到了周宗良为他做翻译。在短短的几天相处之中，格罗门对于曾外祖父的英语水平赞叹不已。另一方面，通过两人的广泛交谈，格罗门认为他不仅是一位好翻译，而且还是一位难得一见的商业奇才。他发现曾外祖父对于市场情况和颜料商品的具体运作了如指掌。同时，那不卑不亢而又殷勤至诚的接待风格，确实让他不得不另眼相看。不仅如此，两人在许多方面都具有共同语言，如在宗教信仰、事业人生等方面。格罗门受过良好教育，他为人正直，具有德国人特有的严肃认真等性格特征。曾外祖父从小也接受过中国传统文化的启蒙和教会学校西式教育的熏陶。于是，熟悉的交谈话题，相似的见解认识，使这两个年龄相仿的年轻人大有"相见恨晚"的感觉。于是，愉快的合作、美好的印象，为曾外祖父后来进入谦信洋行并且担任买办创造了契机，奠定了良好基础。

德国以生产化工颜料、染料著称于世。染料在德国对华贸易中长期占有重要地位。第一次世界大战以前，德国进口染料在中国市场上一直稳居第一

周宗良（前排右三）、格罗门（前排右四）在上海谦信洋行门前

位，1910 年至 1913 年间，销往中国的德国染料从占德国出口总额的 10％上
升到 40％。①

　　1905 年，曾外祖父来到上海，经人介绍在谦信洋行买办姜炳生的"买办
间"担任跑街一职。格罗门听说他到谦信后非常激动，急切地找到他，诚恳
地对他说："你是一个很有才能的人，应当有远大的前程，可是现在你的情
况譬如骏马安伏于槽枥之间，你本来是可以驰骋于千里之外的！你想不想去
各地推销业务，施展你的才干？"曾外祖父回答说："骏马饱食而有后力，如
不加限制让它自由驰骋，那么行千里是可以的。"他的言外之意，就是想让
格罗门给予他必要的经济支持与更自由的经营自主权。于是，曾外祖父带着
从格罗门那里得来的"尚方宝剑"，开始奔波于全国各大城市。经过他几年
的努力，谦信业务有了大幅度增长，迅速成为颜料界的"执牛耳者"。1910
年，曾外祖父替代姜炳生正式出任谦信洋行买办，由此开始了长达 35 年的

————————

① ［美］柯伟林：《蒋介石政府与纳粹德国》，陈谦平译，中国青年出版社 1994 年版，
　　第 19 页。

买办生涯。

1914 年，第一次世界大战爆发，德商纷纷回国，格罗门在返德前做了一个大胆的决定：把谦信洋行名下的全部不动产过户到周宗良名下，并把谦信所有栈存染料折价赊给他。如此，格罗门等于把整个谦信洋行的全部财产都拱手交给了周宗良。对于格罗门来说，这既是在危难时期不得已而为之的举措，又是基于他对周宗良极度的信任。

于是，曾外祖父在第一次世界大战胜负未卜之际，承担起保护谦信洋行在上海全部财产的责任。战争期间中德贸易中断，染料价格飙升。曾外祖父因为握有谦信洋行全部栈存染料，因此大获其利。一跃而成为上海滩有名的巨商大贾，被称为颜料大王。第一次世界大战结束后，格罗门因为要留在德国打理生意，没有回到中国，便委派魏白兰到上海出任谦信大班，魏白兰抵沪后，曾外祖父当即将名下托管的不动产原封不动全部过户给谦信洋行，同时又把原栈存染料按照和格罗门约定的价钱如数付清。格罗门对曾外祖父诚信维护谦信利益的道德行为非常感激。从此，两人之间的友谊变得更加深厚。在这以后，曾外祖父陆续买进德国谦信公司股票，成为谦信洋行仅次于创始人格罗门的大股东，并当上了谦信洋行的董事。曾外祖父当时对外的身份是谦信的买办，实际上他已是谦信的老板。

1925 年，德国染料化工厂联合建立了一个托拉斯集团——大德染料公司（IG-Farben）或称为法本化学工业公司，统一管理集团内各厂的销售业务。同时在上海成立德孚洋行作为大德染料公司在中国的独家经理行。这时的谦信洋行在德商

格罗门夫人（左一）和周孝高、陈莲芳夫妻在德国

格罗门夫人（中）、周孝高（左二）、陈莲芳（右一）

颜料业务中"独占鳌头"，因此曾外祖父实际上又成为德孚洋行的总买办。

从 1925 年到 1945 年间，曾外祖父不仅一直担任德孚洋行的总买办，还先后担任了浙江实业银行和中国垦业银行的董事，以及中国银行的董事。他除了积极投身金融界，还在多个领域进行广泛投资。曾外祖父的发达和谦信洋行的关系密不可分，也是与他和格罗门几十年的交情紧密相联的。他身上有种"德国情结"，这也成为我外公周孝高留学德国，我妈妈出生在德国，并且归国后又进入上海德国学校读书的根源所在。而曾外祖父和格罗门的友谊又通过他们的后代一直延续到 21 世纪。

1923 年，曾外祖父让刚从同济大学毕业的二儿子——我的外公周孝高带着妻子陈莲芳到德国留学。1927 年，我二姨周毓英出生，因为我外公外婆不是天主教徒而致使女儿无法在教堂接受洗礼，这时格罗门夫人（1897—1983）就热心地把自己的名字"Annemarie"给了我二姨，并当了周毓英的教母。1980 年，我二姨在北京收到格罗门夫人的邀请函，邀请我二姨带着她的大儿子韩辉去瑞士探亲。她们母子俩到达瑞士后，就住在格罗门夫人位于瑞士沃韦小镇的家里。在探亲期间，格罗门夫人还拿出自己的私房钱供我表弟韩辉在瑞士的一所美国商学院（是一所学费很贵的住宿学校）里学习了一

周广仁（前右一）、周毓英（前左一）、陈莲芳（后左一）

年。1983 年格罗门夫人去世，我二姨周毓英以格罗门家人身份参加了葬礼。

格罗门夫妇生育有一个儿子和两个女儿。在第二次世界大战初期，格罗门的儿子卡斯滕虽然未满 18 岁，但是因为格罗门被希特勒纳粹政府怀疑是犹太人而被送往前线。后来还是格罗门夫人带着能证明卡斯腾是德国日耳曼民族的家谱，亲自到前线据理力争，最终说服了前线指挥官，成功地把儿子救了回来。正是由于此次事件的发生，格罗门不得不考虑到家人的安全，同夫人再三斟酌下，最后决定一家人离开德国。通过周密的计划，格罗门把家里的名画、古董家具装了满满一列火车车厢运到瑞士，并在日内瓦湖畔买下了一座旧宫殿。随后不久，格罗门

周广仁（前右一）、周毓英（前排右二）和上海德国学校的同学

和妻子儿子一起加入了瑞士国籍。格罗门是一位非常精明的商人，他时刻都保持着危机意识，在第一次世界大战期间他就开始把钱存到瑞士银行里（我的曾外祖父也效仿他的做法，从 20 世纪 20 年代开始也陆续把美金存入瑞士银行）。

第二次世界大战结束后，格罗门的儿子卡斯滕开始协助父亲管理公司。此时格罗门家族生意已经扩展到世界各地。1954 年卡斯滕还代表格罗门去香

周广仁（前左二）和全体日本浜松国际钢琴比赛评委

周广仁（左七）和全体第三届中国国际钢琴比赛评委

周广仁和儿子陈达

港看过我曾外祖父（曾外祖父的徒弟后来成为格罗门家族颜料业务在香港的代理人）。

2000 年，卡斯滕最后一次专程从瑞士到北京看望了我二姨一家，还让我表弟陪同他去天津寻找谦信洋行当年的旧址。格罗门在他 85 岁时把家族企业交给了儿子，公司在卡斯滕的运作下，业务涉及了很多领域。

可是等到了他的晚年，兄妹三人决定变卖、转让家族企业的部分业务，收缩经营范围。几年前，卡斯滕兄妹三人连同他们的配偶都陆续离世。格罗门亲手创造的庞大商业帝国从中国开始，历经百年沉浮，最终成为历史。

曾外祖父于 1957 年在香港逝世，走完了他传奇的一生。他生前立有遗嘱，把数以百万计的美元按比例留给妻子儿女。

我妈妈出生于 1928 年，年逾九旬，我舅舅周学礼生前对她的评价是："小妹周广仁是同辈人中给自己家族带来光彩最多的功臣，她是一位真正的成功者，她对周家的贡献是无与伦比的。"我妈妈用她自己的辉煌艺术人生告慰了祖父的在天之灵。她是第一位在国际钢琴比赛中获奖的中国人，她创办了中国第一所业余钢琴学校"星海钢琴学校"，她是中国国际钢琴比赛的创办人，她曾经在美国 29 所大学讲

陈达在周宗良故居（上海市宝庆路 3 号）
给儿子讲述太外祖父的故事

学并连续举办了 44 场钢琴独奏音乐会，她是《钢琴艺术》杂志主编、全国钢琴考级专家委员会主任，她代表中国出任了几十个国际钢琴比赛的评委，现在是中央音乐学院终身教授，被誉为中国钢琴界泰斗。

在家里，每当我妈妈回忆起小时候，总会提到她祖父："阿爷（周宗良）每周都会来家里看阿娘（周宗良的妻子孙家仪），全家人在这个时候都会到楼下客厅里围着他坐着，阿爷通常话不是很多，但是总会问到我们的学习情况，我和姐姐在上海德国学校上学的学费也是阿爷出的。记忆中他从来没有在我们面前说起过外面生意上的事，也从不对我们讲什么做人的大道理，但是他总是威严自在，阿爷身上似乎总蕴含着一种特殊的力量。"看着母亲，听着她在说起曾外祖父的神情和语气，我似乎在母亲身上看到了曾外祖父的影子：不断奋斗、永不放弃的做事态度，诚信做人、守时负责的行事作风，对亲人、世人充满慈爱的普世情怀。

我曾外祖父的优良品质与道德精神以及个性特征，在我妈妈身上都得到了继承发扬。此时，我想我明白了什么是传承。

（陈达，周宗良曾外孙）

穆藕初与昆曲

穆伟杰

穆藕初（1876—1943）

穆藕初是我国近代著名的爱国实业家。早年家道中落，14 岁入花行学习棉业。青年时自学英文，考入江海关任职。1909 年赴美留学，学习农业、纺织，得硕士学位。1914 年归国后，致力于实业救国，率先引进西方科学管理理念，创办德大、厚生、豫丰等新式纺织厂，兼办华商纱布交易所、中华劝工银行等企业，沪人誉称"棉纱大王"。难能可贵的是穆藕初在事业取得辉煌成功时，并没有一掷千金，花天酒地，而是将大量资金投入到文化教育事业。先后出巨资遣送北大罗家伦等 20 多位青年出国留学，参与发起成立中华职业教育社、东南大学、上海商科学校、位育小学等。1921 年，穆藕初在苏州创办昆剧传习所，培养一代"传"字辈昆剧表演艺术家，使一线如缕之国粹绝学重获新生，更是人们所津津乐道的话题，著名昆曲评论家胡山源称他为"复兴昆剧之元勋"。

一

1895 年，穆藕初得知甲午战败消息，心中痛苦"大有难以言语形容者"，于是追随新党人物，研究学术，探索致富图强之道。1904 年穆藕初加入沪学会后，在会内设立体育会，兼办义务小学。穆提倡武学，任体育会队长。同时，还在会内设立音乐会，排演新剧。沪学会戏剧活动对他影响深刻。他曾说："人间万事胥由心造，平日苟无陶冶，则偏激之气日久郁积，一旦爆发，小之足以为害地方，大之足以遗祸国内。求其调和心气，感人入深者莫善于讲求音乐矣，于是更附设一音乐会。继又熟审中年人之不识一丁无力求学者，当占在居住民中半数以上，一旦欲均齐开发，涤其旧染，启厥新机，以图社会捷收改良之伟效，舍不用文字之表演教化外无以奏功，于是更召集有志研究新剧之同志若干人，并敦请专家，方便指导，着手开演文明新剧，俾一切见者闻者，于娱乐中无意中得受绝大之感化。"李叔同即后来的弘一法师，就是穆说的"敦请专家"之一。1905 年，沪学会演出新戏《文野婚姻》，由李叔同写作剧本，同年，李还为沪学会创作《祖国歌》，抒发爱国热诚。荀子《乐论》云："故乐在宗庙之中，君臣上下同听之，则莫不和敬；闺门之内，父子兄弟同听之，则莫不和亲；乡里族长之中，长少同听之，则莫不和顺。故乐者，审一以定和者也，比物以饰节者也，合奏以成文者也；足以率一道，足以治万变。"又云："乐者，乐也。君子乐得其道，小人乐得其欲。以道制欲，则而不乱，以欲忘道，则惑而不乐。故乐者，所以道乐也。"荀子是战国末期的杰出思想家，其重要著作《乐论》对后世产生重要影响。穆藕初认为，音乐、戏剧的作用不局限于陶冶情趣，而是与启迪民智、国家与地方安危相联系，这与荀子的音乐社会思想一脉相承。穆还认识到，音乐、戏曲对于普及教育有着特殊的作用。这些早年投身新剧活动的经历和思考，无疑为穆藕初今后保存推广昆剧积累了丰富的实践经验。

　　1909 年，穆藕初在亲友资助下赴美留学。五年的留美生涯，不仅学习了西方先进的科学管理知识，而且更深入地了解了西方社会和文化。他通过中西不同的政治、经济、教育、文化等各方面对比，深深感悟到中国传统文化的重要。因此，穆藕初回国后除了向世人介绍西方先进技术外，还不遗余力地提倡国学。1914 年 8 月 5 日，他应邀参加环球学生会欢送赴美留学清华学生演讲《中国之文学》时说："吾国今日大局，风俗浇薄，人心茫昧，诸事棘手，其故安在？皆因吾国学生倾向西学，曾未窥其精粹，先弃吾国固有之美，以致人心世道风俗学术无不江河日下。何谓固有之美？国学是也！何谓国学？吾国之国文是也！凡文化盛者，其人种必强；文化衰者，其人种必弱。未有提倡国学而国不兴者；未有自戕国学而国不亡者。所望诸君输入文明以开蒙而通闭塞，更当不忘国粹。期日后回国能行其所学于国家社会，非徒袭文明之外观而实有根本之裨益。"

穆藕初的言论精辟地阐述了他的"中道西器"观点。《易传》云："形而上者谓之道，形而下者谓之器。"西方文化重在物质创造，中国文化重在道德建设。穆提出中西并举，实质就是以"西器"来达到国富民强，继而捍卫"中道"、复兴民族的愿望。因此，他对于传统文化艺术的热爱也就不言而喻了。他喜欢书法，临池不辍。他曾对国人鄙视中国传统艺术而去学习西洋音乐、美术感到不解，他说："中国自有雅乐，如古筝等，精其艺者，可以惊风雨、泣鬼神。此项国有绝艺反弁髦弃之，偏让日本音乐专家锐心研求，启承斯乏。"又说："西画长于写生，与我国画术之重意匠，略天然者相比较，固大足供吾人之研求。得其神致者，于家庭之布置，儿女之训育，以及凡百工业之助进，于女子独立自助事业上，有无限之作用。"因此，穆藕初后来对昆剧产生浓厚兴趣决非偶然。

二

1917 年穆藕初结识了昆曲票友谢绳祖。穆藕初创建厚生纱厂时，所有设备均由慎昌洋行向美国订购。谢是慎昌洋行职员，曾留学美国，洋行老板起先并不重用他。穆与谢接触后感到此人是个人才，出面向外国老板推荐，后谢果然被任命为该洋行经理。后来，谢绳祖介绍穆藕初认识了著名画家票友冯超然。这时穆对昆曲兴趣大增，请笛师严连生在家授曲。据俞振飞回忆，穆有一次问冯超然，当今昆曲谁唱得最好？冯说是苏州俞粟庐。俞粟庐是昆曲叶堂唱派传人，有"江南曲圣"之誉，"一时度曲家，春秋社集，必邀君，君亦必至，至则必歌"。俞以推广昆曲为己任，在苏州、上海的弟子甚多，无疑是昆曲界的领袖人物。1920 年春，穆藕初亲赴苏州张紫东寓所拜谒俞粟庐（时俞住在张家授曲）。粟庐时年 74 岁，年事已高，于是让儿子俞振飞到上海教曲。俞振飞回忆说："余之识穆藕初先生，远在民国九年间。先生以嗜习昆曲，钦慕先君子粟庐公之名，下征余为记室。……及识先君子后，始憬悟昆曲之有关于国粹文化之重要。而先君子所传叶堂正宗唱法，凤为曲界所重。余谬为识途之马，于退之暇，悉心研讨，先生益觉兴味隽永，勤习之至，垂老而不倦焉。……先生时以综理三大纱厂，事务已甚繁剧，但日必以曲为课，于中午饭罢小憩后，与余度曲一小时许，其时不治事，不款客，数年如一日，从无间断。……凡此均足征先生用心之专，致力之勤为常人所不可及也。"每隔数月，穆还邀俞粟庐到上海小住，指导唱曲。"先生唱曲，或有一字半音未妥，辄遭先君子拍案呵责。然先生未以为撼，仍唯唯如命，至先君子颔首莞尔而后已。"在俞粟庐的严格指导下，穆藕初逐渐领略曲中三昧。

1920 年 5 月，穆藕初应徐世昌大总统之召赴京。其间，他为了进一步探讨昆曲的继承和发展问题，经俞粟庐介绍，专程拜访了时在北京大学任教的著名戏曲理论家、剧作家吴梅。穆藕初返沪后致函吴梅云："当时时间虽至有限，而殷殷指示之雅意，则至无限，殊令人一返念间，觉此情景，宛焉历历当前。张君紫东之书，蒙先生及刘凤翁慨任校正，嘉惠来者，俾不绝如缕之韵学，光昌有日。当此新旧学问发挥光大，相互争存之日，得一代名贤起任提挈，欢慰正无限量。"两人这次会面决非泛泛，不仅"相见恨晚"，而且穆对吴"发扬国学，掖进后起之至意"，十分敬佩。他们谈到昆剧日益衰落的现状，言语中无不流露出对于这一古老艺术前途的担忧。时值五四新文化运动风起云涌之时，传统文化受到冲击，新文化占据盟主地位。新文化运动倡导者陈独秀就认为，"中国人的落后不只在器物方面，也不只在制度方面，更在其思想文化和意识形态方面"，因此"便不得不反对国粹和

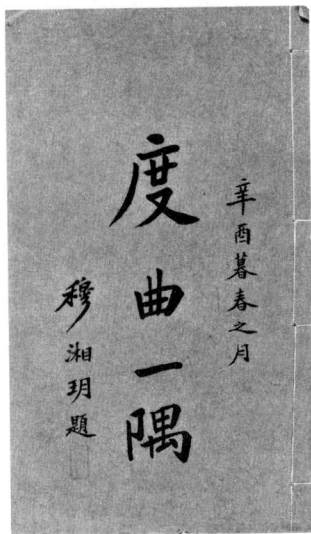

穆藕初题《度曲一隅》封面
（1921 年暮春）

旧文学"。胡适更是大声疾呼:"我们必须承认自己百事不如人,不但物质机械不如人,不但政治制度不如人,并且道德不如人,文学不如人,音乐不如人,艺术不如人,身体不如人。"一些新文化倡导者认为中国只有实行"全盘西化"才有出路。显然穆藕初并没有被这类"时论"所动,他深刻认识到,昆曲作为传统文化的精髓之一应该得到继承,而且要与新学同时"发挥光大,相互争存"。他与吴梅还谈到今后如何保存、振兴昆曲,并且讨论了出版昆曲书籍和为俞粟庐录制唱片的事。信中所提到张紫东的书,书名不详,但无疑为研究昆曲之书。信中又说:"俞君粟庐因事过申,因同人坚请,暂留歇浦,遂下榻于弟处,晨夕盘桓,清兴秾郁,实为一时盛事。粟庐先生因二公慨任校正,大发佛学家见闻随喜意愿,分任其劳,俟与紫东先生接洽后,既当从速进行。昆曲收入留声唱片,以广流通一节,岁尾年头,当可实行也。"此时的穆藕初对昆曲的认识已不再是个人陶冶情趣的娱乐工具,而升华至民族文化的精髓,自觉地担负起复兴、继承的重任。

三

自明代魏良辅创造昆曲水磨腔后,叶怀庭一派的唱法历来被曲界公认为正宗唱法。俞粟庐早年爱好昆曲,师从当时昆曲名家韩华卿。韩是松江人,特别讲究吐字、发音、运气,得叶怀庭唱法的真传。俞振飞说:"我父亲幸遇良师,执礼甚恭,习曲更勤,每年到韩家三四次,前后九年,共学得200余出戏,原来会唱的100余出,也请韩师一字一句地改正。韩先生教曲极为严格,每学一曲,必令我父反复唱上数百遍,唱得纯熟为止。每天晚上则吹笛背奏,倘有一字未妥,韩师即严加训斥。我父亲虚心好学,不辞劳苦,因此尽得叶派唱法的真谛。"吴梅云:"盖自瞿起元、纽匪石后传叶堂正宗者,惟君一人而已。"当时,俞粟庐已75岁高龄,抢救正宗唱法刻不容缓,于是穆藕初决定为俞灌制唱片,以使叶堂唱法永留人间。

1920年11月,俞粟庐在学生、清曲家殳九组陪同下到上海录制唱片。

经过一段时间试唱准备，穆氏以每张200元价钱请百代公司为俞粟庐灌制了六张半唱片共十三支曲。此次录制唱片颇费周折，因录音师为外国人，不懂昆曲，加上唱片有时间限度，俞粟庐不能尽情发挥，所以俞本人并不满意，只有《佳期》中《临镜序》一曲，因曲子较短，唱得从容不迫。1921年4月3日，俞粟庐致函穆藕初云："望前至沪与公相聚，并应补唱。"可见此次录制并非一次完成。1921年

俞粟庐昆曲唱片《三醉》封套（1921年3月23日）

春，唱片发行之际，穆藕初与冯超然、谢绳祖在3月23日《申报》上联名发表《敬告提倡国粹之韵学家》一文，文称俞粟庐对昆曲"潜心研索，垂数十年。平日于一字之律，一音之韵，阴阳宫商，不少假惜，以是江浙名流莫不奉为圭臬。……沪上百代公司有鉴于斯，为推广流播起见，曾一再挽友谆请，而先生未允。后又经诸同志咸相劝驾，谓斯道宜显不宜晦，宜行不宜藏。虽曰音韵末艺，然而陶情淑性，亦足以挽颓风而励末俗也。于是先生颔之。……俞先生所唱《三醉》《八阳》《拆书》《定情》诸曲，是慷慨悲歌，飘飘欲仙，舞蹈曷禁，如坐钧天，不谓曲学之妙一至于此。先生善传神，'百代'善流布。海内鉴家得此新片，如聆雅奏，知相与击节不已者，一如某等当日亲闻也。"穆藕初保留一代曲圣的经典歌唱，遗泽后世，功不可没。

昆曲传承历来是口传心授，"以曲传人"。穆藕初对俞粟庐正宗昆曲唱法推崇备至，1922年穆藕初还组织了以研习俞氏唱法为宗旨的曲社粟社，以"研究昆曲，讲求音律"为宗旨。吴梅曾说："自逊清以来，歌者不知律，文人不知音，作家不知谱，正始日远，牙旷难期。"如果不讲求音律，正宗昆曲也就难以保存。据昆山曲家沈彝如《传声杂记》记云："是晚开会，推穆藕初先生临时主席，报告该会经过情形及更组约章，积极进行。公推职员如下：正社长

穆藕初君，副社长谢纯祖君，研究部正主任爰九组、副俞振飞君，书记王慕诘君，庶务杨习贤。社员资格讨论甚久，决议新拍曲者入研究部，俟有成绩，得多数社员公认为合格，方称本社社员。纳费月缴一元至四元，随力而认。社员理曲照上项。每月同期一次，费规定洋三十元。本社各员论当或二人，合当三四人亦可。均通过而散会。略唱清曲后乘汽车返行，已十钟矣。"

粟社组织颇为严密，社内设有研究部，除负责指导日常"拍曲"活动外，还要担任初学者的教学工作。后又设出版部。这些均有别于以习曲、唱曲为主要目的的一般曲社。粟社成员有徐凌云、殷震贤、李式安、项馨吾、张玉笙等40余人。活动地点一般在中华劝工银行、华商纱布交易所，有时也在徐凌云私邸。穆藕初每隔数月就请俞粟庐来沪小住，亲自指导曲友研习，参加者"倍形踊跃"。有些曲家也开始研究俞派唱腔，以改进自己的唱念。穆藕初企业中的职员，以及后来曾主演话剧《少奶奶的扇子》的上海名媛唐瑛、陆小曼等都先后参加粟社"同期"，成为当时曲坛一亮点。俞粟庐对粟社的唱曲活动也充分肯定，在1923年给五侄信中说："项馨吾唱曲勤学殊甚，未及三年，口齿已有劲，一切唱法，亦有所得，沪上粟社中将来可出数人。"他还批评苏州曲家"大不如沪上粟社精进耳"。粟社将上海地区的业余昆曲活动推向了一个新高潮，扩大了昆曲在社会上的影响力。

四

1921年初，穆藕初偕俞振飞等前往南市王氏诒燕堂，观看苏州全福班演出。俞振飞说："先生往视之，见尽鸡皮鹤发之流，深慨龟年老去，法曲仓夷，将至湮灭如广陵散矣。先生乃以复兴提倡为己任，联合江浙名流组设昆曲保存社"，筹划创办昆剧传习所，培养昆剧接班人。俞所说的昆曲保存社，也叫昆剧保存社，发起人为俞粟庐、徐凌云、穆藕初。1921年春正式成立，该社以保存、抢救正宗昆剧为宗旨，并负责为昆剧传习所集资。成员包括苏州张紫东、徐镜清、贝晋美、汪鼎丞、潘震霄；上海冯超然、王慕喆、高砚芸等。穆藕初认为，保存、振兴昆剧离不开广大曲友积极参与，他说"社会需求至无限，一人才力至有限。以有限应无限，何往而不穷"，故"不如集多数才力以治一事"。穆藕初不用私人名义，就是为了能更好地团结苏浙沪所有曲家、曲社，调动各方力量，投入到振兴昆剧事业中来，避免因人因派而产生矛盾。用昆剧保存社名义，也可警示世人：作为中国传统文化瑰宝的昆剧正面临消亡危机，亟待人们共同扶植、支撑，使它免遭灭亡的厄运。

1921年9月，昆剧传习所在苏州开学。传习所设址五亩园，原为私家园林，几经沧桑，荒芜不堪。后成为寄存灵柩的场所。经苏州曲家贝晋眉等前往协商，租得该园十三四间房屋作为传习所教室、师生宿舍、食堂等使用。传习所聘孙咏雩为所长。主要教师由全福班后期的老艺人沈月泉等担任。穆藕初不仅每月提供传习所经费500元外，还亲自制定了文明办学方针，规定不准打骂学生，并且开设文化课，开设国文、英语、算术等。这些均有别于旧式科班。穆还请来了河南籍拳师邢福海教学员练武术，使学员全面发展。后来穆还提议每个学员除学戏外，均必须学会吹笛及演奏其他乐器。"传"字辈人人均会吹笛及演奏某种乐器，并造就了一批吹笛高手。旧时艺人学艺极苦，出科后社会地位低下，因此自动报名者极少，大多是由熟人介绍或苏州全福班艺人亲属居多。

传习所安排学员上午练功、学拳，上国文课。下午学戏。传习所作台一共有"四张"，头张老师沈月泉，二张老师沈斌泉；三张老师许彩金（后是吴义生），四张老师高步云（后是尤彩云）。传习所老师技艺精湛，而且毫无保留地传授给学员。倪传钺回忆说："穆先生非常关心我们，有事到苏州，总是抽空来看我们。当时社会习俗，艺人对有地位的人，要称老爷，穆先生思想开明，关照我们不许称他老爷，只叫先生。看来是小事一桩，但对改变旧观念，提高艺人地位，有着深远意义。"1923年12月，俞粟庐在给其五侄建侯的信中提到陪同穆藕初考察苏州昆剧传习所的情形云：

此间五亩园昆曲传习所，前日与藕初同至。彼考察功课，听唱十余折，内中以沈月泉二子为最胜，又有三四人亦可造就。说白亦能起而不沉，大为可喜。即嘱藕初给银奖励，此万不可少。

经过两年刻苦学习，学员们学会了数十出戏。穆藕初与传习所所长和教师们商定，让学员们到上海登台演出，增加舞台实践机会。为准备 1924年初昆剧传习所学员首次来沪演出，穆藕初还邀请梅兰芳观看传习所的表演。1923 年 12 月 28 日《申报》所载《梅讯》(东阁)云："穆藕初昨往畹处倾谈，并定期约宴参观昆剧传习所之成绩。"1924 年 1 月 3 日昆剧传习所在徐凌云宅作汇报试演，梅兰芳应约到场观看，赞不绝口。穆藕初邀请梅兰芳观看传习所学员表演，并不是简单的看一下而已，其实是请梅兰芳担当"舞台顾问"的角色，对学员加以更多点拨。同年 2 月，穆藕初夫人 45 岁寿诞，传习所学员在上海南市大富贵酒楼演出三天，上海的曲友们都来观看，交口称赞，称为"创剧界之模范，艺术之曙光"。5 月 23 日，昆剧传习所学生在广西路笑舞台首次公演，大家商议启用艺名作纪念，讨论结果就以"传"字

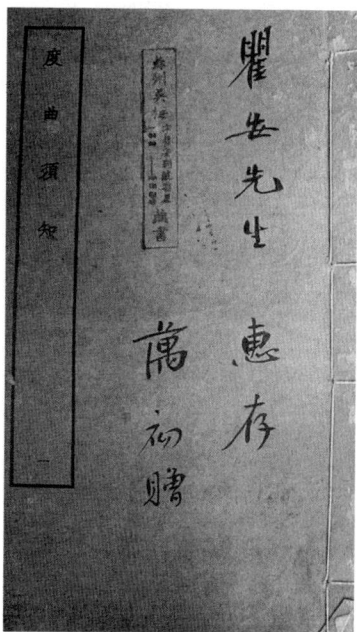

穆藕初赠吴梅《度曲须知》手迹
（1926 年 3 月 20 日）

为排行，表示对昆剧艺术薪传不息。穆藕初请王慕喆为学员题名，按照不同行当用不同部首。唱小生的用"玉"字旁，唱旦的用"草"字头，唱老生、花面的用"金"字旁，唱副和丑的全用三点水，由此在中国昆剧史上起到承前启后的重要一代"传"字辈诞生了。

1924 年起，穆藕初所办企业经济出现危机。在这困难关头，他仍然每月提供传习所全部开支。倪传钺说："穆先生曾考虑安排我们到印刷厂实习，通过半工半读方式来解决部分资金。1926 年，我们在传习所照理要毕业了。但还不能自立，虽然有实习演

出可补贴，不足之处仍须穆先生负担。有一段时间即使接不上，穆先生关照他的学生杨习贤出资支持。"1927年经过多次商谈，穆藕初将所务移交给严惠宇、陶希泉接办，着手筹建新乐府昆班。自此，昆剧传习所六年的历史结束，"传"字辈学员正式开始走上了戏剧舞台。

此后，"传"字辈演员组织了"共和班"性质的仙霓社。仙霓社是二十世纪三四十年代南方硕果仅存的昆班。当时，昆剧艺术已日渐式微，虽然生活艰难，可他们始终坚持。经过多年演出经验积累，他们艺术水平逐见成熟，剧目也不断增多，进一步获得社会声誉。当时有人评论说：朱传芳、倪传钺等"无论唱做，都可以说'造诣甚深'。而且每个人都有相当学养，说话和举止也很文绉绉，丝毫没有唱戏人有的习气。便是平日的私生活，据我所知道，他们至今都还保存着几分传习所的精神。"这些评论，可以知道"传"字辈当时在社会上的影响和口碑。

穆藕初培养了一代德艺双馨的昆剧接班人，使"昆曲将亡而不亡"。传习所培养出了50余位"传"字辈艺人，他们在极其困难的环境中，担负起了继承昆剧的重任，取得了旧科班无法到达的成效。

五

1922年2月，穆藕初等以昆剧保存社名义为昆剧传习所集资，组织江浙名人昆曲大会串，为近代昆曲史描绘出浓重一笔。

义演之前，穆藕初在曲友的鼓动之下，决定粉墨登场。1921年7月下旬，穆藕初请沈月泉、俞振飞、谢绳祖到杭州韬光寺旁新建"韬盦"别墅学戏，"韬盦"地临北高峰半山韬光寺侧，门前修竹万竿，清泉潺潺，远离市尘。时穆藕初45岁，要学昆剧身段动作谈何容易。俞振飞说："在那里整整一个月，穆藕初学会了《拜施·分纱》《折柳·阳关》《辞阁》，我学会了《断桥》《游园惊梦》《跪池》三出戏的身段动作。"穆与俞都唱小生，谢绳祖唱旦角，为他们二人配戏。

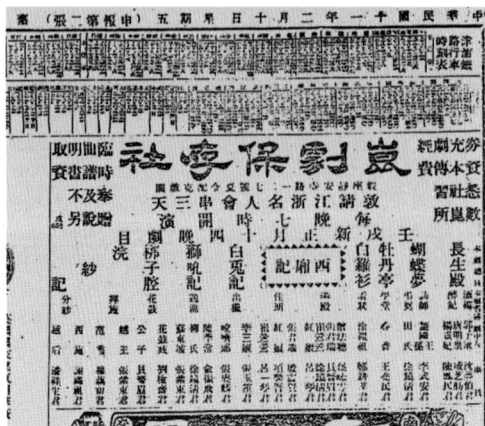

昆剧保存社组织大会串义演广告（1922年2月10日）

此次义演租借舞台也颇费周折。当时昆曲已一蹶不振，缺乏号召力，再加上登台的均是业余曲家，笑舞台、大舞台均婉拒出租。穆藕初说："自己中国戏院不肯借演，去向外国戏院借！"于是亲自出马，去找外商雷玛斯开设在静安寺路上的夏令配克戏院（后新华电影院原址）。雷玛斯提出要看演员名单，穆说："我就是演员。"外国老板一听，有穆藕初这样的名人上台，肯定有吸引力，就一口答应。

2月10日，江浙名人大会串义演首日，夏令配克戏院楼上楼下座无虚席，来宾中有袁观澜、黄炎培、沈信卿、徐静仁、吴麟书、哈同夫人罗迦陵等海上名人，吴梅也应邀从北京赶来观摩。这天演出的剧目有《长生殿·酒楼，醉妃》《蝴蝶梦·访师，吊奠》《牡丹亭·学堂》《白罗衫·看状》《西厢记·游殿》《狮吼记·跪池》等十余出折子戏。压轴戏即穆藕初（演范蠡）与张紫东（饰越王）、谢绳祖（饰西施）、潘祥生（饰越后）合演的《浣纱记·拜施》一折。吴梅后来发表在《申报》的《昆剧保存社会串感言》评论文中说："最可钦佩者，独有藕初穆君。君习曲只有二年有余，至演串，则此番破题儿也。而能不匆忙，不矜持，语清字圆，举动纯熟，虽老于此道如祥生，紫东辈，亦不难颉颃上下。信乎？天授非人力矣。且《集贤宾》，《莺啼序》诸牌，皆耐唱耐做之曲，魏良辅《曲律》中，亦以为难。而藕初搜剔灵奥，得有此境，乃知天下事，思精则神明，意专则技熟，独戏曲云乎哉！"吴对穆的表演作了精辟、当行的剖析，这既是对穆的鼓励，又是对此次大会串的支持。三天演出，穆藕初还分别演了《紫钗记·折柳阳关》和《鸣凤记·辞阁》二折。这是他一生中唯一的一次袍笏登场。

大会串最后一天下午，穆藕初邀请有关人士约百余人，同至北四川路青年会屋顶花园，拍了一张"纪念摄影"集体照。据俞振飞回忆，前排居中俞粟庐，右首为徐凌云，左首为穆藕初。可惜此照迄今未见，不知还存世与否。昆剧史上留下浓墨重彩的大会串义演，至少已经达到了两个目的。第一，义演三天，票房收入约八千余元。俞振飞说，穆藕初亲自向海上绅商推销票子，为昆剧传习所筹集了一笔可观的经费，也扩大了该所影响，引起了社会的关注。从这个意义上说，穆公这一盛举，可称之为昆剧传习所的开学典礼，宣告了昆剧"传"字辈的诞生，在昆剧史上起着继往开来的作用。第二，此次堪称近代昆剧史上最大规模的义演的成功举行，反映出穆藕初组织与号召能力非同一般。可以说，他用组织现代化工业生产的思想来管理大会串。比如，费用由各曲家分担，类似股份制；人员分工明确，各就各位，各司其职，有条不紊，颇像企业内组织。徐凌云的昆剧表演在曲界向有"徐家做"之称，但为了保证演出成功，徐负责台前台后各项事务，无法亲自登台串演，虽引以为憾，但保证了义演圆满完成。

1937年抗战全面爆发后，穆藕初随国民政府入渝。1941年，穆藕初出任农本局总经理后，还在农本局内成立"晨庐"昆曲社，利用休息日及晚间业余时间举办曲会，农本局项馨吾、倪传钺等江苏籍职员大都参加演唱。俞振飞先生说："至二十六年抗战军兴，先生随政府入蜀。但闻先生虽于国难严重之际，尚提倡（昆曲）不遗余力，今于渝蓉间昆曲传行，风靡一时，亦皆怀念先生不置也。"1943年，穆藕初患癌症，弥留前不久，还与项运村先生言及抗战胜利后，"拟斥巨资，在沪设一昆曲小剧场"。可见穆藕初对昆曲至死不渝，令人感动。

穆藕初作为留美学生出身的实业家，学的是近代管理科学，从事的又为纺织工业与交易所等工商贸易，却并不数典忘祖，文化上更坚信自己祖国。穆藕初在1922年2月的一次演说中明确指出"音乐（昆曲）关乎国运隆替"，因此穆藕初保存、传承昆曲并不是出于单纯的个人爱好，而是把昆曲的兴衰与国家命运联系在一起，作为"文化救国"的重要部分。这反映出他的朴素、实际和远见，以及对国粹的挚爱，可谓近代民族资产阶级扶持文化事业的典范。

（穆伟杰，穆藕初曾孙）

祖父秦公润卿的一生

秦亢宗

秦润卿（1877—1966）

早在 20 世纪二三十年代，上海已确立了全国金融中心的地位。现今，这座活力四射的国际大都市，正在加紧进行国际经济、金融、贸易和航运"四大中心"的建设。当我们打开近代上海金融业这扇历史窗户时，将出现一位曾经引领上海钱业创造一代辉煌，业绩卓著的杰出人物——秦润卿先生。他就是已经离开我 70 余年的祖父。

回顾祖父的一生，他从一个在钱庄做学徒的慈城少年，经过奋力进取，成为上海钱业领袖。他在钱庄业务上不断开拓、革新，力挽多次金融风潮，将一生贡献给中国的金融事业。他积极参加反帝、抗日的爱国运动，显示其可贵的民族气节和爱国情操。他自奉节俭，乐善好施，十分热心教育和慈善事业，被誉为身兼教育家和慈善家的商界楷模。

从钱庄学徒　到钱业领袖

祖父秦润卿，名祖泽，晚年号抹云老人。1877 年出生在浙江慈溪县（现宁波市江北区慈城镇）藕田墩。由于家境贫寒，迫于生计，只读了八年私塾。年仅 15 岁的他，1891 年离开家乡赴上海，经表叔林韶斋保荐进入协源钱庄学业，从此在上海钱庄业奋斗了半个多世纪。

祖父进钱庄当学徒的头三年，干的是打扫清洁、同业收票、跑钱庄洋行和单据入库等杂事。他在《抹云楼家言》中回顾了自己的学徒生活："贫家儿初见钱庄，规模宏大，惊喜万分。其中伙友多富子弟，衣服华丽，举止阔绰，而余则寒素布衣，相形未免见绌。但余心知足，不敢非分妄想，终日服务。行有余力，晨则习字，晚则学算，不销怠忽……凡有辛苦职务余皆乐承其乏。"其言词虽简，但少年时代的他，为人敦厚谦恭，对工作尽心尽职和勤勉苦学的作风已跃然纸上。

祖父三年学业期满后，颇受东家程觐岳和经理沈文灿赏识，并加以培养，在协源钱庄相继担任账房（会计）和信房（文书）。他21岁时，升任钱庄跑街（信贷），仍兼信房，工作夜以继日，足有两年未曾告假回乡。祖父洁身自好，不沾烟酒，从不向人索取不义之财。他所经手贷款支持的企业，没有出现一家"倒账"或"滥账"的，深得同行的称赞。

1906年祖父擢升为豫源钱庄经理，后出任改名为福源钱庄的总经理，同时兼任福康和顺康钱庄监理。在此期间，他业绩卓著，胆识和才干出类拔萃，以"稳健、能干"闻名于上海钱业界。自1919年开始，他进入银行工作，曾先后负责经营上海豫源储蓄银行和棉业银行，但时间不长。1929年在王伯元等人的热诚邀请下，祖父出任中国垦业银行董事长兼总经理。他在银

上海总商会全体照

行经营业务上注重开拓创新，不久即发行钞票，由于发行货币的准备充足，信用良好，即使尔后抗日战火纷飞、社会动荡，该行的钞票依然可在各地兑现。1933 年由他主持建造高达八层的中国垦业银行大厦，在上海北京路上落成。银行乔迁之日，沪上社会名流和工商界领袖人物，如虞洽卿、陈光甫、宋汉章和潘公展等都前来道贺。

秦润卿自 1916 年起担任上海钱业公会副会长，1920 年当选为上海钱业公会会长，此后连任七届会长（总董、主席），长达 15 年之久。此外，曾兼任上海总商会副会长、中央银行监事、交通银行上海分行经理、四明银行常务董事、嘉丰纺织厂和大有余榨油厂董事长等职。抗日战争胜利后，1947 年当选为全国钱商同业公会联合会主席。中华人民共和国成立后，1952 年出任上海市公私合营银行副董事长。秦润卿作为上海钱业领袖约有半个世纪之久，是一位对近代上海金融事业有着重要影响的人物。

开拓革新　创钱业辉煌

秦润卿担任钱业公会会长期间，积极改革钱业旧规，促进同业发展。他改革传统的钱庄记账制度，提出全部采用新式复式会计。借鉴新式银行之长，大力开展非信贷金融服务，如设立保管库、代客户管理房地产业等，以增加钱庄营业收入。他注重树立钱庄形象。为了改革传统上海钱庄不讲究外部形象的旧习，1933 年他在上海宁波路建造了高四层的福源钱庄营业大楼，又增设保管库和信托部等，使该钱庄当年的存款激增，跃居同业之首。

秦润卿亲自领导制定了《钱业公会章程》和上海钱业史上第一个《钱业营业章程》。这些章程规范了钱业经营行为，矫正了钱庄间不正当竞争，增强了钱庄界的协调和合作，并发挥了行业自律的作用。

1921 年，在他的大力倡导下，钱业公会创办了《钱业月报》。他在创刊号上发表《发刊缘起》一文，并经常亲自撰写文章，曾在《钱业月报》上发表十余篇论著。他借此刊物宣传钱业公会的主张，扩大公会影响，向钱业同

钱业同人合影

　　仁灌输新观念、新知识，推动钱业改革。1938年《钱业月报》因抗战停刊，1947年复刊，至1949年共出版20卷，是民国时期在全国有广泛影响的经济刊物。

　　秦润卿为了整合钱业市场，合并了上海钱业南北市场，主持了钱业公会的四层新楼所的建造。1923年会所建成后，底层用于南北两市合并整合后的钱业市场。他十分重视同业之间的团结，将景观优美的豫园中"内园"作为上海钱业公所活动之地，并在此举行年会。此外，为了应对金融风险，谋同业之发展，他建立了现金公库与联合准备库等，使上海整个钱业的业务纳入正轨。

　　秦润卿作为民国时期的钱业领袖，为了维护钱业市场的稳定和发展，多次排除风险，力挽金融风潮。1910年英商麦边等人谎称已在南洋开设橡胶园，在沪发行"橡皮股票"，诱人买卖，该股票一时飞涨后，麦边等人挟持所骗的巨款潜逃。于是橡皮股票等同废纸，上海正元等17家钱庄先后倒闭，发生了金融风潮。当时他担任豫源钱庄经理不久，但很有防范意识，不仅与同仁稳住了豫源钱庄，还用资金帮助他人。

一波刚平，一波又起。1911 年辛亥革命后，清室及旗人为了外逃，将存款大量存入外商银行，引起山西票号大批倒闭，上海钱庄一度无法开市。在此紧急关口，秦润卿会同总商会正副会长朱葆三、虞洽卿奔走调停，方才扭转局面。但上海钱业元气大伤，开业的钱庄仅福源等 26 家。

1920 年，外商在上海开设信托公司和证券物品交易所，半年内获利达50 余万元，接着华商的证券等交易所相继开市，各类股票价格飞涨，投机之风席卷上海，发生了"信交风潮"。秦润卿为维护同业利益，联络金融界有识之士，相约停止向企业界放款，投机者借贷无门，"信交风潮"落幕。事后他曾说："这次信交风潮幸亏当时钱业主持者老成自重，得免于牵累。"

1924 年直皖两系军阀之间爆发"江浙战争"，上海金融界呈现混乱，市民纷纷收藏现银，钱庄银行库底锐减。这时秦润卿与上海银行公会会长盛竹书通力合作，安然度过危机。到了 1935 年，上海又发生了"房地产风潮"，国民党政府两年来发行的金融公债又延期付息，金融业发生恐慌。为维持金融稳定，他以钱业公会会长身份向中央银行借贷 300 万元，但尚缺一半，他毅然决定由上海钱业准备库拨借，终于又一次度过危机。

支持民族工业　参加反帝爱国斗争

由于祖父亲身感受到外国列强对中国的侵略和欺负，以及日军在沪甬各地的肆虐行为，促使他萌生强烈的反帝爱国激情。他一生不仅致力于振兴民族经济，而且亲自投入当时的反帝爱国斗争，是一位具有崇高民族气节的爱国商人。

祖父一贯主张不依赖洋人的"外滩银行"，他曾在钱业公会的一次讲话中说："外商银行犹如笑面虎，一旦入其彀中就难脱身。"他领导的福源钱庄，在 1925 年至 1935 年期间，从未向外商银行借款和存款。相反，对民族工业给以大力支持，并以棉纺业为放款重点，如在 1933 年对鸿章纱厂放款高达 237 余万元。其他获得他领导的银钱业支持的民族企业有：华丰纱厂、华成烟厂、五和织造厂、江南造纸厂、大中华橡胶厂等几十家。有人评说："秦润卿以如此巨款支持民族工业，不仅在钱业中少见，而对资金困难的民族资本家，无疑是雪中送炭。"

祖父曾在一次演讲中提出"商人亦可以救国"。他身体力行，投身于历次反帝爱国斗争中。1919 年五四运动爆发，他积极参加当时轰轰烈烈的抵制日货运动，支持钱业界于 6 月 4 日起罢市一周。1925 年上海"五卅"惨案发生后，他率领各钱庄于 6 月 3 日停业以示抗议，并且以金融界代表的身份参加上海总商会组织的"上海五卅事件委员会"，与虞洽卿、宋汉章等向上海工部局提出惩处巡警、赔偿损失的要求。"五卅"惨案以后，他又参与争取上海租界华董名额的斗争。1927 年 7 月，公共租界工部局同意推选华董三人，秦润卿为华董之一。

1931 年"九一八事变"后，祖父积极投入抗日斗争，断然与日本厂商绝交，对经销日货的工商行业也不与之往来。1932 年"一·二八"淞沪战争爆发，他组织上海钱业界捐募衣物钱币，支持十九路军抗战。1937 年 7 月日军入侵华北，抗战全面爆发，他积极参加抗日救亡和难民救助活动。上海市各界抗敌后援会设立救国捐筹募委员会，他被推选为副主任委员。1941 年日军侵占上海租界后，祖父蓄须明志，以年迈体弱为由，坚决不受汪伪政府的聘任，辞去本兼各职，保持了崇高的民族气节。

1945 年抗战胜利后，钱庄业的复兴势头为时不长。1947 年，南京政府发行"美金短期券"，强制银钱业认购，他领导的福源钱庄，被追认购五万美元。1948 年，当局又强迫民间拿出黄金、美钞换取"金圆券"，规定法币 300 万元折合金圆券一元；同时宣布凡是私人、企业持有的外币、黄金、银圆和外币证券，一律交售给政府当局。为此，他领导的福源钱庄被迫交出黄金 7000 多两，不到一年，蒋家王朝覆灭，金圆券几成废纸。

1949 年 4 月，上海解放前夕，南京政府通过俞鸿钧等人多次劝祖父去台湾，但他毫不动心。同乡挚友陈布雷的自杀，给他带来莫大的刺激，金圆券的发行，大伤了银钱业元气，使他对国民党政府十分厌恶。1949 年初，爱国民主人士盛丕华来访时他说："我决不会带福源的资金去台湾。"

节俭自律　热心教育和慈善事业

祖父一生自奉节俭，由于深感出身贫寒和自幼失学之苦，对办教育和社会慈善事业特别热心和慷慨。

1915 年，祖父为家乡贫苦子弟造福，与旅沪同乡李寿山等集资在慈溪创办普迪小学。此校名乃寓"普及文化、启迪民智"之意，他还亲立"勤、俭、公、忠"四字为校训。该校专供贫苦儿童入学，学杂费全免，赠送笔墨文具，教师待遇从丰。不久学校声誉鹊起，十年后学生激增，校舍不敷，又在县考棚旧址外另建普迪二校，两校学生总共近 1000 人。他聘请鄞县名秀才谢缄三任校长，教师中多饱学之士，有柔石、巴人等。此外，还设立"抹云教育基金委员会"，对品学兼优者提供奖学金，资助他们上中学和大学。对不升学者，有的介绍到上海工商企业单位谋职。在日军侵占慈城期间，普迪小学校舍连遭炮火毁损。时任中国垦业银行董事长兼总经理的祖父，向董事会提出预支他的养老金的请求，以供修复普迪校舍的急用。银行董事会深为感动，通过了决议，答应提前支付他的养老抚恤款，使普迪校舍及时修复，学生能早日返校上课。

祖父长期筹资兴办普迪小学，直至 1952 年由人民政府接办，前后近半个世纪，为国家和家乡培养了很多优秀人才。祖父曾称普迪小学"乃我生平心血之结晶"。著名台湾实业家应昌期曾对祖父举办普迪小学倍加称赞，认为"这在当时国内可是一件罕见的培育贫民子弟翻身的事"。有人认为，普迪小学是秦润卿早在近百年前在慈城创办的一项重要"希望工程"。1985 年，秦氏后裔提出恢复"普迪"校名。经当地政府同意，曾将原慈城镇第四小学重新改名普迪小学，但在 1988 年该校并入慈城中心小学。2002 年为纪念秦润卿先生诞辰 125 周年，宁波江北区政府和秦氏家族在慈城中心小学举行纪念活动，并在校内建造"抹云亭"，安置秦润卿铜像，以表示对"抹云老人"的纪念。

1934 年，祖父和邑绅杨省斋、杨逊斋共同创议筹办慈溪初级中学，聘请宁波著名教育家陈谦夫任校长。1936 年在他和旅沪同乡共同捐银资助下，在原慈湖书院附近扩建校舍，两年后即建成设施齐全的新校舍。但不久日军入侵浙东，敌机肆虐狂轰滥炸，将校舍全部炸毁，学校被迫迁至乡间办学。抗战胜利后，1948 年祖父在上海邀集旅沪同乡名流，为重建校舍募捐集资，使学校不久就按战前原样重建了教学楼。在校舍竣工后，他应胡绳系校长邀请，亲笔题写"山抹微云"的匾额。后来该校改名慈湖中学，并迅速发展成为浙东一所著名中学。

除了在家乡捐资办学外，祖父为培养钱业界子弟，于 1923 年在上海钱业会馆内创办了修能学社，设文史、政法、外语和商事等科，先后聘名流学者冯君木、陈布雷为社长，钱太希、冯定、沙孟海、王个簃、杨历樵等为教员。三年后，该社改为钱业公学，经费主要由钱业公会承担，供钱业界子弟入学。不久又扩建为上海钱业中小学，祖父担任校董会董事长，一切办学措施，都亲自过问，学生曾达 1700 名之多。新中国成立后，1956 年该校改名为新中中学。

对于宁波著名的效实中学，祖父曾应陈布雷之邀，担任校董，在经费上时有捐助。1948 年陈布雷去世后，他出任第四任校董会主席，因该校是私立中学，在 1949 年前后，学校的日常经费常让他费神，曾多次尽力帮助学校克服困难。效实中学至今还保存着 1951 年他给陈叔谅等人的亲笔信，其中写道："关于校方本学期短少经费约一千六百万元一事决议除其中六百万元托由贞柯君专函宁波设法筹措外，其余一千万元由到会校董设法筹募之。"他竭力维持效实中学，直至后来由政府接办。

1938 年宁波效实中学被日军炸毁，部分师生来上海避难，他与旅沪同乡出资开办效实上海分校。1941 年日军占领租界，祖父与校董盛丕华、簣延芳等继续办学，校名改为储能中学，聘请乌崖琴为首任校长。1942 年后，进步文化人士段力佩和冯宾符相继任校长和教务主任。冯宾符是斯诺记述红军长征的名著《西行漫记》的译者之一。该校还聘请著名文化人士周建人、王元化、楼适夷等学者来校任教，叶圣陶曾为储能中学校歌作词。抗战胜利后，段力佩任校长，积极发展爱国学生运动，该校逐步成为上海学校中的"红色堡垒"。1946年国民党上海市教育局先是勒令储能中学停办，尔后又要撤销段力佩校长职务。对此，祖父据理力争，明确表示："段力佩是规矩人。""我认为储能中学还是要办的，还是段力佩主持！"这样，储能中学坚持办学，直到上海解放，后因校舍太简陋才停办。1983年，上海市政府特批另择新校址恢复储能中学，老校友仍怀念学校的创办人秦润卿先生。

为了支持教育文化事业，祖父在抗日战争前积极参加筹款在宁波成立四明大学，后来还担任由宁波帮创办的上海光华大学校董，上海南洋模范中学、位育中学等校的校董，以及万叶书店和新闻报馆董事等职。

祖父一生无其他嗜好，但嗜书成癖。曾祖母颜氏去世后，他在慈城旧宅建起二层的花园西式楼房，以悼念慈母，并作为日后自己年老养息之所。抗战前夕，他曾自筹款拟在慈湖中学内建造一幢图书馆，冠名"抹云楼"。遗憾的是，抗战时期日军的战火，将已购的建楼材料损毁殆尽。日本投降后，他毅然决定将上述自建的楼房私宅捐献作公，辟为"抹云楼图书馆"。他出资陆续购置中外书籍，并组织图书保管委员会，将收集的藏书四万余册向社会开放。1952年祖父将该图书馆的房产和全部书籍图册、碑帖字画，委托浙江省图书馆馆长陈训慈捐赠给人民政府，并表示："润卿积年心愿偿于一旦，快感奚似。"

祖父在家乡被称为"邑中善人"，是一位著名的慈善家。1946年慕名而来采访的《慈溪日报》记者衣人，向他提问："你抱的是什么人生观？"答曰："不置私产，营利所得尽数用于桑梓慈善事业，做到人生以服务为目的。"又问："慈溪哪些慈善事业是你主办的？"他爽朗地说："主办和协办难说清楚，因为我们所办的都是集体性质的事业，慈溪每一个慈善团体差不多我都参加，同时也兼了许多董事长。像保黎医院为钱吟苇等先生创办，我是事后参加，多尽点力而已。"

辛亥革命前后，慈城瘟疫流行，民众死者无数。保黎医院创办于1910年，以"保我黎民"为己任，由旅沪同乡任士刚和祖父等组成董事会提供经费，是服务于乡人的公益事业。保黎医院极大地改善了慈溪的医疗卫生条件，而且具有慈善性质，收费低廉，对贫病者还免收医药费。祖父积极参与该院事务，先后委任陈谦夫、宓石安为院长。抗战全面爆发以后，医院处境艰难，经费主要由他负责筹款，为落实经费，忧心不已。后来，他主持该院在上海的董事会，积极筹款维持医院生存。中华人民共和国成立后，保黎医院先后改名为公立慈城医院、宁波市第四人民医院，1982年才恢复原名。1997年保黎医院获得应昌期先生捐资扩建，成为盛名浙东的一家医院。

祖父还热心关注创办于清道光年间的慈城云华堂。它是以办理育婴、施药、舍材、埋葬等善举为主的慈善单位。1919年云华堂设立董事会，祖父成为云华堂的董事后，力促改革使其成为教育孤儿为主。1922年设立云华孤儿院，他不仅积极支持，甚至还运用自己在上海的各种关系，积极推荐孤儿就业。此外，他先后担任宁波佛教孤儿院、四明孤儿院、鄞奉公益医院、宁波七邑教养所等慈善机构的董事。祖父还在上海担任四明公所和四明医院董事，并被推选为宁波旅沪同乡会永久会董，长期致力于旅沪同乡的慈善和公益事业。

祖父一生乐善好施，热心公益，一旦家乡举办善事或遭遇天灾人祸，总是竭其所能，全力以赴。他的慈善活动不只局限于家乡，还关心到全国各地。如1920年山东、河南等省发生水旱灾情，他与银行公会会长宋汉章等决定先行筹划50万元，用于赈济灾民。此类善举在《申报》和《时事公报》上多有报道。

祖父十分重视济贫扶困，帮助贫苦百姓发展生产脱贫致富。他曾在家乡倡导蚕丝生产，以增加农民收入。1918年他从无锡购买了3万株桑树和一些优良蚕种运回慈城，无偿地发给乡亲，并聘请养蚕专家传授知识，在慈城开设一大茧行，解决蚕茧的销售问题。

落日余晖　懿德长存

　　1947年，七旬高龄的祖父，将自己一生经历和立身处世的体验写成《抹云楼家言》，由陈布雷作序，编印成册，教育了孙后代。他以"忍耐、勤俭、谦和"为家训，认为立身处世必须自重、自立、自省。他亲自编写《抚孙日课》，言传身教，每周日为孙辈授课。在授课的家堂壁上，中悬朱柏庐先生的《朱子家训》，两旁挂有对联："遗金不如遗经，处世做人真学问；授产何若授业，片长薄技免饥寒。"祖父对我们孙辈的教诲终生难忘。可以告慰先祖父的是，我们大多学有专长，服务于教育界和科技界，成为教授、博导、研究员，各自在海内外为国家的经济发展与社会进步作出了自己的贡献。

　　1949年上海解放后，祖父积极参加新中国金融业的变革和稳定上海金融秩序的工作。该年夏天，上海少数金融投机家和银圆贩子炒卖银圆，打击人民币，引起"银圆投机风潮"，有一些银行钱庄业卷了进去，但祖父领导下的一行四庄（中国垦业银行，福源、福康、顺康、鸿祥钱庄）抵制了银圆投机倒把活动，对稳定上海金融秩序起了重要作用。1952年祖父又带头将一行四庄申请公私合营。在上海市公私合营银行成立时，祖父被聘为副董事长，年近八旬的他，坚持经常到银行办公。后来，中国人民银行上海金融研究室整理编辑《上海钱庄史料》一书，这位见证了上海钱业兴衰沧桑的老人，知无不言，言无不尽，积极提供相关资料。1955年至1964年期间，他被聘为特邀代表连任第一、二、三、四届上海市政协委员。

　　1958年，与祖父相濡以沫半个世纪的祖母周幼香病逝。隔了八年之后，一向身体称健的祖父，在1966年病倒了，被送入上海华东医院医治，不幸于7月5日下午1时半病逝。敬爱的祖父在"文革"风暴之初安详地走完了人生道路，享年90岁。遵照其遗愿，他的骨灰归葬于慈城镇白龙山公墓、长眠于他挚爱的家乡青山绿水之间。

　　祖父一生经历了清朝、民国、新中国三个时代。近年来，一些学者本着科学求实的精神，相继发表了论述秦润卿生平的论著。复旦大学历史系余子道教授曾经指出："秦润卿一生的诸多功业及其丰实的经验，给后世留下了一笔极其宝贵的精神遗产。撰写他的传记，回眸他走过的崎岖不平的道路，并给以阐述评论，不仅是为了纪念逝者，为了继承这笔精神财富，更重要的是为当今经济和金融的深刻变革，金融英才的培育提供借鉴。"

今天缅怀祖父不平凡的奋斗历程，一定要进一步发扬和继承他崇高的人生追求和为人处世的高尚品德。愿秦润卿精神永葆青春！

（秦亢宗，秦润卿之孙）

我的祖父面粉大王王禹卿

王佩琳

王禹卿的事业

王禹卿（1879—1965）

19世纪末，在无锡太湖边的青祁村，私塾先生王梅生的家里诞生了王尧臣和王禹卿兄弟俩。他们俩从小就在他们的父亲王梅生（我的太公）指导下读书识字。哥哥王尧臣（我的伯祖父）生性憨厚，天资不是太聪颖但勤奋用功。那个年月乡下生活穷苦，作为大儿子他16岁就走出农村，到无锡城里从学徒到伙计，脚踏实地走向实业之路。弟弟王禹卿（我的祖父）的性格则与其哥迥然不同，生性好动，头脑活络，14岁那年也学他哥哥走出穷乡僻壤，投向冒险家的乐园大上海，勇敢地只身闯荡上海滩。小小年纪的他投靠亲戚经营的煤铁油麻店当学徒，双手要搬动超过他自身力量的油桶绝非一件易事，他咬咬牙都挺过来了，老板看在眼里很是器重，也深得师傅喜爱，在家乡的老父亲更是倍感欣慰。

当时做学徒非常辛苦，收入也很是有限，王禹卿除了最简单的生活费用外，什么都不舍得花费，省下来的钱全部寄回老家补贴家用，可见他对父母的一片孝心。他做学徒期间得知母亲不幸病逝的消息却无法回家奔丧，直到学徒期满才能请假回家为老母亲上坟扫墓，这种悲痛心情可想而知。那时候王尧臣也早已跟随其弟到上海发展，在洋行做事，后又在华兴面粉厂当会计。而王禹卿从14岁离开家乡来沪也已经过了十个年头，工作也已经换了几个地方。在上海恒来油麻行打工时肯吃苦又能干，老板派他到外地开拓新的市场，他更是尽心尽力，开动脑筋，推广业务，成绩不断超出别人。

在一次到北方谈生意途中，偶然遇到了一个姓曹的老乡，说起来都是从无锡乡下出来打工的，谈得很投机，真是他乡遇故知般的惊喜。原来这位老乡是荣家无锡茂新面粉厂的推销员。王禹卿从老乡那里了解到荣宗敬、荣德生两兄弟的为人，拜见之后，荣宗敬竟与王禹卿这个精明直爽的年轻人一见如故。从此王禹卿与面粉事业结下了不解之缘，在面粉生涯中得心应手。凭着见机行事、埋头苦干的精神，王禹卿深得荣氏家族集团大老板荣宗敬先生的赏识。王禹卿极有商业头脑，在面粉进货方面一定把质量放在第一位；在个人信用问题上他更是一诺千金，决不食言。王禹卿是推销面粉的一把好手，又会想出很多吸引人的妙计，生意越做越旺，朋友也越来越多。他在企业管理上有严格的要求，若职工违反规章制度，经过调查属无意或偶尔初犯者，则教育教育算了；若是故意恶搞或好逸恶劳之辈，那是必定给予严惩，不管是不是亲戚决不姑息养奸。所以人人对这位二老爷都恭敬从命，被发现弄虚作假、私弊夹账、捞取回扣佣金等不敬业行为的员工，立即开除，亲戚与非亲非故者一视同仁，称得上真正的铁面无私。

王禹卿在 1903 年正式加盟荣家的茂新面粉厂，专职从事面粉事业。凡事开头难，商场上不可能一帆风顺，有责任也有风险。王禹卿以他聪慧的头脑，精明能干以及在他的信用基础上建立起来的人脉关系，居然把荣家历年来积存下来的面粉在短时期内轻而易举地销售一空，这时候的荣大老板真的是对他刮目相看了，从此王禹卿成了荣宗敬的得力助手。

24 岁的王禹卿事业日益壮大，此时家乡老父盼子成婚心切，一封封家书催儿子早早回家结婚，对象是邻村陈家闺女名翠娥（我的祖母）。祖母善良又勤劳，家中还有一个弟弟即日后发迹成为呢绒大王的陈梅芳先生（我的舅公）。完婚后祖父留下新娘，自己返沪继续拼搏。第二年陈氏诞下一名男婴（即爷爷的独生儿子，我的父亲王亢元），乳名家麟，指凤毛麟角，意味着家中罕见而珍贵的儿孙，倍受全家宠爱。

王禹卿年纪虽轻，能力却极强，并且有十足的勇气和冲劲。荣老板看在眼里，喜在心里，派他北上南下，四处开辟新的市场。王禹卿从中经历了风风雨雨，见过了世面，经历了各种磨难，懂得了生意场上的人情世故。王禹卿做生意不但自己赚钱也要让朋友大家获利，这样周到为他人的想法博得同伴兄弟们一致好评。当遇到困难时总有朋友兄弟们出来帮忙解困，让他十分感动，以他自己的说法是令他"终身获益匪浅"。

王禹卿自1903年与荣氏集团联手经营面粉事业以后，担任上海销粉主任同时兼天津裕大祥号经理。他平时非常关注市场动态及各种信息，了解国内、国际上经济行情以及时局动态等，以此掌握主动权。当时裕大祥投资失败连累了茂新公司，紧要关头，王禹卿与各钱庄开诚布公地商谈，并以他本人名义立据担保负责归还欠款，这才使茂新渡过了难关。王禹卿不但为荣老板立了一大功，也以他自己的作为在商界人士中赢得了越来越高的声誉。

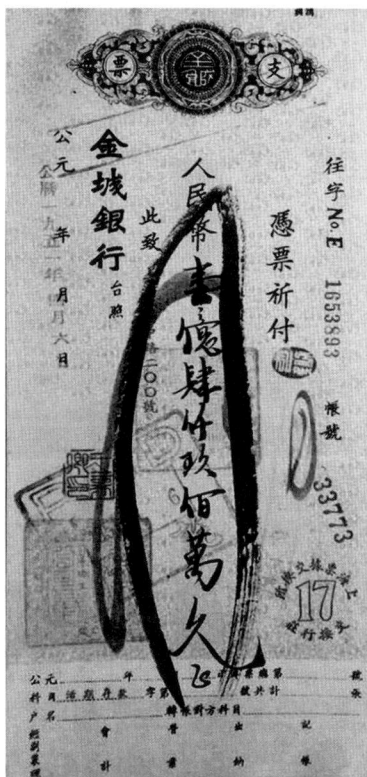

王禹卿签署的金城银行支票

1912年王禹卿在茂新面粉厂当销粉主任，从外地到上海，十多年来积累了相当丰富的商界打拼经验，事业越做越顺，收入也多了起来，但总觉得替别人打工，就像是寄人篱下作不了主。王禹卿自我感觉各方面的本事并不比别人差，就有自己创业独立办厂的念头，于是和茂新面粉厂在无锡的办麦主任浦文汀商量合伙独立办厂。他们两人私下交情很深，浦文汀也有同感，只是资金不足，只能先从租地办厂房开始。正在四处张罗积极筹备的时候，被荣宗敬老板知道了。荣老板到底是老谋深算，为了不失去王禹卿这个得力干将，又可以保留荣氏集团在面粉市场上的优势，荣宗敬提出大家合作的建议，在上海合办一家新的面粉厂，荣氏兄弟商量合作投资；他们兄弟投二万元、浦文汀兄弟出一万二千元、王禹卿出八千元，共集资四万元。这就是第一家福新面粉厂成立的过程。王禹卿考虑谁当福新面粉厂经理，他就请哥哥王尧臣辞去华兴售粉职务加入福新面粉厂来担任此职。

由于使用原茂新面粉厂"绿兵船"牌商标，加之王禹卿销粉有方，第一年就盈余超出三万元之多。此时王尧臣在王禹卿的带动下对加入面粉事业也有了坚定不移的信心，兄弟俩互尊互让、有商有量。第二年又开发了福新面粉二厂，王尧臣也加入了股份，事业不断扩张，三厂、四厂一直到福新面粉八厂并成立了福新面粉公司。其中福新面粉七厂是王禹卿投资最大的一家工厂，占整个福新系统中最重要的地位，因此王禹卿本人亲自出任福新面粉七厂经理一职。除了面粉事业，荣家、王家两兄弟还向棉纱、纺织等方面发展，申新纺织厂是其中之一。荣宗敬担任茂新、福新、申新三新总公司的总经理，他把精力都放在申新棉纺织系统上，所以王禹卿是福新面粉公司的主要掌门人。荣家兄弟在三新公司三十周年时，生产的面粉已占全国总量的一半，被颂称为"面粉大王"，誉满商界。而王家兄弟为福新面粉公司奋斗了一辈子，王禹卿更是整个福新系统的领航人，凡是新的发展计划都离不开他的创意，王禹卿经营面粉的成功奠定了他在荣家企业中无可替代的地位。这在商界业内人士中是尽人皆知的。我们小时候只听得家里大人说爷爷是面粉大王，现在看来这个荣誉之称爷爷是当之无愧的。

王禹卿事业做大了以后，在上海和无锡等地置了好多房地产。原配夫人带着独子最先住在无锡的时郎中巷老宅，儿子成婚后，上海愚园路东庙

东平路 10 号宅院

弄房子造好了，母子一大家全搬来上海，我就是在这里出生的第九个孙女，当然这已是 1937 年的事了。

1929 年王禹卿不幸遭遇匪绑，夫人急得如热锅上的蚂蚁，全家乱作一团，怕土匪撕票不敢报警。土匪绑架目的就是要钱，赎金不满足就不放人。听说最后是通过蒋介石的关系，王禹卿才逃过一劫安全回家。此事以后家里又多了两名保镖，日夜守护着大门，出门办公时保镖就随车护卫。

王禹卿和蒋介石在上海东平路住宅爱庐是门对门，王禹卿住 10 号，蒋介石住 9 号。王家的客厅墙上挂有蒋介石对王禹卿称兄道弟亲笔签名照片一张。蒋介石、宋美龄夫妇对王禹卿在无锡建立的旅游胜地著名园林蠡园特别感兴趣，三次去无锡都下榻在蠡园。正如景宣楼门前石刻碑上所写："景宣遗梦 公元一九二七年 一九三〇年地方绅士王禹卿先生在此营构早期的蠡园，景宣楼是园中最早的建筑之一，登楼临窗，蠡湖秋水共长天一色，落霞与孤鹜齐飞。"据《无锡市志大事记》载，"一九四六年十月三十日国民党政府主席蒋介石偕夫人宋美龄抵无锡"避寿，次日游太湖、登雪浪山寻访蒋子阁。蒋、宋抵锡当晚下榻蠡园景宣楼。诗情画意美如仙境的蠡园，园中每一处景致都充盈着王禹卿、王亢元父子两代对蠡园之情，也是父子两人给国家和家乡父老乡亲们最大的贡献。

抗战时期，公司遭到日军破坏、强行占领等种种灾难，但他仍旧断然拒

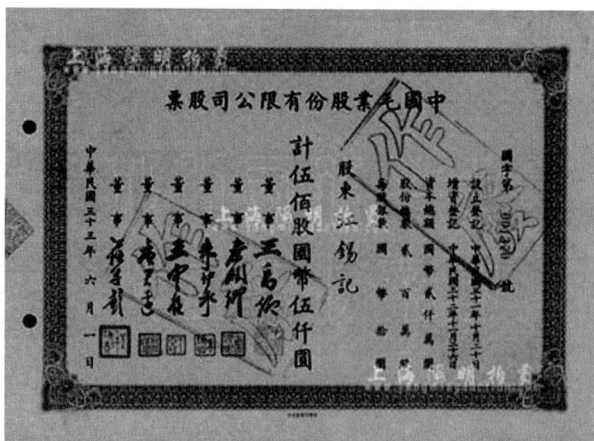

中国毛业股份有限公司股票

绝日伪政府让他担任粉麦统制会主任的邀请，不愿意蒙受为日本人干活的耻辱。战火中福新公司损失惨重，那年王禹卿正当 60 岁生日，亲朋好友准备好礼金要为他拜寿，他一一谢绝，并在生日之前就外出避寿；还将所有亲友赠送之礼金，全部捐献给慈善机构，救济受战火之灾的难民。他在上海创建了儿童医院，在无锡办学校、办药局、免费送家境贫困的孩子上学，给穷苦乡民施药，给红十字会捐款，修路筑桥等等都是他一生中的善举，这一切源于他的爱国之心。

　　王禹卿被公认为民国时期上海著名的实业家、民族资本家。他出众的才能与品格精神是上海商界打拼成功的典范。王禹卿在晚年醉心于中国书画，这种精神上的追求以及文化品位也是值得发扬光大的。用他本人对后辈们说的一句话："做生意不能一成不变、呆板行事，而是要灵活机动好似孙悟空一样会七十二变，把生意做活才能立于不败之地。"后人把这位与荣氏企业共患难的合伙人称作近代上海的商业奇才。他的精明强干及经营谋略在当今的商场上依然具有学习和研究的价值。

　　1948 年上海解放前夕，王禹卿去了香港，此时他年事已高。在离开上海之前，他将事业系统经营大权交由荣德生之子荣毅仁掌握，在家业上把一家老小的生活来源交托给哥哥王尧臣的女婿曹启东保管。1965 年 4 月王尧臣病逝在上海，享年 89 岁。一个月后王禹卿病逝在香港，享年 86 岁。老兄弟俩的创业生涯就此打上句号。

王禹卿的家庭

　　王禹卿一生艰苦创业，终于功成名就，为中国现代面粉工业奠定了扎实的基础。随着事业上的不断扩展，他的家业也越来越壮大。从 1927 年起王禹卿就有心为家乡做点好事，他看中了蠡湖这一片风平浪静、让人赏心悦目的乐土，就有意在临湖之处营造一座人间乐园，由此筑起了著名的旅游胜地"蠡园"。蠡园与荣家的梅园、锦园等私人园林为无锡市发展了旅游事业。

王禹卿的无锡蠡园颐安别业

　　园中的"南堤春晓""望湖亭""千步长廊""湖心亭""书法碑廊"等美好景色加上造型奇特的石叠假山以及优雅的自然风光，不由得让游人在此景中流连忘返。王禹卿的儿子王亢元（我的父亲）也助其父在蠡园内筑起了颐安别业和景宣楼两栋别墅，另外还建造了游泳池、跳水台、露天舞池、回音壁、凝春塔等别有情趣的景点。1952 年无锡市人民政府把我的舅公陈梅芳的"渔庄"（又名"赛蠡园"）并入"蠡园"，这样蠡园就成了一个更大的湖边花园。

　　王禹卿在无锡的时郎中巷建有一幢坚实的英国式三层洋房，外表气派壮实，内部装饰也非常考究。花园是属于中国式的小桥流水、亭台楼阁、曲径幽幽、竹林密密，环境优雅，身在其中不由得赏心悦目。他的原配夫人陈氏（我的祖母）带着唯一的独生儿子住在这里，一直到儿子娶亲成家。这时候上海的两幢花园洋房也先后建成了，无锡的亲娘（无锡人对祖母的称呼）带着一大家子三代儿孙住进愚园路 67 弄 14 号老宅，而上海的亲娘就住在东平路 10 号的新宅。两位夫人各住各地，相安无事。

　　祖父的为人：外表威严，内心慈祥。这种处事宽容大度和他在厂里严格的管理制度正相吻合，只要不是故意犯错，他都能酌情处置。在祖父的训导影响下，我自然而然地培养出了宽容待人、与人为善的性格；日后更养成在困境中能想得开、放得下的好心态。

王禹卿家大业大，在上海除了愚园路和东平路两幢花园洋房是自住房外，还投资了大量房地产，有石库门弄堂房，也有新式里弄房子，估计有两百多栋。他还把海伊犁路 86 号一块土地租给农场作植物园（现在是新虹桥花园）。事业和家业不断扩展，逼使他一心想要培养他的独生儿子成为他事业的继承人。可是事与愿违，儿子对做生意毫无兴趣，只要一踏进厂门，听到机器轰轰响就觉得头痛；而对园艺方面花花草草和修修剪剪的事都会亲自参与；又喜欢研究历法，特别钟爱收藏古钱币，一生的收藏后来全数捐献给上海博

张大千山水画

物馆，这些都是后话了。基于这种情况，王禹卿就把希望寄托在孙辈，因此在王家第一个出生的孙子（即王亢元第一次婚姻所生）就有幸受到他的特别宠爱，从小带在身边一起生活，可以说万事都已具备了，只是世事难料，一厢情愿的事不一定能实现，这也是在所难免的。

王禹卿子孙满堂、心旷神怡、安度晚年之时，更醉心于中国书画。他与张大千和唐云等一大批文人书画家都有着深入的交往，他特别欣赏张大千的画。《醉翁亭记》《晓妆图》等都是他难以割舍的珍藏。

正当祖父安享天伦之乐的时候，上海亲娘突发脑溢血，逝于东平路 10 号新宅内；时隔半年左右原配无锡亲娘也因心脏扩大逝于愚园路东庙弄老宅。两位夫人相继去世使祖父情绪一下子落入谷底。当时来做媒的人络绎不绝，公司资深经理吴昆生介绍的靖江某厂女工头侯铭仙就成了我们的继

母亲与子女五人在照相馆留影

祖母。

1948 年战乱年代，王禹卿随着上海大多数富商的大流，带着继室和长孙前往香港；那幅他钟爱的张大千的名画《醉翁亭记》也被一同带往香港。1949 年中华人民共和国成立，统战部曾经邀请他回来，但那时他年事已高且饱受病痛折磨，已是心有余而力不足了。1956 年，福新面粉厂、寅丰毛织厂等私人企业参加公私合营；无锡的豪宅及旅游景点蠡园在刚解放时，王家就主动无偿上交给国家。王禹卿在无锡的豪宅隔着一堵围墙就是其兄王尧臣（我的伯祖父）所建美式大洋房和法式小洋房。现在围墙被拆，打通以后三幢洋房连在一起被称为梁溪饭店，专门接待国家级干部。后来在王禹卿宅内一块墙上立有一石碑，上刻有"无锡市文物保护单位　王禹卿旧宅　无锡市人民政府无锡市文物管理委员会二〇〇三年六月二日公布"。至于其他的产业也一律上

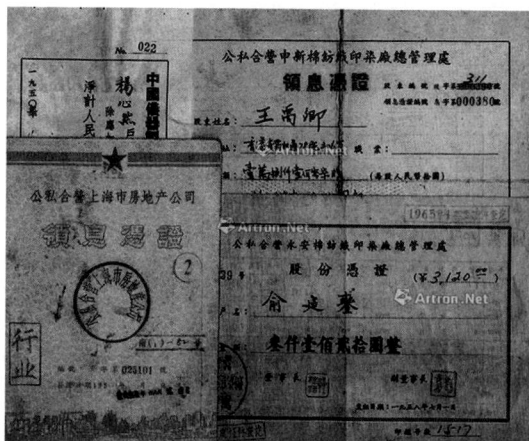

公私合营时期的各种凭证

无锡市人民政府为王禹卿
老宅刻碑　现为梁溪饭店

交，只留下东平路 10 号一栋西班牙式花园洋房作为王家后人的自住房。

1965 年 5 月，祖父因心脏病突发在香港逝世，享年 86 岁。我们上海的小辈在东平路自住宅中设有灵堂为他祭奠。经历了一系列的运动，一直到改革开放以后，父亲在家乡无锡百花园买房返乡养老，还在 1986 年出资人民币 5 万重修了蠡园的长廊碑刻。1990 年 6 月 5 日父亲在无锡病故，依照他的遗愿，骨灰撒在蠡园的五里湖中。

作者在无锡蠡园颐安别业池塘边

前不久，我最后一次走进东平路 10 号想为可能消失的老家拍几张照，也给我们的后辈们对前辈王禹卿有一个留念。一位正在修大铁门锁的师傅知道了我的来意之后，竟然脱口而出说："哦，原来你是老东家！"他不但帮我拍了照，还告诉我这房子不会拆的原因是门口有告示："东平路 2—10 号（双号）花园住宅 1920 年竣工 砖木结构 共 5 幢建筑 为优秀历史建筑 上海市人民政府 2015 年 8 月 17 日公布。"

（王佩琳，王禹卿孙女）

我的外祖父王晓籁

金　盼

王晓籁是我的外祖父，我的母亲是王晓籁的女儿，我是他的外孙。因为王晓籁子女多，所以王晓籁家是把儿子和女儿分开来排列的。我母亲在女儿中排在第十二位。记得在我小时候，我母亲的弟弟妹妹叫她"十二姐"，家里佣人称她"十二小姐"。我母亲一直与我外祖父外祖母一起生活，居住在上海徐汇区安福路53弄8号（过去叫"和明村"）一幢新式里弄房子里，照顾他们的生活起居，直到他们去世。我自出生起，也是与外祖父王晓籁等人在一起共同生活。

王晓籁（1887—1967）

在我还只有五岁时，"文革"来临了。受当时局势的影响，我们家一般不再与外人多提王晓籁，即便到"文革"结束也还是如此。就算到了1979年王晓籁被组织上彻底昭雪平反，骨灰安放于龙华烈士陵园后，我们家人仍是心有余悸，慎提他的名字。这种局面一直持续到了2000年左右。

大约是2000年后，我有位朋友到杭州去旅游，看到了杨公堤处有一个名为"环碧湖舍"的景点，介绍牌上写着：上海"海上闻人"王晓籁杭州旧居。朋友让我去杭州看，同时提醒我，王晓籁这个人物具有历史研究价值。自此，我开始逐步注意有关王晓籁的史料，后来陆续有一些机构或个人找到我，说是发现了一些王晓籁的手迹或文献等，其中有些还是从海外回流的，让我帮着鉴定真伪。时间长了，这方面资料积累也就多了起来。我渐渐发现了一个立体的王晓籁，这个人物的丰富性复杂性都出来了。他有一个庞大的朋友圈，这个庞大朋友圈里涉及国共两党很多重要人物和重要事件。这种情形下，我对王晓籁产生了更大的兴趣。从 2011 年起近五年时间中，我将不断搜集到的材料和文章进行了编辑整理，于 2016 年下半年编撰了《努力前进：王晓籁历史图片文献汇编》。把能找到的王晓籁照片、文献，做了归纳汇总，进行了编印，并不断进行增补，目前这项增补工作仍在进行中。

王晓籁出生于 1887 年初，即光绪十二年末，去世于 1967 年年中。我是 1961 年出生的，一直到 1967 年，王晓籁去世前的六年时光里，我都与他共同生活在他上海的最后一处寓所。尽管我年龄比较小，但也见证了他的一段晚年生活，当然记忆已经十分遥远。

王晓籁 1950 年从香港回祖国内地后，一直受到比较高的待遇，周恩来总理特批了人民币 300 元的工资，生活是蛮安定的，各方面一直都不错。他是上海市人大代表、政协委员，也是市政协"文化俱乐部"的会员。我出生的年代是"三年自然灾害"期间，物资非常匮乏，吃的穿的用的都很差。家里有时候为了改善伙食，就会到"文化俱乐部"去吃饭，中餐西餐都可以吃到。还有电影、戏剧看，小时候我最喜欢去的地方就是那里。那时，我还在幼儿园，到了放学的时候，外祖父会用三轮车来接我。有时候会去他们设在"国际饭店"的聚餐喝茶处。他们很喜欢"国际饭店"这个环境，这可能跟他们早年的那些活动有关系。那可都是些民国时的风云人物，他们在那里喝茶、吃饭，我也参与过，只是当时太小，印象不深了。那些老先生们，现在如果能说出他们的名字，也都是或多或少有些影响的历史人物了。像姚虞琴、商笙伯、顾伯达，算是"雅士"，像方椒伯、刘昌义等，就是前朝商界军界的"大鳄"。他们当时生活还比较安逸，一般都喜爱收藏书画，就在那里，或是交流或是写诗，同时又吃吃喝喝的，逍遥自在。

这个记忆很短很模糊，时间很快就到了 1966 年，"文化大革命"开始了。"文革"的爆发是我们始料不及的，所以一点防范也没有，从心理到各方面都是毫无准备。不长的时间里，家里出现了多达七次的红卫兵抄家、造反派批斗和砸抢烧……各种灾难不断降临，"文革"开始后差不多也就一年的时间，王晓籁就病倒了，而且病得非常重，于是住进了"华东医院"。因为他从香港回内地以后，任民政局高级顾问，享受副局级待遇。其实过去他在"上海救济总会"就有职位，这样延续下来，就把他归到了民政系统里面。当年民政局属于华东局管辖，所以他有资格在"华东医院"看病。生病住院后没有再回家，时间不很长久，大概也就二三个月。1967年6月15日，王晓籁在上海"华东医院"黯然逝世。

我长大以后，不断听家里人或者亲戚朋友说起了很多有关王晓籁的故事和对他的评价，但都是一些小片段。印象比较深的是，我父亲告诉我，王晓籁曾经与他说起过我父亲的祖父，也就是我的曾祖父金琴荪。金琴荪是清朝的命官，可能家中排行第四，老百姓称他"金四大人"。据说他的官衔是苏州道补台，光绪年间上海归苏州管辖。他在1910年10月24日，在上海被革命党人枪杀。据说，他有一个非常大的特权，他可以在华界里面跑快马，他的马车可以不躲人，撞死人不偿命。历史上有一个对他的记载，据说有个外国人挡了他的马车，他就用马鞭抽了外国人。当年外国人在中国飞扬跋扈，中国人都怕他们，不敢碰他们，而金琴荪敢用马鞭抽西洋人，这是当年

二排右四为金琴荪

报纸的特大新闻了。马车应该是金琴荪的官职配车。据说被称作"巨商"的他，在光绪年间，家里已经自备汽车，这应该是中国最早的有车阶层了。金琴荪作为清廷任命的地方官，也曾经颁发过地方法令，禁止妓女为了"出局"时节省体力，由称为"捞毛"的男佣扛着招摇过市的行为。这个法令改观了一点社会文明风气。

浙江革命党首领陈其美、王金发等人，正好是王晓籁的密友和同乡，他们当年都是要致力推翻清朝的人物。王晓籁与我父亲说起这段历史，无非想说明，尽管金琴荪出道早，官位高，资产丰厚，但最终还是被王金发指使手下给暗杀了。这个事件过了一年不到，就爆发了辛亥革命。

上海师范大学人文与传播学院副教授施晔在他的论文《时代焦虑与都市憧憬——陆士谔小说的上海书写与想象》中说：

> 立宪运动失败后，反政府的革命运动风起云涌。城市是革命党人的大本营，诸多针对清政府的刺杀活动，如徐锡麟刺杀安徽巡抚恩铭，万福华刺杀广西巡抚王之春，王金发刺杀汪公权、金琴荪等都发生在城市，其中以上海为最多，这在当时的报刊及小说中都得到了充分反映。陆士谔，这个百年前就憧憬过在上海浦东举办世博会的预言家，同时也是热衷于将新闻佚事编入小说之人，他当然不会忽略这些重大事件，"这几年暗杀风潮，奔腾澎湃，东卷西荡，利害得无可言喻……就拿上海而论，刺王之春，刺方云卿，刺汪允生（公权），也有两三桩暗杀案了"，并在《最近社会秘密史》及《十尾龟》等小说中对金琴荪被刺案作了客观的描写。在他的心目中，金琴荪并非革命党人眼中的密探，而是个仗义行侠、乐善好施的巨商，对金的遇害，作者颇感痛心与惋惜。而革命党人则被他描写成凶残的黑社会流氓，这恰恰说明了辛亥革命的严重脱离群众。陆士谔等辈文人没有功名且社会地位不高，所以无缘介入由知识精英统摄的维新、革命运动圈，旁观者的身份及革命党组织的机密性，使他们无法洞察暗杀行动的深层原因。

　　陆士谔在《最近社会秘密史》第 23 回"流氓枪毙金琴荪　帮匪巧劫四十埠"中是这样描述金琴荪的:"姓金,号叫琴荪,苏州人氏,从前在'怡和洋行'当过副买办。此刻在三马路开着一家报关行,商标就叫做'荣记'""此人是上海的大侠士,胸襟非凡阔大,志气非凡高傲""琴荪一生最喜欢朋友,凡上中下三等的人,没一个不与他要好。朋友求教他事情,凡是他办得到的,总无有不答应,并且替人办事,还要贴掉银子。一年到头忙来碌去,无非为'济急抚'。""金琴荪平日待人接物异常的和气,竟会横遭暗杀。奇极奇极!这其中大大可以研究。"我曾祖父金琴荪的忠心保皇和我外祖父王晓籁的反清革命,形成了鲜明的对比,也为历史留下了丰富的研究史料。王晓籁的"百度百科"简历中有那么一句话:"因坚决主张抗日几遭汉奸傅筱庵暗杀。"我母亲曾告诉过我,外祖父有个腰揣盒子炮的私人保镖,此人名叫赵连城,山东彪形大汉,高头大马,络腮胡子,头戴铜盆帽。娶老婆后新房就在外祖父早年居住的环龙路(现南昌路)212 弄 9—10 号寓所后面的汽车间里。出门赵保镖就站在王晓籁的私家汽车(史蒂

上海市各界抗敌后援会成立大会会场

倍克 STUDEBAKE 牌，车号 393）宽宽的踏脚板上，整个人暴露在外，威风凛凛，有暗杀就靠他的身体挡子弹了。我父亲也曾告诉过我，王晓籁是遭到过暗杀的，还好子弹卡壳，躲过了致命的一劫。还要说一句的是，金琴荪和王晓籁，这两个志趣不同、经历不同、结局不同之人，竟然都是上海总商会不同时期的重要人物，金琴荪是上海商务总会第四、第五、第六任（1907—1910）议董，而王晓籁是上海总商会第七任（1924—1926）会董。他们的后代更是走到了一起，组成了家庭，这才有了今天能在此口述历史的本人。

有学者现在对王晓籁有一个比较综合的评论，说他一生可以用三个"国"来贯穿：第一个"国"是"救国"，他的救国就是要推翻清王朝。19世纪 60 年代到 80 年代出生的人中，出现了许多反清志士，如秋瑾、徐锡麟。王晓籁早年追随秋瑾，参加光复会，致力于推翻清朝。光复会誓言：光复汉族、还我山河、以身许国、功成身退。可见光复会会员忠烈之心。第二个"国"是"爱国"。1932 年爆发"一·二八"事变，蔡廷锴血战淞沪，上海滩命悬一线。史量才、王晓籁、杜月笙、钱新之、黄炎培等人组织了上海地方协会，史量才任会长，时任上海市商会主席委员的王晓籁任副会长，另一位副会长是杜月笙。他们在学生界和文艺界组织起战地服务团，又在工商界带头募捐。炮火硝烟中，王晓籁等十多人，驱车到十九路军军部，送去大量罐头食品和生活用品，并为十九路军募集了 900 万元大洋。1937 年抗日战争全面爆发后，王晓籁和一部分"海上闻人"包括虞洽卿、杜月笙等人成立了上海市各界抗敌后援会，坚决对抗日本人。实际上也有不少人，因为自己政治上或商业上的私利，屈服于日本，先后当上了汉奸。1937 年 8 月 13 日，日军进攻上海，淞沪会战打了近三个月，四行仓库保卫战后，王晓籁等人在上海不能再待下去了，于是潜往香港，然后辗转去往重庆。云贵川甚至缅甸、越南，那里都留下了他们抗战的足迹。最后一个"国"是"建国"。解放后，王晓籁响应共产党的感召，1950 年毅然从香港返回祖国，投入了轰轰烈烈的新中国建设事业。

王晓籁早年是富人，到了中年已经不是了，到了晚年基本上就是穷人了。著名报人徐铸成是这样记载的：王晓籁在上海成名要比杜月笙早许多，那也是上海滩乃至全国著名的人物。他与杜月笙关系很好，后来都是靠杜月笙每月送钱维持场面。这正如王晓籁在其《五十自述》中立下的做人志向："三十岁以前做其富，四十岁以前做其平，五十岁以前做其穷。达则兼善天下，穷则独行其道。崇拜养活多数人，渺视积得多数金。"早在1917年，王晓籁正值"富人时期"，年方三十岁，财力雄厚，他联合自己胞弟王孝本，出资50万银圆，在他自己的家乡嵊县，捐助了一家颇具规模的医院。1919年2月19日医院开诊，王晓籁胞兄、浙江著名中医王邈达出任董事长兼院长。医院用三兄弟父亲王芷湘的名字命名为"芷湘医院"。值得一提的是，嵊县地处浙江东南山区，至今交通不便，但王氏兄弟资助建立的医院有西式楼房四幢，中式楼房二幢，房屋有60多间。初设中医、西医两部。1946年开设内科、外科、妇产科、眼科、牙科和耳鼻喉科，病房19间。1950年由县政府接管。嵊县著名的"剡山小学"也是王晓籁资助办学而建造的，现在

王晓籁戏装照

还是嵊州市的市重点学校。王晓籁兑现了"发家致富不忘家乡父老"的诺言。

"如日之昇，如月之恒。"王晓籁喜爱文艺，主张娱乐要艺术化。他对东西方文化也保持兴趣。他不仅能跳西方的交谊舞，还会当时流行的西式游泳等。王晓籁是当年上海滩著名的京剧票友。他与虞洽卿、袁履登一起主持过"申商票房"。他自己也有一个"昇社"，地点就在现在的武胜路上，专供京剧票友玩票。江上行先生的文史《几个当票友的大亨》中记

吴昌硕题书斋名

载："王晓籁爱好京剧有悠久历史，他专攻铜锤花脸，黄钟大吕，嗓音洪亮，虽然带有绍兴口音，一响能遮百丑，听起来倒有几分韵味。"王晓籁的花脸戏得益于他与名净郝寿臣先生的交往，经过郝大师的指点，他的演唱也就有了些门道。拿手好戏有三出：《草桥关》《上天台》《二进宫》。做过海关监督的湖州人沈田莘与王晓籁合演《空城计》，沈田莘演诸葛亮，王晓籁饰司马懿。1931 年杜家祠堂落成，杜月笙请了几乎所有的京剧名家前来演出助兴，这中间，王晓籁和袁履登一起最早登台，演了出《八百八年》，算是真正在关公面前舞了回大刀。有邻居回忆，王晓籁在解放后回到上海安享晚年时，家里的客堂也成了京剧票房，还请来了琴师，爱好京剧的邻居会去王宅与王老先生一起唱戏。

王晓籁又是书画爱好者，他自己也能书法，与许多书画家有笔墨交往，吴昌硕先生就是其中的一个代表人物。他与吴昌硕的密切关系，现在也找到了比较多的凭证，王晓籁的书斋名"簫庐"，就是吴昌硕取的名并亲笔题的字。1912 年起，吴昌硕定居上海。之后，有一批被称为"大师中的大师，名流中的名流"先后汇集于上海，他们的学问很了得，前清高官大吏有康有为、张謇、郑孝胥、谭延闿等，名流鸿儒有沈尹默、曾熙、李瑞清、狄平子、马一浮、丰子恺等，与王晓籁均有文化层面的交往。可以查证到的与王晓籁有笔墨交往的国民党元老级人物还有蔡元培、张静江、戴季陶、于右

上海美专校董会合影

任、许世英、叶恭绰等。还有"商界闻人""上海总商会"领袖王一亭先生，他俩的关系也很好，也有书画交流。其实王晓籁与他们中的不少人出生年代是相差比较大的，属于忘年交，但是大家关系处得非常好。

王晓籁还是美术戏剧体育方面的倡导者和参与者，说亲力亲为一点也不过分。他是上海美术专科学校 1935 年时期的校董，其他校董还有蔡元培、黄金荣、虞洽卿、袁履登、叶恭绰等。王晓籁也是上海戏剧学校 1939 年创世校董。这两所学校对今后上海文艺发展产生了重大影响。如今，由上海美专延存下来的南京艺术学院和上海大学美术学院都是国内艺术类高校的佼佼者。上海戏剧学校也为戏剧的繁荣发展起到了作用。这些艺术院校日后走出了许多高水准的人才，对整个国民素质的提高作出了贡献。军人出身的李景林曾经是叱咤风云的北洋军阀，后来热衷于中华武术的推广，却屡屡受阻，后来经过张静江和王晓籁的帮助，使其在浙江和上海的计划得以推出，终于举办了全国打擂比赛，对国术的弘扬光大起到了推动作用。

尽管早年参加了光复会，可王晓籁其实算是个读书人，对知识的尊重，对读书人的尊重始终贯穿于一生。光复会浙江起事失败后，王晓籁为避祸从一线战场来到上海滩转战商场，从被前辈虞洽卿提携到被大亨杜月笙赏识，读书人的底气和做人的原则始终是坚持着的。同时，对于有识之人的敬重也是发自内心的，如遇到这样的人离去了，他会表达自己的感受。仅1936年，他就分别以不同的形式表达了对先后去世的国学大师章炳麟、苏联作家高尔基和中国文学家思想家鲁迅先生的哀悼。章炳麟曾是光复会会长，同道中人，自不必说，而高尔基和鲁迅则是国民政府提防的人。高尔基是红色国度的红色作家，鲁迅是一度进入暗杀名单的人。王晓籁此时此刻的言行举止应该是内心的真实写照。其中，他为鲁迅先生送出的挽联是"杜少陵怆怀饥溺，李长吉呕出心肝"。

上海总商会一些领袖像会长、副会长，包括会董，他们的一个共同之处，就是为中国的经济建设作出了非常大的贡献，他们非常努力地工作，支撑起了当时中国经济命脉的半壁江山。其实，当时的中国实际上是很贫困的，也就是上海这么一小块地方经济比较强大，江浙财团硬是扛起了中国当时的贫困局面。蒋介石也说到过，他在上海的发展，一个是靠江浙财团，还有一个就是靠青洪帮。江浙财团主要是靠上海总商会集资。正如王晓籁是从闸北商会起家，王一亭是从南市商会起家一样，当年各个地方都有小的商会，逐渐演变，后来成为上海总商会。有人问，王晓籁为什么在历史上查不到他会长这个身份呢？我从小就听人家叫王晓籁是上海市商会会长。原来1927年上海成为"特别市"，上海总商会也因此改名为上海市商会，与此对应，会长改称主席委员。王晓籁在此时成了王主席或王主委。而早在1924年到1926年，王晓籁就已经是上海总商会的会董了。提携他的人是虞洽卿先生，是他的前任。

说起1927年成立的上海特别市，应该说一下"大上海计划"。1929年7月上海特别市政府第123次会议通过了"大上海计划"（又称"新上海计划"），是南京国民政府为建造新上海市，打破上海公共租界与上海法租界垄断城市中心的局面而制定的计划。在"大上海计划"的许多项目中，都有王晓籁的身影。市政府的奠基仪式，市政府的孙中山塑像奠基仪式，市立博物馆、市立图书馆的奠基或落成仪式，也都有他的身影或留下了他的名字。其中，在 1933 年，王晓籁还出任中国航空协会主席。协会所在地是上海著名的"飞机楼"，也是"大上海计划"的一部分。迄今，"飞机楼"正门的墙上还镶嵌着奠基仪式的石碑，记载的文字上王晓籁的名字赫然列于奠基人的第一位。

上海地方史上说王晓籁是最后一任上海市商会主委，是有一段史实的。这段历史是与一位绕不开的上海头面人物杜月笙有密切关系。1927 年到 1937 年这段时间，上海被称为黄金时代，那个时候杜月笙如日中天，是他的全盛时期。但是为什么杜月笙不是上海总商会的人（现在有人说他是上海总商会的监事）？杜月笙当年插手了上海总商会的许多事情，充当的是一个幕后推手的角色。章君毅的《杜月笙传》里写到了这个问题，杜月笙当年有一个顾虑，上海总商会的层面非常高，与他们打交道的人层次也同样非常高，所以他出于各种考虑，在权衡得失后，推介了王晓籁出任主委，没有亲自坐第一把交椅。众所周知，上海滩有黄金荣、杜月笙、张啸林的"三大亨"时代，其实在上海历史上，后来又出现过一个杜月笙、钱新之、王晓籁的"新三大亨"时代。后期出现这样三个人的时代，是有道理的。从结构层面分析，是有具体分工、优势组合的。王晓籁代表的上海市商会，把控宏观层面，精英阶层；杜月笙是青帮首领，把持公众层面，平民阶层；钱新之把持货币金融领域，即经济命脉。这样三个层面叠加组合起来，比之前进步了许多。

为什么上海市商会最后又消失了呢？还是因为日军打进来了。在 1937 年四行仓库保卫战的时候，上海市商会已经到了它的最后时期。在四行仓库保卫战里，王晓籁和杜月笙作出了很大贡献。历史上有记载说，王晓籁自己和市商会都出资支援了不少物资。杜月笙是把他的人脉动员起来，救了许多人。这方面的情况，电影《八百壮士》里有所反映。包括王晓籁向女童子军杨惠敏授旗，电影里也呈现了。1937 年全面抗战打响后，经过惨烈的淞沪会战，最后一仗四行仓库保卫战已经是一个打了仅几天的象征性战役。它的意义是向全世界人宣告，中国人还在誓死抵抗侵略。最后寡不敌众，日军还是把上海攻占了。攻占了上海以后，王晓籁、杜月笙这批人都上了日本人的名录，日本人当年是想叫他们出来维持上海秩序的。但是他们坚定反日，因此他们都是在四行仓库保卫战以后，即在 1937 年 11 月秘密离开了上海。王晓籁走在杜月笙前面，他先去了香港，然后再到重庆。此后八年里，他们没有再回到过上海，他们后来在香港、云南、贵州等地，以及缅甸、越南一带活动。那些活动里有包括像"滇缅公路"的抗战经历，虞洽卿和王晓籁一起在香港成立运输公司，买了卡车，来支援抗日物资生命线，这是一段非常动人的历史。当时中国唯一的一条国际抗日生命线上的物流，就是在他们这批人的推动下，在抗日武装的保护下，加上最艰难的时期在美军"飞虎队"的帮助下，断断续续靠空中运输，飞越驼峰，保证了抗战物资始终没有被日军切断。到 1945 年抗战胜利以后，王晓籁才从重庆返回上海。上海市商会基本上已经结束，然后成立了一个全国工商理事会，他又任了理事长。这个理事会作用已经大不如前，尽管名字从"上海"换成了"全国"，但作用有限。所谓"盛世论发展，乱世求平安"，道理应该是不言自明的。

在上海，谈发展谈建设，"大上海计划"中，市商会和王晓籁本人都使命在身不敢懈怠；在重庆，谈坚持谈信念，"滇缅公路"不仅是生存之路也是信念之路。在重庆，王晓籁与大韩民国流亡政府领袖金九会见，面对同样的入侵者，携手同行，是相互间最大的支持。有意思的是，两人之前长时期在上海没能见上，倒是因战事离开上海后，在重庆见上了。可见，反法西斯是正义的人们的共同信念。

带团去芝加哥参加世博会，悼念苏联作家高尔基，出入缅甸、越南促成滇缅公路的运输，与大韩民国流亡政府领导人金九会见，这些看似孤立的事件组在一起，又勾勒出一个开眼看世界的人物形象。是的，目光有多远决定目标有多远。

从上海总商会到市商会再到全国工商理事会，一路走来，风风雨雨，起起伏伏，这些组织又何尝不是这个多灾多难的国家历史的真实写照呢？辉煌

五卅运动纪念碑碑文

时期的总商会，曾经有两个人的名字被命名为马路的名字，"朱葆三路"和"虞洽卿路"。战时，虞洽卿和王晓籁共建三民公司，为战略物资和生活物资行走于滇缅公路而出力。临到战争结束，虞洽卿却去世了。

光复，归来，甲子之年的王晓籁在1946年以"国大代表"身份参加了"国大"，然后又忙忙碌碌度过了一些看不到实际效果的时间，观望着，犹豫着……还有一个秘密，现在也可以公开了。到了1949年，他还是离开了大陆，去了香港。杜月笙是带着全家人去了香港，而王晓籁只带了一个儿子及儿媳两个人，大量家眷都留了下来。到香港以后，他们夹在中间，进退两难，也进不了台湾，也没法再回来，只能一直观望着。

早在1925年五卅运动时期，王晓籁已经是一个积极参与罢市的工商界领袖。从那个时期开始，他考虑问题多会站在民众的立场上。这个是自然的，也是自觉的，没有外界因素，也没有人去争取他。现在位于上海龙华烈士陵园里的"五卅烈士殉难墓碑"碑文，是当年蔡元培先生撰写的，碑文上并没有记载王晓籁的内容。蔡元培去世早，从他的角度看基本代表了民国时期社会和民众的观点。但与上海市中心人民广场紧邻的"五卅运动纪念碑"上，由中国共产党宣传部长陆定一撰写的"五卅运动纪念碑"碑文上，赫然镌刻着王晓籁在"五卅"惨案后，作为"罢市领军人物"的光荣历史。"……五卅运动是中国共产党领导的、有民族资产阶级参加的反帝爱国运动，是第一次国共合作的产物。中国共产党的领袖人物蔡和森、瞿秋白、任弼时、恽代英、向警予、贺昌都参加了运动的领导工作。孙中山夫人宋庆龄号召中国国民党党员投身运动，'努力以尽其领袖未竟之志'。广东革命政府领导人廖仲恺等积极促进运动的开展。……港澳同胞、海外侨胞给予了坚决有力的支持。同时共产国际和各国正义人士和团体也给予声援和同情。在斗争中诞生的以李立三、刘少奇、刘华为代表的上海总工会，以李硕勋、余鸿泽、林钧、张永和、郭伯和为代表的全国学生联合会和上海学生联合会，和以王晓籁为代表的上海各马路商会总联合会，组成'上海工商学联合会'，统一领导上海人民的反帝斗争，对五卅运动的发展起了重要的作用。上海总工会是它的核心。"王晓籁这个名字，被中国共产党党史肯定而载入史册，这应该是王晓籁万万没有想到的。

所以王晓籁反复考量了以后，1950 年还是毅然踏上了返回祖国内地的征途。他多一顶与上海总商会其他领袖不一样的帽子，就是"海上闻人"。

"海上闻人"现在学术界一般提"海上十闻人"。我个人则认为上海滩最主要的是六闻人，总商会有三位：傅筱庵、虞洽卿、王晓籁；帮会有三位：黄金荣、杜月笙、张啸林，即"三大亨"。之所以能戴上"海上闻人"这个帽子，原因在于他们都是民国时期比较重要的代表人物。王晓籁回到上海，他建设祖国的积极性被激发了出来，想利用过去的一些经验，在新生国家里，帮助国家做建设。他是上海民革的常委、上海文史馆馆员，他很认真地工作。当然对一些历史他也是谨慎对待甚至守口如瓶的。徐铸成先生在《记王晓籁》一文里就有记载。1959 年，徐先生任市政协新设立的文史资料办公室副主任。遵照周总理指示，广征海上有名人物的亲身经历。为了获得第一手史料，他曾经反复几次找王晓籁谈过，但王晓籁顾虑重重，对他的过往经历，几乎守口如瓶。王晓籁津津乐道自认为的"光荣史"，无非就是前文提到的其在周恩来领导下的上海第三次工人武装起义中的作用。在取得胜利夺取上海后，王晓籁参加国共合作的上海临时政府。但在徐先生看来，这段历史尽人皆知，无人予以抹杀。但当问及详细过程和其他细节时，王晓籁又三缄其口，支支吾吾了。后来"文革"风云来临，政协工作中断，"所立之王氏史料，始终白卷云"。

我们家从我外祖父王晓籁去世后，发生了非常重大的变故。最重要的是人去楼缩。我们家原来居住的徐汇区安福路53弄8号一整幢楼房，"文革"期间被勒令缩小居住面积，强行割去一楼的客堂、卫生间和一半的厨房，在没有拖欠房租的情况下，独居房成为合住房。据一些亲朋好友的回忆，我们家原来一楼的30平方米客厅，曾经有不少的名人造访，尤其是文化界的名人，比如京剧大师梅兰芳、"影后"陈玉梅、"越剧十姐妹"、评弹大师张鉴庭等。解放后，原总商会副会长方椒伯，起义投诚的国军将领刘昌义、宋瑞珂、阮玄武，民革领导人贾亦斌，杜月笙的儿子"黄埔军校教官"杜维瀚，国民党最后一任上海警察局长陆大公，原上海市代市长赵祖康夫人张家惠等，也曾经是这间客厅的客人。

最后我想说的是，作为"海上闻人"的王晓籁生前身后有两个突出点：第一点是在上海紧靠人民广场的"五卅运动纪念碑"上，陆定一撰写的碑文

国共合作上海市特别临时政府合影

里，王晓籁的名字刻在上面。许多人不知道为什么在上海市中心的黄金地段，要建造体量如此巨大的"五卅运动纪念碑"？这是因为五卅运动是中国共产党领导下的一次空前而伟大的群众性反帝运动，其在党史里面的作用是非同寻常的。这块碑文肯定了王晓籁在历史上的业绩。

第二点是王晓籁的骨灰现在安放在上海龙华烈士陵园内。1979年王晓籁获得平反昭雪以后，骨灰得以进入龙华烈士陵园安放。王晓籁不是共产党员，也不是国民党员，但是为什么最后进了龙华烈士陵园内的"革命干部骨灰堂"？除了级别，还因为他有革命历史的一面。骨灰进得"革命干部骨灰堂"是一种待遇。"海上十闻人"群体里，出席过毛主席私宴者，仅王晓籁一人，无出其右。同样，民国政商中，骨灰安放于上海龙华烈士陵园的，也可谓凤毛麟角。

以上二点是我对外祖父王晓籁的一个总结。

（金盼，王晓籁外孙）

我的祖父实业家方液仙

方国翔

1940 年 7 月 26 日，《申报》第二版"今日本报要目"里的一则新闻，标题为《国货商人方液仙昨被绑》，震惊了大上海：

方液仙（1893—1940）

昨晨十时五十分许，沪西新加坡路突然发生一绑票案。被绑者系本埠中国国货公司董事长兼总经理及中国化学工业社总经理甬人方液仙，当场方之保镖陈浦生开枪与匪徒格斗，讵绑匪回枪六、七响，该保镖头部中弹，鲜血淋漓。幸主卒被匪徒从自备汽车中挟出，架上匪徒预置之黑色大号汽车，向西疾驰而逸……①

2000 年 1 月 28 日，坐落于上海市宝山区友谊路 1 号的上海淞沪抗战纪念馆揭幕。在纪念馆的烈士名单里，方液仙作为唯一的商人，与"八一三"抗战为国捐躯的国军将士们的名字并列：

方液仙（男）　国货公司总经理

1940.07.25　被日伪特务暗杀于上海　爱国实业家②

我是方液仙的长孙，借这次政协征稿机会，将平时从祖母和其他长辈们那里听到的口述，结合多年来搜索到的史料，把祖父一生对民族工业、国货

---

① 《国货商人方液仙昨被绑》，《申报》1940 年 7 月 26 日。

② 上海淞沪抗战纪念馆，http://m.813china.com/index.php?m=content&c=index&a=lists&catid=35&page=5。

运动和抗日战争中所作的贡献，作一概述。

一、家族渊源

祖父方液仙，讳名传沆，浙江省镇海县柏墅方人，1893 年 10 月 24 日生于上海，是方氏家族在上海的第五代传人。根据史料和家谱记载，镇海柏墅方氏家族于清乾嘉年间到上海创业，第一代经营糖业，经过后三代的耕耘，到了曾祖父时代，除糖业外，生意已扩展到钱庄、航运、地产、银楼、绸缎、棉布、药材、南货、渔业、书业等领域，成为当时沪上商业巨擘。方氏曾在上海和外埠拥有 42 家钱庄，被钱业界称为上海九大钱庄资本家家族集团之首 ①。美国人文科学院院士 Susan Mann Jones 教授称为："19 世纪初至 20 世纪 30 年代，镇海方氏家族是上海宁波商帮中最有权势和最负盛名的家族。②" 祖父就是在这样的家族背景下含着金汤匙出生的。从档案资料和前辈们的口述中了解到，祖父从童年到少年期间曾经历过三起重大事件，对他日后选择人生道路产生了深远的影响。

（一）四明血案

乾隆年间，上海有个宁波旅沪同乡组织叫"四明公所"，它是为在沪去世又无钱买棺材回乡安葬的同乡而设置的慈善机构。先由钱随、费元圭、潘凤占、王忠烈等人发起以"一文善愿"的倡议（凡旅沪宁波同乡，每人每天捐一文钱，以三百文为一愿）。历年积累，于嘉庆三年（1798）建成殡舍。至道光年间，殡舍日渐破落。家族旅沪第一代方亨宁，于道光十一年（1831）发起重修。咸丰三年（1853）小刀会占领上海县城时，公所房屋全部毁于兵火。次年，家族旅沪第二代方仁照（方液仙的曾祖父）和他四弟方仁荣，召

---

① 《上海钱庄史料》，上海人民出版社 1960 年版，第 734—737 页。

② Mark Elvin, G.W. Skinner, *The Chinese City Between Two Worlds*, Stanford University Press, 1974, p.84.

集同乡富贾商议，带头捐资修整并扩建。同治三年（1864），家族再次发起修建 ①。这就是方氏家族带头三修四明公所的佳话。

　　同治十二年（1873），法租界当局以辟新道为由，企图强占四明公所。方黼臣（继善，方液仙的祖父）和所董们带领旅沪宁波人与他们据理抗争。法租界当局调来军队镇压，打死 6 人，伤者无数。这就是当时的第一次"四明公所血案"。法租界当局在强大的舆论压力及旅沪宁波人的顽强抗争下，最终不得不放弃侵占四明公所的计划。

　　光绪二十四年（1898），法租界当局撕毁先前签订的协议，调来军队强行拆除四明公所的围墙，那次事件共枪杀了 17 人，制造了震惊中外的第二次"四明公所血案"。事发后，首席董事方黼臣在其公司所在地安仁里，召集所董们商议对策，决定"一约于明晨十下响时，在安仁里集议；一约凡属甬人，一律停止贸易"。 第二天"闻英界安仁里方铭记主人，即公所总董，晨鸣钟十下，甬人士之不期而至者，约有数百人……当时所董方继善、严信厚、叶成忠、沈敦和，以及工界沈洪赉等，出而挺身力抗"。这些抗争使法租界内商业、公共事业陷入停摆状态。最终法租界当局再次放弃侵占四明公所的计划。方黼臣因疲惫过度不幸撒手人寰。那年祖父只有 5 岁。洋人的霸道和最宠他的祖父的离世，在他幼小的心灵上留下了深深的伤痕。

（二）西方科技

　　祖父在宁波斐迪中学毕业后，到上海就读中西书院（Anglo-Chinese College）。中西书院是美国传教士林乐知（Young John Allen）于 1881 年创办的教会学校，也是上海开办最早的非教徒可以入学的学校之一。在中西书院期间，祖父接触到了西方的自然科学，同时领悟到西方工业的先进。祖父对化学特别感兴趣，决定去广方言馆里进一步深造。

---

① 葛恩元、虞臣：《上海四明公所大事记》，上海聚珍仿宋印书局，1920 年。

上海广方言馆创设于清同治二年（1863），由江苏巡抚李鸿章奏设，以培养翻译人才为主要目的。同治八年（1869），广方言馆并入江南制造局，仍保留其名称。广方言馆除教授英文、法文、算学外，也教授地矿、金属、机械、船炮等工科知识。光绪三十一年（1905），上海广方言馆改成为工业学校，脱离江南制造总局。通过四舅李薇庄介绍，祖父认识了在广方言馆里的德国化验师窦伯烈（Louis W Dupre）。

据我父亲回忆，那时祖父一边学习化学，一边在圆明园路家里搞了一个化学实验室。父母的支持、恩师的施教、自己的爱好，这些因素为祖父今后的人生和事业奠定了基石，也为他在中国即将来临的新兴工业浪潮中，捷足先登占得优势。

（三）橡皮风潮

前面提过我们家族是钱业世家。上海开埠前，上海钱业中心是在南市（今上海小东门一带）。1906年南市钱业议事场所竣工后，在碑文上记录了当年南市主要34家汇划钱庄（上海大钱庄），方氏家族的元大亨钱庄、安康钱庄、安裕钱庄名列三甲。上海开埠后，上海钱业重心由南市逐渐移至北市（洋人租界）。这一时期，北市的钱业核心地就是方氏家族的地产——宁波路的兴仁里。如1890年北市的上海钱业汇划总会，设于兴仁里弄，钱业会商处也设在兴仁里。

祖父18岁那年，近代中国金融史上发生了一次重大的危机——"橡皮股票风潮"。20世纪初，汽车工业的兴起，带动了周边产业如轮胎等的橡胶制品的需求。"风潮"源头是在1910年前后，因洋人操控国内外橡胶市场，出现上海橡胶公司股票炒卖的不端行为；加上全球橡胶价格突然下滑，以及清政府对市场缺乏监控和政府内部的纷争，导致了1910年7月的金融风潮。此次危机最终引发到全国各地大批钱庄倒闭或歇业。上海道台蔡乃煌虽出面举借外债200万两欲平息风潮，但在"风潮"的冲击下，已无法控制局面。①1910 年初上海共有 91 家钱庄，受影响倒闭歇业的就有 48 家。

　　祖父的岳父严义彬（严信厚之子）是钱银界里的头面人物。他经营的"源丰润"银号和李鸿章家族的"义善源"票号，都未能逃脱倒闭的命运。为了保住家族钱庄的信用，变卖大量的资产，最后钱庄数量从原先的 30 多家降至 10 家（上海 5 家 / 宁波 4 家 / 杭州 1 家）。这次金融风潮对祖父触动很大，让他看到祖上经营钱业的风险，并坚定了他的信念——用自己学到的先进科技，兴办实业，与列强们一决高低。

二、初试身手

　　机会总是留给准备好的人，时代也为祖父搭好了人生舞台。当时西方正处在第二次工业革命的高潮，日化产品已成为人们生活中不可缺少的消费品。如法国的欧莱雅、英国的利华、美国的高露洁等，都在这个时期得以蓬勃发展。但在 20 世纪初的中国，市场上充斥着清一色的洋货，几乎没有自己的国产日化用品。

（一）手工作坊

　　辛亥革命爆发前夕，德国老师的化学讲习班停办。祖父于 1911 年，用母亲投资的一万元，在家里设了化验工作室，第二年正式挂牌为中国化学工业社（以下简称"中化"）。中化对外是一家公司，实际上是一家"亭子间"的手工作坊。祖父把家中的洗脸盆、水缸、煤球炉当作生产设备，雇了几位帮手，亲手调制牙粉、香水和雪花膏等多种产品。靠着这些设备和人马，祖父开启了他实业救国的航程。

　　据父亲说，中化开始的运作是这样的：祖父先在市场上做调研，看哪些洋人制造的日化用品比较受欢迎，然后买些样本回来，按自己学过的知识配

---

① 《上海钱庄史料》，上海人民出版社 1960 年版，第 80—84 页。

方进行试验，最后将试验成功的配方投入生产。据史料记载，在中化开创的头几年里，祖父已能生产数十种产品，它们包括樟脑、臭虫粉、牙粉、明目水、雪花精、花露水、润发胶、消毒水牙粉、鞋油、果子露等，这些产品很多都是当时国内的首制。

有了产品还需要销售。那时的消费者都比较迷信洋货，这对中化的销售带来巨大的挑战。祖父面对这些问题想了几个招数：一是请了几位"销售员"，挑着篓筐走街串巷叫卖；二是现做现卖，在工厂大门前卖，卖掉多少生产多少；三是在《申报》上做广告，配以民国新出品的鲜明标题，吸引消费者；四是半卖半送，让他们使用后成为回头客。这些"销售渠道"逐渐给中化打开了市场，带来了第一批客户。

（二）屡败屡战

中化虽然有了一些顾客，但当时上海消费者还是习惯用日本的金刚牌牙粉、美国的林文烟花露水、英国的夏士莲雪花膏等品牌产品，祖父在小作坊里制造出来的"土产品"毫无竞争力。因销量少、成本高、开销大，价格又上不去，造成中化年年亏损，到了1914年，曾祖母投资的一万元全部赔光。此外，"亭子间"工厂也面临搬迁的问题。祖父的家是在圆明园路6号的安仁里①，那里是外滩源（租界的发源地），是租界里的钻石地块（对面还是赫赫有名的大英领事公馆）。工厂要发展，地方也不够大。

面临这些困境，祖父并没有屈服。他决心重整旗鼓，从大舅李云书（曾任上海商业会议公所第三届会长）处，集资一万五，加自己的三万五，共五万元；然后把"亭子间"工厂迁至重庆路88号，租下田丰记营造厂的三间厂房；继续生产原有的产品，并附加生产蚊香等新产品。1915年，中化在河南路福州路口设总公司，并在广东路设立发行所。虽然那时中化有了一定的规模，已能生产出60多种产品，但由于当时军阀政府的压榨和日商对中

---

① 上海牙膏厂厂史编写组编：《银河之光》，学林出版社1993年版，第307页。

国市场进行的大规模倾销，中化还是年年亏损。

1919 年 5 月，五四运动爆发，给民族工业带来生机。抵制日货，提倡国货的呼声席卷全国。祖父的事业如久旱逢雨，商家订单蜂拥而至。这年是建厂八年后的第一次扭亏为盈。1920 年，祖父四叔方季扬看到国货的未来，愿意投资 5 万入股中化。

（三）扬眉吐气

值得一提的是，1919 年前，祖父虽在生意上屡遭挫败，但他从来没有放弃过射击的爱好。19 世纪末，上海租界万国商团于武进路（河南路口）设立打靶场，并成立万国赛枪会，按照英国的比赛方法和规则，举办各种射击赛。后为扩大面积，靶场搬到北四川路（今鲁迅公园）。在 20 世纪 20 年代，万国赛枪会几乎每月举办不同的杯赛，每年举行一次大赛。参赛者主要是万国商团的成员和各国在沪的军人或商人。华人射击队最早出现在 1917 年，称中华义勇军射击队，加入万国赛枪会后改称中华队。1920 年之前，中华队的比赛成绩均在七名之后，大大落后于洋人。同年 6 月，中华总商会设立中华杯射击赛后，中华队水平迅速提高。

据父亲回忆，祖父特别喜欢参加洋人的射击比赛。他常爱说的口头禅是与洋人"别苗头"（沪语：与洋人较量）。究其原因，无论是读书还是生活，祖父都会接触到租界里的洋人；在国贫民弱的年代里，只有在射击场里，祖父才有机会与他们"别苗头"，"奚落"他们一番。《申报》曾报道过在租界里只有国人的射击能压倒洋人，"租界公共事业，华人大都向隅，唯该队能破此先例，平等参加，技压西人，实是增国之荣，为沪渎居民吐气"。[1]

中华队教练陈景塘曾获北洋政府颁发的八等嘉禾章。在他的指导下，祖父射击技能迅速提高。1922 年 3 月 22 日在虹口万国赛枪会上，祖父以五战五胜的优异成绩，成为租界里第一位获得"中华杯"大奖的华人[2]。射击给祖

---

[1] 《申报》1922 年 3 月 9 日。
[2] 《方液仙获胜中华杯》，《申报》1922 年 3 月 24 日。

父与洋人"别苗头"的机会，获奖让他看到洋人是可以战胜的实事，这大概就是他未来事业的动力和精神的支柱吧。

三、中国制造

有关祖父创业的事迹，外界已有众多文章阐述。这里我重点讲一下祖父在日化和化工领域里，如何使自己的产品从无到有，又如何使自己的产品实现"国产化"，和赶超舶来货（日货、洋货）的案例。

安远路中国化学工业社工厂厂区内一景

（一）挑战"高露洁"

1912年，祖父开始生产牙粉。当时国内市场上的牙粉都是洋货，有日本的金刚石牙粉、小林洋行的狮子牌牙粉等。祖父用碳酸钙加入香料、肥皂粉、碳酸镁等拌和成牙粉，装入纸袋及小铁盒中出售。在纸袋和小铁盒上印有福星、禄星、寿星的彩色图案，给牙粉使用者带来吉祥如意，也祝福中化事业欣欣向荣，故取名为三星。除三星牙粉外，祖父还生产另一种不同香味的鹿头牌牙粉。这两种牙粉是最早的国产牙粉。几年后其他国货制造商也开始制造牙粉。那时祖父已了解到国际市场上，牙膏正在代替牙

《风云际会》

粉。于是他放弃了与同行的竞争，把目光锁定在全世界著名的美国丝带牌牙膏生产工艺流程上。生产丝带牌牙膏的公司就是今天的高露洁，当时它不叫高露洁，而是根据 Colgate 的读音译为"珂路辂"（或"珂而辂"）。对现在人来说，小小的牙膏会被看作是个不起眼的生意。岂不知高露洁在 2018 年的美国 500 强中排行第 182 位。该公司创于 1873 年，由美国威廉-高露洁（William Colgate）创办，那时高露洁在我国销售的牙膏牌子叫"丝带牌"（Ribbon）。

1917 年前后，祖父开始研究生产牙膏，并有志于赶超丝带牙膏。1922 年中化成功地研制出第一支国产牙膏，以三星为牌号，开创了中国牙膏生产的先河。[①] 当时中化生产的"三星"牙膏规格有大号、小号两种，由于其质量胜过牙粉，香味更适合国人的喜好，售价仅为二角一支，与高洁露的七角一支相比，可谓是物美价廉。因此"三星"牙膏一进入市场，马上热销于上海乃至全国。由于牙膏产量高、周转快，又不受季节的影响，"三星"牙膏很快给中化带来了可观的经济效益。

中化虽然生产出中国第一支牙膏，但牙管和部分原料还是依赖进口。为了实现产品国产化，祖父创办了中华软管厂、永盛薄荷厂、肇新化工厂，后

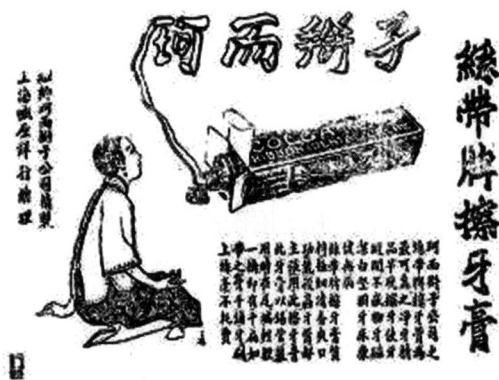

高露洁 1949 年前在国内销售的丝带牌牙膏广告　　中国第一支国产牙膏——三星牌牙膏外包装

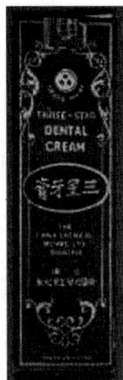

---

① 上海牙膏厂厂史编写组编：《银河之光》，学林出版社 1993 年版，第 308 页。

外滩源光陆大戏院楼顶上的三星牙膏广告

又建洗衣皂厂为牙膏生产提供甘油和皂粉。这些附属企业使中化的三星牙膏在行业里处于领先地位。在 20 世纪 30 年代，祖父还引进了美国"牙膏自动装管机，国内仅此一部，欧美亦罕见。自动灌注、自动封口、切合清洁卫生"。①中化三星牙膏年产量已达 1300 多万支，产品还销往香港、台湾地区以及泰国、新加坡、马来西亚、菲律宾等东南亚国家。三星牙膏开创了我国牙膏工业的先河，为发展我国牙膏工业奠定了坚实基础。②

那时三星牙膏还在洋人聚集的租界外滩源里，与高露洁争夺市场。我们找到一张 20 世纪 30 年代的明信片，它是以滩源里的黄浦公园为背景，在明信片里（左边）可看到光陆大戏院楼顶上，耸立着一个巨大的"三星牙膏"彩灯广告牌。据上海地方志记载，光陆戏院大楼是在 1925 年由英商斯文洋行出资，匈牙利籍建筑师鸿达设计。大楼位于上海虎丘路 146 号，底层为戏院，上层为办公室和高级公寓。

光陆大楼周围是外资洋行、办公楼和高级职员住宿大楼等（下图）。光陆大楼与圆明园路仅一街之隔，圆明园路上有英国领事馆和著名英国侨民建的新天安堂教堂。光陆大楼对岸有沪上著名犹太人维克多·沙逊的百老汇

---

① 《牙膏自动装管机国内仅此一部》，《申报》1940 年 4 月 21 日。

② 上海牙膏厂厂史编写组编：《银河之光》，学林出版社 1993 年版，第 14 页。

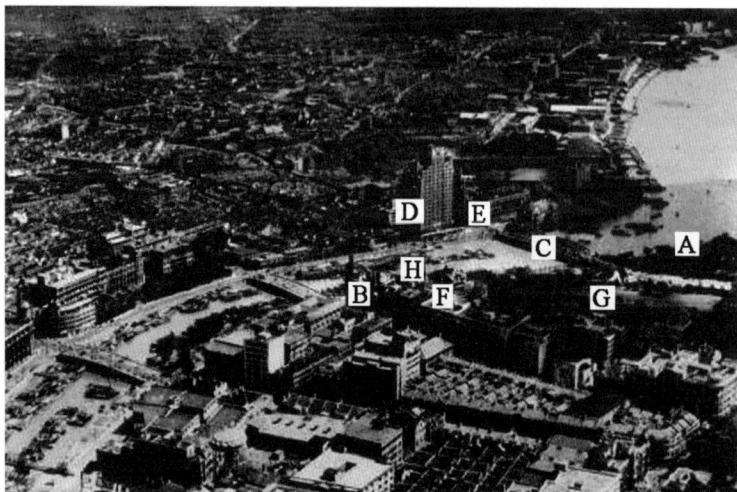

A 外滩公园、B 光陆大楼、C 英国领事馆、D 上海大厦、E 浦江饭店、F 祖父的安仁里、G 外白渡桥、H 英国教堂

大厦（今上海大厦）、英商阿斯脱豪夫的礼查饭店（今浦江饭店）和美、德、苏、荷、日等各国领馆。所以那地区是当时洋人政治、文化、宗教和社交中心。

祖父把广告牌立在洋人区的楼顶上，这种与高露洁"别苗头"的"创举"，大概吸引了《申报》记者的注意力，不久在报上出现了一段"八卦"式的新闻，让我们知道这张明信片背后的故事："簇新年红灯广告，建筑在光陆大戏院十二层大楼屋顶上，闻此项大晖红广告，为中国化学工业社所建，其宣传目标为风行全国之三星牙膏。"①

为了迎合消费者对不同香味的喜好，祖父研制了另一款牙膏。据我方之雄姑姑的回忆，研制成功的那天晚上，祖母建议取名为"白玉"（白如玉的意思）。"白玉"牙膏出产后，立刻受到消费者的欢迎，至今国内市场还可见到"白玉"牙膏。

中化第一厂（总厂）于 1920 年 10 月创建，厂址在上海槟榔路 150 号（今安远路），主要产品：

① 《中国化学工业社大年红灯广告》，《申报》1934 年 12 月 21 日。

牙膏牙粉类：三星牙膏、白玉牙膏、三星牙粉、白玉牙粉、漱口
水等。

美容护肤类：美容乳、雪花精、香雪、雪花精、时代霜、天香霜、
软香玉、卯令霜、芳泽脂、冷香膏、胭脂膏、红玉
（指甲丹）、红玉（珠光）、换新液、蜜水、香蜜等。

香水类：　白兰花香水、西子香水、紫罗兰香水、白兰香水、五
月花香水、花王香水、檀香香水精、百花香水精、时
代香水精、新三星花露水等。

香粉：　　三星香水粉、天鹅香粉、跳舞香粉、香水粉、修容粉、
天香爽身粉、新三星爽身粉、芝兰爽身粉、兰花爽身
粉、经济爽身粉等。

护发类：　太后生发香水、丁香生发水、利华生发水、天香生发
香水、保发水、美发霜、天香美发浆、生发油、白润
发油等。

香皂洗发：牡丹香皂、白玉香皂、桂花香皂、百花香皂、康乃馨
香皂、芝兰香皂、茉莉香皂、檀香香皂、清凉香皂、
风景香皂、金鸡香皂（圆形和方形）、高级檀香香皂、
钢精盒百花香皂、儿童皂、硼酸浴皂、消毒药皂、洗
发皂精、护发水等。

（二）决胜"味の素"

20世纪20年代左右，日本"味の素"独霸中国调味品市场。为了抵制
日货，祖父于1921年决定试制自己的国产味精，具体由中化技师王修荫负
责。王修荫开始按行业里公开的方法试制味精，但此制作过程长、环节多、
从原料到成品需要两个月的时间，而且质量也很不稳定。于是祖父派王修荫
赴日本寻觅生产味精的技术。王修荫取得一些半成品带回国，经过多次试验，
终于解决了生产味精的技术问题。据厂史记载，于1922年冬，中化成功地生

中化第二厂的观音粉味精外包装　　　　天厨味精厂的佛手味精外包装　　　　日本的味の素广告

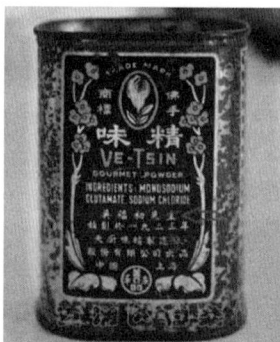

产出国产味精，取名为"观音粉"，第二年（1923年春）设中化第二厂，专门生产味精等调味品①。参阅天厨味精厂厂史，中化应该是中国第一家生产味精的工厂。②

　　有可能大家会问，为何中化的味精要取名为"观音粉"？因当时购买味精产品的一个很大消费群体是信佛吃素的善男信女们，所以祖父选择了观音粉作为名称。

　　在研制味精的过程中，中化还发明了几种新产品，如比味精便宜二至三成的"味生"，比普通酱油鲜的"美味素"鲜酱油，纺织业里必不可少的淀粉，和酱油制造厂必须要的酱色。其中中化生产的淀粉，因机器生产，价廉物美。中化生产的酱色，因用的是小麦，颜色标准，为酱油和佐料厂省去一半的用料。中化这些产品深受消费者和工厂的欢迎。从左图可看到，"美味素"在20世

新加坡中化车身外的"美味素"广告

① 上海牙膏厂厂史编写组编：《银河之光》，学林出版社1993年版，第308页。
② 上海市档案馆编：《吴蕴初企业史料·天厨味精厂卷》，档案出版社1992年版，第1—5页。1923年5月20日天厨味精厂与味精技师吴蕴初签合同，6—8月天厨味精厂向台州公所租借厂房。

纪 20 年代初，已销售到了东南亚地区。

中化的技术员工对工作精益求精，他们对设备进行改良，从通常需要两星期的生产周期，缩短到一星期，并试制出含蛋白质更高的原料。1926 年在美国费城举行的世博会上，中化观音粉获得大奖。1931 年祖父的观音粉还获得英、美、法、荷兰四国的专利。[1]

据资料显示，当时上海有 5 家较著名的味精生产厂：德丰的五味素、根泰的和合粉、天一的味母、天厨的佛手、中化的观音粉。为了扩大生产，祖父在 1938 年"于天一味精厂招盘时，以五万元的高标价盘进扩大生产"。[2]从此中化在调味品行业里也成为业界的龙头企业。在抵制日货的大环境下，从原来是日本独霸的中国味精市场，最终在 20 世纪 30 年代中期，中化联合国人味精制造商，一起将日本的"味の素"挤出了中国市场。

中化第二厂于 1923 年 3 月创建，厂址在上海星加坡路 50 号（今余姚路），主要产品：

> 调味品类：观音粉味精、味生、美味素（酱油精）等。
> 原料：酱色、淀粉等。

1926 年在美国费城世博会上观音粉获得大奖奖凭

观音粉英、法、荷兰专利执照

① 上海牙膏厂厂史编写组编：《银河之光》，学林出版社 1993 年版，第 309 页。
② 李祖范：《中国化学工业社简史》，载《20 世纪上海文史资料文库》第 3 册，上海书店出版社 2009 年版，第 212 页。

（三）赶走"野猪牌"

国人最早驱蚊的方法有几种，以木屑与雄黄混合一起燃烧驱蚊，以晒干的艾叶搓成条状点燃驱蚊，或以除虫菊制成的液体喷射驱蚊。雄黄是矿物，艾叶是菊科植物，二者燃烧时烟雾弥漫，不但灭蚊效果差，对空气污染和人体健康也大有影响，用除虫菊液体喷射驱蚊，使用不方便。20世纪初，日货以盘式蚊香输入中国后。国人以其杀蚊力强，使用方便，竞相购用，并视为夏令必需之品。

1915年前，国内的蚊香市场完全被日货垄断，其中最有名的日本蚊香是安住大药房生产的"野猪"牌蚊香。据记载，安住大药房主要创办人是安住伊三郎（Anju Isaburo）。1893年他在日本大阪创建安住大药房株式会社，1902年安住大药房在上海和波兰华沙建立蚊香工厂，生产的蚊香销售到世界50多个国家。安住大药房是日本最大的制药公司之一，在第二次世界大战期间，还为日本军队提供药物和行军路上的蚊香。1914年左右，祖父决心研制国产蚊香，与日货"野猪"牌一决高低。

当时祖父只知道蚊香主要原料为除虫菊，但对制造方法一无所知。他开始按自己已掌握的化学知识，结合自己的"想象力"，制造出棒式蚊香（形状像祭祀用的烧香）。棒式蚊香燃烧时间短，无法与盘式日货蚊香竞争，于是祖父请来香烛师傅，试制盘式蚊香。由于没有相应设备，师傅只能把原料

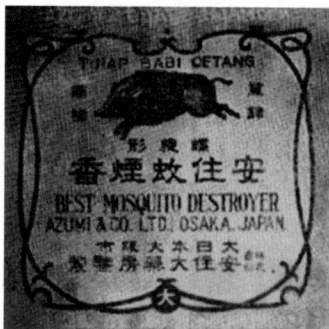

日本"野猪"牌蚊香外包装

中国第一盘国产蚊香——三星牌蚊香外包装

灌注到一个盘型的模子里，用手工挤压，成型后在太阳下曝晒。这种原始方法做出的盘形蚊香，外形粗糙，容易断裂，无法包装和运输。

后来祖父在德国老师的协助下，又派技师去国外考察，掌握了制作盘状蚊香的技术。1915 年，中化终于成功生产出国人自己的第一盘盘式蚊香[①]，效果与日货一样，深受国人的欢迎。蚊香生产成功后，祖父并没有满足，为了超越日货，继续进行技术研发，最终在使用时间上超越了日货。同样一盘蚊香，"野猪蚊香"只能用 6 个小时，而"三星蚊香"可用 8 小时，保证人们一整晚的安然睡眠。祖父还根据国人对香味的喜好，制成带有幽雅香味的芝兰蚊香。没几年，"三星"蚊香就打破了日货"野猪蚊香"独家垄断中国蚊香市场的局面。

为了抵制日货，祖父决定不再从日本进口除虫菊原料，并召回了常驻日本的采购员，改从美国进口原料。不料，从美国运来的除虫菊箱里发现了日文的说明书。经询问得知，这家美国公司是从日本进货后转卖给中化的。祖父想日本与中国的地理位置相同，日本能种植，中国也定能种植。于是在 1917 年，他在上海的北新泾购地，开设种植场。试种出来的除虫菊，驱蚊效能良好，第二年祖父又购地扩种。

随着全国抵制日货运动的发展，中化的 300 亩除虫菊应付不了市场的需求，祖父准备继续推广种植。但问题是农民没有资金购买菊种，又担心种出来的除虫菊没人收购。针对菊农的这些顾虑，祖父想到了自己家族钱庄的"信用贷款"，便说服家族成员和其他几家钱庄。中化、钱庄和菊农们三方订立契约，钱庄以中化的信用和第二年种出来的除虫菊为抵押，贷款给菊农；第二年中化保证全部收购菊农的除虫菊，价格以当时的米价折算（不让菊农因货币贬值而吃亏）；菊农第二年拿到了中化的付款后，再还钱庄的本息。

菊农有了资金又没有了后顾之忧，纷纷愿意试种。为了保证除虫菊丰

---

① 上海牙膏厂厂史编写组编：《银河之光》，学林出版社 1993 年版，第 307 页。

收，祖父还聘请农业技师，指导菊农科学种植。第一波菊农试种成功后，当地的菊农积极性倍增。祖父接着就在温州、临平、南通等地推广劝种。在临平，中化拨款扶助菊农，通过新华银行向菊农免息贷款。在这样良好的合作情况下，除虫菊种植面积逐步扩大，产量不断增加[1]。虽然有过几次波折，但最终使中化的蚊香除虫菊原料不但完全自给，还可以提供给国货界里的同行们[2]。中化通过"菊农金融"模式扶助农民种植除虫菊，可以说是中国早期的一个"供应链金融"成功的案例。

1926年，三星蚊香在美国费城世博会上获香类丙等产品的金奖章[3]。三星蚊香系列产品不但销售到全国各地，还销售到香港和东南亚地区。在中国人用中国货，抵制日货的大环境下，"野猪"牌蚊香逐渐无人问津，最终被赶出了中国市场。

中化第三厂于1928年10月创建，厂址在上海槟榔路220号（今安远路），主要产品：

蚊香：盘式蚊香、棒式蚊香、线式蚊香、芝兰蚊香（雅静幽香味）、粤时蚊香等。

其他：蝇杀倒（杀苍蝇香）、臭虫粉、敌虫、十时方香、喷射器、蚊香香笼、香水自动发挥器等。

药物：立消虫咬水、神效膏、明目水等。

（四）箭刀斗利华

随着中化牙膏销路增大，制造牙膏需要的甘油用量也随之增大。牙膏主要原料是甘油和皂粉，而甘油是洗衣皂的副产品。当时中化生产牙膏里的甘

① 李祖范：《中国化学工业社简史》，载《20世纪上海文史资料文库》第3册，上海书店出版社2009年版，第227页。

② 《询购除虫菊粉之复函》，《申报》1929年2月25日。

③ 左旭初：《中国老字号与早期世博会》，锦绣文章出版社2010年版，第154页。

油是向英商洋行进口的。为了自制甘油，祖父购地 20 余亩筹建洗衣皂厂，又从德国引进全套精炼甘油的设备。祖父对独霸洗衣皂市场的英商利华兄弟公司（今天的联合利华的前身）产品做了调查，发现家庭主妇需要"三不四省"的肥皂——"不缩布料、不易变形、不伤皮肤，省费用、省时间、省衣料、省力气"。

1938 年春，中化成功地生产出第一批洗衣皂，取名为"剪刀牌"。因中化洗衣皂中的脂肪酸含量高达 53％以上，大大超过英商利华 37％；价格又低于利华 40％，一上市便受到消费者的欢迎。但当时祖父缺乏商标意识，等产品出来后，才想到去商标局注册，岂不知英商利华兄弟公司已注册了"剪刀"商标。

英商利华兄弟公司（Lever Brothers，下简称"利华"）是世界著名的肥皂制造商，由威廉·利华（William Hesketh Lever）和他的兄弟詹姆士·利华（James Darcy Lever）创立于 1885 年。当时制皂业是第二次工业革命中的新兴工业，而利华是其领域里的佼佼者。后来利华又与荷兰的玛爵霖联合公司合并，便成为今天的联合利华公司。1930 年，利华在全世界已有 25 万员工，就市值而言它是英国最大的上市公司。2018 年，联合利华被美国财富杂志列为全球 500 强中的第 153 位。

当中化被告知侵犯利华的商标后，李祖范经理代表公司与利华商谈。在会面时他说明了此事件纯属误会，并希望利华能转让商标。利华公司负责人告诉李祖范，"要中化放弃肥皂生产，至于中化生产牙膏所需用的甘油，可由他们供应，价格比市场价便宜。一切投资损失可有他们补偿，并推说转让商标，伦敦总部不会同意"。① 李祖范心知肚明他们的目的，就是不让中化生产肥皂，以达到减少市场竞争对手，独占中国肥皂市场的目的。李祖范返回公司与董事们商量，大家一致否决利华的提议。当利华得知中化拒绝他们的"优惠"条件后，准备通过法院上诉迫使中化放弃生产。他们开始小批量

① 李祖范：《中国化学工业社简史》，载《20 世纪上海文史资料文库》第 3 册，上海书店出版社 2009 年版，第 224 页。

1923 年后利华在杨树浦路上建的肥皂厂

生产"剪刀"肥皂，运往厦门和鼓浪屿一带销售，并将成交单交予律师，作为诉讼中化的依据。

面对英商的蛮横强势，中化决不能忍气吞声。经大家出谋划策后，把原来商标图案里的"一把剪刀"改成"一箭一刀"，意为用箭和刀与英商在商场上较量一番。"剪刀"改成"箭刀"，因上海方言"剪"和"箭"在发音上并无区别，这样可减少中化已在广告宣传上的损失。中化的律师向外界声明，中化本无冒牌之意，既然利华已用了"剪刀"商标，中化决定改用"箭刀"作为自己肥皂的商标，如之前中化的肥皂使利华造成经济上损失，中化愿意做出全部赔偿。有意思的是，当时媒体专门找这些"吸引眼球"的新闻来报道，使刚出产的、毫无知名度的"箭刀"牌肥皂，成为家喻户晓的产品。

"箭刀"牌肥皂全部投产后，因质量优秀，畅销国内和东南亚市场。资料显示，当年的三大著名洗衣皂分别是固本牌肥皂（国人从德商手里买下的固本肥皂厂）、箭刀牌肥皂（祖父第四厂）、祥茂牌肥皂（联合利华的前身中国肥皂公司）。[1]解放前夕，该产品（箭刀肥皂）完全取代了"祥茂"肥皂，牢固地占领了国内市场。[2]

中化第四厂于 1937 年 9 月建成，厂址在上海槟榔路 130 号（今安远路），主要产品：

祖父在安远路上的中化第四肥皂厂

---

① 《肥皂配给》，《申报》1943 年 1 月 11 日。

② 上海牙膏厂厂史编写组：《银河之光》，学林出版社 1993 年版，第 29 页。

　　　　洗涤皂类：箭刀肥皂、三星素皂等、三星皂片。

　　　　化工原料：甘油、薄荷素油、十二醇硫酸钠、山梨醇等。

（五）自强永不息

　　祖父在化妆品、口腔卫生、驱虫品、调味品、洗涤品等领域做到了产品国产化。为了生产国人自己的化工原料，祖父合资创办了两家大型的化工原料厂。

　　1931 年 4 月，祖父与十多位商界名流一起合资建立"开成造酸股份有限公司"，[①] 该厂在上海军工路浦江滨，投资国币七十五万元，主要生产硫、硝、盐三酸化工原料。三酸为工业的基本原料，关系到我国工业的兴衰存亡。当时这些工业原料完全依赖进口，而且大部分原料是从日本进口的。最初江南制造局为了便利制造军火原料，附设药水厂，制造硫酸硝酸。由于产量有限，只能专供本厂使用。新建的造酸公司，占地四十五亩，供应国内各化学工厂之急需，是当时"我国大规模之新兴实业……方液仙、张子泰二君为正副经理"。[②]

　　1931 年 11 月祖父与堂兄弟方哲民、方苏庵、方作舟，创办了肇新化学厂股份有限公司（简称肇新化学厂）。厂址在沪西陈家渡，苏州河北岸。主要是为日化、橡胶、纺织、建筑等行业生产原料产品。1933 年开始出产碳酸钙、碳酸镁、草酸、淀粉、糊精、小苏打、阿莫尼亚等化学工业原料。1935 年添置厂房及设备，生产盐酸、硫酸钠、硫化钠、元明粉。1943 年又添置水泥制造设备。肇新化工厂不但为祖父的日化工厂提供原料，同时为其他国人企业提供原料。据《申报》1933 年 5 月 25 日报道：

　　　　在民国二十年以前，我国可说是找不到一个制造炭酸钙的工厂！

----

① 《开成造酸厂》，《申报》1931 年 4 月 7 日。

② 《新工业介绍工业基本原料之硫酸》，《申报》1933 年 7 月 13 日。

这样的所谓抵制外货，试想能有多大有成效？在民国二十年，上海一埠，同时便成立了三个制造炭酸钙的工厂：一个是肇新化工厂，一个是大中华制钙厂，一个是新业化工厂……肇新化学厂肇新厂设在沪西陈家渡，大部分是销售全国各橡胶厂，据多数化学专家的化验结果，我国自制的炭酸钙，应推该厂的出品质地最轻（炭酸钙的成分愈轻愈纯）。①

　　祖父还根据市场需要，进行跨行业的投资。1933 年 3 月，祖父与国货界的好友合资国华化学工业公司，专门生产干电池。干电池一物虽小，但据海关统计，每年从国外进口的干电池金额高达一千四百万元以上。虽然当时国人已能制造干电池，但是资本微薄，技术不精，难与洋电池竞争。祖父在华德路大连湾路口自建工厂，聘请化学专家，选用上好原料，采纳最新科学方法，精制成"地球牌"各式干电池。此系列干电池质量高，"使用时间长达十六小时，贮藏期在一年以上，可谓是当时国产干电池的首例"。②

　　随着 20 世纪 20 年代国货运动的蓬勃发展，祖父除以上七家工厂外，还独资或合资：中国软管厂、晶明玻璃厂、永盛薄荷厂、天一味母厂（收购）、中国胶木厂、美龙香精厂、健华化学制药厂、鼎丰搪瓷厂等。中化还在天津、青岛、重庆、香港、台湾等地设有分厂。祖父通过这些企业，组成了一个跨多种行业的中化系集团公司，成为近代中国"规模最大的日用化学品工业综合企业"③。

四、中化文化

　　企业文化是一套指导全体员工行为的共同准则。它包括企业的愿景、价

---

① 《工业原业调查》，《申报》1933 年 5 月 25 日。
② 《值得介绍的电池厂》，《申报》1933 年 3 月 16 日。
③ 乐承耀：《宁波帮经营理念研究》，宁波出版社 2004 年版，第 292 页。

值观、规范、系统、符号、语言、假设、环境、位置、信仰和习惯等。因此，企业文化影响着员工之间、员工和客户之间、员工和社会之间的互动方式。它的目标就是为了激发员工的归属感、责任感、成就感。中化企业文化大致表现在以下六个方面：

（一）知人善用

在中化企业文化里，不但重视人才，更知人善用，尽量发挥他们各自的强项。如1930年中化经理胡士浩去世，任总务科科长的李康年，理应是经理的最佳候补人。但祖父出于对中化未来的考量，聘请了刚从美国麻省理工学院毕业的表弟李祖范来担任经理一职，因他擅长美国现代企业管理。在李祖范的管理下，中化彻底改变了以前那种老式的集中办公、职责不清、效力低下的状态，实施了现代化经营管理制度。

对于上海工商界非常熟悉的李康年，祖父另有重用。两年后祖父创立了中国国货公司，便提拔他担任国货公司经理，全面负责中国国货公司的日常运作。在李康年的带领下，国货公司业务迅速发展。开业不到半年，国货公司大楼的北部商场已不够用了，国货厂家数量从200多家猛增到1400多家。

祖父对二李的工作安排，使他们各尽其能，为实业救国和国货运动起到了不可磨灭的功劳！

对企业家来说，知人的最好办法就是大胆放手让员工去发挥各自的才智，然后善用他们。2018年原中化总工程师孙瑞耕先生的后代孙建国先生和孙健梅女士，为我们提供了一段珍贵又感人的回忆：

父亲到上海时刚满17岁，先考入中华职业学校读书。因大上海的生活费用比农村高，很难维持。1930年下半年，父亲在报纸上看到中国化学工业社的招聘广告，就去应聘。面试中因在中华职业学校学过使用打字机，就有幸被录用了。父亲报到后被安排到仓库当保管员。从农村出来的他对这家现代化的大工厂充满了好奇，他给老板写了个报告，要求调到实验室工作。开明的老板居然同意他的要求。

在中化的图书馆里，公司订有最新的中英文化工专业杂志。他暗暗下决心，一定要学习化工知识。为了要看懂外文期刊，他开始学习英语。经过几年的刻苦学习，他的化工专业知识和英语水平都有明显提升。当时父亲没有条件出国留学，便报考了美国大学的函授班，由于有了前几年自学的基础，便被学校录取。

通过刻苦学习，又结合工厂生产实践，父亲对工厂生产中的技术问题都有了自己的看法。一次厂里碰到个技术难题，大家争论不休。父亲便自告奋勇，发表自己的看法，别人却对他这个无名小辈不屑一顾，方老板却要他说说看。父亲便在工厂各方技术负责众人前，谈了自己的看法和解决方案。大家听了都将信将疑，唯独方老板拍板称好。结果按此方案进行试验后，一举成功。有了几次这样的经历，他便名声大噪，尤其是方老板，对他极为重视。据父亲讲，那时方老板只要来到厂里，第一个就是找他问：瑞耕先生，现在厂里情况怎么样啊？当然他的职务也在不断提升，调到了技术科，从科长升到工厂技术副厂长、再升到第一副厂长兼总工程师。父亲是1949年后中国日化行业里的首位总工程师。

中化知人善用不只是祖父个人行为，而是已植入到了团队的每个成员。如1931年，李祖范邀请自己的清华校友洪绍谕加盟中化。洪氏是美国麻省理工学院化学工程学士、哥伦比亚大学硕士，回国后任北京师范大学化学系教授，擅长原物料分析。李祖范邀请洪氏的加盟，目的是为中化在调味粉市场竞争中占据着龙头的位置。

中化除了重视聘请社会上的精英，还特别注重培养自己企业中的人才。如中化技术部里的八大金刚：王修荫、孙瑞耕、周百龄、黄勉英、陈树藩、于惠康、谢忠祺、张伯柔，都是中化自己培养出来的。其中王修荫后来成为中化的总化学师，中国日化界里的老前辈；孙瑞耕是中国日化行业里的首位总工程师，被荣为"中国牙膏行业的泰斗"，众人所知的白玉、留兰香、上海、中华、美加净五大系列名牌牙膏，都是他的杰作。①

（二）管理制度

企业管理制度是企业文化的一部分，没有制度，一个企业就不能正常运转。1930 年，中化在李祖范经理的带领下，开始运用西方的先进管理模式。在行政方面，总管理处下设部，部下设科，科下设股，实行四级管理，做到职责清、赏罚明。在生产方面，订立分级质量检查制，从原料到成品出厂，各个环节都有专职人员负责检查，以保证成品质量。在财务方面，建立成本会计和各种统计制度，实行经济核算，使每月产销结果都能及时反映到各级领导层。

中化制定五大章则，即《组织章程》《各厂、部、科 / 室、股办事细则》《外部发行所组织办法》《各项会议组织规则》《职工通守规则》。总管理处还订有《文书处理程序》，包括各级部门的汇报和会议记录等；人力资源部订有《人才登记表》《职工、练习生招考办法》。这些章则使全体员工有章可循、按章办事。

中化非常重视财务部门的管理，财务部下设有会计科、出纳科和客账信用科。营业推销员虽属营业科，但客户信用和收账事宜，则分属出纳科和客账信用科管理。至于外地和海外的发行所的会计，为了方便操作，直属会计科管理。中化以每年 12 月 20 日为会计年度的终限，12 月 31 日前做出年终结算报告，为来年 1 月 5 日召开董事会提供准确数据。下图是 20 世纪 30 年

① 张镇西主编：《弄潮儿向涛头立》，浙江摄影出版社 2018 年版，第 103—106 页。

代中化三家工厂的公司机构图：①

（三）质量控制

企业要在激烈的市场竞争中生存和发展，产品质量是关键，没有过硬的产品质量，企业终将在市场经济的浪潮中淘汰。而产品质量是企业里最难以控制和最容易出错的一环，小则退货赔钱，大则丢失客户，甚至倒闭。因此确保和提升产品质量，不但是企业发展、赢得市场的主要因素之一，更是对消费者和社会的一种义务。中化在早期创办时就开始养成这种文化——当企业把客户和社会利益放第一位，企业的利润自然而然会来。

从上海牙膏厂编写的厂史中就可以看到这样一段记载："他（方液仙）的母亲常常亲自到工厂，了解关心生产状况。一次生产中发生了质量问题，生产工人考虑到厂刚建立，资金短缺，提出要贬价出售。他的母亲却说，人靠形象，产品靠质量。为维护企业信誉，他忍痛将这些牙粉全部毁掉。这件事对该社成员的教育很大。以后他们都非常重视产品质量和企业信誉。"②

上面提到的中化敢于与挑战高露洁，其原因也就在于中化有不断提升自己产品质量的精神。例如：中化在研制新产品"时代霜"时，"曾经过二百三十多次的试验，分给一千五百多人使用，结果方才采集众意，而为最后的审定标准。所以时代霜的生产，自开始筹制之日起，以至出品日，其中经过的历程，有一年又五个月之久，这样慎重的作风，是其他化妆品厂所不能及的"。③中化为了保证成品质量，还专门订立分级质量检查制。从原料到成品出厂，各个环节都有专职人员负责检查，使中化的产品，在市场中保持领先地位。

当年中化优质的甘油和薄荷脑还出口到美国和加拿大，提供给两国的香烟厂、药厂、化妆品、日化工业等。此两种产品"因质地已合水平，除自用

---

① 上海机制国货工厂联合会：《工商史料之十二》1934年，上海图书馆藏，第30页。
② 上海牙膏厂厂史编写组编：《银河之光》，学林出版社1993年版，第7页。
③ 《日新月异的化妆品》，《申报》1933年10月13日。

外，多运往美国及加拿大，极负时誉，此亦国货外销之光荣收获也"。①

（四）善待员工

一个企业要让客户满意，才能生存和发展；让客户满意的先决条件，就是要让员工对自己的企业满意。从上海当时的媒体上，我们可看到有关中化善待员工的一些记载：

> 我们只要看以下的两件事，就能知道该（中化）社对于职工的福利事业，是如何的关切了。一、职工储蓄——靠薪酬过活的人，最怕的是失业与疾病，因为他们是做一天工，活一天命，一旦遇到意外，就非等死不可！因此该社便举办一种职工储蓄，一方面能使职工无后顾之忧，另一方面还能养成他们节约的习惯。二、团体保险——比较失业或疾病更使工人担忧，那就是死亡了！普通一个工人，家里总有三四个人依靠他活命，倘他万一不测，其家属将如何生活？中国化学工业社当局有见及此，故替全体工友投了一种寿险，于是工友的身后问题也就有所保障。这两件事，不但职工直接得到嘉惠，就是厂方也是间接蒙其利益。年来各地工潮澎湃，唯独该社劳资间融洽，这不能不说是此项优良制度的功劳啊！②

20世纪30年代末，"战时物价增加，公司体念工人生活，曾增加工资，并给予米贴，故劳资双方，极为融洽。因管理上之处置有方，出口质量均有进展，该厂之成功，实非偶然，愿从事国货制造者引为楷模"③。中化职工工资逐年增加，年终分送红包，其数额多少视贡献大小而定。职工购买本厂产

---

① 《国货工厂介绍》，《申报》1940年5月12日。
② 《工商史料之十二》，上海机联会刊物，1934年，第32—33页。
③ 《国货工厂介绍》，《申报》1940年5月12日。

品可享受七折优待①。中化还在厂区附近为职工开办了家职工子弟小学，地址是在安远路夹胶州路上的三多里 10 号。

中化对于公司上层管理员的待遇非常优惠，如在中化厂附近的星加坡路（今余姚路）134 弄，建了 9 幢 3 层新式里弄洋房，取名为"星邨"，专门提供给他们居住。高级职员薪水也是非常高的，如经理李祖范的年薪起价就是 1 万元加红利。当时的一万元，据 1926 年上海工部局地价图上显示，可以买法租界高安路、康平路、衡山路这一带 2 亩地。②

家族中还有一个真实故事。20 世纪 40 年代初，胡岳乾先生的父亲曾是中化第四厂（肥皂厂）里的员工，因工伤事故去世。胡家人口多，失去家里主心骨，生活上发生了困难。祖父知道后，立刻让胡岳乾进厂顶替父亲的职位，每月支付他全薪，还培养他去上夜校。后来胡氏进入了中化的管理层。20 世纪 50 年代中化改成上海牙膏厂后，胡岳乾先生一直担任工会主席直到退休。

（五）销售服务

企业向顾客（包括经销商）销售服务的根本宗旨就在于：让顾客满意，树立企业形象，促进产品销售。为了达到此目的，中华设立了覆盖全国的销售网，为想购买国货的客户提供方便。总公司设在上海河南中路 257 号，上海发行所在广东路 68 号，门市部在梵皇渡路 62 号。上海南京路各大百货公司都有自己租赁的专柜。国内其他城市和地区发行所有：南京、杭州、宁波、温州、汉口、长沙、南昌、西安、天津、青岛、广州、梧州（广西）、台湾、香港等 30 多个。海外发行所设在：印尼、泰国、新加坡、马来西亚、菲律宾等国家。

① 许涤新主编：《中国企业家列传》第 3 册，经济日报出版社 1989 年版，第 213 页。
② Edward Denison, Guang Yu Ren, *Building Shanghai*, United Kingdom：John Wiley & Sons, Ltd, 2006, p.149.

中化对批发商 / 经销商采取特约经销制，多销多酬。举办竞销奖励活动，如全年销售最多的代理商，头等奖银五百元、二等奖银三百五。① 中化还为批发商考虑，例如每年五月蚊香使用前，向他们大量发货，到中秋节后，再结账收取货款。这样使批发商们能做"无本钱"的买卖，让他们多订多销中化的产品，达到双赢的效果。

此外，中化拥有一支强大的销售团队，对推销员实行奖励制，工资和佣金外外加年终奖金。推销人员各有专职，互不兼管，使推销人员能深入了解各自的市场情况，并与客户建立起长期良好的合作关系。凡牙膏、香皂及各种化妆品，均有公司营业部销售员直接负责，发往华洋百货、杂货和批发店销售。蚊香、洗衣皂及洗涤产品由烟纸组向各地烟纸店推销，调味品由海味组向海味店销售，洗发皂精（洗发水）和止痒药水等产品由理发组向各地理发店推销，滞销品由滞销组联系各地专门店通过寄售办法销售，海外组通过海外的中化的分公司或发行所销售。

为了直接服务全国各地客户，中化还通过邮政系统销售产品。对中化产品有建议的或批评的客户也可以通过电话与当地的中化发行所联系或信函寄中化。中化还在自己的 20 周年纪念刊上，公开刊登用户对中化的建议，并希望得到更多用户的指导和批评。②

（六）宣传国货

"中国人要用中国货！"这曾经是 20 世纪早期国货运动中最醒目的标语之一，这场运动将"民族国家"的理念附着到"国货"上，从而把消费与民族主义的问题联系了起来，构成中国初萌的消费文化独特的地方。中化把广告宣传也作为一种企业文化来对待。在广告科科长朱惺公的带领下，以国

---

① 《香雪竞销奖金揭晓》，《申报》1930 年 1 月 16 日。
② 《对于本公司出品之贡献或批评》，载《中国化学工业社二十周年纪念刊》，1931 年，第 74、150 页。

货、优质、价廉特点向消费者和社会宣传中化的产品。中化在广告宣传上下了大工夫，规定每年营业额中拿出千分之三，作为广告费用。中化善于运用广告媒体是全方位的，主要表现在以下方面：

铁路广告——沿沪杭、沪宁、西安、四川、云南等铁路沿线设路牌广告；

移动广告——南京东路上的有轨电车头上，汽车车身外张贴中化广告；

马路广告——外滩大楼顶上、南京路跑马厅外、河南路桥等设立巨大广告牌；

报纸广告——全国最大的报刊《申报》上，刊登广告并开辟国货特辑。

电台广告——买断电台黄金档节目"京剧晚会"，节目冠以"三星牙膏"为名。

祖父还请当时社会名人作为中化国货产品的代言人。

邀请金嗓子周璇为中化拍摄"三星伴月"电影的故事。20世纪30年代中期，祖父计划出资拍一部宣传自己国货产品的影片，碰巧认识了一位同乡方沛霖，他是艺华影业公司的导演。在祖父与方导演的交往中，结识了艺华公司里的一批左翼作家。祖父宣传国货的意图与他们的民族意识相吻合，他们建议以祖父的亲身经历为原本，创作一部实业家奋发图强，研制国产日化产品，并与女工相爱的故事片。方导演请刘雪庵为歌舞片作插曲，并由黄嘉谟填词。这首插曲便是今天脍炙人口的歌曲《何日君再来》。挑选歌舞片的女主角也是关键，条件必须会演会唱，当时大名鼎鼎的"金嗓子"周璇便成了非她莫属的首选人物。周璇没辜负众望。随着影片的上映以及唱片的播放，《何日君再来》歌曲流行甚广。1938年，香港大地影片公司拍摄的抗日影片《孤岛天堂》也引用了这首歌曲，使该曲再度红极一时，各地歌舞团、舞厅也竞相演唱。1941年，著名影星李香兰将自己演唱的该曲录音灌制成唱片，发行各地。这样一来，三星的广告效应随着影片和唱片的走红而扩散，嵌入片名中的"三星"产品名也深入人心。

中化通过赠送产品给名流，以增强社会影响力。1925年5月4日《申报》报道："中国化学工业社所出观音粉质料净素味极鲜美胜于舶来品，万万发行，以来深得社会乐用。前日班禅来沪，该社总理方液仙君于参见时，进呈观音粉数事，班禅试尝后，大加赞赏，谓：可挽回利权，并拟有所题赠以奖励之云。"①班禅喇嘛，又称班禅额尔德尼，是藏传佛教格鲁派中转世传承的领袖。

1929年9月《申报》的一则广告标题为"胡蝶女士的两种装饰品"。"她爱三角牌自由布的衣服，她穿在身上。与她一口洁白的牙齿相映，更觉美丽了。这全是她用三星牌牙膏养成的。"②胡蝶，原名胡瑞华，广东鹤山人，1908年出生于上海，著名电影女演员。1933年获"电影皇后"的称号，之后又获得了英商中国肥皂公司的"力士香皂电影明星竞选"第一名和"1934年中国电影皇后竞选"冠军，两年之内"三连冠"。

中化还通过不同的抽奖活动宣传自己产品，如打折、以空盒换取产品、肥皂里的金币、牙膏管里的秘密等，奖品最高甚至是赠送一幢洋房。还邀请著名画家张乐平为中化画广告。以下图片为部分中化广告实样：

南京东路和西藏路口的广告

申报上京剧晚会电台广告

① 《参见班禅》，《申报》1925年5月4日。
② 三友实业社和中化共同做的广告，《申报》1929年9月7日。

南京东路有轨电车车头上的广告

南京路和河南路口的肥皂之王"箭刀牌"广告

周璇《何日君在来》"三星伴月"歌舞唱片

张乐平画的广告

五、经营风格

　　我们家族是钱业世家,从 1830 年开设第一家钱庄,到 20 世纪初祖父创业之时,已有 80 多年的历史。当时方家拥有 30 多家钱庄,遍及上海、汉口、杭州、宁波等地,深谙市场规律和各行业的经营情况。放款的客户,小到作坊、茶栈、生丝掮客,大到聂缉椝(曾国藩女婿)家族的大中华纱厂[1]、

---

[1] 《上海钱庄史料》,上海人民出版社 1960 年版,第 173 页。

荣氏家族的申新七厂 ① 和刘鸿生的上海水泥厂 ② 等。祖父在这样一个环境下长大，受到家族的影响，因此在他创业历程中，形成了一套独特的投资和经营风格。

（一）富有远见

祖父毕业于中西书院，学的是化学专业，所以他最早涉足的领域就是日用化学行业。学有专长，富有远见，他创办的企业具备以下几个特征：

1. 投资回报率高

对于创业者来说，涉足哪个领域和进入的时间点，是至关重要的。20 世纪初，祖父投资的企业都集中在日用化学和其相关的领域里。当时日化是"高科技"行业，市场需求量大，而整个上海只有一家国人的小型工厂。该行业属于轻资产，具有竞争少和回报率高的特点。如蚊香的毛利是 55％、味精的毛利是 40％—45％、牙膏的毛利是 35％—40％。而当时的纺织厂，一匹棉布的毛利只有 5％—10％。③ 日化不但在当时是回报率较高的行业，即使当今也是如此。2007 年中国经济网列出的当今"中国十大高利润低成本产品"名单中，第一、二位分别是化妆品和日化产品 ④。2014 年美国 The Motley Fool 公司对全球最大的三家牙膏厂高露洁、宝洁、Church & Dwight 进行了调查，报告显示他们各厂的牙膏毛利分别是 59.1％、50％和 45.2％。⑤

2. 无形资产丰厚

无形资产的构成要素是企业的品牌、专利、配方、商誉等的"智力资

① 《安裕钱庄客信留底》（1950 年 4 月 5 日），上海市档案馆藏，安裕钱庄档案，档号 Q76-31-38。

② 《1922 年 11 月 18 日华商上海水泥公司与安康钱庄签订的借款合同》，载上海社会科学院经济研究所编：《刘鸿生企业史料》上册，上海人民出版社 1981 年版，第 164 页。

③ 上海社会科学院经济研究所编：《荣家企业史料》下册，上海人民出版社 1980 年版，第 789 页。

④ http://finance.ce.cn/money/200703/23/t20070323_10795976.shtml.

⑤ https://www.fool.com/investing/general/2014/02/09/pg-church-dwight-or-colgate-which-toothpaste-titan.aspx.

产"。祖父公司的盈利渠道很多是来自于无形资产。20 世纪 30 年代，中化四个日化企业已有 200 多种产品，其中五大著名产品：三星牙膏、三星香雪、三星蚊香、观音味精、箭刀肥皂，通过广告宣传做到了家喻户晓，并保持着市场较高的占有率。这就是无形资产为公司带来丰厚利润的威力，它是有形资产所不能比拟的。据英国学者查尔斯·汉迪估计，一个单位的智力资产（无形资产）通常是账面价值的三四倍。

3. 资金流通畅

资金流是企业在一定时期内，现金流入（收入）和流出（支出）的数量，是衡量企业经营状况是否良好的一个重要指标。当时重资产企业（如化工原料厂、纱厂、水泥厂等）的"现金流"比较差，因为它们多数是靠借巨款来维持企业的运营和发展。这些企业自身盈利并不高或不稳定，遇到市场波动，往往不能支付巨额的债务和生产运营成本，最终造成破产的悲剧。

"状元实业家"张謇所办大生纱厂的倒闭，就是因为资金流的断续。20世纪 20 年代，著名实业家张謇的大生纱厂的一、二、三、八共四个厂的资本总额已多达 770 余万两；但他急于建立庞大的企业体系，投资领域过于宽泛，结果不仅影响了大生纱厂的正常生产，而且还导致整个大生资本集团的恶性信用膨胀。1925 年大生纱厂陷入债务危机，仅大生一厂的债务就已高达 900 余万两，是年 7 月，张謇大生各厂被债权人团接管。[1]

荣氏家族申新七厂被拍卖也是如此。据学者研究："1934 年 3 月，一向与申新公司来往密切的银钱业声言不再对其放款。至 6 月底，荣氏申新公司资产共值 6800 万余元，而负债逾 6300 万元，已是举步维艰。到期应付 500万元，银行方面已无物可押；16 家往来钱庄，谨防自己危险，不肯再放，危急存亡，7 月 4 日宣布停业清理。"[2]1935 年 2 月 26 日，申新七厂因无法偿还汇丰银行 200 万贷款的本利，被汇丰银行公开拍卖。

祖父从创业开始，一直注意规避这类风险大的企业，到了 20 世纪 30 年

①　朱英：《张謇："状元资本家"的商海生涯》，《科学大观园》2014 年第 13 期。
②　徐锋华：《企业、政府、银行之间的利益纠葛》，《历史研究》，2011 年第 6 期。

代中期，在中化财务状况良好的情况下，为了实现中化系的原料国产化，才投资了两个重资产的化工原料厂。

（二）敢于放权

敢于放权，就是在企业经营过程中，做到两权分离，即资本所有权和资本运作权的分离，目的是使公司能够保持良性的可持续发展。"两权分离"理论的代表人物是贝利、米恩斯和钱德勒等。在 1932 年出版的《现代公司与私有产权》一书中，他们对美国 200 家大公司进行了分析，发现有相当比例的公司是由并未握有公司股权的高级管理人员掌控的。

在企业成长过程中，随着企业的发展壮大，企业必定会越来越脱离创始人的直接掌控。如果企业的创始者在企业早期发展过程中，没有建立一套企业运行机制，当企业发展到一定规模时，就会出现问题。早在 19 世纪中期起，方氏家族在自己创办的金融和工商企业里，已形成了两权分离的格局。如在我们钱庄里的经理都是钱业界领袖人物：方氏延康钱庄经理和承裕钱庄合伙人陈笙郊，是钱业公会董事和中国第一家银行通商银行第一任华经理。方氏承裕钱庄经理谢纶辉是中国通商银行第二任华经理。方氏承裕钱庄经理谢韬甫是钱业董事、中和银行董事长。方氏赓裕钱庄经理盛筱珊是钱业公会董事、中和银行董事等。

20 世纪初祖父创办中国化学工业社，其经营更是体现了"两权分离"的特点。祖父所学是化学专业，但他清楚地知道，这并不等于自己拥有了全面、专业的管理和科研知识。以下是中化部分高层管理和研发人员的名单：

李祖范：经理，清华大学学士、美国 MIT 麻省理工学院学士，曾担任美国扶轮社上海分社副会长、萍乡煤矿副总工程师、六合工程公司经理、招商局董事会英文秘书等，擅长美国泰勒的科学管理知识。

洪绍谕：襄理，清华大学学士、美国 MIT 麻省理工学院化学工程学士、哥伦比亚大学硕士。海归后曾任北京师范大学化学系教授。

李祖彝：肇新化工厂经理兼厂长，德国汉诺威大学机械科硕士学位。

李名岳：肥皂厂厂长，光华大学化学系学士。

朱曾澈：技术员，沪江大学理学士。

文启瑞：技术员，中央大学化学工程学士。

李名正：财务科科长，光华大学会计系学士。

祖父不但聘请了专业人才，还虚心听取他们的建议，并放权让他们去执行。譬如公司管理都是由李祖范经理、洪绍谕一手操办，产品研发由王修荫、孙瑞耕等专家负责。这点与当时一些企业创办人"一把抓"有很大的区别。因此在 1940 年祖父牺牲后，所有中化企业仍然能保持良好地运转，一直经营到中华人民共和国成立后的公私合营。

（三）不断创新

创新是企业的生命。由于消费者需求的变化，竞争的加剧和技术的进步，企业要持续发展，必须通过了解市场需求，不断改进和创新。而这些始终是祖父孜孜以求的目标。

1. 开发新品

早在祖父正式创办中化之前，他一边跟从窦伯烈先生学习化学，一边在自己家中进行试验，然后将试验成功的配方投入生产。据史料记载，到了 1915 年，中化已有十几种产品，3 年后中化拥有 60 多种产品。以后新产品不断问世。1922 年中化的三星牌牙膏、味精相继试制成功，之后鲜酱油、酱色等调味品问鼎市场。1928 年蚊香试制成功，1937 年洗衣皂和甘油试制成功，1939 年薄荷脑试制成功。至 20 世纪 30 年代，中化已发展到了 200 多种产品的大企业。

2. 理念创新

这主要表现在营销理念等方面的创新。如在广告宣传方面，祖父邀请著名歌星"金嗓子"周璇为中化拍摄"三星伴月"电影，请漫画大师张乐平设计广告，在《申报》上开辟国货特辑等，这些都是当时商业宣传的首创，令他的竞争对手"胆战心惊"。下面是天厨味精厂长吴蕴初与其老板张氏的来回函件，从中可看到，他们对中化生产的观音牌味精独特营销手段的评语。

吴蕴初致张逸云函（1926 年 4 月）：

逸云先生台鉴：面致之函，先生详加考虑后，务乞赐复。尊处幸勿以为此乃弟之消极行为，而妨碍积极进取之精神。盖弟在职一日，当以尽一日之力，以与困难奋斗也。但工厂方面之制造成本已将达不能再减之地位，所希望者广销而多制耳。故目前公司生死存亡之关键在批发所，而不在厂。乃回顾观音粉方面，其营业手段敏捷、狡辣、尖钻、精明，百倍于我，不禁为之寒心。然世上无难事，深望批发所之急起直追耳。①

吴蕴初致张逸云函（1926 年 5 月）

……再某厂营业手段尖密远胜根泰（根泰也是上海五大味精厂之一），几乎无孔不入，经销招牌满目皆是。乞注意。②

3. 开拓新域

不断开拓新的领域，也是企业创新的重要部分。祖父在成功创办中化第一厂（主要生产化妆品、香皂和牙膏）后，努力往行业横向、多元的关联企业发展。1923 年，他投资了生产味精等调味品的第二厂。1928 年投资第三厂

---

①② 上海市档案馆编：《吴蕴初企业史料·天厨味精厂卷》，档案出版社 1992 年版，第 26 页。

制造蚊香和驱虫剂。1937年投资第四厂生产洗衣皂。经过全体员工20多年的努力，中化已拓展到洗发、护发、护肤、化妆、牙膏、漱口水、香皂、调料、杀虫剂、洗涤、化工原料、香精、包装、制药、干电池等多项领域。

与此同时，祖父还极力发纵深向发展，建立了产供销一体化的工商网络体系。原料供应方面，中化建有昌明玻璃厂、镇海碳酸镁制造厂、永盛薄荷厂、中国制管厂、中国胶木厂、开诚造酸公司、肇新化学厂、美龙香精厂等。在销售方面，中化除在上海有发行所外，在天津、南京、青岛、汉口、重庆、广州、香港、台湾、南洋等地也设立发行所。为了销售方便，又在重庆、香港、台湾设分厂。1933年，以祖父为首的实业界领袖们在上海发起了中国国货公司，两年后，中国国货公司在全国建有22家联营百货公司，成为中国最大的销售国产的百货公司。

至20世纪30年代中期，祖父通过以上这些独特的经营风格，建立起横向型的多元化企业和纵向型的供产销的商业模式，使中化系在20多年中，提高了效益、降低了成本、增加了产量、扩大了规模，被史学家称为"中国最大的日用化学工业企业集团"。

六、国货运动

鸦片战争以后，洋货泛滥导致中国的传统经济逐渐解体。在此大背景之下，国货运动于20世纪初兴起，并在30年代大盛于中国。国货运动是以国货界制造商为主体的，联合众多社会阶层参与的爱国运动。它的核心是宣传和推销国货、抵制洋货，促进民族经济发展。在此我具体叙述祖父在国货运动中，所做的一些贡献。

（一）新型商会

清光绪二十八年（1902），上海第一个商会——上海商业会议公所成立，民国元年改名为上海总商会。在上海的工厂制造界里，有两个同业公会，一个是上海国货工厂联合会（简称"厂商会"），另一个是上海机制国货工厂联合会（简称"机联会"）。前者是由若干大中小工厂组成，后者则以使用机器生产的工厂组成。因祖父的中化是用机器生产，他加入了机联会并成为该协会的执委。从民国北洋政府时开始，商人能在商会里担任高职是一种荣誉，这造成了商会上层中派系林立、明争暗斗的现象，遇到如何对待洋货泛滥、推动国货等具体问题时，很难有解决方案。

祖父看到此现象，有意要组建一个与众不同的商会——不付会费、不设正副会长、由会员们自愿参与，共同抱团对付日货的倾销。但是祖父一直不知用何种形式去成立这种新型商会。1930年李祖范担任中化经理后，在一次聊天中，祖父得知他是美国"扶轮社"中国分社的副会长。扶轮社是由美国人保罗·哈里斯（Paul P. Harris）在1905年2月23日创立于美国芝加哥的一种西方新型商会。最初扶轮社每周轮流在各会员的工作场所举办，因此以"轮流"（英文Rotary）命名。聚会目的是汇集商业和专业领导人才，增进交流及提供社会服务。其活动形式每周聚餐一次，边吃边讨论，解决大家共同面临的问题。

这个扶轮社的形式给予祖父"灵感"。他马上在自己实业界圈里，寻找志同道合的会员。据当时参与人陈醒吾先生回忆："机联会有一次在大会之后，有部分委员尚未离场，其中有中国化学工业社总经理方液仙、美亚织绸厂总经理蔡声白、新民机器厂经理胡厥文、华生电器厂经理叶友才、中华珐琅厂经理方剑阁、灵生油墨厂经理陈醒吾和另外几个委员。当时大家都感到会场气氛不好，主要是无法解决对日本货倾销的问题。但由于事前没有准备，问题又很复杂，一时谈不出具体的意见和办法。后来方液仙提议搞一个聚餐会，使大家多一些机会接触，逐步深入议论，希望可以从中谈出一些办法来。大家赞成这个意见，议定每个月最后的一个星期五共叙晚餐。"[1]

著名的民族工商界里的"星五聚餐会"（以下简称"星五"），从此就这样在"吃吃聊聊"中形成了！最初星五只有几位商人一起聚餐，讨论的主题是

[1]　陈醒吾：《上海工商界星五聚餐会的缘起及其提倡国货的运动》，《广州文史资料存稿选编》第8册，中国文史出版社2008年版，第218页。

各自工厂面临的困难，后来发展到邀请社会精英，如黄炎培、张公权、潘仰尧、蔡廷锴、杜重远等。抗日战争时期，星五的主力转移到了重庆，中共高层领导人也参加过星五，如周恩来、董必武等。

（二）菊农金融

机会总是留给有准备的人。1931年"九一八"事变后，在一次星五会上，有人谈起上海的中国银行总经理张公权曾提过愿意帮助工商界迅速恢复生产。张公权的这段话引起大家的注意，从而联想到如何利用银行的资金，把工厂的产品运到各大城市，与当地的大商店合作，设立专门推销国货的大型商店。为了实现这个设想，聚餐会同仁公推方液仙等人去和张公权商谈。①

张公权与祖父等代表见面后，完全赞同星五会员的设想。1932年3月是星五聚餐会的一个转折点，张公权主持了第一次由工商界人士和金融界人士共同出席的星五聚餐会，讨论银行界与国货工厂合作事宜。② 这次聚餐会后，星五会员随即制订具体计划，并以"中华国货产销合作协会"（以下简称"产销协会"）的正式名义进行筹备，星五会员全部加入此协会。

产销协会成立后，就派人到几个大城市，如南京、汉口、重庆、福州等地举办国货展览会，设国货介绍所（即各工厂联合通讯处），国货样品陈列室以及流动推销团等，宣传推销国货。宣销活动受到当地消费者的热烈响应。1932年9月18日，为纪念"九一八"，祖父和产销协会主要成员决定，租南京东路绮华公司原址（大约在今天的南京东路和福建路这一带），在上海组织了九厂国货展销会，共拿出18种当时的国货名牌产品，廉价促销18天。九厂是中国化学工业社、美亚织绸厂、五和织造厂、中华珐琅厂、中华第一针织厂、华福制帽厂、三友实业社、胜德织造厂、一心牙刷厂。③ 通过

---

① 陈醒吾：《上海工商界星五聚餐会的缘起及其提倡国货的运动》，《广州文史资料存稿选编》第8册，中国文史出版社2008年版，第222页。
② 《中国国货联合营业公司十周纪念刊》，1947年5月，第19页。
③ 《九一八与九厂国货商场》，《申报》1934年9月28日。

九厂国货展销会，祖父和星五会员们看到推销国货大有可为。计划建立一个永久性的销售渠道，与南京路上销售洋货为主的先施、永安、新新和大新四家百货公司竞争。

这时祖父与国货厂家面临一个实际问题：创办大型百货公司首先需要大批的国货工厂提供产品，但当时多数国货都是中小型工厂，他们缺乏资金，不能在没有预付款的前提下先制造出大量产品，寄放在百货公司代销。因此不解决国货厂家资金问题，国货公司就不能做大做强。祖父出身钱业世家，他曾在中化的蚊香厂里用过的"菊农金融"，有过经验。祖父与星五成员一起讨论，用同样的模式办国货公司。

这个方案很快得到中国银行总经理张公权的支持。据回忆："征得中国银行同意后，不论是否机联会会员，凡是愿意将它的产品用寄售方式交中国国货公司推销的，都可以向中行申请贷款，货物售出后归还贷款。这种做法后来新华银行也同意参加，但只限于在上海地区。"[①] 这个"菊农金融"为推动国货运动起到了决定性的作用！以下是"菊农金融"转变成中国国货公司"供应链金融"模式的简易图：

中国国货公司模式

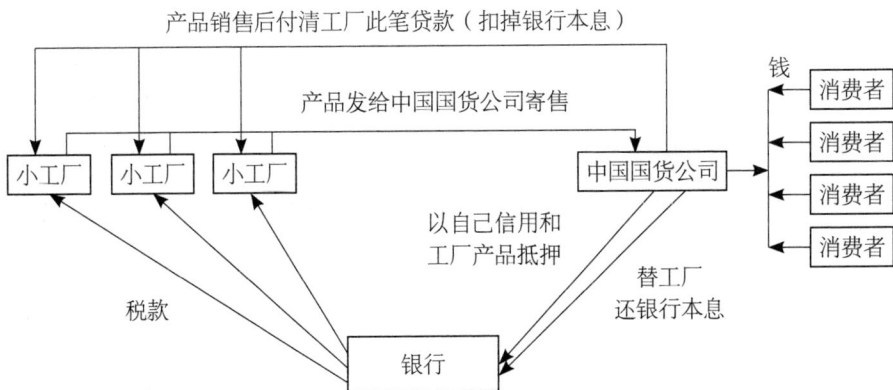

---

① 陈醒吾：《上海工商界星五聚餐会的缘起及其提倡国货的运动》，《广州文史资料存稿选编》第 8 册，中国文史出版社 2008 年版，第 223 页。

（三）国货公司

这里先要说一个有趣的小插曲：当祖父和星五成员正在策划成立国货公司的同时，以上海总商会为代表的邬志豪等商人，先租下了九厂国货展销会的绮华公司场地，抢先开办了上海国货公司。为此，祖父他们只能为自己的国货公司取了一个更响亮的名字——中国国货公司；地址也选了更好的，在南京东路上新建的大陆商场大楼。该大楼地处上海十里洋场的中心地段，今南京东路 353 号，占地面积为 5559 平方米。南京路建筑为 7 层，中部过街楼为 8 层，东西和南面沿街为 4 层，钢筋混凝土框架结构。南京东路山东路转角处在屋面上再建 3 层高的塔楼，既作为大楼的标志，又作为引导南京路行人的视点。从 1933 年 2 月 2 日的申报上，可以了解到当时的准备工作和人事安排：

　　……筹备主任方液仙先生报告筹备经过情形，略谓本公司系去年九月间发起，当时因中国化学工业社、中华珐琅厂等九厂所组之九厂国货临时商场，成绩尚为美满，故有组织一永久国货商场之动议，惟上海一般国货商场，其组织多散漫而无系统，于管理上极感困难，因决采用公司组织，自去年十一月一日起设筹备处，开始筹备，租定大陆商场为营业地点，并置备器具，装葺房屋，现已竣事，股本十万元，亦已收足……甲，当选董事，方液仙（2997 权）、蔡声白（2789 权）、任士刚（2788 权）、王志莘（2746 权）、方剑阁（2691 权）、叶友才（2480权）、潘仰尧（2382 权）、史量才（2000 权）、张惠康（1943 权）、胥仰南（987 权）、项康原（559 权）、黄首民（508 权）、王伯元（484 权）、穆藕初（424 权），乙，当选监察程年彭（1768 权）、黄延芳（1557 权）、许冠群（438 权）、项康原（437 权）、王振芳（251 权）……①

---

① 《国货消息》，《申报》1933 年 2 月 2 日。

1933 年 2 月 9 日（星期四），中国国货公司正式开业。方液仙任董事长兼总经理，李康年为副经理。[①] 当时的中国国货公司营业部分门别类：绸缎、布疋（匹）、呢绒、棉织品、内衣、鞋帽、西装用品、饰物、化妆品、篦梳、花边、绒线、手帕、顾绣、新装、服装、五金、搪瓷、钢精、铜器、电气、木器、料器、瓷器、文具、玩具、乐器、体育用品、南货、糖果、罐头、土产、火腿、茶叶、水果、烟酒、参茸、药品、医疗器械、皮件、家具、藤器竹器、礼物、花鸟、九九商场、饮食、礼

上海南京东路上的中国国货公司

券等部。并通办全国出品、各地土产等。中国国货公司完全可与四大卖洋货的百货公司媲美。

（四）走向全国

刚开始，在中国国货公司里销售的产品基本上是由产销协会（星五会员）会员的工厂所提供。当中国国货公司推销国货取得良好的成绩后，又因中行可以先提供厂家资金，引起了非产销协会工厂，包括为上海国货公司提供产品的厂家们的极大兴趣，他们纷纷要求加入。以至于在开业的第一年中，原先中国国货公司的商场不够用，增设南部商场，国货厂家数量从 200 余家增加到了 1400 余家。[②]

中国国货公司成功后，祖父和国货实业家们决定把上海的中国国货公司模式推向全国，使国货运动覆盖整个中华大地。考虑到这个计划的涉及面更

---

① 陈醒吾：《上海工商界星五聚餐会的缘起及其提倡国货的运动》，《广州文史资料存稿选编》第 8 册，中国文史出版社 2008 年版，第 223 页。

② 《中国国货公司股东会》，《申报》1934 年 3 月 11 日。

上海的中国国货股份有限公司寄售简则

广，工作量更大，为此产销协会于 1934 年 1 月征得中国银行和新华银行的同意与支持，设立了中国国货公司介绍所全国联合办事处（简称"国货联办处"）。在这里简单介绍一下国货联办处：它是一个独立的组织。它主要由各国货工厂、中国国货公司和银行联合组成。祖父又得到大家的信任，被推选为国货联办处的董事长，蔡声白、方剑阁、叶友才和王志莘等任董事。[①] 这时期，上海总商会也设立了上海市国货陈列馆国货推销处，因该机构主要创办人是商人和买办，对制造业并不熟悉，又缺乏金融界和国货工厂的支持，几年后上海总商会办的上海国货公司便歇业了。

国货联办处成立后，拟订各地筹组中国国货公司组织章程：凡经国货联办处审定合作的公司才能使用"中国国货公司"这个名称，各地的国货公司在"中国国货公司"前冠以地名。经营模式还是按中国国货公司，"其资本组织，各自独立，由国货联办处向工厂负责接受寄售货物，分配各地（国货）公司寄卖，于卖出后，按月计算，付还货款。工厂方面，得凭国货联办处证明，向中国银行商借款项，由国货联办处在各地公司售得货款内，代为扣还。此项三方合作办法，虽属创举，颇收成效"。[②] 有了"创举"的商业模式和当地工商界领袖的积极参与，"自 1934 年 1 月国货联办处成立后，两年

---

① 《中国国货公司内部组织》，《申报》1934 年 2 月 26 日。
② 《中国国货联合营业公司十周纪念刊》，1947 年 5 月，第 20 页。

内，在全国各地开设的中国国货公司计有：上海（3家）、南京、武汉、郑州、长沙、温州、镇江、济南、徐州、嘉兴、西安、昆明、福州、汕头、香港、广州、贵阳、重庆、成都、桂林、广州湾（即现湛江）以及海外的新加坡等地"。①

（五）一胞双胎

祖父为了抱团抵制日货，与志同道合的商界领袖们建立了星五聚餐会。通过星五聚餐会，在上海诞生出中国第一家大型的国货公司，然后迅速地发展到全国20多个城市。自各地有了国货公司后，大家为了互通信息，也纷纷仿照上海的做法，组织星五聚餐会，由该地的公司经理负责联系召集，聚餐费用由参加者分担。抗日战争期间，以香港中国国货公司经理胡仕澄主持的星五聚餐会最为活跃。祖父牺牲后，星五聚餐会中心转移到了重庆。此外，在星五聚餐会里还诞生出另一个胞胎，那就是中国民主建国会（外界简称"民建"）。

1937年，抗战全面爆发后，上海等沿海实业界大规模内迁，星五聚餐会转移到香港继续进行。由于工厂内迁，对国外器材的采购，国货产品的外销，亦有相当贡献。星五聚餐会因其持续时间较长，影响之大，逐渐成为工商实业界关于经济问题的论坛活动。这一活动为后来成立的西南实业协会所继续和发展。1939年9月，西南实业协会成立，总会及四川分会均设在重庆。会址在重庆中四路98号，后迁白象街新建的西南实业大厦。②

1941年12月19日，西南实业协会星五聚餐会第一次会议举行。此后数年间这一聚餐会持续开展，到1948年总共300余次。到会者少则一二百人，多则四五百人，参加者有民族资本家，国民党党政要员，金融、实业界

---

① 陈醒吾：《上海工商界星五聚餐会的缘起及其提倡国货的运动》，《广州文史资料存稿选编》第8册，中国文史出版社2008年版，第225页。
② 赵宾：《初心源于白象街》，中国民主建国会重庆市委员会编，2015年6月。

1945 年 10 月 30 日，刊登有周恩来在星五聚餐会演讲
《当前经济大势》的《西南实业通讯》

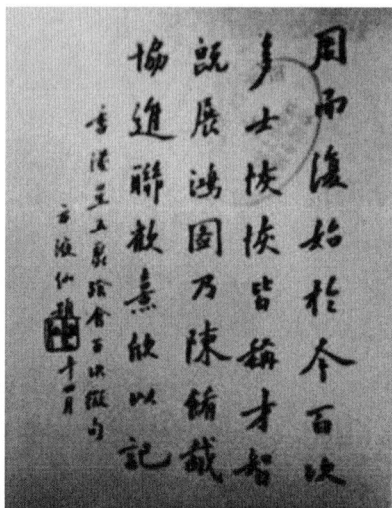

方液仙为香港百次星五聚餐会题字

人士，中共南方局的领导人（周恩来等），社会贤达等。[1]抗战时期在重庆星
五聚餐会进行演讲的著名实业界领袖人物有章乃器、厉无咎、吴羹梅、胡厥
文……学者名流有吴景超、杨荫溥、胡政之、王芸生、黄炎培……

1945 年 12 月 16 日，中国民主建国会在重庆白象街西南实业大厦宣告
成立，主要发起人有黄炎培、胡厥文、章乃器、施复亮、孙起孟等[2]。从民建
历史资料中可以看到，当年星五聚餐会的主要会员就是后来民建的骨干黄炎
培、胡厥文、章乃器等，他们都是星五聚餐会的元老，其中胡厥文先生是新
民机器厂的经理，第一次星五聚餐会会员。[3]

七、民族英雄

从兴办国货那时起，祖父已经跨出了作为商人的范畴，他把自己的实业

---

[1]　罗高利：《西南实业大厦里的星五聚餐会》，中国民主建国会编，2015 年 7 月 10 日。

[2]　赵宾：《初心源于白象街》，中国民主建国会重庆市委员会编，2015 年 6 月。

[3]　陈醒吾：《上海工商界星五聚餐会的缘起及其提倡国货的运动》，《广州文史资料存稿
选编》第 8 册，中国文史出版社 2008 年版，第 218 页。

和国货公司交由二李和专业管理团队来掌管，自己为国货运动，全力以赴、事必躬亲、踏实前行。他的生命最后几个星期，还在为中国的国货运动操劳付出。

中国国货公司之"中国人买中国货"广告　　　　　上海南京路中国国货公司外等候开门的人群

（一）国货楷模

"中国人买中国货""中国人用中国货"，这是在国货运动中引领民族工商业者们与全民一起抵抗外货的最直接、最响亮的口号。可以说祖父是最早期结合自己产品，大规模推出这个口号的商人之一。1919 年五四运动开始时正值初夏，在用国货浪潮的推动下，祖父免费赠送给批发商们国货三星蚊香的大旗。这些批发商为了向社会表示他们支持五四爱国运动，在各自店门前挂起了三星蚊香大旗。批发商的举动引起了全市大街小巷的中小百货店店主的注意，甚至还包括里弄店铺（烟纸店）。他们纷纷向中化订货，最后销售网点不但普及全市，还扩大到全国。

祖父团结国货厂家组成新式商会——星五聚餐会，他们求大同存小异，最后这个组织成为国货运动中的中流砥柱，产生出一批像李康年、蔡声白、任士刚、叶友才、胡西园、吴蕴初、刘鸿生、黄炎培、郭顺等国货运动中的代表性人物。可以说星五聚餐会在全国的国货运动中，是最为活跃、最有实效的商团。

祖父成功地运用"供应链金融"模式，从开始只有一个九厂参加的国货展销会发展到全国拥有 20 多家中国国货公司的联营百货组织，加入的国人厂家有成千家企业，并把国货推销到东南亚国家，使抵制日货的运动变成红红火火的现实。

祖父曾多次被近代中国发行时间最久、具有极大社会影响力的《申报》作为国货运动中的标杆人物进行报道。1933 年 10 月 19 日《申报》标题为《怎样去提倡国货》的一文，把祖父国货运动的理念介绍给社会：

在生产落后的中国，我国工业品的生产额和消费额，形成了二与五之比的现象，而同时，物质上的增进，却又一日千里，国人们对于工业品的需要，于此可以想见。因此，我们当这提倡国货的年头，我们要解决提倡国货的根本办法，最好是由全国各大工厂联合营业不可，因为联合营业的好处，在：（一）限制生产额，（二）估定标准价，（三）得集中人才，分头推销。（四）得实施通盘计划，（五）得免无谓竞争，致两败俱伤，（六）可以具体地谋产销合作。总之，我国要联合整个的工业界的力量，以求产销额之平衡，中国化学工业社的方液仙先生，便是本此主旨，在那里积极进行这个工作，如中国国货公司的发起，便是根据这个理想而实现，预料在最近的将来，在整个的国货界，当有一番新的发展了。

祖父是全国第一家"中国国货公司"的发起人，并出任董事长兼总经理，后又出任中国国货公司介绍所全国联合总办事处董事长。在祖父的主持期间，全国的中国国货公司发展到了 20 多家。下图是国民政府为继续筹办全国国货联营公司，函电给以方液仙为首的商界，以及政界、银行界和社会名流等的电函（如图）：

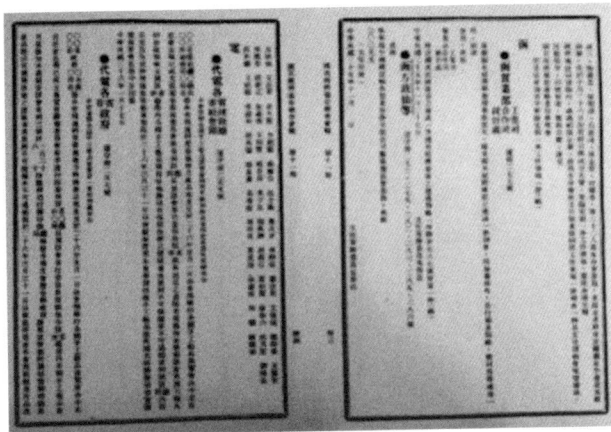

上海图书馆收藏

（二）民族情怀

祖父不但在国货事业上呕心沥血，在上海"一·二八"淞沪抗战和"八一三"淞沪会战中，也作出了很大贡献。1932 年"一·二八"淞沪抗战，祖父积极声援抗日救亡运动，在自己安远路中化里设立伤兵医院，并指派社内同仁护送①。1937 年"八一三"淞沪会战时期，祖父在胶州路上办的申园伤兵医院规模比第一次更大，被位于新闸路上中国红十字会总部，命名为红十字会救护委员会所属第一医院附属申园医院②。祖父还聘请美国约翰霍普金斯大学医学博士，曾任过上海圣约翰大学医学院院长的倪葆春领导医院救护工作。倪葆春是中国整形外科先驱，师从当时美国著名的整形外科专家约翰·戴维斯教授。祖父还把家族在北京西路上的丽都花园开办成中国红十字会总会的分办事处（今上海市政协所在地）。③

"八一三"淞沪会战后，国民政府迁都重庆。重庆工业基础薄弱，因大量人口转移到大后方，后方生活物资需求旺盛。政府急需上海的工商业者们把产品销售到后方，但为了避免日货混入，要对运输的商品审查是否是国

① 上海牙膏厂厂史编写组编：《银河之光》，学林出版社 1993 年版，第 309 页。
② 《中国红十字会》，《申报》1937 年 10 月 29 日。
③ 《中国红十字总会分办事处迁移公告》，《申报》1937 年 8 月 28 日。

货，国民政府成立了国货审查专门委员会。1939 年 2 月，祖父被国民政府任命为国货审查委员（全国当时总共有 48 位委员）。[①]具体操作是经济部（前实业部）与中国国货联营公司合作，专门由中国国货联营公司负责审查和运销国产的生活物资。为了配合大后方国人的持久抗日战争，当时祖父作为八位国货审查专门委员之一留守上海。[②]

自抗战开始，祖父利用商品广告支持抗日。下左图是抗战时期中化刊登在报纸上的"三星蚊香"的广告。看是商品广告，但抗日的寓意不言而喻。大标题"非常时期，非常准备！"下面正中是三位国军士兵端枪准备上战场，天空飞有战机，备战画面比一边的三星蚊香大了许多，足以体现祖父声援抗战的决心。右图是"一·二八"淞沪抗战后，中国国货公司的坦克车广告。1934 年恰逢儿童国货年，中国国货公司因此开设了儿童游乐场，向孩子推销国货的同时也向家长们宣传抗日救国的思想。

抗战时期三星蚊香广告

上海儿童国货年宣传抗日广告

（三）无所畏惧

祖父领导的国货运动让日本在华财团的利益受到重创，在抗战中，他又两次兴办临时伤兵医院收治抗战伤员。因此，祖父首当其冲地成了日本侵略

---

① 《经济部聘请国货专门委员》，《申报》1939 年 2 月 22 日。

② 《沪厂出品内销问题》，《申报》1940 年 1 月 18 日。

者的仇视对象。他们先在祖父厂外滋事生非，后又在祖父工厂旁边的寓所旁制造事端。为了安全起见，祖父在自己住宅和工厂里雇佣了印度警卫人员守护。从《申报》1938 年 6 月 13 日记载可以看到，日本人针对祖父的国货公司进行恐怖行动，"傍晚 7 时，有人向南京路中国国货公司投一手榴弹，共伤店员 2 人，投弹者已逸去"。①

　　1937 年 11 月 20 日，国民政府迁至重庆，上海成了孤岛，中国抗日战争进入最艰难的年代。1939 年 5 月汪精卫政权奉日军令在上海设立特工总部（中国国民党中央执行委员会特务委员会特工总部），因其所在地为上海市沪西极斯菲尔路 76 号（今万航渡路），被外界称为"76 号"。特工总部邻近驻扎上海日本宪兵队，由周佛海任特务委员会主任委员，丁默邨任副主任委员，李士群任秘书长，其目的是暗杀、绑架重庆分子（国民党）和抗日志士，在社会上制造恐怖气氛。仅 1939 年至 1943 年不足四年的时间内，76 号制造的暗杀、绑架事件达 3000 余件。1939 年 8 月 4 日，曾担任中化广告科科长的朱惺公，因在报刊上刊登讥讽汪精卫卖国，被 76 号暗杀。祖父的好友、社会名流潘仰尧也遭受 76 号威胁。

　　形势严峻，亲朋好友劝祖父去香港"避难"，但祖父没有退缩，仍然坚守在上海，宣传他的国货理念。1940 年 3 月，祖父在《申报》上开辟了"国货特辑"专栏，并亲自题字②。每周发表对国货运动有关的话题，如：国货的出路、金融界与国货业、与侨商谈国货等。

　　祖父帮助国货中小厂家在社会上筹资，把国货厂家做大做强。在他被谋害前的三个星期，发起了"中国股票公司"。③祖父为了他的国货事业，殚精竭

方液仙在《申报》上的题字"国货特辑"

① 《沪炸弹案》，《申报》1938 年 6 月 13 日。
② 《国货特辑——发刊词》，《申报》1940 年 3 月 31 日。
③ 《中国股票股份有限公司开业公告》，《申报》1940 年 7 月 3 日。

虑，不遗余力。赤子丹心有史可鉴！

（四）舍生取义

因祖父在实业界和国货运动中的威望，1940 年 3 月汪精卫政府成立前夕，其二号人物陈公博想通过傅筱庵去说服祖父与汪政府"合作"，并许诺赐予实业部部长的高位。陈公博在投靠日本人之前，在国民政府行政院里任实业部部长时结识了祖父。陈公博知道祖父是中国最早创办的新兴民族工业的代表人物，他的企业又是全国规模最大的日用化学品工业综合企业。《申报》有陈公博和他的实业部人员等参观祖父工厂的记载。[①]陈公博还参与祖父筹办的中华产销协会国货介绍所的事务，两人又同是国民经济建设运动委员会总会的委员。我们从上海档案里找到当年陈公博在国民政府行政院任实业部部长时，为祖父中化二十周年题过字。

汪精卫投靠日本人后，在组建内阁时，以封官许爵引诱，拉拢社会各界名流显贵与其合作，如商界里的名人闻兰亭、袁履登、林康侯、周作民、唐寿民等。祖父是国民政府实业界里的领军人物，要是"劝说"成功，既挖了重庆国民政府的墙脚，在政治上又可以为汪伪政府起到很大的宣传作用。

再来说一下与祖父绑架案有关的傅筱庵，他曾靠买办起家，后担任招商局总经理，1919 年又担任中国通商银行总经理，四明银行董事兼总经理等职务。傅还担任过上海总商会会长。鉴于傅筱庵在上海商界里的显赫地位，日本人需要他出任上海市市长。傅筱庵是宁波镇海人，祖父的同乡，又是我家的"过房亲"。日汪政府看重这个沾亲带故的关系，所以派他来说服我的祖父。

祖父视国货事业、抵制日货为他的重要使命。当祖父知道傅筱庵的来意后，表明不与日本人"合作"。中化李祖范的回忆录中提到，"祖父当即拒绝，表示自己只经商，不参与政治。傅闻言后说，日本人知道你很关心政

[①] 《陈公伯参观开成造酸厂》，《申报》1933 年 2 月 23 日。《邓飞黄等参观实业工厂》，《申报》1935 年 5 月 21 日。

治，记得你在战争时，还办过两次伤兵医院，因此很器重你。并以事业部长相许"①。祖父在威逼利诱下不为所动，断然拒绝。在劝诱失败之后，祖父随之收到的就是恐吓信和警告信。

形势渐趋险恶，但祖父临危不惧，深居简出，尽量避免公开露面。1940年7月25日，早上十点一刻左右，祖父的车刚出寓所大门驶到马路中，突然冲出四名绑匪，持枪蜂拥而上，喝令停车并威逼司机姜汝宾下车。祖父保镖陈浦生知道来者不善，先向他们开枪，匪徒们回击，击中陈浦生头部。随即，匪徒将祖父绑架到预先停在旁边的黑色大号汽车内，疾驶而去不知所终。到了晚上七时，祖父下落尚无消息，甚至没有一个勒索要钱的电话。据父亲说，其实绑匪早有内线，其中另一位姓季的祖父保镖当天轮到他值班，但他装病请假，并通风报信给76号。

据我父亲回忆，祖母开始以为是普通绑票事件，等了好几天，始终没收到任何人打来要赎金的电话。祖母通过祖父的表弟李祖莱得知此绑架是76号的所为。祖母让他转告76号，不管祖父是活是死，都愿付赎金，多日之后仍毫无音信。至今为止，祖父的遗体还没找到，今天在宁波东钱湖公墓里，祖父的坟是一个衣冠冢（空墓）。

结　语

1915年开始的那场"提倡国货，抵制洋货"的国货运动，其规模之大，范围之广，历时之久，在近代中国政治、经济、文化等领域中产生了深远的影响。它有利于促进我国民族资本主义经济的发展，唤醒沉睡的民族意识，激励民族精神的迸发。祖父生逢那个国耻民危的动乱年代，他视"国家兴亡，匹夫有责"为己任，活出了不平凡的一生。

祖父是新兴工业的开拓者。祖父生于清末民初，目睹列强侵略，国家受

① 李祖范：《中国化学工业社简史》，载《20世纪上海文史资料文库》第3册，上海书店出版社2009年版，第229页。

难，他置殷实丰厚的家业于不顾，倾心开发自己的化工事业，所创办的企业填补了中国工业的空白，制造的产品成功地把日货挤出了中国市场。在祖父身上，体现出近代民族工商业者的开拓创新和自强不息的精神。

祖父是国货运动的领军人。近代中国遭受帝国主义的殖民掠夺，激起广大人民爱国救亡的义愤。"中国人要用中国货！"这曾经是 20 世纪国货运动中最醒目的标语之一。这场运动将"民族国家"的理念附着到"国货"上，通过用国货，凝聚中国人的力量，与外国势力进行不屈的抗争。祖父就像一面旗帜，在这面大旗下，众多的民族爱国工商业者在他的影响带领下，为大力提倡国货，抵制外国的经济掠夺，维护民族利益而奋战。

祖父是抗日救国的民族英雄。抗战爆发，祖父在上海两次淞沪抗战中，兴办伤兵医院。救护大批抗日战士。他的爱国行动更引起日本人的极端仇视。祖父年轻时曾说过："古往今来，凡成就大业者，绝无不先作牺牲者。"在侵略者的威逼利诱下，祖父用自己的行动向世人昭示了"威武不能屈"的民族气节。在生死存亡的最后关头，他无所畏惧，为国家和民族捐躯，英年47 岁。

（方国翔，方液仙长孙，现居美国）

我在国际联盟四年的外交生涯

吴凯声

1926 年，我自欧洲回国，即在上海法租界会审公堂，担任了第一任的中国籍律师，并参加有关中国政府收回治外法权方面的各项活动。除此以外，我还担任上海法租界纳税华人委员会的委员，兼任上海很多工会、公司团体的法律顾问。1928 年，我调任南京国民政府外交部秘书（当时的外交部长是王正廷）。从此，我开始了外交工作的生涯。

中国籍律师共两人，另一名是我在法国留学时的师姐郑毓秀大律师，其丈夫为曾任驻美大使的魏道明。

吴凯声（1900—1997）

国民政府定都南京的争论

北伐革命取得胜利后，关于中国在何地建都的问题，一度引起一番争论。北伐革命目的之一，是取消各帝国主义强加于中国人民头上的不平等条约，取得外交上的独立自主，这与最后选定建都南京，也有着一定的联系。

记得有一次，上海总商会召开了重要的会议，我以外交部秘书和上海各界人士法律顾问的身份出席会议。那次会议出席的主要人物，有上海总商会会长王晓籁以及上海工商界的头面人物，如林康候、袁履登、闻兰亭等人。会上讨论的主要问题，是国民政府应定都何地，也就是迁都南京，还是仍留在北京，就此听取各界人士的意见。一派是江浙及上海银行巨头、工商界领袖的意见，他们主张在南京建都。所持的理由是，南京处于华中的东部，整个扬子江流域又是中国工商业的命脉和基地。另一派是原北洋政府有关的官僚、军阀们的意见，他们主张仍在北京建都。所持的理由是，北京是历朝京都，地势居高临下，便于统治全中国。

以外交部长王止廷为首的外交人士则认为，自八国联军侵入北京，逼迫清王朝签订辛丑条约以后，西方列强在北京城内的东交民巷，建立了特殊的租界区，驻扎军队，干涉中国内政。在北京的外国人，实际上操纵着中国的外交方针，使旧中国处于半殖民地境地无以自拔。关键是在北京的东交民巷有一个外交使团，如果仍将首都设在北京，今后有反对政府的官僚、军阀、政客，势必利用东交民巷外国主子为靠山，对政府施加政治、军事、经济上的压力，来颠覆政府。辛亥革命后，孙中山先生建立了中华民国，曾定都于南京，为的就是要维护中国的独立自主，尽量避免外来的干扰。但袁世凯以"兵变"为借口，执意建都北京，这样既可以凭借北洋军势力维护他的统治，又便于勾结帝国主义压制革命人民。他在称帝前，就与日本签订了"二十一条"卖国条约。此后，北京的东交民巷就成为北洋政府进行卖国勾当的场所，诸如曹汝霖、陆宗舆、章宗祥及以后的张作霖等人，都曾利用东交民巷

青年吴凯声

勾结帝国主义，搞了不少可耻的卖国勾当。北洋政府时期，内阁更迭时，内阁总理每次物色外交部长，实际上总要先征得东交民巷外交使团的"同意"；新的外交部长上任第一天，完全丧失国家尊严，先得去东交民巷向各国的使节去"拜客"。

以外交部长王正廷为首的外交界人士，竭力主张建都南京，终于取得了胜利。这也是1928年讨论国民政府是否建都南京整个过程中的一页。我亲身参加了建都问题的讨论，这一史料很少有人提

及，是以尽我所知，忆述如前。

撤销领事裁判权

记得国民党政府在南京建都后，曾发生法国和意大利两国政府不肯正式承认国民政府为中国中央政权一事。简要经过是这样的：国民政府建都南京前，法国和意大利在南京的天主教堂，因在北伐战事中受到一些损失，法、意两国政府借此不承认国民政府为中国的合法政府。当年国民党政府的外交部，指派了外交部亚洲司司长徐谟和外交部秘书吴凯声二人为全权代表，承办此项交涉。法国政府的全权代表是法兰西共和国派驻在上海的总领事梅里霭（日本投降后，梅里霭升任法国驻华大使）。徐谟和我代表中国政府，要求法、意两国撤销在华的领事裁判权；至于法、意两国在南京的天主教堂，因战事而遭损坏，中国政府同意给予物质上的补偿。交涉期间，法国方面对撤销在华领事裁判权一事，采取极为狡猾的态度。最初法方只同意在"最近的期间内"取消在华领事裁判权；而我方则要求明确规定撤销的日期。为此，双方争执了很长时间，最后为了早日取得协议，采取了折衷方案，将法方原先坚持的"在最近的期间内"改为"在最短的期间内"，终于使法、意双方同意撤销在华的领事裁判权。通过以上交涉，法、意两国政府，承认国民政府为中国的合法政府一事，也就迎刃而解。

国际联盟

美国威尔逊总统，原是国际联盟的发起人，但美国并未参加国际联盟，只派出了观察员列席国际联盟秘书处的禁烟会议。

跟法、意两国的交涉结束后不久，国民党政府改派我出任外交部法律顾问。1929 年，又派我出任中国政府驻瑞士日内瓦国际联盟常任代表，并兼中国驻瑞士代办，不久即提升我为驻瑞士公使，从此就开始了我在日内瓦的外

交生涯。我是国民党政府派往国际联盟的首任代表。由于北洋军阀政府的垮
台，南京国民政府理所当然地取代北洋政府，成为中国的中央政权，但又必
须按照国际惯例的外交手续，才能派出正式代表常驻国际联盟。

1928年初冬，国际联盟秘书长特罗蒙德爵士（英国籍，Sir Eric Drumand）
派国际联盟副秘书长阿弗诺（法国籍，Avenol）及另一个人来中国，接洽南
京国民政府正式加入国际联盟的各项事宜。当时我以外交部秘书的身份陪同
副秘书长阿弗诺等两人，游历了我国各地的名胜古迹，先后去了上海、南
京、苏州、杭州等地，这为我日后在日内瓦国际联盟开展外交工作打下了
基础。

1929年，我带了一名随员蔡晓白去了瑞士。到日内瓦的第一个任务，是
代表中国政府拜会国际联盟秘书长特罗蒙德爵士，这是到任后礼节性的初次
晤面。我们中国代表团的成员，除了我和蔡晓白两人外，还有原北洋政府时
期的留用人员。他们是一等秘书陈定，二等秘书罗世康。我们在日内瓦市内
租下威尔逊堤岸大厦的一层楼房，作为中国代表团的办事处，与加拿大驻国
际联盟的办事处相邻。至于英、法等国因邻近瑞士，都未在日内瓦专设办事
处；而日本的办事处则设在法国巴黎。

1929年9月，在国际联盟大会开会期间，中国代表团举行了一次盛大
的招待会，欢宴各国到日内瓦参加国联大会的代表团主要成员。出席招待会
的各国来宾中，有各国的外交部长偕夫人以及不同级别的各国代表团团长、
代表等。车水马龙，十分隆重，可谓一时之盛，当年欧洲各国报刊上均有
报道。

国际联盟在每年的9月召开国联大会。1929年秋，中国政府首届代表团
的成员如下：首席代表伍朝枢，中国驻美公使；第二代表蒋作宾，中国驻德
公使；第三代表高鲁，中国驻法公使；秘书长兼第一副代表吴凯声，中国驻
瑞士公使。

在1929年国际联盟大会召开期间，中国方面的提案是依据国际联盟约
章第十九条规定，讨论修改各会员国之间的不平等条约，并予以取消。据我

回忆，这项提案的主要内容是：中国近百年来遭受帝国主义侵略，被迫签订了一系列不平等条约，各国在华享有领事裁判权。上述现状，均不符合国际联盟的宗旨，对国际和平造成巨大障碍。中国政府吁请有关与会国，应予从速协商，及早取消不平等条约，维护中国与各有关国家之间的友好关系，以利世界和平。

上述提议是由中国首席代表伍朝枢代表中国政府向大会提出的，各有关国家鉴于当年的国际形势，最后在国际联盟大会上一致通过了中国所提的决议案。

会议期间，我曾向国际联盟秘书长特罗蒙德爵士提出要求，应让中国政府派遣更多的工作人员参加国际联盟秘书处工作。据我所知，在我提出此项要求时，整个国际联盟秘书处只有夏奇峰一名中国人参加秘书处的宣传股工作，显然是对华人的歧视。自我提出要求后，秘书长同意增加中国籍的工作人员，如在秘书处禁烟股内，增加了中国职员。

中国在国际联盟中的活动。20世纪二三十年代，中国与欧洲的交通往来，主要依靠海上运输，欧亚之间轮船单程需时一个月之久。那时苏联的西伯利亚大铁道早已贯通，经由西伯利亚去日内瓦，只需要10余天的行程。但因中苏两国之间的关系不好，中国外交人员很少取道西伯利亚前往西欧，再加上中国经济不振，内战不休，外交经费少得可怜，南京国民党政府很少派出专门代表团去日内瓦出席国际联盟召开的各项专业会议。因此，国联召开的各项会议均由我这个常任代表出席，任务非常繁重，我每年几乎有七八个月的时间要花在各种会议上。

当时国际联盟召开的会议，主要有以下几种：

1. 国际联盟行政院会议（相当于今之联合国安全理事会），每年的5月起开会。

2. 国际联盟大会（相当于今之联合国大会），每年的9月起开会。

3. 国际联盟禁烟会议。

4. 国际劳工大会，每年秋季开会（记得朱学范曾去参加过）。

5. 国际裁军会议。

6. 海牙国际国籍法会议。

7. 国际海洋灯塔会议。

8. 世界红十字会议。

除以上各项会议以外，还有国际保护妇女、儿童会议，保护少数民族、种族会议，世界邮政会议。这些会议，有的每年各开会一次，有的不定期召开。兹将国际联盟各项会议的主要情况，分别介绍于后：

1. 国际联盟行政院会议（相当于今之联合国安全理事会）

国际联盟行政院会议于每年 5 月召开。行政院会议计有 14 个理事会员国组成，其中常任理事会员国五个，即英、法、德、日、意五国（当时苏联尚未参加国际联盟，美国虽是国际联盟发起国，但自始至终未参加）。非常任理事会员国九个，其中欧洲占三席，南美洲及中美洲占三席，亚洲及远东占三席。常任理事会员国是连任的，无需改选；非常任理事会员国，每三年期满后得另行改选。我在日内瓦的几年期间，中国是非常任理事会员国之一。

国际联盟行政院开会期间，一般均由各国的外交部长亲自出席会议。由于日内瓦位于欧洲的中心，欧洲国家因交通方便，均由外交大臣、外务大臣出席，至于南美洲及中美洲、亚洲及远东地区的国家，多数以驻在英、法、德等国的使节就近出席会议。例如我当年是中国驻瑞士公使，就近出任非常任理事代表之一；而首席理事代表，则由中国驻美公使伍朝枢担任。

我驻日内瓦期间，国际联盟行政院大会的议程中，有关中国方面的讨论案，有以下三件大事：

（1）中国邀请国际联盟派出卫生股股长拉茜曼（波兰籍）来华，协助改善中国的医疗事业，并请求国际联盟帮助中国改善卫生。

（2）1931 年 5 月，中国政府向国际联盟行政院提出申请，并通过它要求各理事会员国对中国实行经济援助。我作为中国非常任理事会员国代表之一参加这次会议的讨论。

（3）1931 年"九一八"事变后，中国政府向国际联盟提出申请，要求国际联盟各会员国对日本实行制裁。

记得在 1931 年 5 月初，南京国民党政府财政部长宋子文发来电报，指派我在国际联盟行政院会议上，公开要求各国对华实行经济援助。当时我因宋子文是财政部长，他并未通过外交部长，而是径自给我发布指令，既不符合行政手续，更怕听从了宋子文的命令，擅自行动，今后会引起国际纠纷，特别会激起日本方面的反对，遂要求国际联盟秘书长延期讨论。因此我没有出席国际联盟行政院会议。宋子文改派财政部海关署长伍连德出席了会议。这也是日本急不可待地发动"九一八"事变的国际原因之一。

1931 年"九一八"事变后，国际联盟行政院在开会期间，曾多次讨论日本侵占我东三省，违反国际准则，可以说这是当年行政院议程中最重大的事件之一。

会议初期，中国政府的首席代表是驻英公使施肇基，第二代表是外交部次长王家桢，第三代表是中国驻瑞士公使吴凯声。日本的首席代表是日本驻法国大使芳泽谦吉。同年 10 月，国际联盟行政院会议改在法国的巴黎继续开会，中国政府改派颜惠庆接替施肇基，出任中国的首席代表。

不久，我奉命回国述职，回到南京向外交部及有关部门汇报了国际联盟有关讨论日本侵占我东北三省的经过及国际各个方面的反应和态度。

2. 国际联盟大会（相当于今之联合国大会）

当年的国际联盟大会之下，设有六个委员会，即法制委员会、技术委员会、裁军委员会、财政及预算委员会、人道委员会和政治委员会。

1929 年 9 月召开大会时，中国代表团提出的主要议案，是根据国际联盟盟约第十九条的规定，要求国际联盟大会，讨论并修改有关各国早年强加于中国的各项不平等条约。

盟约第十九条的主要内容是："凡国际联盟会员国，国与国之间签订的不平等条约，通过大会期间讨论，并经过 2/3 会员国的同意，可以修改。"

中国政府代表团向大会要求修改有关国家强迫中国签订的各项不平等条

约，讨论应予修订的议程。最后上项议程得到国际联盟大会 2/3 以上会员国的多数通过。从此，南京国民政府外交部长王正廷根据上述决议案，与有关国家进行接触与谈判，争取恢复中国海关关税自主权，收回各国在华租界的会审公堂，取消领事裁判权，并为此进行了频繁的交涉。如争取关税自主，1930 年 4 月 18 日中英两国签署了归还威海卫的协定；关于领事裁判权，国民政府于 1929 年宣布，自 1930 年 1 月 1 日起，正式收回，但因列强抵制，未能实现。

我在国际联盟大会期间，主要参加讨论了两个有关中国方面的问题：

（1）中国主张修改盟约章程。中国认为国际联盟行政院只有五个常任理事会员国，名额太少，应予增加。理由是英、法、德、意、日五国列强大权在握，把持会议，小国提出的正义议程常常不能获得通过。中国还主张，非常任理事会员国仅有九国，名额太少，也应予增加。

经过多次讨论，最后决定组成一个修改盟约委员会，中国等国家提出的议案，交由修改盟约委员会去讨论解决。我当时是修改盟约委员会委员之一。由于五大列强的反对和阻挠，只是空谈一阵，最后并未就常任理事会员国及非常任理事会员国名额的增加问题，对盟约作任何修改。

（2）中国政府认为日本发动"九一八"事变，出兵侵占我东北是违反国际联盟盟约的。

当年的国民政府，主要指望国际联盟出面主持公道，干预日本侵略军，促其迅即撤兵。实际上国联行政院除派出以李顿爵士为首的调查团来华进行所谓调查外，国联大会并未作出任何决议谴责日本或责令日本立即撤兵。而李顿调查团的报告书送到大会后仅供宣传之用。因此，当年曾有人讽刺国联是"废纸的制造所"。

同时，当年的国际联盟并未具有今日联合国安全理事会的权限，即国与国之间，一旦发生武装冲突或国际纠纷时，不能采取武力予以解决，只能采用经济手段对侵略一方实行制裁。因为国际联盟盟约认为，参加国际联盟的各个会员国都是主权国家，不能采用武力来压服任何会员国。所谓制裁，充其量也只能是纸上谈兵而已。但是日本发动"九一八"事变，悍然侵犯中国的领土主权，国际联盟连对日本采取经济制裁的手段也没有执行。

除此以外，国际联盟大会尚有两个附属机构与中国有关：

一是海牙国际法官会议。这是国际联盟受理会员国之间有关国际法纠纷的国际法庭。

海牙国际法庭设国际法官14人，是按各国的地位分配的，其中9人是常任法官，而中国在海牙国际法庭中只占有一名候补法官，最初由王宠惠充任，后以国民政府外交部次长李经伦接替。李经伦是我以国际联盟大会代表提名获得通过的。

二是世界知识合作委员会。世界知识合作委员会是世界性高层知识分子的组织。委员人数很少，委员们均为世界知识界最有声望的著名人士，如印度的泰戈尔、法国的居里夫人、德国的爱因斯坦等。最初中国只有胡适一人充当该组织的通讯员。

中国国民党政府参加国际联盟后，选派吴稚晖出任世界知识合作委员会委员，这是知识界极为崇高的荣誉职。吴稚晖当初担任法国里昂中法大学校长。该校秘书长先是曾仲鸣，后由刘和接任。刘和曾著有《吴稚晖传记》一书，传阅甚广。1930年世界知识合作委员会开会时，吴稚晖派林语堂出席当年的年会。林语堂也因这个关系进入了著名的知识界之列。那次林去日内瓦参加世界知识合作委员会会议，是由我负责接待和迎送的。

3. 禁烟顾问委员会

国际联盟禁烟顾问委员会是为禁运禁卖鸦片以及其他麻醉毒品专设的机构。美国虽未正式参加国际联盟，但也较为重视禁烟、禁毒，美国派出观察员参加了禁烟顾问委员会。

禁烟顾问委员会在每年1月召开会议，我是中国政府出席该委员会的当然代表。

每届禁烟顾问委员会开会期间，各方的辩论颇为激烈，多数委员国代表以英国为主要谴责对象，因为当年的英国还在其殖民地公开种植鸦片，并向各国贩卖。

中国因受鸦片的毒害较深，1931 年 1 月，远东鸦片调查团在致国际联盟行政院的报告书中曾对中国妄加诬蔑。因此，我在禁烟顾问委员会上，向国际联盟秘书处提出了严重的抗议。当时各界曾给以好评，认为我在该委员会上的抗议，"不辱中国代表的使命"，特别是毫不留情地对英国的种种贩毒活动采取了进攻的姿态。

我在日内瓦连续有三四个年头，每次都积极参加禁烟顾问委员会的会议。当年天津《益世报》专门刊载了我在禁烟顾问委员会会议上的全部发言，认为我是会议中的一只老虎，尽了一个委员会代表的职责。

4. 国际劳工大会

国际劳工大会，每届都在瑞士的日内瓦召开。因此，我自 1929 年到 1931 年，都以中国政府的当然代表出席会议。我还经南京国民政府工商部的推荐，担任国际劳工局的第一任副理事。当时国际劳工局局长是多玛（法籍）。

在国际劳工大会第十届代表大会上，我曾与中国政府另一位代表高鲁，向大会提出了两件与中国劳工有关的重要议程，即：

（1）凡外国人在中国设立的工厂，应接受华人的检查和监督。

（2）中国籍海员在国际海轮上的工作时间，一律改为 8 小时工作制。

以上两案均获国际劳工大会通过，不仅有关中国的主权，同时也对中国籍劳工的福利权益有莫大关系，因为中国籍在外轮上的人数很多。

5. 国际裁军会议

国际联盟于 1930 年召开国际裁军会议。我以中国政府的首席代表身份出席会议。当时南京国民政府参谋总长黄慕松，以中国政府代表团的顾问身份参加了会议。

1930 年期间，苏联虽未正式参加国际联盟，但派外交部长李维诺夫出席了国际裁军会议，为的是参与有关促进世界和平的国际事宜。

1929 年 7 月间，张学良在东三省强行收回苏联继承帝俄时期的中东铁路。7月17日，苏联政府单方面宣布与中国断绝邦交关系。同年11月苏联军队向东北中国军队发动进攻，先后占领了满洲里、海拉尔。12月3日，中苏双方签署了停战协定。但在国际裁军会议时，我与苏外长李维诺夫坐在"U"字形会议桌的对面，整个会议期间，我们双方都遵守国际礼仪，相互很客气。苏联政府代表团邀请我国代表团参加他们的宴会，我们都应约参加了。宴席上还见到苏联一些元帅和将军。

国际裁军会议期间，盛传一件外交上的轶闻。苏外长李维诺夫的夫人是一名英国籍妇女，原来是英国首席代表塞西尔爵士的秘书。国际裁军会议开会期间，她陪同李维诺夫出席了会议。塞西尔爵士见到了她，就问她："你怎么也来出席这个会议？"她回答："我是苏联外交部长的夫人，当然可以参加这个会议。"李维诺夫在外交上比较亲英，英国政府也是西方国家中较早正式承认苏联的国家之一。

国际裁军会议期间，以我为首席代表的中国代表团主张，军事大会应该首先尽量裁军。当年国际舆论都认为，我代表中国政府的发言，"主张组织与制度，权力与公理，均须根本改进。而归结于禁止战争及实行消灭战争之方法，须得其平""深为各国代表所赞许"，从而"提高了中国国际地位"。

在国际裁军会议上，鉴于中国海军建设的经费有限，只能添建少量的小型舰只，执行保卫祖国沿海沿江的国防，根本谈不上扩军。当时关于海军实力的比例，英、美、日三国有5∶5∶5及5∶5∶3之争，中国对此根本无法插手，只能坚决主张国际裁军而已。

我在日内瓦的几年时间里，国际裁军会议仅召开过一次。1932年以颜惠庆为首席代表的中国代表团，又参加了一次裁军会议。

6. 海牙国际国籍法会议

国际国籍法会议，1930年在荷兰的海牙召开。我代表中国政府，主张侨居在他国者可享有双重国籍。因为我国在东南亚、澳洲、美洲，有为数众多的华侨，如果只准华侨享有单一国籍，不仅上千万的华侨在国外要受到居留国的排斥与歧视，同时也会给祖国的权益带来巨大损失，因为当时中国国家收入中的10%以上来自国外侨胞的大宗汇款。

当年中国侨居在海外的侨胞，主要集中在荷属东印度（今印度尼西亚），法属安南（今越南、柬埔寨、老挝），暹罗（今泰国），英属新加坡、马来亚（今马来西亚）、缅甸，菲律宾、澳洲和美国等地。

会议最后通过了中国的提案，即关于双重国籍法的决议案，由我代表中国政府签署了《国际国籍法公约》。

7. 国际海洋灯塔公约会议

国际海洋灯塔会议也是在1930年召开的，我以中国政府正式代表的身份，参加了会议。20世纪20年代，海轮在世界各地的海洋中行驶极为危险，主要是各洲每一国家沿海的海洋灯塔，并不是由有关政府负责管理的，造成航海无安全保障。1930年召开国际海洋灯塔公约会议，就是要通过国际性的会议制订公约，要求各国政府对各自领海区域内，设置必要的灯塔，并加强负责管理，保障世界国际海洋船只的航运安全。

我曾代表国家签订了《国际海洋灯塔公约》。中国的海岸线长达一万余公里，而且在世界各国行驶在海洋中的船只上，华籍的海员人数众多，签订海洋灯塔公约不仅是中国政府应尽的义务，也有利于保障海上华籍船员的人身安全。

8. 世界红十字会议

晚年吴凯声

世界红十字会会址设在瑞士日内瓦，而1930年世界红十字会会议是在比利时首都布鲁塞尔召开的。中国红十字会不是国家的正式机构，仅是一个民间组织，我曾以中国的义务代表身份出席了会议。

上述各项会议，我都以中

国政府的代表身份参加或列席了会议，有关提案和各项会议上的发言除向中国政府外交部定期汇报外，在日内瓦国际联盟的正式记录和档案中均有案可查。

1932 年，我奉命回国述职，作为出席国联全权代表，报告讨论"九一八"事变经过。蒋中正亲自设宴招待，时正值新生活运动，一切从简。蒋宴客用西餐，仅一汤、一菜、一鱼、一猪排。

总的来说，我在上述各项国际会议中，主要是争取和捍卫了国家的权益与尊严，并投票通过了有利于国家的有关决议案。我在回国时，曾带回一箱有关国际联盟的档案和记录，均系国际联盟正式出版的文件，可惜均已遗失。现只能凭回忆追述，沧海一粟，仅向研究中国外交史的工作者提供一些资料，错误遗漏在所难免，尚请知情者补充更正。

（吴凯声口述，其子吴立岚记录）

回忆先祖陶伯逊

余良杰　陶懋鼎

一、洪都铸魂

赫拉克利特：性格即命运。

光绪二十七年辛丑七月初八（1901 年 8 月 21 日）陶伯逊生于江西省南昌市新建区昌邑一个官宦大家庭。

陶姓源于尧帝陶唐氏，昌邑陶氏郡望浔阳。"郡望"就是经官府考订认证的家族祖籍。郡望的背后是"官本位"观念：魏晋六朝实行九品中正制，朝廷以姓氏选官，以郡望委任官职。唐宋实行科举，按官员定家族门阀，藉名人声望显姓氏之贵。世家子弟称郡望，如今人说出身"名人之后"。昌邑陶氏始迁浔阳，一世祖是三国吴少帝孙亮时的鄱阳守陶同。二十四世祖陶诠于宋仁宗天圣八年（1030）迁居新建昌邑陶家林，遂定居江西南昌。

三世祖东晋大将军长沙郡公陶侃和六世祖田园诗人陶渊明是陶氏家族的灵魂，奠定了家族风骨。陶渊明一代诗宗，不为五斗米折腰的傲气和不戚戚于贫贱的气度胸襟为世人传颂。陶伯逊童年即熟读陶渊明《饮酒》《归去来兮辞》《五柳先生传》等诗文，颇遗传了几分陶渊明率真任诞而风流自赏的魏晋风骨。其外孙有赞云："将军（陶侃）为骨，诗人（陶渊明）铸魂。"其孙有诗云："我本九江陶裔，不信曲阜孔丘。养鸡西山脚下，还有菜园数亩。白天我听鸟啼，夜里鸟听我歌。人前有时装傻，鬼前常常痛哭。"颇见陶伯逊性格神韵。

陶伯逊出生于清末，中华民族面临列强瓜分狂潮。国势恰如章太炎在慈禧太后七十岁生日时所撰对联："今日到南苑，明日到北海，何日再到古长安？叹黎民膏血全枯，只为一人歌庆有。五十割琉球，六十割台湾，而今又割东三省！痛赤县邦圻益蹙，每逢万寿祝疆无。"祖父陶福履痛感乱世终结

陶伯逊的父母

无期，希望孙儿如孔子学生南宫适（音 kuò）在乱世保持气节，更能保全性命。取《论语》"邦有道，危言危行；邦无道，危行言逊"之意，为长孙命名端模，字伯逊。陶伯逊毕生牢记祖父教诲，谨言慎行，冥冥之中"危行言逊"轨导了其一生的命运。

陶伯逊之父陶绪泰光绪二十九年（1903）癸卯科乡试中举，曾任山东济阳知县。山东是近代中国遭受列强侵略最多、民间反抗也最激烈地区，义和团就起源于山东。人生忧患识字始，末世为官忧患多。陶绪泰在庚子年后主政百里县域，对德英日等国的经济侵略、文化渗透感受真切。陶伯逊在父亲身边耳濡目染，很小就有强烈的危机意识与爱国思想，科学救国的思想也在其幼年开始萌芽。

陶伯逊的外祖刘震岳是云南楚雄人，光绪五年（1879）己卯科举人，后通过礼部的"大挑"考试，在湖北省出任知县。母亲刘氏自幼随宦游的父亲历练，是贾探春型精明干练的大家闺秀。德言容功兼美，做得一手好针线，一双亲手做的金丝绣花鞋精美绝伦保留至今。刘氏虽不识多少字，但通过听书看戏懂得不少历史典故。平日最喜看陶绪泰作文写字，为丈夫泡茶研墨，红袖添香。更督促幼子读书练字，常给儿子讲陶（侃）母退鲊、截发延

年龄	学年
29	25
28	24
27	23
26	22
25	21
24	20
23	19
22	18
21	17
20	16
19	15
18	14
17	13
16	12
15	11
14	10
13	9
12	8
11	7
10	6
9	5
8	4
7	3
6	2
5	1

大学院（年限不定）

大学堂（分七科）（三年）

师范馆｜任学馆｜高等学堂或大学预科（分政艺二科）（三年）｜高等实业学堂

师范学堂｜中学堂实业科（四年）｜中等实业学堂

高等小学堂（三年）｜简易实业学堂

寻常小学堂（三年）

蒙学堂（四年）

清末壬寅学制规定的学校修业年限

宾，陶侃竹头木屑、爱惜分明的故事。刘氏言传身教，陶伯逊自幼懂得公私分明的道理，好交朋友，思虑周密，做事细心。

南昌自古称物华天宝，人杰地灵。从隋到清江西出了10495名进士，人数居全国第一。明代甚至有"朝士半江西"说法。江西科举强势缘于高质量的教育。九江庐山的白鹿洞书院为中国四大书院之首。《辛丑条约》签订之后，国门洞开，西风东渐。1902年，清廷颁布《钦定学堂章程》，开办学校实行国民教育。江西也出现了一大批由书院和私塾改制的学堂和教会办的学校。如今写校史，江西中学常见"千年名校"。

1905年朝廷废科举后，陶伯逊由私塾转入新式学堂"乐群英文学堂"（今南昌二中），那时师资所限，课业主要还是诗词文赋。陶伯逊从童年的五岁开蒙到少年的博览苦读，使他具备了深厚的国学素养。十岁那年（1909年）正月，母亲带陶伯逊去外婆家拜年，在云南较早接触过基督教文化的舅舅说："孩子聪明，时代变了，让他进洋学堂读书吧。"母亲回家告诉父亲，陶伯逊就这样进了基督教卫理公会开办的"南昌高初两等学校"（今南昌豫章中学）。陶伯逊在幼年受中国传统文化洗礼，豫章中学时期打下扎实的英文基础，同时接受了良好的音乐和美术培育。学贯中西的文化底蕴，扎实的音乐美术功底和出色的审美鉴赏能力，令陶伯逊日后在电影圈如鱼得水。

陶伯逊1915年结婚。妻子曹慕潜是南昌新建另一世家小姐，两人青梅竹马，五岁定亲，十五岁成婚。曹家先祖曹秀先（1708—1784）是乾隆元

北大求学时陶伯逊与妻子曹慕潜

年进士，曾任翰林院编修、国子监祭酒、《四库全书》馆总裁、内阁大学士、礼部尚书，受命上书房行走，赠太子太傅，多年为皇子授课，嘉庆皇帝御书"江南望族"四字赐之以谢师恩。曹秀先还是清代著名书法家。史载，乾隆皇帝曾称张照（字得天）、曹秀先（字地山）、王杰（字伟人）为"天地人"三大书家，御书"大手笔"三字赐曹秀先。曹家后人书画名家辈出，受岳家影响，陶伯逊自幼喜书法，练得一手好字。书法也成为其20世纪20年代受真光电影公司之聘的重要因素之一，并由此进入电影圈。

　　1919年陶伯逊从豫章中学毕业，不满足于已知的新学问，渴望留洋深造，他瞒着父母悄悄报名参加了官费留美考试。然伯逊是家族长子，祖父期望他蝉联簪缨家世，留洋之举遭到家长的断然阻止，只得报考在祖父心目中相当于国子监的北京大学。陶伯逊在中学就相信科学救国，一直为没能留洋学理工科而深以为憾。陶伯逊的儿女们受家庭环境影响，大都偏爱文学艺术。陶伯逊对几个女儿的学业不提要求，只要本人喜欢，艺、文、哲、理随意，但两个儿子必须学理工科。他要儿子从小接受西方教育，准备日后留学欧美。果然天不负人愿，两个儿子先后都去了美国，学的也都是理工科。长子陶学祁耶鲁大学工学硕士毕业，后因他在工程方面的卓越成就，耶鲁大学授予他荣誉博士学位，曾轮任英国皇家工程会会长、香港基本法起草委员会委员；次子陶学郁取得美国兰士列理工学院化学硕士学位，归国后曾任重工业部化工研究所研究员、河北省化学协会副主席、河北农业大学教授兼校长。这总算遂了陶伯逊科学救国的夙愿。

二、京师求道

郑板桥：欲为一代经纶手，须读数遍要紧书。

北京大学前身是戊戌变法时期创办的京师大学堂，民国时校址在故宫北侧景山公园旁的沙滩街。1916 年蔡元培任北京大学校长，聘请陈独秀出任文科学长。陈独秀创办《新青年》，邀请新文化人士胡适、李大钊、钱玄同、刘半农、鲁迅等到北大执教，北大文科气象一新。1919 年北京大学成立教务处，废除学长制，马寅初任教务长。由于反动当局压迫，陈独秀被迫离开北大。同年 6 月因散发《北京市民宣言》传单被捕，出狱后赴上海。鲁迅在《中国新文学大系·小说二集序》中描述陈独秀离开后的北京："自从支持着《新青年》和《新潮》的人们，风流云散以来，一九二〇至二二年这三年间，倒显着寂寞荒凉的古战场的情景。"

陶伯逊 1919 年考入北京大学英语系。伯逊幼子学郁说："陶家人有学语言的天赋。我们兄弟姐妹星散海内外，平日说江西话、上海话、浙江话、广东话、台湾话的都有，相聚时对话的语言因人而异，个个随意转换自如。我读法国教会中学，进中法大学，没有英语基础。大学毕业前夕，因替好友代考法文，事发受学校处分，不得参加庚款官费留法考试，急迫中突击自学了两个月英文，居然就考取了留美官费。父亲的语言能力强我十倍。"因此英文系课程对陶伯逊来说是很轻松的。

蔡元培时期的北京大学"思想自由、兼容并包"，校园里经常贴出"李守常先生定于某月某日在二号礼堂讲茶贸易与蒙藏之关系""周树人先生某月某日讲苏俄普罗文学""陶孟和先生定于某月某日讲贫穷与人口问题"之类的专题报告，以及各种音乐美术欣赏讲座、学术辩论会的告示比比皆是。陶伯逊学有余力，经常随意去听讲座或旁听其他学科名教授的课。1921年经教务长马寅初批准，陶伯逊转入商科经济学系。马寅初对陶伯逊思想影响很大，晚年陶伯逊多次对人说，我是马寅初的学生。

20世纪20年代初的北京政局，城头变幻大王旗，北洋军阀直系、皖系、奉系轮流执政，各政党龙蛇混杂，进步党、共和党、国民党、社会党以及共产党都纷纷在北京大学开展活动。北京大学学生傅斯年、罗家伦、王昆仑、陈执中、路有余、高晶斋等参加了国民党；1921年的50多名中国共产党党员中，北大师生和校友有21人。陶伯逊中学期间信奉君子不党，大学期间更接受了胡适"不倚傍党派，不迷信成见"的观点，不参加任何政治派别。陶伯逊风流倜傥，性格豪放，待人热诚，出手大方，交游广泛，与国共两党许多青年才俊结成好友。北京期间他结识了就读于北京留法高等法文专修馆的湖南人何坤（何长工），两人意气相投，结为莫逆之交。

陶伯逊从小喜欢词曲戏剧，大学期间经常出入戏院，还开始接触到时尚的电影艺术。民国初年上海出现由西方人经营的影院放映无声电影。从1905年拍摄谭鑫培的《定军山》开始，中国人制作电影的热潮持续不断。1917年上海商务印书馆开始拍摄时事短片，次年成立活动影戏部。1918年北京大学法律系学生罗明佑在北京开办真光电影公司，在王府井的真光电影剧场（1949年改为中国儿童剧场）放映美国好莱坞的无声电影。放映无声电影时，要用幻灯机在银幕旁打出人物对白字幕。罗明佑素知陶伯逊精通英文，且写得一手好字，特聘陶伯逊为公司编译。陶伯逊眼观英文字幕，手写中文，一遍看下来不仅完成中文字幕翻译，还能记住剧情，撰写中文电影说明书。几家公司同时租的拷贝，真光剧场总能抢占先机，比其他电影院早一步放映，因而真光剧场生意特别好。陶伯逊翻译的电影对白贴近人物身份，口语化而不失幽默，为观众喜闻乐见。如下面一段河边的对话："警：先生，这里危险，禁止游泳。学：我脱衣服时你怎么不说？警：脱衣服没有危险。"陶

1920 年陶伯逊全家照

伯逊把最后一句意译成："警察不管脱衣服。"放映时往往引来观众的笑声。"警察不管脱衣"一时成京城新典故，好多年后才被"铁路警察各管一段"取代。

陶伯逊在真光电影公司期间观看了大量好莱坞的无声影片，对构思编创电影故事的技巧、好莱坞导演叙事蒙太奇手法有了直观感受，接触了解到影片发行的工作流程与电影放映方法，也对市场票房有了实际了解。这些宝贵的亲身体验对陶伯逊后来从事电影企业管理帮助极大。

清末《壬寅学制》规定京师大学堂毕业生授予进士称号，民国时期北京大学的学生同样享受官府津贴。20 世纪 20 年代英文系学生高晶斋回忆录载："北大学习期间，基本上是依靠官费维持学习和生活，当时省教育厅对考上北京大学，北洋大学等名牌大学学生每年给予八十元大洋的津贴；县教育局也给予本县到外地的大学生每年八十元的津贴。这样我能拿到双份津贴。"但北京物价高，官府津贴只够学生本人生活。有了真光公司的固定收入，1920 年陶伯逊把妻子和孩子们一同接来北京。

1920 年商务印书馆活动影戏部邀请梅兰芳拍摄戏剧片《春香闹学》。《春香闹学》摄制属于完全导演制，梅兰芳自编自导自演，制片人、导演、编剧和明星演员的职能归于一人。梅兰芳想把《春香闹学》拍得体现电影特色，而电影长处在营造真实环境，故而准备脱离舞台，在真实园林中实景拍摄。为保证电影艺术质量，梅兰芳聘请陶伯逊为电影顾问，负责协调拍摄进度，沟通演出与摄影两个部门，调度演出现场人员，安排背景布置与后勤保障等工作。这是陶伯逊第一次从事电影制片工作。电影《春香闹学》在实景拍摄时，增加了舞台表演所没有的荡秋千、拍纸球等细节，突出了人物性格，提高电影艺术表现力。

　　陶伯逊与梅兰芳此后长期保持了良好交谊。陶伯逊兼通中外文学，诗赋歌舞皆精。梅兰芳接待国外文化名流，每每邀请陶伯逊作陪，那时梅宅故居就是庆王府马官居住的小院（今西城区定阜街路），陶伯逊的住处距梅宅不远。"陶老板，请务必捧个场，明天萧伯纳要来，有劳先生大驾作陪翻译"是常话。

　　梅陶两家通家之好。陶伯逊的长女学梅喜欢京剧，曾拜梅兰芳为师学京剧。最小的儿女学櫊、学郁和梅兰芳儿子梅葆琛是小学同班同学，梅葆琛、梅葆珍兄弟经常来陶家串门玩耍，两家过从甚密。以致曹慕潜数次告诫儿子不可荒废学业："梅家有现成饭碗，你们将来可是要做学问考功名的。"不过事实证明曹慕潜多虑了，梅葆琛、梅葆珍后来都考上了名牌大学，并没有子承父业。梅葆琛成为建筑师，梅葆珍（梅绍武）是著名翻译家。1930年联华电影公司成立，梅兰芳也入股并成为联华董事。1935年2月苏联纪念电影事业15周年，举行莫斯科国际电影展览会，陶伯逊率中国电影代表团参加。适逢梅兰芳应苏联对外文化协会邀请，率团赴苏联演出，两位老友在莫斯科再次相逢。陶伯逊还应邀参与了梅兰芳剧团在苏联期间拍摄舞台纪录片《虹霓关·对枪》的业务。该片由莫斯科电影制片厂出品，苏联名导演爱森斯坦执导。

　　陶伯逊北京大学求学五年，读万卷书，行万里路，阅政坛风云，观社会万象。雏凤清音待鸣，鲲鹏展翅欲飞。1924年绍兴人吴性栽在上海创办百合影片公司。吴性栽家族号称"颜料大王"，资金实力雄厚，酷爱电影艺术，哪怕不赚钱也要做一流电影公司。然电影制片是技术密集型企业，百合公司专业人才匮乏。吴性栽来到北京，向同乡蔡元培和马寅初求助，马寅初向吴性栽推荐的第一个人就是陶伯逊。

陶伯逊与吴性栽见面时，几句话令吴性栽赞叹不已："国家不幸，经济萧条，百业沉寂，而文化娱乐行业却往往能大行其道具有'口红效应'。"拍电影要趁时，更须"避风口"，揭示了电影高投入、高收益、高风险的特点。陶伯逊主张电影要接近生活，要与政治保持适当距离。"电影就是织锦，花色不一样才有人看。"他提出市场竞争条件下的电影企业经营关键在创新，有特色才有竞争力。一席话展示了陶伯逊作为制片人的眼光、悟性和雅量。其理念正契合吴性栽"打造电影精品"的想法。吴性栽惊呼相见恨晚，当即聘陶伯逊为百合公司总监制。

电影监制又称制片人，是一部影片总策划和生产的最高管理人。电影综合建筑、绘画、雕塑、音乐、诗和舞蹈的各类艺术形式，有"梦工厂"之称。"造梦"需要营造氛围，让观众沉浸于人造的梦境中如痴如醉。未来电影技术发展的必然趋势，是综合运用多种艺术形式及多项工艺大协作的制作。一部影片的制作工艺流程千头万绪，电影的发行与放映涉及社会的方方面面、千丝万缕。其产业的复杂多样性催生出制片人职业。

在电影企业经营中，制片人全权负责"挑本子、找款子、组班子、圆场子、卖片子"。掌控电影从剧本到片子的工业化生产工艺流程，处理电影产品发行放映巨细事务。外抓筹资、招人、合同、宣传、发行、资金回笼，内管电影剧本、拍

20 世纪 20 年代的陶伯逊

摄质量、进度、财务、后期制作。一个优秀制片人要观时局、知人性、有人脉、善交际，还要明市场、通艺术、懂技术、会管理。陶伯逊通晓中外文化，兼备艺术素养，视野开阔，交游广泛，精通宏观经济理论，懂得现代企业管理，有电影制作、发行与放映的各类实践经验，是最佳的复合型电影管理人选。

吴性栽的长处是识人爱才，对公司影片生产具体业务，他大胆放手，不做干涉。20世纪20年代的中国，海归的专业导演凤毛麟角，大部分电影导演是文明戏（白话剧）的编剧转行兼职，缺少人事聘用管理、财务管控尤其是筹资能力。电影企业不具备实行"导演中心制"条件。陶伯逊在百合公司建立了影片生产"制片人中心制"。电影制作过程中，制片人管钱管物管方向，控制影片预算和制作标准，导演管人管事管艺术，掌握艺术创作和电影拍摄指挥。陶伯逊在百合公司确定了立足都市民众、展示社会众生相的路线。选择没有明显政治背景的文化人为班底，独立自主制作电影，尽量避免卷入政治派系纠葛。百合影片公司一连拍摄了《采茶女》《苦学生》《情欲宝鉴》《劫后孤鸿》以及《美人计》《王氏四侠》等影片，很快从当年大量"一片公司"中脱颖而出，成为上海有影响的电影制片公司之一。

三、联华寻梦

屈原：路漫漫其修远兮，吾将上下而求索。

20世纪20年代的中国，政治动荡，百业凋敝。电影业却一派繁荣，逆势腾飞，仅上海就有多达175家中国人办的电影制片公司。鸳鸯蝴蝶片、武侠神怪片、古装戏剧片争奇斗艳，竞争激烈。20世纪30年代初的两件大事促成了中国电影的蜕变：由茶楼酒肆的娱乐向大众艺术升级，由小作坊手工粗制滥造向大工业精品制作转型。一是1926年美国生产出有声影片大获成功，好莱坞制片厂停止拍摄无声电影，但中国观众不懂洋文，国内多数电影院硬件不适合放映有声电影，短期又缺改造影院的资金，这给中国拍摄无声电影留下广阔市场空间。华北电影公司的罗明佑一直痛感"外片居奇，垄断市面"，看准时机联合国内同业成立联华影业公司，制作国产无声影片。二是1930年南京国民政府建立电影检查制度，查禁神怪武侠迷信淫秽电影。上海百余家电影公司先后倒闭，促成了电影题材走向社会现实。

1929年华北电影公司罗明佑与民新公司黎民伟合作拍摄《故都春梦》。华北公司既无演员也无摄影师，民新公司技术力量不足。周承人、李以庄的《黎民伟的若干经历和评价》一文称："罗明佑不熟悉制片业，当罗明佑到上海时，黎民伟与李应生合办上海民新影片公司因亏损严重，导致两人分手，黎民伟已无独自经营能力。"罗明佑乃邀请大中华百合公司陶伯逊担纲《故都春梦》制片人，并从大中华百合公司借来阮玲玉担任女主角。孙瑜是中国第一个海归的学院派导演，富于理想和憧憬，具有唯美倾向。孙瑜提出了走出摄影棚，赴北平实地拍摄外景戏的要求，陶伯逊知道实景拍摄对电影质量的作用，马上批准了这个烧钱的计划。为了对投资人负责，陶伯逊安排剧组

《故都春梦》剧照，由孙瑜导演，阮玲玉及林楚楚、王瑞麟等合演

原班人马穿插开拍另一部孙瑜编剧导演的电影《野草闲花》，阮玲玉在该片中一人饰演母女两个角色。

拍摄《故都春梦》和《野草闲花》期间，因为剧情需要等待北方大雪。《故都春梦》编剧朱石麟说："我一直想导演一部影片并构思了一部短片，想自己把它拍出来。"陶伯逊看过剧本，拍板同意。就这样因缘际会，剧组在这期间又拍摄了朱石麟编剧导演，阮玲玉主演的滑稽短片《自杀合同》。

那时陶伯逊家住京城一所旧王府老宅院，这一带是清末权贵云集之地。剧组来到北京，跑遍京城，寻找合适的外景场地，当导演孙瑜来到陶家谈事时，一见闲置的北院惊呼："陶老板，你家就是《故都春梦》最好的拍摄场地。"三部电影同时在北院拍摄，一时门前人来车往，院内声喧光闪，热闹非凡。陶家几个小儿女放学回来都忍不住跑过去看热闹，被陶伯逊严厉禁止。孙瑜看在眼里，特意邀请陶伯逊的妻女在《故都春梦》中充当群众演员。这样陶伯逊太太曹慕潜和两个女儿学梅、学枬也在《故都春梦》中"触了一回电"。

《故都春梦》拍摄现场。中排第三人为阮玲玉，后排左一为陶伯逊，左二为曹慕潜，前排第一人为陶学枬

1930 年《故都春梦》以联华公司名义发行放映，诗人气质的孙瑜将这部严肃题材的影片处理成富于诗意的"艺术片"，清新脱俗的新潮风格大受观众欢迎。经华北电影公司大力宣传，影片在许多大城市均打破了卖座纪录。该片在上海北京大戏院、香港新世界大戏院、北平真光电影剧场和中央电影院 4 家影院票房就达 8500 元，超过了当时一部普通国产片全部营业额。接着推出的《野草闲花》同样大获成功。该片采用蜡盘为影片插曲配音，《寻兄词》是中国第一首电影插曲。《故都春梦》《野草闲花》成为"复兴国片，对抗舶来影片"的标志性作品。联华公司也因此被称为中国电影"文艺片"的源头。

大制作带来的票房效应，坚定了罗明佑创建电影托拉斯的决心。1930 年 8 月由罗明佑的华北电影公司、黎民伟的民新影片公司、吴性栽的大中华百合影片公司、但杜宇的上海影戏公司合并吸收黄漪磋的印刷企业成立了联华影业公司。联华公司吸纳社会资本，汇聚各方精英，整合电影生产环节，形成制片—发行—放映一条龙的电影集团企业。联华公司先后在上海、北京、香港、重庆等地设立七家制片厂：原民新公司霞飞路 1980 号的旧厂是上海一厂，大中华百合公司延平路 303 号的旧厂是二厂，香港七姊妹名园内的民新公司的旧厂改为联华第三厂，设在上海闸北天通庵的是第四厂，在北平齐化门大街设立第五厂兼办电影学校，朱石麟办的第六厂（后改三厂）在上海徐家汇三角地，李开先拟在四川设厂。联华公司还拥有 60 余家电影院，在北京、上海开设了演员养成所，创办了自己的电影刊物《联华画报》，初步形成融教育、制作、发行、放映、宣传功能于一体的电影实体。上海徐家汇三角地的联华一厂，后期扩建成占地 30 余亩的电影村。罗明佑还规划打造中国的好莱坞："在国内寻觅经营一广大之电影区，以集中各厂于一处，成中国之电影城。"

罗明佑家世显赫，家族社会关系广，联华公司面向社会发行股份，按照现代企业模式设立董事会：董事长是曾做过香港总督的英国籍贵族何东爵士，联华各家电影企业老板罗明佑、黎民伟、吴性栽、但杜宇、黄漪磋以及

1930 年联华公司同仁合影，前排右二陶伯逊

曾任国务总理的熊希龄、张学良夫人于凤至、东北军将领冯香泉、中国银行前总裁的冯耿光、京剧大师梅兰芳等都成为联华公司董事会董事。

策划拍摄《故都春梦》"一石三鸟"的大手笔，制定三部电影交错拍摄的缜密计划，制片现场灵活机动的腾挪调度，陶伯逊的策划与管理能力令罗明佑、黎民伟和吴性栽都青眼有加。陶伯逊成为众望所归的联华公司总经理。联华公司在香港设总管理处，在上海香港路 6 号设分管理处，主要业务在上海。罗明佑、黎民伟、陶伯逊成为联华公司管理层三巨头。

大女儿学梅说，陶伯逊到上海任联华总经理时只有 30 岁，某周日她和父亲一起逛街，被同学们看见了，于是哄传陶学梅有男朋友了。陶学梅说是与父亲逛街，同学们起哄："怕是表哥（男朋友）吧，哪有那样年轻的爸爸。"为证明没有说谎，她约同学到家里去见父亲，相见之下，同学们惊呼："真的好年轻哦！"视陶伯逊为兄长，相谈甚酣。然而这件事也令陶伯逊意识到在生意场上，年轻不足以服众，从此开始留胡子。

陶伯逊以极大热情投入电影现代企业的制度设计和经市场决定的文化商品，需要随市场需求的变化及时调整电影题材和风格。借鉴好莱坞管理，联华公司采用"独立制片，统一发行"的管理模式。各制片厂根据市场需求自行选材，独立筹款拍摄影片。摄制完成的影片由公司的营业部门安排到各地的影院上映，票房收入按商定的比例分成。制片厂也可以独立承担票房风险，自行租用影院放映所拍摄的影片。这样的企业模式与罗明佑理想中的电影托拉斯（集团公司下设分公司）有差异，更接近德国的卡特尔（独立生产企业的统一销售同盟）。这样的企业体制也埋下了日后联华公司分裂的隐患。

雄厚的资本和先进的管理带来企业的活力。联华公司适时提出"提倡艺术，宣扬文化，启发民智，挽救影业"的制片口号，吸引来一批高水准的电影人才，如导演史东山、孙瑜、蔡楚生、费穆、卜万苍，著名演员阮玲玉、金焰、黎莉莉、王人美、陈燕燕、高占飞等，他们构成了20世纪30年代中国电影黄金阵容。多重实力的加盟令联华公司在大浪淘沙的市场竞争中迅速崛起，成为影业巨头，并形成明星、天一、联华鼎足而立的寡头垄断，结束了中国电影市场无序竞争局面。

可惜好景不长，1931年"九一八"事变中，罗明佑在东北的电影院损失殆尽，华北的影院也因战事陷于困境，北京的联华五厂和演员养成所停办。"一·二八"事变中，上海闸北天通庵的联华四厂毁于炮火。1932年及1934年两次海外招股失败，公司的资金状况恶化。联华公司内部矛盾公开，最终导致联华公司分裂。黄漪磋脱离联华，自己办艺联影片公司；但杜宇彻底退

陶伯逊与女儿在摄影场，左一为大女儿陶学梅，左二为小女儿陶学橺，左三为二女儿陶学枬

出联华转入艺华公司；随后香港联华第三厂黎北海也另组公司。联华公司只剩下罗明佑、黎民伟掌控的一厂和以吴性栽为核心的二厂。两个制片厂也是创作、制片自行其是，各有主脑。

联华公司各大股东貌合神离，其后发生几件事情令陶伯逊也与罗明佑意见相歧，渐行渐远。

第一是电影摄制无声片与有声片的方向之争。罗明佑 20 世纪 20 年代看到外国有声片在中国失去部分市场，提出"国片复兴"的计划并获得市场成功。他拥有的放映网大部分是无声电影院，只有少数影院改装了有声设备，改造影院需要大投资。罗明佑看到 1931 年华光影片公司摄制的有声电影《雨过天青》，因租用日本机器在日本拍摄，遭到观众抵制；1932 年 1 月明星公司老板张石川派洪深到美国花两万七千多美金的大价钱买来录音机和有声

1934 年陶伯逊与家人，后排左二为陶伯逊，前排右二为其妻子曹慕潜

摄影机,摄制的有声影片《旧时京华》还不如联华的无声片卖座,因而主张继续拍摄无声片。陶伯逊却深信有声片是电影生产发展趋势,主张联华公司尽快购置新设备,创造条件拍摄有声片。

第二是联华公司的管理模式之争。1933年联华二厂在出品的影片数量、质量上都明显超过联华一厂。1934年罗明佑加强控制联华公司,在一厂实行减薪,在二厂裁员,又出台了将联华制片厂集中合并为联华制片总厂的计划。到1935年春天,罗明佑终于将联华一、二厂合并。这一下动了联华二厂吴性栽的奶酪。联华公司欠了兼营胶片生意的吴性栽不少货款,吴性栽提出合并必须先清偿债务,罗明佑无以应对。股东之间的权益之争,陶伯逊不愿参与也无从置喙。但陶伯逊认为裁员减薪会导致公司人才流失,数次反对罗明佑裁员减薪方案。

第三是电影《渔光曲》制片人署名之争。《渔光曲》拍摄周期长达18个月,公司资金数度极为紧张,导演蔡楚生称:"我是艺术第一,找钱是公司的事。"拍摄资金一再突破预算。制片人陶伯逊只好"一筹(愁)再筹(愁)",四处找米下锅。电影拍摄完成后,陶伯逊奔走于南洋各地签约卖片子,到院线催债收款。而罗明佑混淆电影出品人(投资人)与制片人(策划人管理人)界限,在向南京政府电影戏剧审查委员会送审《渔光曲》样片时,在电影职员表不写制片人,而打上"监制:罗明佑"字样。事实上联华各厂分别筹款,独立制片,《渔光曲》由合并前的联华二厂拍摄,罗明佑连出品人都算不上,却利用职权瞒天过海,剥夺了陶伯逊电影制片人的署名权。等到陶伯逊从南洋回到上海悉知此事,电影早就上演,无可挽回了。

制片人署名是企业对个人在影片制作中付出心血贡献的承认。陶伯逊因制片人署名,一连几天不去公司。晚上乖巧的二女儿靠在父亲的枕边,为他读起了日本作家夏目漱石的小说《草枕》。当女儿读到"发挥才智,则锋芒毕露;凭借感情,则流于世俗;坚持己见,则多方掣肘。总之人世难居"时,这触动了陶伯逊心事,他不由感慨道:"人心惟危,果然人世难居啊!"18岁的枬枬担心父亲感情冲动，她紧接着又读下去："太讲究理智，容易与人产生摩擦；太顺从情感，则会被情绪左右；太坚持己见，终将穷途末路。"或许出于对电影事业的眷恋与对家庭的责任，或许祖父的教诲作用，陶伯逊思之再三，最终还是没能拂袖而去。学枬聪明乖巧，长得清秀漂亮。陶伯逊最疼爱这个女儿。可惜红颜薄命，年仅20岁就因伤寒去世了。当得知女儿离世，陶伯逊一时急火攻心，大叫一声自楼梯上滚下来，自此他落下了心脏病，女儿的青春早逝令陶伯逊好长时间郁郁寡欢。1936年10月22日学枬恰巧与鲁迅在万国殡仪馆同一天出殡。陶家众人对鲁迅葬礼的盛大场面都印象深刻。

1935年3月8日，联华公司阮玲玉因人言可畏而服毒自杀，联华公司失去了最有号召力的头牌明星。罗明佑将互相对立的联华一厂、二厂合并，引起派系矛盾。拖欠员工工资又引发剧组消极怠工，种种原因使公司出品影片锐减：1934年生产20部影片，1936年仅拍摄6部影片。出品减少导致人浮于事，影片成本增加。1936年罗明佑投巨资拍摄的影片《天伦》票房不佳，严重亏损。一系列经营的失误引发公司新老矛盾集中爆发，罗明佑的威信一落千丈。原联华二厂陶伯逊为首的管理层提出"倒罗"，罗明佑内外交困。7月15日罗明佑与吴性栽在新亚酒店503号房间谈判达成协议：罗明佑与黎民伟退出联华公司，吴性栽的华安公司自1936年8月1日起接管联华公司的制片业务。罗明佑堪称电影史上悲剧人物，陶伯逊与罗明佑虽常有意见相左，然纯属君子之争。陶伯逊在联华之外场合，对罗明佑从无一字讥评。

改组后的联华公司开始拍摄有声片。拍摄了包括《迷途的羔羊》《王老五》《到自然去》《春到人间》《狼山喋血记》《联华交响曲》等一批影片。1937年"八一三"事变后日军占领上海，日本军方召集各大电影公司负责人在华懋饭店（今和平饭店）开茶话会，宣布：上海各影业公司摄制或放映中国影片，事先必须接受日军方检查，通过后才可放映。联华公司义不帝秦，宣告停业。新华公司和天一公司迁往香港，明星公司毁于战火。上海五大制片公司只剩下艺华一家。

联华公司 8 年间摄制影片近百部，发起"复兴国片，改造国片"运动，不追随电影商业化潮流，拍摄艺术电影，在中国电影史上留下浓墨重彩一笔。然而日本侵略战争结束了中国电影的一个黄金时代。陶伯逊的艺术之梦，也在侵略者的淫威下毁于一旦。

四、俄都渔曲

左宗棠：能受天磨真铁汉，不遭人嫉是庸才。

20 世纪 20 年代末南京国民政府名义上统一了中国，然国家内部积贫积弱，外部强敌环伺。"九一八"事变后，日军步步紧逼，中国面临亡国灭种危机，民族意识进一步觉醒。社会各界热切呼唤电影能醒世救国，救亡图存，重塑华夏精神，实现民族复兴。

各电影公司积极寻求制作反映中国社会现实，宣扬爱国思想的影片。联华公司虽然内部矛盾重重，但大敌当前，抗日救国不落人后。拍摄了《抗日战史》《暴日祸沪记》《淞沪抗日将士追悼会》等新闻纪录片，制作了故事片《共赴国难》《大路》《狼山喋血记》以及动画片《血钱》等宣传抗日影片。

这期间联华最优秀的电影作品是 1934 年蔡楚生导演的《渔光曲》。不仅艺术上成为中国无声片的巅峰，为联华赢得国际声誉。在发行部门运作下，票房也大获成功。《渔光曲》的成就离不开导演、演员、音乐美术等艺术家的创作，看不见的还有制作人的艰辛。

1933 年剧组 30 多人到浙江象山的渔村石浦拍摄《渔光曲》，实景拍摄条件异常辛苦。剧组经费紧张，只能租渔船出海。王人美跟着渔家姑娘学习摇单橹船，胳膊练肿了照样练。天气恶劣，风雨交加，风浪中小渔船颠簸起伏，摄影周克吐得起不了床，不少演员病倒。聂耳本来是《渔光曲》的配乐，也临时客串演了一个海难余生的渔民。当地社会复杂，党棍滋事，船主贪婪，海盗横行，地痞骚扰，计划一周的实景拍摄竟然拖了一个多月。陶伯逊每日管控拍摄进度，筹划财务收支，还要兼顾黑白两道的关系，穷于应付各种突发状况，可谓呕心沥血。意外收获是演员目睹了社会底层种种阴暗，对渔民遭受的压迫感同身受，真情实感为表演增色不少。

《渔光曲》电影海报

《渔光曲》是无声电影，但联华后期制作使用国产录音机给影片配音，影片出现了婴儿的啼哭、打碎花瓶的声音以及歌声。电影放映时，用唱机同步播放安娥作词、任光作曲、王人美演唱的同名主题曲："云儿飘在海空，鱼儿藏在水中。早晨太阳里晒渔网，迎面吹过来大海风。潮水升，浪花涌，渔船儿飘飘各西东。轻撒网，紧拉绳，烟雾里辛苦等鱼踪。鱼儿难捕船租重，捕鱼人儿世世穷。爷爷留下的破渔网，小心再靠它过一冬。"《渔光曲》旋律如泣如诉，凄婉动人，且具有浓郁的民族风格，有极强的艺术感染力。随着电影的热映，《渔光曲》十几万张唱片销售一空。如电影广告预言："渔光曲奏起，将响彻宇宙。"《渔光曲》很快成为风靡全国、脍炙人口的流行歌曲。

《渔光曲》堪称中国无声电影艺术的巅峰之作，在上海创下连映 84 天的纪录，完胜明星公司的有声片《姊妹花》的票房。《申报》称："空前未见，堪称奇谈。"陶伯逊的大女儿学梅学绘画，小女儿学櫊学哲学，20 世纪 40 年代有一次父女在家闲谈，学櫊说人生的意义在于经历多种体验。陶伯逊说："人往往遗忘经历过的多数事件，只对特别难忘的少数体验感兴趣。"他说起《渔光曲》放映的一件逸事：《渔光曲》初映前几日票房不理想。第四天上海

妻女在码头迎接从莫斯科载誉归来的陶伯逊

《新闻报》刊登了一幅特大广告：整整两个版面只有"渔光曲"三个大字。上海人从来没有见过这样夸张的广告，纷纷打听这个广告是何人手笔。而答案居然是位富家少年影迷匿名出资。这一来市民大感稀奇，逢人必说《渔光曲》，争相走进影院观看。学欐问父亲："《新闻报》的广告是你策划的吗？"陶伯逊笑着回答："这件事的背后肯定有联华公司的影子。"

国外文化界人士对《渔光曲》也赞赏有加，《上海电影志》载日本电影评论家岩崎昶的评论："《渔光曲》是一部社会意识非常浓厚的新倾向的影片。"法国文学家德比勒在上海访问期间，看到电影热映，购买了《渔光曲》的全欧放映权，制作了法文拷贝运往欧洲放映。1934 年 9 月出版的《联华画报》报道："这部片子有惊人的收获，引起欧美人士之极大注意。最近，已为法国作家协会联合会副会长德比勒氏以重金购去全欧放映权。"

1935 年 2 月 21 日至 3 月 2 日，苏联举办莫斯科国际电影展览会，有 31 个国家 120 多部电影参展。中国派出陶伯逊、周剑云、余清、黄谦、胡蝶、颜鹤鸣及翻译孙桂籍参加，随带参展影片 8 部：明星影片公司的《姊妹花》《空谷兰》《春蚕》《重婚》，联华影业公司的《大路》《渔光曲》，艺华影片公司的《女人》，电通影片公司的《桃李劫》。展览会评选出 10 部得奖影片，联华公司选送的《渔光曲》荣获第九名。

　　《渔光曲》成为中国第一部获得国际电影奖项的影片。陶伯逊代表中国代表团上台接受奖状。中央社当天报道《渔光曲》获奖的消息："中央社莫斯科 2 日电：国际电影展览会今晚在列宁宫举行闭幕式，主席苏密德斯基给中国影片《渔光曲》以荣誉状，因该片大胆地描写现实，且具有高尚的情调也。"（《中央日报》1935 年 3 月 5 日）中国驻苏联大使馆也向行政院报告联华《渔光曲》列苏联国际电影展第九名："行政院昨（6）日接我国驻苏联大使馆 5 日来电一则，原电称：电影展览会于 2 日晚闭幕，到会千余人，当场宣布评判结果，并发奖品。计第一奖属苏联，第二奖属法国，第三奖属美国，第四名以后无奖（品），只发奖凭。中国《渔光曲》列第九名，在英意日波之前。我国陶伯逊君受凭时，会众鼓掌欢呼，甚为热烈。此次参加展览者廿一国，到会代表 80 余人，所携影片近百，得与映演者仅廿余。我国影片得此奖誉，不可谓非意外。报纸评论，亦颇奖饰。"（《中央日报》1935 年 3 月 7 日）

陶伯逊（前排左三）与各国导演，影界同仁们在一起

　　《渔光曲》获奖的事实有陶伯逊领奖的现场照片和奖状实物为证。《渔光曲》获得的奖状一直由黎民伟珍藏。黎民伟逝世后，其夫人林楚楚遵循黎民伟的嘱咐，把《渔光曲》的奖状送往北京。由电影局艺术委员会主任蔡楚生经手签收上交给国家。《黎民伟：人·时代·电影》一书附录有蔡楚生签署的关于林楚楚转交《渔光曲》1935 年奖状的函。金焰发表在 1979 年 8 月 7 日上海《文汇报》的文章也述及此事。

　　《渔光曲》获奖是陶伯逊电影事业的顶峰。赴莫斯科参加国际电影展览会是对陶伯逊电影制片人成就的肯定。2005 年中央新闻纪录电影制片厂《百年光影》摄制组重温《渔光曲》获奖历史，特地介绍陶伯逊："《百年光影》摄制组从 100 年来的一万多部中国影片中，精选出一段十分珍贵的史料，是有关 1935 年国产片《渔光曲》在莫斯科获奖的影像资料。摄制组发现了联华公司经理陶伯逊，当年为祝贺此次获奖举办的汇报会的相关资料。在这次会上，陶伯逊讲述了《渔光曲》在莫斯科获奖的经过，与他同行的还有当年的电影皇后胡蝶。1935 年，中国影人带影片《渔光曲》前往莫斯科参加国际电影展。该片获得荣誉奖，成为首部获得国际声誉的中国故事片。当《渔光曲》摄制公司的代表陶伯逊等人返回上海时，电影界同仁齐聚黄浦江码头迎接他们的载誉归来。《渔光曲》获奖的影像资料大众鲜为看过，这回摄制组费了好长时间，都'踏破铁鞋无觅处'，最终偶然在庞杂的影像资料中发现了它。"

五、孤岛流离

　　苏轼：梦绕云山心似鹿，魂飞汤火命如鸡。

　　联华为陶伯逊提供了施展抱负的舞台。联华公司解体后，陶伯逊陷入了事业的低潮。1937 年联华公司停业，联华同人星散海内。陶伯逊留守上海，管理联华公司徐家汇联华摄影场资产，依靠出租摄影场地给其他电影厂维持。徐家汇联华摄影场成为陶伯逊后来进入联华影艺社和昆仑影业公司的重要原由。"孤岛"期间陶伯逊兼任上海卡尔登大戏院经理。卡尔登大戏院位于派克路（现黄河路）21号，与南京路的大光明电影院、国际饭店相邻。大戏院集合剧场、舞厅、咖啡厅、弹子房等高档娱乐场所，这里是当年上海最奢华、最新潮的夜生活区。名流汇聚，灯红酒绿，纸醉金迷。住在卡尔登公寓的一代才女张爱玲曾说："卡尔登是最理想的逃世地方。"

"七七"事变后，上海戏剧界救亡协会成立大会在卡尔登大戏院召开，还演出了话剧《保卫卢沟桥》。上海沦陷后，上海电影艺人孟君谋、吴茵、赵丹、白杨、叶露茜、沈浮等人组成"影人剧团"投入救亡运动，"影人剧团"有多人后来加入国民政府军委会政治部第三厅（厅长郭沫若）所属中国电影制片厂（中制），拍摄了多部抗日电影。

卡尔登大戏院长期放映美国派拉蒙制片公司的电影。上海沦陷后日本军方强制各影院放映"友邦"影片，陶伯逊痛恨日本侵略，虽卡尔登大戏院在租界内，日军暂时还鞭长莫及，但必须及早筹划。适获悉京剧名角周信芳急欲寻找演出场所。周信芳为联华影片公司拍过戏剧片《斩经堂》，与陶伯逊原是故交。1937年6月周信芳应尚小云之约赴天津演出，遇卢沟桥事变，被困北方数月，回上海后经济陷入窘境。那时京剧演员多数实行包银制，演员在包银额内向戏院老板支钱。周信芳的太太裘丽琳是上海裘天宝银楼三小姐，精于理财，她认为按照包银制签约周信芳太吃亏，提出要求和戏院按照票房三七分账。1937年9月，陶伯逊代表卡尔登大戏院与移风社老板周信芳签订了长期演出合同。周信芳与袁美云、尚凌云、高百岁、杨瑞亭、张德禄、孟鸿发等搭班在卡

周信芳剧照

尔登大戏院演出。

由于战事影响，最初观众不多，周信芳一度入不敷出。移风社的演员是包银制，生意好坏都要支钱养家，周信芳四处借贷，甚至典当演出行头以救燃眉之急。剧院观众少，卡尔登大戏院经营业绩也受影响。陶伯逊利用自己的人脉关系，介绍编剧朱石麟为剧团编新戏，促成南国电影剧社的欧阳予倩与周信芳探讨改良唱腔做工，联系联华公司美工、灯光技师和剧团商讨改进灯光布景，提高演出效果。在排练新剧停锣期间，安排欧阳予倩的中华剧团接替移风社，演出改良平剧《梁红玉》。周信芳的精湛表演和敬业精神，加上多方努力，终于收到成效。移风社在卡尔登大戏院演出了《明末遗恨》《挑滑车》《史可法》《徽钦二帝》等一批新编爱国京剧，很多人专程赶来看周信芳的新剧目。陶伯逊与周信芳合作取得双赢，演出合同接连续约四年，周信芳按照合同分成拿到了金条。两人也成为患难之交。

1941 年底，日本海军偷袭珍珠港，太平洋战争爆发，日军占领上海租界，"孤岛"不复存在。汪伪政权强行接管租界内的学校，在中小学强制推行奴化教育，禁止演唱抗日救亡歌曲，还强令各电影院一律停止放映英美"敌性"影片。上海租界内多家电影公司被迫合并，成立由日伪控制的中华联合制片股份有限公司（"华影"）。联华摄影场以及相关器材被"华影"强占。陶伯逊陷入两难：不想放弃联华摄影场的财产，也不愿受汪伪控制从事电影业务。

两件事促成陶伯逊决心赶紧离开上海。汪伪汉奸吴四宝有次叫周信芳去唱堂会，周信芳找借口推辞不去。吴四宝开车到家里请周信芳吃饭，饭后拉着周信芳去参观"76 号"特务机关的行刑室，说："不要学郁华不识抬举。"郁华是国民政府设在上海租界内的江苏高等法院第二分院刑庭庭长，不肯与汪伪合作，1939 年被"76 号"杀害。后来裘丽琳出面找吴四宝的太太佘爱珍，送了许多珍宝，才躲过了这一劫。

陶伯逊的儿女亲家曹竞欧先生与著名地质学家翁文灏是同班好友，曹早年留学日本东京帝国大学采矿冶金专业，曾任职于山东省矿业厅和青岛市

撤离上海前全家合影。前排右一为陶伯逊，左一为其妻子曹慕潜

矿务局。青岛沦陷后，日本人拉他出任伪职，他装病不见客，日本宪兵到家逼着曹竞欧表态。曹竞欧无奈丢下妻儿逃往上海。曹竞欧说："日本人扶溥仪当满洲国皇帝，王克敏华北成立临时政府，德王在蒙疆自治，汪精卫'还都'南京。这些汉奸都在招降纳叛，设法拉人入伙。"陶伯逊说："日本人信奉围棋文化，侵略中国有三条路径：'拉蒋'一子定乾坤是上策，'扶汪'分而治之是中策；'开劫'四处武力征服是下策。现在日本人采取的是中策，把中国分成几块，分而治之。我们不可当汉奸。"曹竞欧说："我变起仓促，只身逃走，留下（妻子）孙毅和未成年孩子在青岛。你要早做计较。"陶伯逊回家后对妻子儿女们说："我不能看着你们生活在日本人的统治下，学日本话，唱日本歌。上海不能待了，再难也必须走。"

"八载烽烟山河破，神州浸血行路难。"1941 年中日大军长期对峙湘鄂赣一线，阻断了东西交通大动脉长江水路。上海到西南各省大抵有三条路线：北路远，沿长江到湖北过陕西安康，入汉水，走汉中，取道川北到重庆；中路险，经浙江、江西到湖南的军事区，溯湘江绕道广西，从桂林沿桂黔公路到贵阳；南路烦，经广州转香港，乘船到越南海防，由滇越公路抵达昆明。

陶伯逊先把父母妻小送回江西老家。当时沪杭铁路和浙赣铁路虽然已修通，但 1937 年 12 月日军迫近杭州，钱塘江铁路大桥被炸断。1939 年日军曾侵占领南昌，把浙赣铁路的部分路轨拆下运往日本。上海到南昌只剩下上海到杭州和浙江诸暨至江西邓家埠互不相连的两段铁路通车。中间路段只能如电影《围城》的方鸿渐们那样，根据条件寻找合适的交通工具。陶母刘老夫人患有严重的糖尿病，眼睛近乎失明，兵荒马乱一路颠沛流离，回到新建老家不久故世了。

随后走的是三女学楷。学楷 1941 年底与交通大学的五位学生结伴，到贵州寻夫。为避开中日军队对峙的战线，由江西鹰潭绕道湖南衡阳到广西桂林，沿途兵荒马乱充满危险。几个女孩时常在小木船夹层里一藏几小时不敢出来。沿桂黔公路到贵阳，蜿蜒在崇山峻岭之间的盘山公路本就破烂不堪，加上隆冬的雪凇冰凌，人踩马踏车碾后更是处处泥泞，途中几次目睹路旁摔成一堆堆废铁的汽车。经过一个多月的长途跋涉，总算吉人天相，学楷有惊无险与随大夏大学西迁的丈夫团聚。

19 岁的学祁和 15 岁的学郁两个男孩结伴走北路。旅程迂回曲折，见缝插针。小火车，木帆船，汽车，牛车加步行，只要方向对见啥上啥，各种交通工具都尝试过了。途中需要躲避日伪军的搜查和到处"寻花问柳"的散兵游勇，还要提防占山为王的土匪、趁火打劫的地痞流氓。其间还落入了前是国民党败兵、后是日本鬼子追兵，夹在中间快不行慢更不行的危险境地。一路风餐露宿，道路崎岖难行，加之食物短缺，兄弟俩途中时常露宿荒山野岭，有个野店住已属幸运。臭虫、跳蚤多得令人难以想象，抵达重庆时两个男孩浑身长满了虱子和脓包。

陶伯逊在新建办完丧事。1942 年春到香港，一路处理联华与香港东南亚各地影院的财务事项。辗转来到重庆已是 1942 年夏。烽火乱世，平民冻馁于荒野，军人暴尸于沟渠，战争留下大批流离失所的难童。1938 年 3 月 10 日，重庆各界成立救助无家可归难童战时儿童保育会，陶伯逊和许多各界名流及文艺界朋友们积极参与了抢救难童的工作，并列名名誉理事。

六、昆仑春水

晏殊：昨夜西风凋碧树。独上高楼，望尽天涯路。

日本投降，狼烟暂息。流寓大后方的人才纷纷"孔雀东南飞"，陶伯逊也回到上海。1946 年周恩来指示："在上海建立一家电影制片厂。"负责筹组电影厂的阳翰笙是 20 世纪 30 年代"左联"领导人，抗战期间曾与联华旧人孙瑜、史东山、蔡楚生、何非光、孟君谋等人在政治部第三厅的"中制"长期共事。阳翰笙等人想用战前的民营联华公司名义，取得联华公司的场地设备筹办电影厂。

原联华的制片主任孟君谋找到陶伯逊，希望陶伯逊出面，设法向国民党的接收大员要回战前联华公司财产及摄影场。陶伯逊早有此心，谋虑已久。陶伯逊说："孤岛时期是我把联华摄影场租给费穆的民华公司拍电影。1942 年日本人强迫租界的十多家电影公司合并成立'华影'，强占联华摄影场，我和费穆都没有加入过'华影'。现在上海有十多个互不相属的党军政机关都在争相接收敌产，接管'华影'的'中电'属于'中宣部'，实际占用联华摄影场的是'国防部'下属的'中制'。我们可以利用国民党各部门之间矛盾，收回联华资产。"孟君谋曾先后在"中制"和"中电"任剧务科长，说："这两家制片厂有我们的熟人，你没有加入'华影'，徐家汇摄影场就不是敌产。这事有戏。"

经过多方运作，国民党当局确认联华公司未加入"华影"。孟君谋大力奔走，"中制"厂长郑用之和"中电一厂"厂长裘逸苇默认徐家汇摄影场不属于接受范围的敌产。1946 年 5 月，联华同人"虎口夺食"，陶伯逊代表联华公司同仁收回了徐家汇摄影场，随即代表联华摄影场与孟君谋签订租赁协议。即将成立的联华影艺社和吴性栽的文华电影公司共同使用联华摄影场。

1946 年 6 月，陶伯逊与阳翰笙、蔡楚生、史东山、孟君谋、郑君里等人，以战前"联华公司同人"的名义成立联华影艺社，陶伯逊任联华影艺

《八千里路云和月》电影海报

社经理。章乃器、任宗德、夏云瑚共同投资十万美元。史东山编剧导演的《八千里路云和月》和蔡楚生编剧导演的《一江春水向东流》先后开机拍摄。1947 年 2 月《八千里路云和月》上映引起轰动。夏衍在致联华影艺社史东山等人的信中说："只许成功，不许失败，这是联华再创之夕的誓词，现在第一战的战果发表，你们是光辉地全胜了。"

任宗德说："《八千里路云和月》电影海报上的制片人标明的是陶伯逊、周伯勋，是为了应付国民党审查机构，因为陶、周二位与国民党方面有较为密切的关系。实际上的制片人应该是章乃器、夏云瑚、陶伯逊和我四人。陶伯逊是老联华徐家汇摄影场的代表，周伯勋是当时颇有名气的演员。"任宗德这里混淆了出品人（出资人）和制片人（策划管理人）的概念。因为按照他自己所说，那时"章乃器和我对经营电影业都完全是外行。"陶伯逊绝不是仅仅因为"与国民党方面有较为密切的关系"而成为《八千里路云和月》制片人，而是确实承担了制片人的工作和责任。陶伯逊努力发挥电影制片人职责作用。蔡楚生的电影剧本，原名《三夫人》，陶伯逊修改为《一江春水向东流》。新的片名借助南唐李后主《虞美人》的意境，突出电影以男女情事写国家命运、人民苦难的主题。在发行宣传上的作用不言而喻。

陶伯逊为《八千里路云和月》在电影艺术上取得巨大成功感到振奋，对制片过程中暴露的联华影艺社管理上的弊端也不无隐忧。《一江春水向东流》尚未拍摄完成，各种问题接踵而至。任宗德在《我与昆仑》中说："联华影艺社的总召集人是章乃器先生。投资人是章乃器、任宗德和夏云瑚。管理制片业务的厂主任是孟君谋，管理财务会计的是王林谷。陶伯逊作为摄影场地的代理人也参加进来。联华影艺社当时并没有一个正式的组织领导机构和行政管理系统，凡有重大事务，由章乃器召集有关人员商议决定。实际上，起决定作用的是阳翰笙、袁庶华和蔡叔厚。而在艺术创作方面，则由阳翰笙、史东山、蔡楚生、郑君里、陈鲤庭、徐韬、王为一等人负责。那时，章乃器和我对经营电影业都完全是外行，阳翰笙、孟君谋、夏云瑚等内行权威人物说怎么办我们就怎样办。"

　　联华影艺社的管理机构不健全。电影制作既不是"制片人中心制"，也不是"导演中心制"，而是多头管理，各行其是，遇到问题临时开会协调。由阳翰笙、史东山、陈白尘、蔡楚生等人组成的编委会，重政治、重艺术，但缺少企业经营管理经验。新组建的联华影艺社没有制定应有的严格财务制度，拍摄《八千里路云和月》已经出现用钱随意突破预算的情况。田汉说："这戏据说以一万万八千万的预算而用到五万万，超过一般国产片的成本，曾使某些短视的投资者摇头却步。但这钱没有浪费，它十足替战后中国电影奠下了一个基石，挣到了一个水准。"蔡楚生拍《一江春水向东流》更不惜工本，一心追求艺术的完美。在拍摄过程中边拍边改，细节越拍越丰富，故片子越拍越长。《一江春水向东流》拍摄到一半，十万美元资金用完了。控制各方面的预算是制片人的职责，但在联华影艺社当时的管理体制下，投资方关注的是影片利润。导演要的是"追求艺术"，制片成本已不是制片人所能控制，陶伯逊最终只得把问题上交。

　　1947年5月联华影艺社改组为昆仑影业公司，夏云瑚任董事长。夏云瑚、任宗德和蔡叔厚第二次投入十万美元作为公司股本，继续拍摄《一江

《一江春水向东流》电影海报

春水向东流》下集。不料《一江春水向东流》下集还没有完成，夏云瑚也以出国另谋发展为由，提出撤资。同时推荐文华影业公司老板吴性裁接手自己的股份。阳翰笙、蔡楚生与吴性裁商谈三日，吴性裁要求掌控公司管理权，蔡楚生认为吴性裁在政治上走中间路线，文华公司历来主张"勿被一党一系所把持"。阳翰笙说："如果按吴性裁说的办，那我们就没有领导权、决定权了。"双方最终没达成协议。

阳翰笙同意了夏云瑚撤资的要求，任宗德担任昆仑公司总经理，夏云瑚保留昆仑公司董事长名义。1947 年 9 月《一江春水向东流》完成后期制作。电影海报标明，上集《八年离乱》联华影艺社出品，下集《天亮前后》昆仑影业公司出品，统一由昆仑公司发行。《一江春水向东流》在上海连映三个多月，场场爆满，创造了 1949 年以前国产片的最高上座纪录。1948 年夏云瑚拿到了 500 两黄金股本，又带走了《一江春水向东流》上下集拷贝，到香港、南洋的新加坡、印尼等地发行放映，任宗德说《一江春水向东流》在南洋放映，夏云瑚赚了十几万美金。

《八千里路云和月》和《一江春水向东流》（上下集）成本超过 20 万美元，但高票房足以收回成本。然而高峰后，"宗记合作制片"时期昆仑公司出品的影片《新闺怨》《万家灯火》《三毛流浪记》《乌鸦与麻雀》等影片虽然艺术上乘，却再也没有获得《一江春水向东流》那样的高票房。因而昆仑公司的高投入大制作渐渐难以为继。

20 世纪 40 年代末国民党统治临近崩溃，物价飞涨。电影预算完全成为空文，任宗德独立支撑昆仑公司，为昆仑公司的拍摄的每部影片四处借债。更糟糕的是，战乱和管理的混乱造成发行渠道阻塞，院线债权难以收回。章乃器在香港发现《一江春水向东流》在海外发行，而自己却没有分得影片海外发行的收益，于是向昆仑公司提出交涉。

陶伯逊临危受命重整昆仑的发行业务。1948 年国内遍地烽火，电影发行还是要开拓南洋市场。陶伯逊南下香港、马来亚、印尼、泰国、缅甸、越南，风尘仆仆为公司开辟新院线，清账积欠票款。那时通信不便，陶伯逊一去半年没有音信，公司内传言说陶伯逊滞留港澳，是在为自己安排退路，甚至说陶伯逊卷款私逃了。半年后陶伯逊回到上海，不仅成功地开拓了新的海外市场，并基本追回了积欠公司的票款，流言不攻自破，但陶伯逊也顿觉心灰意冷。其后时局日益紧张，昆仑公司在香港成立分公司，陶伯逊长居香港，专管昆仑电影海外发行业务，并代理文华公司等多家民营电影公司的南洋发行业务。

1949 年前后昆仑公司主要骨干纷纷迁港，躲避国民党最后的明枪暗箭。不久解放大军挥师南下，一路凯歌。第一次全国文代会和第一届全国政协会议在北京先后召开，新中国如旭日初升。阳翰笙、蔡楚生、史东山、任宗德等人纷纷进京，成为文化部电影局的干部。孟君谋等也成为上海电影界的领导。陶伯逊这才知道昆仑公司那么多人早就是共产党员。1950 年，香港大学心理学教授曹日昌（中共地下党员）受党组织委派动员滞留香港的知名人士以及海外留学生归国，他找到陶伯逊，邀请他回国参加新中国建设，并希望他联系两个留美儿子归来报效国家。

1950 年夏朝鲜战争爆发，9 月美军在仁川登陆。陶伯逊会同留美的儿子学郁从香港抵达北京。学郁很快分配到重工业部化工研究所，意外得知重工业部代部长何长工，就是陶伯逊在北大读书结识的老朋友何坤。陶伯逊拜访了何长工，与儿子一同住进何长工家。几天后，有通知让陶伯逊到文化部电影局报到。然而陶伯逊并未接受任命，而是很快就离京返沪，不久又迁居苏州，完全脱离了电影圈。

陶伯逊离京原委，人言言殊。有说嫌弃乌纱小的，有说不喜欢每日点卯工作节奏的，有说没有按要求写自传的，有说接待的年轻军人直呼其名甩袖而去的。飞短流长，莫衷一是。我们更愿意相信的说法是，陶伯逊素来心仪陶渊明不从政。以致陶伯逊对中国电影的贡献也随时光逐渐湮没，只偶尔在历史文献中尚可见吉光片羽。

历史长河滚滚东去，昆仑公司是阳翰笙奉周恩来之命创办的共产党外围组织。有篇追忆孟君谋的文章中说，"昆仑影业公司是革命团体。凡参加上述团体的正式成员，拥护党的主张，服从组织安排，一直坚持革命工作的，其参加革命工作的时间可从参加上述团体之日算起。"陶伯逊对政治从来是敬而远之，他接受党组织的动员归国，却没有到岗，而是迁居苏州。"小舟从此逝，江海寄余生"，也堪称异数。

林语堂《苏东坡传》说："苏东坡大事聪明，小事糊涂。"陶伯逊一生历经帝制、民国、社会主义的大时代大变革，先后就职于京沪渝港，周旋于枭雄富商文豪名家之间，谈笑有鸿儒，往来无白丁。陶伯逊一生品行有方，言辞有节，举止有度，事业有成。他晚年淡出名利场，但他一生为我们留下刚正宏大的精神"光照后世，风范永存"！

[此文由陶伯逊后人陶学梅、陶学楷（余良俊）、陶学松（曹懋华）、陶学樾、陶学郁（陶懋建）口述。余良杰、陶懋鼎整理执笔。余良杰，陶伯逊外孙；陶懋鼎，陶伯逊之孙。]

外婆陈洁如回忆片断

陈忠人

外婆陈洁如是 1952 年从香港返回上海的，居住在重庆南路巴黎新邨。外婆在沪期间深居简出，极少露面。

外婆在当年 5 月初经澳门抵香港。到港之后，外婆很快联系上了旅居美国的老朋友陈立夫先生。1925 年陈立夫从美国回来后出任黄埔军校校长机要秘书，曾与校长夫人陈洁如过往甚密，此后又在蒋陈仳离后的二十年间，担当蒋陈之间唯一的居间密使。蒋介石接到陈立夫关于陈洁如又

青年时的陈洁如

到香港的信息后，马上让蒋经国安排戴安国（戴季陶之子）去香港面谒陈洁如，并捎去一信，称"曩昔风雨同舟，备受照拂，未尝须臾去怀。尔母女所受委屈，惟余知之"。来信虽有安抚之嫌，毕竟言为心声。1963 年春，戴安国在铜锣湾百德新街为外婆租下 1600 英尺公寓，同时还应诺负担每年一万美元家用，当年该处的月租约为 400 美元。

1921 年蒋介石和陈洁如在上海永安大楼结婚，证婚人是江一平大律师。婚契上有蒋、陈照片和张静江、戴季陶签名

蒋介石和陈洁如是 1928 年 10 月正式办妥离婚手续的（在蒋宋婚礼之后近一年），蒋介石支付了 18 万大洋作为陈洁如母女日后的生活费。这笔钱都由太外婆陈洁如的母亲用来在江浙置田收租。国民党政权被推翻后，田产尽失，外婆顿陷

蒋介石和陈洁如

坐吃山空之愁苦，而为顾全蒋的名声又不堪谋职打工，日子难以为继。台湾承诺提供的每年一万美元是不稳定收入，外婆在香港仍然提心吊胆。于是提出恳求，或者一次惠付25万美元，或者在香港购置两处物业，外加10万美元现金及每年5000美元补贴。这个请求被拒绝了。这种没有保障的生活凡是女人都会难以忍受。外婆依旧忧心忡忡。

西汉戴圣《礼记·表记》曰："口惠而实不至，怨灾及其身。"正当外婆陈洁如回想起当年支持蒋介石从一介草民平步青云登上权力最高峰的艰辛因而难平心中怨气之际，恰巧有个人找上门来。此人是李时敏先生，蒋介石在黄埔军校的私人英语教师。迨北伐胜利，李时敏转而混迹香港电影圈，专职编导，颇有名气。他建议陈洁如以英文口述往事，再张扬去美国出版，以此作为重开谈判的筹码。李时敏当即请缨执笔。几经周折，出于舍远就近的开支考虑，外婆同意跟英文文采一流的李时敏合作。

还在李时敏整理口述材料的过程中，陈洁如接洽了几家美国著名的出版社，放出风声，而台湾也很快获得消息。先是陈立夫受委给陈洁如发了三封"动之以情、晓之以理"的劝阻函，接着就是台湾出面要求协商。1964年，双方律师在香港达成协议：蒋家以20万美元现金和九龙窝打老道山一套1500英尺的物业为代价，买断口述材料的整理草

右一蒋瑶光，左二本文作者

稿。陈洁如交出了原稿，并按保密协议的约定支付李时敏 2 万美元报酬，保密协议规定不可留副本。

这件事就这样圆满终结了。事过之后蒋家父子依旧与外婆保持友情往来。戴安国是那几年唯一的信使，交阅蒋介石的信件（不过，只可誊抄，不留原件），交付蒋经国的馈赠（现金和礼品）。世事难料，谁都想不到李时敏竟留下了一个复写本。这份英文副本在当事人都辞世很久以后的 1992 年泄出问世。

（陈忠人，陈洁如外孙）

我的父亲邵洵美

邵 阳

父亲的"不忘初心"。

我的父亲邵洵美生于 1906 年 6 月，1968 年 5 月 5 日离世，享年 62 岁。父亲出生在一个没落的贵族家庭，其祖父邵友濂曾经担任过湖南巡抚、台湾巡抚和苏淞太道台（有人说是上海道台，不确切，因为当时上海只是松江府的一个县城，苏淞太道台相当于半个江苏省）。同时他又办过外交事务，曾作为某亲王副使出使俄国讨论边疆划分问题，因亲王受贿准备割让大片疆土，他向慈禧太后告御状，亲王被革职，他被褒奖，保住了国家大片疆土，成为清朝重臣。邵友濂也重视教育，在上海任职时，曾亲赠一铜钟给圣芳济学校（北虹中学前身），以示学生列强当前，警钟长鸣。他的儿子去世较早，生前为上海圣芳济中学校董。

父亲的外祖父是盛宣怀，他是清朝一品大臣，在我国创造了 11 个第一：创办中国第一家民用洋务企业轮船招商局、创建中国第一个电报局中国电报局、创办中国第一家内河小火轮公司、创办中国勘矿总公司、创办红十字会、创办高等师范学堂南洋公学（今上海交通大学）师范班、创办了北洋大学堂（今天津大学）、创办了第一家银行中国通商银行、创建了第一条铁路干线卢汉铁路、创建了第一家钢铁联合企业汉冶萍煤铁厂矿有限公司、开设中国第一家公共图书馆等。其第四个女儿就是我父亲之母，因盛公最宠爱这四女儿，故爱屋及乌，每次出使国外，总把爱女、女婿带在身边。

父亲的嗣外祖父是李鸿章，因父亲之大伯无后，根据族规，二房长子即

邵洵美（1906—1968）

邵洵美

长房之子，因父亲的大伯母是李鸿章之女，故李鸿章之女即父亲之嗣母，李鸿章即父亲的嗣外祖父。

父亲的三位祖父都是朝廷重臣，因此他得了三笔遗产及各种馈赠。他本人就是含着金钥匙出生的。而相反，我母亲虽然长得可爱、漂亮又乖巧，是祖父盛宣怀最宠爱的孙女，亲自为她取名为"茶"（意为茶花盛开时出生，故徐志摩、徐悲鸿一直称她为"茶姐"），但族规规定男孩得遗产，女孩仅能得到丰厚的嫁妆，得不到钱财。由于鲁迅先生不了解这些情况，误会我父亲是利用我母亲的钱办出版事业，说我父亲是"富家赘婿"，其实不然。

父亲邵洵美是位才子，听母亲讲父亲七岁时就能对出他外公盛宣怀的对子，因此深得外公宠爱。又听说父亲小时候带领弟妹们游戏的一个内容就是办《家报》，他们把家里发生的事、家里人发生的变化等分别写出来，排得像报纸一样，取名《家报》，还抄成几份，分别送给长辈。

父亲文学水平高，脑子动得快，写作更勤奋，特别让我佩服的是父亲灵机而作《游击歌》的事情。抗日战争时期，英国著名作家、诗人、新闻记者奥登（W.H.Auden）和著名小说家克里斯多福·伊舍伍（Christopher Isherwood）来中国收集抗日新闻及资料，经朋友介绍，他们到我家找我父亲访谈，父亲陪了他们整整两天，早晚都和他们在一起。奥登对我父亲说，他没有发现像样的中国抗日诗歌。父亲听后不以为然，随口说："怎么没有？有的。据我知道，有一首很好的。"奥登问他："写些什么？"父亲说："噢，我忘了，只记得诗里有……'敌人钻进了一口空棺材'……"其实根本没有这首诗。奥登听后大感兴趣，一定要父亲找到这首诗并翻译给他。因为次日要动身，奥登和伊舍伍竟当晚跟着父亲到家里。父亲叫母亲陪客人喝咖啡，自己灵机一动，用英文写下了一首诗，取名《游击歌》。

游击歌

时季一变阵图改，军装全换老布衫；

让他们空放炮弹空欢喜，钻进了一个空城像口空棺材。

英雄好汉拿出手段来，冤家当作爷看待，

他要酒来我给他大花雕；他要菜来我给他虾仁炒蛋。

一贪快活就怕死，长官命令不肯依；

看他们你推我让上前线，一把眼泪，一把鼻涕。

熟门熟路割青草，看见一个斩一个；

我们走一步，矮子要跳两跳，四处埋伏不要想逃。

冤家着迷看到底，飞艇不肯上天飞；

叫他们进攻他们偏退兵；叫他们开炮他们放急屁。

一声喊杀齐反攻，锄头铁铲全发动；

这一次大军忽从田野起，又像暴雨，又像狂风。

几十年侮辱今天翻本，几十年羞耻今天洗净；

从前骂我的今天我剥他的皮，从前打我的今天我抽他的筋。

看他们从前吹牛不要脸，今朝哑子吃黄连；

从前杀人不怕血腥气，今朝自己做肉片；

从前放火真开心，今朝尸首没有坟；

从前强奸真开心，今朝他们的国里只剩女人。

眼目晶亮天老老，真叫一报还一报；

　　但看某月某日某时辰，连本搭利不能少！

　　奥登读了高兴极了，回到英国，他和伊舍伍合作写了一本书，书中说："我们在此插入了一首诗歌，那是我们在上海听到的关于敌后游击队的，是邵洵美先生所译。"

　　父亲把诗歌交给奥登后告诉了母亲，母亲立即对他说："你该把英文诗歌翻为中文诗歌，否则一旦有人要看中文诗歌原文，你怎么办呢？"因此父亲马上翻译并将其刊登在《自由谭》月刊第一期上。

　　像这样水平的父亲需要用钱找人代写文章吗？父亲说这只是个误会，因为鲁迅走得早，他仅看到刚步入社会的自己，对自己不了解。父亲是一直很尊重鲁迅先生的。一次国际笔会上海分会欢迎泰戈尔先生，午饭后各自回家，天突然下起雨来，父亲看到鲁迅先生一个人站在门口，就主动请他上了自己的车并将他送回家。

　　父亲不光有才，对事物敏感，能用英文把感想写成诗歌，更主要的是父亲爱国、爱民！

　　1937年日本全面侵略我国，烧、杀、奸、淫无恶不作，敌占区亿万同胞过着亡国奴的生活，父亲要为百姓呐喊、要让全世界都了解日军的强盗行为，也要让全世界人民都了解中国人民不是好欺侮的。

　　父亲不仅在外国记者面前努力揭露真相，他还在那个内忧外患、当政者攘外安内的混乱时局里，和所有进步知识青年一样，忧国忧民，呼吁言论自由，呼吁抗日救国。父亲写出了大量文章，也锻炼了自己。

　　父亲先人后己，为国为民慷慨解囊。偌大的一笔财产没有用于吃、喝、玩、乐，没有用于赌博、行贿，而是用于文化事业。父亲生性热情，朋友非常多，母亲认为父亲的朋友都是好人，父亲认为搞文学的都是朋友，因此家里经常是高朋满座。新月书店、新雅沙龙也是朋友们聚会、交流的场所，文友相聚天文地理无所不谈，数以百计的文人墨客，知名的无名的作家、画家、金石家、诗人、记者、教授、摄影家、演员等与父亲都有友谊。鲁少飞曾作漫画《文坛茶话会》，图中坐主位的是父亲邵洵美，图中还有父亲的不少朋友，如茅盾、郁达夫、林语堂、冰心、巴金、沈从文、施蛰存、叶灵凤、鲁迅等。父亲把这些有才华的文学家、艺术家们团结在周围，他办那么多刊物，为他们创造可以发挥才艺的场地。大家给了父亲"文坛孟尝君"的雅号。父亲有出版家的胸襟，父亲爱好的东西多，经常看的是外国杂志、画报。他最爱的是西方影写版印的刊物，所以想到如果中国有这种机器就可以印刷出版高质量的画报了。1930年就斥巨资向德国购买了当时世界上最先进的全套影写版印刷机（这台机器就是至今在国际上仍属一流水平），开办了时代印刷厂，为了方便，把家都搬到了杨树浦印刷厂边上。这台机器曾经印过国债，也曾印刷《时代画报》九年，每期一万册；《时代漫画》三年半。父亲创办了幽默杂志《论语》，《论语》在抗战前后经历了十七年半，共出版了177期；创办了《声色画报》……

父亲又办过"金屋书店""时代图书公司"和"第一出版社"，先后拥有11种杂志，计《狮吼》《金屋月刊》《时代画报》《时代漫画》《时代电影》《文学时代》《万象》《声色画报》《论语半月刊》《十日谈旬刊》和《人言周刊》。还不算由父亲投资接手的新月书店出版的《新月月刊》和《诗刊》。

老画家黄苗子说："《时代画报》《时代漫画》和《万象》对中国漫画的发展起很大的作用，漫画的发展也影响到绘画的发展，如果没有洵美，没有时代图书公司，中国的漫画不会像现在这样发展。"

父亲的上海时代图书公司发行了一套新诗丛书，向国人介绍了十位青年诗人，其中有方玮德著的《玮德诗文集》、梁宗岱译的《一切的顶峰》、金克木著的《蝙蝠集》、邵洵美著的《诗二十五首》、朱湘著的《永言集》、侯汝华著的《海上谣》、徐迟著的《二十岁人》等，给文人创造了锻炼写作、发表观点的场所；漫画家张光宇办《时代画报》，出了几期后资金周转困难，父亲就把画报接过来了；徐志摩办新月书店，难以为继，父亲就入股新月书店；国际笔会中国分会成立后没有经费，所需开支均由任笔会会计的我父亲负责支出；丁玲夫君遭遇不幸后，沈从文为帮助丁玲母女返湖南老家，是父亲接济他们的，并申明这不算借，也谈不上要还；夏衍年轻时第一本书《北美印象记》是父亲为他出版的，当时出书要自己出资，父亲看他才踏上社会，哪有资金，因此非但免了费用，还给了他 500 大洋鼓励他；季小波出版画册缺少资金，要把制图锌板作抵押向我父亲借款，父亲说我这里不是押头店，你把锌板拿回去，并把季小波需要的钱如数支援了他，使画册得以出版；有抗日色彩的《大英晚报》是由英商出面办的中文报，父亲也是股东之一，经济发生了问题，需要资助，尽管我们家经济已拮据，母亲还是拿出了最后一包翡翠叫父亲送去报社，让他们去抵押渡过难关……为了国家需要，为了帮助朋友解决困难，即使我们平平淡淡地过了一生，我们还是会为父亲、母亲的行动叫好、鼓掌。

父亲钟爱的文学事业与对理想的完美追求，从开办书店、出版杂志刊物到创作诗歌，从购买进口设备到创建印刷厂，从翻译雪莱、泰戈尔的长诗到翻译马克·吐温的小说，从集邮到画画，干一样像一样，办一样成一样。但也因此耗尽了偌大的家产，临终落得连像样的丧服都没有。为成就丈夫的事业，母亲用尽了陪嫁换来的钱，丝毫没有后悔。不知如果鲁迅先生知晓这一切会有何感想！

有作家著书称父亲在日军进犯时，不惜毁家纾难，称得上"春申君"。

父亲有位外国朋友中文名为项美丽，她是个美国作家。初来中国时，她是美国《纽约客》杂志社的通讯记者。当时她是跟姐姐海伦作远东旅游，从东京转道来上海的。那是 1935 年。初来上海时项美丽对上海印象并不好，到处是霓虹灯、金字招牌，她认为上海是个俗不可耐的地方。但她们俩一到上海就受到老朋友的款待，经常和西方各国的外交官、银行老板、洋行大班、新闻记者之流的人物，还有上海闻名的外国财团首脑沙逊和哈同等犹太富商一起。海伦去北平、南京玩了一圈，在东安市场买了一些小玩意就回美国了，而项美丽选择在上海工作。

项美丽曾在美商的大美晚报馆和英商的字林西报馆任专栏编辑，为了加快熟悉中国，接触更多中国人，她还在上海海关学校等学府任英文教师。

我父亲邵洵美曾是英国剑桥大学留学生，说得一口流利的英语，他可以进入洋人的沙龙，但他不喜欢去，觉得话不投机半句多。一次父亲去沙龙，经沙龙主人茀丽茨夫人引荐认识了项美丽。由于是同行，项美丽通过我父亲认识了不少上海知识界朋友、文化界人士，萌发了合作办刊物的念头，于是就试办了《声色画报》。一些留过洋的、与父亲有深交的朋友也很快和项美丽熟悉了，经常一起讨论酝酿创办一份英文的杂志，这就产生了英文的《天下》月刊。

1936 年初父亲手里有多种杂志，尤其吃重的是《论语》半月刊，他开始全身心地投入，甚至自己写文章。

上海沦陷后为了扩大抗日宣传，父亲借项美丽的名义在家编辑出版了一本大开本的图文中文月刊，名《自由谭》，封面上三个大字是父亲亲自写的"洵美体"。创刊号封面画以抗日为主题，画上一个悲愤的农夫用一只手托着被日机炸死还正流着血的孩子，远处飞机在天上飞着，被炸的工厂正冒着烟火，牛也被炸死了。《自由谭》是大开本，父亲还选印了一张一个日本女人走绳索的讽刺画，后被日本当局发现不准印刷厂再排印，只得停办。最后依靠项美丽在外文印书厂里印出来。父亲还用项美丽的名义出版了差不多大小的一本英文杂志，父亲用英文发表了《新诗历程》和《孔夫子论诗》等。此时正值夏天，父亲经常忙得汗流浃背，母亲则在一旁帮他打扇。

父亲以各种笔名发表文章，控诉日军在华暴行，动员民众起来抗日。日本人容不了父亲大事宣传抗日，便下令要暗杀他。巡捕房将消息告诉了项美丽，父亲只好避到项家。那是一幢独门独户的三层住房，由于项美丽支持抗日，经常有抗日分子会住在她家。每晚母亲抱着才出生不久的我总会去陪他，大约住了半个月。父亲看到《论持久战》后很赞赏，曾在《自由谭》第二期的"短论"中介绍说："……毛泽东先生的新著便值得赞扬了。这本《论持久战》的小册子，洋洋数万字，讨论的范围不能说不广，研究的技术不能说不精，含蓄的意识不能说不高。但是写得浅近，人人能了解，人人能欣赏。万人传颂、中外称赞，绝不是偶然也。"译稿的排印任务是秘密的，父亲用两个月印了 500 册，藏在项美丽的私家车里，夜里父亲和他的助手王永碌坐着项美丽的车到霞飞路、南京路外滩一带外国人的家门口，把单印本放入信箱中。

母亲盛佩玉

父亲冒生命危险做这些抗日的、冒险的事，母亲从来没有过任何意见，总是默默地在一旁支持着。

日本人打到上海进驻杨树浦并封锁杨树浦后，中国人进不去，我们的厂及家均在杨树浦，而且当时我们家的全部财产已仅有这厂内的一台印刷机了。在这关键时刻，我母亲就对父亲提出："中国人不能进出杨树浦，项美丽是外国人，是否请她帮忙把已被封锁的印刷机通过她的名义运出来。"具体的做法是请父亲的律师朋友顾苍生写了一张假证明说项美丽是邵洵美的妻子，这样花了两天时间，由项美丽出场终于用载重卡车将印刷机搬到了市区。其他很多东西就没了。

项美丽是 1939 年冬离开上海的，这之前父亲陪她去了一次香港。这是因为美国作家根舍曾写过一篇《欧洲内幕》，从远东回去后又写了一篇《亚洲内幕》，其中涉及宋氏三姐妹，结果激怒了宋美龄，说所写内容不实，有损她们姊妹形象。项美丽在美国的代理来信要她趁在中国的时候收集资料，好好写一本有关宋氏三姊妹的书出来。这任务难倒了项美丽，因为她根本不认识宋氏姊妹。

而宋蔼龄正好是我父亲两个姨妈的英语家庭老师，他们三姊妹的兄弟宋子文是盛家汉冶萍煤铁厂矿有限公司的英文秘书，他们的母亲又曾在盛家工作。所以我父亲答应帮助项美丽去香港见宋家姊妹。宋蔼龄劝说并征得了二位妹妹的同意，接受了我父亲和项美丽对她们的访问，父亲还求得夫人们不少资料和照片，使项美丽的《宋氏三姊妹》得以完成。1939 年冬宋蔼龄让项美丽去香港会面，然后转道去重庆。母亲怕她在山城受寒，特意为她量身做了一套厚厚的丝棉袍，还挑了些首饰让她带去，以防万一可换钱。项美丽把上海的家托付给伍尔夫先生照管，之后乘轮船赴港，送行的有顾苍生、赵家璧、王永禄和我父亲，父亲送了一只花篮状的巧克力蛋糕。到了香港宋蔼龄安排项美丽乘飞机去重庆，还把机票上的姓名改成王太太。在重庆她得到宋美龄的同意，不时去采访她，或是在她有活动时，跟随在侧。次年3月，宋美龄去香港治牙，项美丽在重庆无所事事，也回到香港。在香港也闲得无聊，便决定回上海。和一些朋友告别后，她写了封信托宋蔼龄秘书交给宋蔼龄。正当她进了船舱，等船启航时，宋蔼龄秘书气喘吁吁地跑来叫她马上去见宋蔼龄。这时三姊妹都在大姊家，不少记者在采访、拍照，热闹非凡。宋蔼龄在后房接见项美丽，她曾对项美丽说过："在上海打仗时，你帮了邵家很大的忙，全家都感激你"，这次她说："你以为他们少了你不行吗？""邵先生或许不是存心欺骗你……到头来你会恨我们所有的人……我了解中国，也了解美国，你会毫不抱怨地离开中国，可是你会痛苦……""我不希望会这样，现在为时不晚，原谅我的干预，我是为你好，别回上海了。好好想想！我想你已经想过……"项美丽确实想过。接着宋蔼龄说："告诉你一个秘密，你可别告诉任何人。我们几个全要去重庆。"这真是个大好机会！项美丽便着手结束上海的家，回重庆继续她的工作。

　　父亲和项美丽是工作上的好搭档、好朋友。项美丽是犹太人，犹太人是严格的一夫一妻制，项美丽早已有心仪之人，不久与英国驻香港的情报官员查尔斯结婚。日本占领香港后，查尔斯被捕，这时项美丽在香港工作，受牵连关进了集中营。消息传来，我母亲想到项美丽曾在我们困难时帮过我们，现在她遇到困难了，我们也应该帮助她。母亲对父亲说："是否仍请顾苍生写张证明，说项美丽的丈夫是你，那样她不就可以放出来了吗？"结果还真这么做了，救了项美丽。1946年初夏，我父亲访美时，礼节性地拜访过宋蔼龄及项美丽，这时项美丽已有一儿一女了。之后两位老友就没再见了！

　　父亲更是深爱着母亲，正如父亲在所著《第六个朋友》一文中写道：

"世界上我最爱的是三种东西：（恕我在我国文字中找不到比东西更适当的字儿）那便是老婆、诗歌与朋友，我的老婆是盛佩玉。"

日子过得很快，家里经济发生了困难，母亲把金的、银的、铜的、铁的、锡的甚至木的陆续换成了钱来过日子。父亲、母亲若想发财有的是门路，可是父亲、母亲偏不信邪。日本人始终没有漏掉父亲这个"遗少"，传人来联系，父亲回答有病，来人看到父亲极瘦，信以为真。父亲为了应付说客再次纠缠、为了能与母亲有统一的答词，一天父亲想与母亲演练一遍，结果母亲抢先回答："你想发财吗？假如发了财，只不过住大房子，我们也住过了。男人只不过穿讲究的服装、吃山珍海味，坐新式的高级汽车。这些我们都享受过了。最舒服的是人家向你拍马屁、戴高帽子。但做了官，官上有官，你也要去拍马屁，你又不会这一套，受人节制你又不习惯。更要紧的是：人只一世，名节第一。你已学文，何苦再变呢！说到女人倒是可以珠翠满身、服装华丽、私房满铁箱，出门应酬赛服装、比首饰，风头出足，可我没有这个劲头。我们当有自知之明，所以今后勿再谈它吧！"多么好的夫妇同心啊！第二天家里气氛有点紧张，门外停了几辆汽车，花园内站了几个彪形大汉，分明是"要人"来访。一位来客说："邵先生你家的房子太小、太旧了，何不换一幢宽敞些的房子住住？"说着叫随从人员递上并打开了一个小皮箱，里面是一沓沓钞票。父亲看都不看回答说："汪先生，我家虽小，但尽够我们一家子住了，谢谢你的关心。"简单地就把来人汪精卫打发走了。

这里还要介绍一位我父亲曾经帮助过的朋友胡适先生，胡适的父亲胡铁花曾是爷爷手下之一，属世交。胡适从美国回国时我父亲是新月书店老板，一次一位似农民样的人士来店找胡适，问明缘由他要出让一本旧书，要价很高。当时我父亲和胡适都不在店里，之后我父亲告知胡适，胡适不信会有好书，一笑了之。第二次此人再来，正遇我父亲，父亲见后就买下此书并赠予胡适，胡适一看是最古老的钞本《脂砚斋重评石头记》（乾隆甲戌本），高兴极了，从此他专心研究《红楼梦》成为"红学家"。后来胡适曾将此"石头记"复印了二本，一本给了美国普林斯顿大学图书馆，一本给了台湾大学图书馆。在序言里他说他怀念在大陆的老朋友邵洵美和徐志摩。这让我父亲感动至极，父亲说："没想到这么一点小事让他一直记住我的好。"新中国成立前，胡适去美国之前还来看望我父亲，看到我们正吃午饭，菜不多，就邀我们全家移居美国。我父亲说我们能吃饱、穿暖，家里人多就不折腾了，婉言拒绝了他。

1948年底叶公超也来看望过我父亲，他提出愿意帮助我父亲将印刷厂全套印刷机等设备整体搬迁到台湾，我父亲很干脆地拒绝了。

还记得1949年上海解放的那一个晚上，当时我们住在霞飞路（即现在的淮海中路），后门是沿街的武康路，半夜只听到窗外传来整齐的唰唰声，父亲、母亲轻轻撩起窗帘，只看到许多手拿枪的兵排着队走过，后来声音没了。天微亮，阿姨准备去买菜，门一开只见无数穿着黄色衣服的兵手里握住枪整齐地躺在人行道上熟睡着，阿姨立即回头进门告诉了我父母。他们二人一商量，觉得这些兵像是非常累了，就烧了点开水，叫阿姨拿些面包和水去给他们解解饥渴。可是这些兵说什么都不肯收！父亲当即就说："这是个纪律很严的部队！国家有希望了！"

不久，当国家新闻总署派丁聪来商量说国家急需要此套印刷机时，父亲一口答应，没有讨价还价，甚至以低价转让给了国家。为了机器能早日投入工作，父亲亲自动员了厂内所有干部、员工一个不留地与机器同往北京，成为新华印刷厂的员工。因为工厂已属于政府，不再需要老板，因此父亲仅作为护送人员亲自将机器送到北京。之后中国最高级的、对外发行的《人民画报》就是这台机器印制的。直到现在这台机器仍然属于国际上先进的印刷机之列。

父亲、母亲曾打算留在北京发展，因为父亲找工作不易，三姐生病要在上海做手术，这时大姐又突发高烧，人生

父亲和母亲

地不熟，就下决心还是回上海。

1952年居委会开居民代表会议，派出所的同志叫我母亲也参加，会上他叫母亲走出家门为大家做点事，邻居们也都赞成。这样母亲成了居民小组长，开始是发粮油票、收水电费、扫盲，后来又担任了居委会卫生委员，负责除"七害"，搞绿化……母亲经常自己出资买杀虫剂，亲自为有臭虫的人家床上、板缝里涂调剂过的药，之后又是挖阴沟、写宣传标语等。妈妈觉得这就是为人民服务，很开心。她觉得孩子们也应该有这样的品德，因此总动员孩子们一起参加。父亲也支持母亲的做法，经常全家人一起写标语，分头去贴。后来母亲于1957年和1958年均获得了徐汇区人民政府颁发的奖状。

在此期间父亲参加了上海市政协举办的业余政治大学，学习辩证唯物主义和历史唯物主义。父亲当时已经有些发胖，走路、上下车开始气喘。可他好学、认真，从不缺课，最后得到中共上海市委书记石西民颁发的"学习证书"。父亲高兴的和孩子似的，拿回证书给孩子们看，大家表示一定努力向父亲学习。母亲也高兴极了，然而当她买了火车票到南京向在南京工作和读大学的两个女儿报喜时，在上海的儿子突然来信说父亲被抓了，母亲立即赶回上海。最后得知，父亲有个朋友名叶灵凤，当时他参加"归国观光团"回到上海，曾经来家看望我父亲，他告诉父亲说："你的小弟弟在香港，正病贫交加，你应该帮助他一下。"这时我家经济也拮据，我的大姐就因经济困难有病不去治而亡故，当然我家也同样无钱可帮助小叔。这时叶灵凤出了个主意："美国朋友项美丽在中国时间你借了不少钱，你可以写封信给她，让她把借你们的钱寄还给你香港的弟弟，信由我帮你去寄。"我父亲考虑不周，听信了他！不料叶灵凤信没有寄出，而是主动上交了。当然政府不了解情况，不知为什么我父亲要问外国人要钱，就这样被误会了。听大哥说曾经有人叫我父亲主动找人去说明问题，可我父亲翻译工作正忙，一方面没时间，另一方面他也不知该去找谁说！他是社外翻译、自由职业人员啊！

我们曾经从父亲狱友贾植芳那里听说，我父亲即使在狱中仍努力地完成他的任务，每天清晨起来他就努力地打扫房间，当早餐来时他已很饿，很快把一天的伙食全都吃了……我父亲原来已经有气喘了，三年狱中审查结论是无罪释放，然而身体更差了。政府照顾他，出狱后让他继续担任出版社的编外翻译，预支稿费。最后父亲肺气肿不断发作而离世，享年 62 岁。

父亲问题已查清，因此"文化大革命"时没有受任何牵连，孩子们也都没有受影响，大家都各自努力工作着。最让我们感到欣慰的是抗日战争胜利70 周年纪念活动大型电视纪录片《东方主战场》第三集中出现了我父亲的照片和事迹，我们心喜，欢呼我们的党和人民终究还是恢复了我父亲的声誉。父亲一生为了人民，人民终究还是相信父亲的。父亲在天之灵可以安息微笑了！

（邵阳，邵洵美之女）

回忆黄万里先生

黄　卫

　　黄万里1911年8月20日出生在上海川沙县（当时属江苏省）的一个大家庭里，父亲是我国著名的爱国主义者和民主主义教育家黄炎培先生，母亲是王纠思。黄万里的母亲共生有12个孩子，存活九个，五男四女，黄万里在男孩中排行第三，长兄黄方刚、次兄黄竞武、弟黄大能、黄必信、姐姐黄路，妹黄小同、黄学朝、黄素回。1940年黄炎培原配夫人过世，续弦姚维均夫人生有四个儿女：女儿黄当时、黄丁年，儿子黄方毅、黄刚。

黄炎培与夫人王纠思和九个儿女（左一黄万里）

　　儿时的黄万里十分淘气，父亲却十分喜爱，从未对其苛责，只是有时笑嘻嘻地说："你总要闹出个名堂才好。"10岁以后，黄万里在校长和老师的关心下，学习上进步非常快。黄万里在《自述》中说："1921年至1924年为浦东中学附属小学校长王则行和班主任王夔钧先生所看重，严加培养，课学加速进步，小学时以第一名毕业。从此中学大学都以最优秀生毕业。"据徐刚

少年时期的黄万里（1924 年）

先生记，王则行与王蘷钧先生"在朝夕相处中，看中了这个顽皮学生的可爱处：聪明、正直、有极强的记忆力。便让他多背古文，学写旧体诗，并告诉黄炎培'此子可造'"。

1924 年，黄万里小学毕业，入无锡实业学校，该校设高中课程和土木专业，1927 年毕业时，他门门功课均列榜首。从无锡实业学校毕业后，父亲曾请沪江大学校长、留美博士刘湛思考查黄万里将来宜学什么专业。刘博士考查后，得出的结论是：宜学文学。从后来黄万里创作的诗文造诣上看，的确如此。但那时，黄炎培先生正在提倡职业教育的兴头上，而黄万里的大哥黄方刚学哲学，二哥黄竞武学经济学，二人均从清华毕业后考入美国哈佛大学，与父亲提倡有所差距，父亲就决定让黄万里学桥梁工程。1927 年，黄万里考入唐山交大学习。

1932 年，21 岁的黄万里在学满五年之后以优异的成绩毕业。他毕业时，用英文发表了颇有创见的三篇论文，由桥梁界学者茅以升审定作序，由学校出版。毕业后，黄万里在杭江铁路任助理工程师。本来，黄万里可就此成为桥梁专家。不意 1931 年汉江发大水，淹死七万多人；接着 1933 年黄河决堤十几处，民不聊生。残酷的现实使黄万里无法安心做他的桥梁专家，他了解到江河大水后政府在全国遍寻水利领域的专业人才，可当时水利领域只有搞筑堤筑坝的工程师，却没有一位懂水文，黄万里把这个想法告诉了父亲，得到了赞许。经父亲介绍，他拜见了父亲的学生——当时中国水利界的重要人物、曾任过黄河水利委员会委员长的许心武先生。许心武先生对黄万里说："这次大水之后调查全国水利工程师的所长专业，竟皆长于土木工程之设计施工，没有一个懂得水文学的。""而不通水文学等于未入水利之门，只是能设计施工罢了。"于是黄万里毅然决然地改学水利专业，以拯救民众为己志，

1934 年黄万里（左一）和中国留学生在美国康奈尔大学校园里

投身到中华民族几千年的江河治理大业。

　　1934 年，黄万里考取庚子赔款奖学金赴美留学，一年后获康奈尔大学硕士学位，两年后获爱荷华大学博士学位，这也是该校首位华人工学博士。他以暴雨流量来推算洪流的博士论文达到了当时国际领先水平。他一毕业就被聘为美国田纳西流域治理工程的公务员，他驱车行程 7.2 万公里，看遍全美国的河流与各种水利设施。1937 年春黄万里放弃了在美国的优厚待遇毅然归国，以他的学识与资历，浙江大学、北洋大学、东北大学三所高校请他去教

1936 年美国伊利诺伊大学中国留学生合影，黄万里（前排右二）是第一个获得该校工程博士学位的中国人

书。时任浙大校长的竺可桢亲自登门并宴请，邀他去浙大任水利系主任。他婉言谢绝，只身投入到治理江河的第一线。

抗战期间，黄万里赴四川水利局道滩委员会，任工程师、测量队长、涪江航道工程处处长等职，在长江支流上修建了小水利灌溉工程，原计划用一年多时间修成，预算三十万元。后只用了四个月的时间，仅花了四万元，节约预算六分之五，灌溉农田 1.5 万亩。四川省三台县由黄万里设计建造的"高家桥渡槽"，是我国唯一留存至今的黄万里先生的水利工程作品。在美国结束学业后，为了祖国的建设毅然返回到大后方。当他到四川建设厅报到时，得知因三台县旱情政府准备兴建水利设施解民之苦的消息时，他第一个报名参加，并被任命为总工程师。当这座天生伟岸的石质渡槽建成后，老百姓为桥取名为"万里桥"。其父黄炎培得知后坚决不同意："一个才 27 岁的年轻人，承受不了这么大的荣誉，就以当地的村名叫'高家桥'吧。"劝诫他"勿自满"，当黄万里先生的次女出生后，祖父黄炎培为孙女取名为"无满"，告诫黄万里不要自满。

黄万里在四川时，正是极其艰难的战争年代，他甚至冒着沿路土匪抢劫袭击的危险，步行 3000 多公里，六次考察长江上游及其支流岷江、沱江、

三台告捷，各方祝贺（右一为黄万里）

涪江、嘉陵江等，在那里修建水利灌溉工程、航道工程和桥梁。到四川报到仅一个星期，水利局就派他带四川水利局的几个人参加全国水利勘测，到金沙江考察。去的时候是乘飞机，先到昆明；回来时步行，从昆明出发，沿金沙江支流普渡河，走到普渡河与金沙江交汇处，再沿金沙江河道，顺流而下，经昆明、昆阳、安宁、富民等云南十县，又经四川省雷波、屏山、宜宾等县一直步行回到重庆，对河道水情进行勘察，历时三个月。沿途，他们除了对河道水情的勘测外，对云南的贫困和少数民族问题都有所观察。从金沙江回来途中，在重庆遇到日机轰炸。

不久，黄万里被任命为成小滩道委员会测量队长，成天在山谷间、河道上进行实地勘测。他沿着岷江从河口，一直到源头，包括岷江的支流大渡河、大渡河的支流、青衣江等，都进行了实地勘察。晚年他回忆道：在美国学习时，"当时还没有形成地貌学，在回国工作十年后，沿河边步行了3000公里，才自己在头脑里建立了水文地貌的观点。这才开始对治河的问题有了一些认识。"早年的这些勘察，为以后黄万里关于水文地貌学说的形成奠定了基础，也对他晚年关于长江干流是否可修高坝的学术观点形成有重要的影响。

抗战胜利后，水利部进行黄河上游的规划，振兴甘肃水利，急需勘测水文资料的人才，筛选了一圈，一致认为黄万里是最佳人选。1947年，一个不满36周岁的青年，携家眷奔赴甘肃供职，任甘肃水利局局长、总工程师，并兼任水利部河西勘测设计总队队长。

黄万里的人生态度是不问政治，当然也不是对政治没有看法，只不过在大哥黄方刚的影响下，始终和政治保持距离，而以自己的学识为国效力。人们在

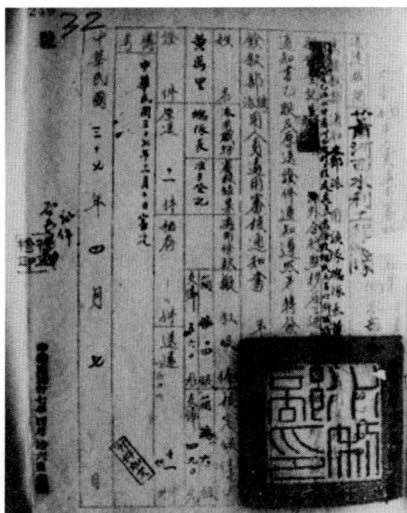

1947 年 3 月黄万里在甘肃的任命书

祖孙三代黄炎培（中）黄万里（左）黄观鸿（右）（1963 年）

黄万里的遗稿中发现了他在甘肃时写的一段话，最可说明他的处世之道："政治意识未清醒前，少做政治活动。专家可以不参加政治党派。不断地实地工作，在工作中求进步。"甘肃国民党特务一度认为黄万里亲共，是共产党员，因而派人监视着他，可一段时间后，发现他一直潜心搞水利工作，不问政治，也就不再监视了。

　　1949 年 3 月，黄万里收到父亲的信，让他立刻去香港一趟。这时黄炎培已从上海到香港，正与中共方面筹划建立新中国，但黄万里并不知道。他向时任甘肃省主席郭寄峤提出到广州出差的请求，郭寄峤十分爱惜人才，尤其对黄万里更加看重，郭主席很快就同意了。3 月下旬，黄万里从广州到达香港，但父亲已乘船经天津前往北京。在香港，黄万里见到了潘汉年，当时潘汉年的身份是中共驻香港代表。潘让他回去动员郭寄峤在西北起义，郭那时除担任甘肃省主席外，还担任国民党政府西北行辕副主任。

　　黄万里回到兰州后，当时的兰州形势非常紧张，黄万里按潘汉年的要求与郭寄峤单独会面，说共产党希望他起义。郭听后哈哈大笑说："你怎么敢回来跟我说这个话？这罪可以杀头，我因此把你抓起来，你无话可说。你不搞政治的，赶快走吧！"他还说："你父亲已经到北平了，你已被监视，在这里再待下去会很危险的。你得走，是不是叫你家属先走？"4 月底，黄万里立即让夫人带着五个孩子离开兰州到上海，住在姐姐家里，那时上海还没解放。为什么选择到上海呢？因父亲黄炎培已到北京，要避开嫌疑，就让家眷先到还在国民党控制之下的上海。家属安全抵达上海后，黄万里马上递交辞

黄万里和妻子丁玉隽及子女们

呈，办完交接手续，离开兰州。回想起来，他参与策反活动，未能成功，还暴露了自己的身份，居能安然无恙，真是大幸啊！

解放后，黄万里任东北水利总局顾问。那几年中，黄万里对全国的河流进行了大致的考察，从而在头脑里建立了水文地貌学的观念，同时，他坚持在工作之余对工程师和技术人员进行培训，亲自授课，讲述实际工程中的问题，培养了一大批水利技术人才。1950 年，因感到"顾问"的工作无法在水利规划和具体实施上有所作为，同时，在具体工作中有许多看法与领导不和，他的建议得不到采纳，黄万里毅然辞去了官职，回唐山交大教书。1950 年 6 月，黄万里一家抵达唐山交大，他开始了后半生的教书生涯。初到学校时，黄家六口人挤在两间不到 9 平方米的学生宿舍里，家具十分简陋，衣箱全都塞在床底下，也没有厨房。学生们对他却是一种"既洋派又传统的特殊感觉"：西装革履，留着日式小胡子，喜欢跳舞，翩翩起舞时，神态悠闲潇洒；又是爱穿长衫的老教授，学生们对他都十分恭敬与好奇。然而最吸引人的，还是他生动风趣、深入浅出的授课。

一次暑期，他带领学生们去淮河考察。黄万里头顶草帽，身穿背心短裤，顶着烈日，肥胖的身躯，在曲折的山路上一步不停地缓慢攀登。他一边爬山，一边轻松地对学生说："你们知道吗，我登山不累的诀窍，就是慢慢走。这样与快步走到山顶做的功是一样的，但功率小多了，就省劲多了。"他话锋一转："率的概念很重要，现在很多人不注意。比如'流量'的叫法，是错误的。这不是指多少水量的概念，而是指单位时间的来水量，所以应叫'流率'。一场洪水总量是多少当然重要，但流率多大更要紧。洪峰来得猛，流率大、水位高，堤防挡不住就要成大灾。"

在黄万里的课堂上，大自然就是教科书，自然现象就是问题。课上，他常常组织学生进行讨论，一旦有人提出好的见解，便立刻给予赞赏。一次，他在讲课时被一个数学公式的证明卡住了，一名学生证明出来交给他，他非但没觉得受窘，反而对其"含笑点头"。因为授课灵活，内容丰富，课堂风趣，学生们的学习积极性都很高。黄万里考试全部开卷，也从不监考，但却无人作弊。试卷评完，他逐一题目进行讲解，并不评论分数，因此学生无论成绩好坏，都很高兴。

课余时，黄万里也常常和学生们在一起。他当年的学生回忆道："1950年寒假，我们这些穷学生没有条件回家过年，他就邀请我们大学四年级水利专业的同学10人到他家吃饺子。那时是解放初期，大家生活都很艰苦，国家发给每个大学生的助学金只有每月很少的小米，教授也多不了几斤，我们经常是三个月不知肉味。那天在黄先生家进餐时，我们10个学生狼吞虎咽，风扫残云，一会就吃完一大锅饺子。黄先生七八岁的长子黄观鸿进餐厅时，不禁惊喊一声：'好家伙，一大锅饺子都给吃光了！'黄先生和黄师母怕我们尴尬，连忙笑着说：'敞开吃吧，敞开吃吧，还有，还在包着哩！'饭后，黄先生带领我们在他家客厅里玩游戏，记得是击鼓传花之类，鼓声停止时谁接到花，谁就得站起来表演节目。他丝毫没有大教授的架子，令人倍感亲切。"

1950年，抗美援朝战争爆发，全国掀起批判"亲美、崇美、恐美思想"

的高潮，青年学生开始对学习英文版的美国教材表示很反感。他却不赞成，说："你们英语水平已达到了一定程度了，为什么不再努一把力，把它掌握好？洋为中用嘛！"

1952年，全国开始反贪污、反浪费、反官僚主义的"三反运动"，黄万里被学校的教职工选进了"节约委员会"。运动中，学校的一名教授被控"贪污敌伪资产"，校方安排黄万里去和他谈话。黄万里没有说"你要老实认罪，认真交待"之类的话，而是说："你要是贪污了必须承认。但要是没贪污，也不要瞎说一气，瞎说也不好。"因为两人都曾留美，黄万里习惯性地说了一句英语成语，大意是"有什么说什么，没有的不要乱说"。这被一名负责看管工人听见了，于是向组织揭发说，黄万里用英语泄密报信。黄万里因此被赶出节约委员会。直到"三反"和"思想改造"运动结束时，也没查出黄万里有什么问题，但这使他初次尝到了政治运动的滋味。

1953年初，黄万里调到清华大学水利系任教。唐山交大后改名为唐山铁道学院，"文革"中迁到四川，现称西南交大。

在黄万里的一生中，除了教书，对他影响最大的事情莫过于治理黄河了。这不仅是他学术上最大的追求，也是使他命运发生改变的事件。

20世纪50年代在只懂建坝不通黄河水文的苏联专家指导下，中国决定动工黄河三门峡大坝，力图以人力一清黄河。1955年7月，全国人大表决通过《规划》，除陕西省外，举国一片赞美声。在苏联经验大行其道的局面下，黄万里没有气馁，而是多次上书，力陈不能盲目迷信苏联专家意见的理由。1956年5月，黄万里向黄河流域规划委员会提交《对于黄河三门峡水库现行规划方法的意见》，该文最后反复强调：三门峡筑坝后，下游的洪水危害将移到上游，出库清水将危害下游堤防。针对已形成全国人大决议的难以挽回的筑坝决定，黄万里特别提出大坝一定要能刷沙出库的建议，为日后泥沙大量淤积预作准备。

1957年6月，周恩来总理在北京饭店主持了关于黄河《规划》的第一次讨论会，水利部召集 70 名学者和工程师给苏联专家的方案提意见，与会专家交口称赞，除了一位名叫温善章的人提出改修低坝外，只有黄万里不同意苏联专家提出的规划。他当面对周恩来总理说："你们说'圣人出，黄河清'，我说黄河不能清。黄河清，不是功，而是罪。"他认为，黄河泥沙量虽是世界第一，但她造的陆地也是最大的。研讨会开了 10 天，黄万里参加了 7 天，也进行了长达 7 天的辩论，无果而终，到最后，会议就成为了以他为对象的批判会。

1957 年 7 月，水利部召开了三门峡水利枢纽讨论会。出席此次会议的专家大多同意苏联设计，只有他一人从根本上反对修此坝，并指出此坝修后将淤没田地城市。争辩无效后，黄万里退而提出，如果一定要建坝，则建坝时的六个泄水洞必须保留。此建议全体同意通过，但施工时，苏联专家坚持按原设计，把六个底洞全部堵死了。

没过几年黄河灾难就被黄万里不幸言中：1958 年底三门峡工程开始黄河截流，1960 年 6 月高坝筑到 340 米高以拦洪，9 月只能关闸以拦沙，潼关以上渭河大淤，淹毁良田 80 万亩，4 万农民被迫背井离乡。到 1966 年库内淤沙已经占去库容的 44％。现在为了救活水库只能耗费每洞 1000 万元重新打开。

黄万里一向快人快语，他在清华大学校刊《新清华》分两次发表了短篇小说《花丛小语》，批评北京的市政建设，在原始的土路基上不铺大碎石的路床，却直接铺柏油碎石路面，完全违反了路面下须先铺上为了排水和散布载重力的路床这种施工常识。当年春雪特别多，天暖融化之后，路面下的积水不及宣泄，因而路面受载重时就被压碎，到处翻浆，车辆无法通行。他也批评了在三门峡方案中，有些专家原本是知道水流必带泥沙的，却仍跟着高唱"黄河清"的现象，还批评了当时盲目学习苏联的高校教育模式。

黄万里不仅错划为右派，而且下放多年，在政治运动中甚至被诬为"贪污"。黄万里一夜之间成了全国知名的大右派。他的工资从二级教授降至四级教授，大部分时间在家中赋闲，既不准讲课，也不准发表文章，甚至连"先生""教授"的称呼都不能用在他身上。他的学生赵文源因请教问题，叫了一声"黄先生"，他顿时感到唰的一声，在座的所有师生的目光，一齐射向了他，目光中含有责备和不满，或许还有一些疑惑和不解。一年后，他被送到密云水库劳改，住在干打垒的半地窖里。1959 年，随着寒冷日子的临近，饥饿越来越逼近人们，在水库工地上，人们也饥饿难熬。黄万里表面上力争保持着平静，但他的内心却是痛苦的，他写给家里的信中说："我真需要我哪个儿子能在身边，我可以扶着他走回去。"可就是在这样的生活中，黄万里一直没有忘记三门峡。

1964 年，他再也不能坐视三门峡水库造成的严重问题，再次向国家领导人上书，希望自己的意见能引起上面的重视并被采纳。这一次他上书的对象选择了国家副主席董必武，建议改建三门峡坝，信是四六韵文写的，并附有两首古体诗。信送出之后，果有反应，水利部有关领导嘱其提出改建计划。黄万里用两个月的时间就写了三门峡改建方案，其法为开洞排沙，以灯泡式水轮机加速底流，"期救秦川于陆沉，复蓄水以调洪兴利"，黄万里《改修黄河三门峡坝的原理与方法》最终也未能被采用。

1966 年"文化大革命"开始了，大多数人都选择三缄其口，明哲保身，黄万里却用自己的方式进行反抗。运动初时，学校里的红卫兵到处打人，黄万里也被用带扣子的皮带抽后背，事后只能俯卧，无法躺下。他立即给周总理写信，反映这一情况，嘱家人亲自送交。没过多久，上面即派人传下指示：不许打人。许多人相信，这与黄万里的信有

黄万里在认真阅读

关系。红卫兵不打人了，改用给牛鬼蛇神们剃"阴阳头"，黄万里被剃阴阳头后，回家立即叫家人给他剃成光头。事后，他还拿推子帮其他黑帮分子也剃成了光头。

1971年，黄万里从江西回到北京，不久又被下放到清华大学水利系基地——三门峡水库，在那里打扫厕所，接受批判。由于这里的生活条件要好得多，又靠近他所希望治理的黄河，黄万里的心情极好。他每天扫完厕所，就在楼道里打太极拳，练气功。有时还到马路边去买小吃、花生米，买完即大模大样地吃。清华水利系在基地建了个小图书馆，黄万里常常跑到里面去看外文资料，但通常是用一本《毛选》盖住一本外文书，有人来就看《毛选》，没人就看英文书。对于批斗，黄万里已经能够泰然处之了。他说自己是"老运动员"，轮到批斗他，他就坐在被批的位置上，让低头就低头，让怎样就怎样。

在三门峡生活的那段日子里，可以想象黄万里的那种压力，是一般人无法承受的，而他却一心考虑的是国家大事，他认为治理黄河是非常重大的事情。有时遭到批判，也不灰心丧气。有一次，黄万里随清华的人开一个关于黄河的会，当地人并不知道他的身份，把他请上了主席台。结果，回来后他因此被批了一通，但仍泰然处之。他认为这种做法不对，但也不把这当回事。初到基地时，上面对黄万里有个明确规定：禁止参加治黄研究及接受校外技术咨询。

1972年春，黄万里突然接到一项任务，清华大学水利系领导让他在40天里，就三门峡改建、黄河海河的治理提供意见。这件事很少有人知道，是在保密状态下进行的。在黄万里的遗稿中，发现1972年5月黄万里给周总理的一份信函草稿和1973年3月给"黄委会"主任王化云的信函草稿。之后周总理曾在1973年全国各大学会议上公开鼓励，像黄万里这样的人对于治理黄河有兴趣，应到三门峡工作，给予机会，作出贡献。几年后，黄万里听说了非常感激，他表示说："只有更加努力改造思想，钻研治黄之道，以报答总理的关怀。可惜我到 1976 年夏秋才完成治黄方略的研究，在总理逝世之后，对此我悲哀不已！"那段时间，除了受批判，打扫厕所，扫大院外，黄万里把所有时间都用在了治黄研究上。

黄万里 65 岁那年，掉了一颗牙，身体状况也大不如前。他猛然感到，雄心犹在，但以他当时的处境，如果再没有高层的支持，似乎很难再有为国尽力的机会了。

1976 年随着"四人帮"垮台，政治气候对知识分子转暖，黄万里就黄河治理问题，向陈云和刚复出不久的邓小平副总理上书进言："万里研究黄河治理问题四十年了，这一治理方法也拟具有些年了。我认为黄河是可以在三五年内（基本上）治好的，包括安全防洪，下游广泛浇水治碱，增沃田五千万亩以上，三门峡实现原计划发电 100 万千瓦等等。历史上曾有先例：汉王景治河只用一年时间，经历魏、晋、南北朝、隋、唐、五代八百余年，河无大患，这是确实的事，应予后人治河以充分的信心。依据这种信心，我研究了中外古今在不同自然条件下各种治河的理论，考据了黄河的历史拟定这一设计方略，文中尽量避免专业理论，以适应广泛审阅，一得之愚，亟待就正于群众。按治河方略从来是由普通政治经济工作者提供意见，最后由领导作政治决定的，不限于仅仅专业问题。素仰公对全国经济建设了如指掌，关怀最忧切。治黄乃千年大计……决定亿万民生，失误则家国殄瘁……衰病之身，亟愿生见河治于大治之年，曷胜迫切待命之至。"

那年黄万里的身体状况出现了问题，甚至有血尿，他立刻向学校领导递交了请示报告，要求留京，一边进行科研工作，一边治病。虽已多年不准从事科研工作的黄万里

黄万里

再次向校方提交自己的科研报告，并要求把自己多年来利用业余时间进行的研究整理成文。

1980 年黄万里被摘掉右派帽子，恢复了政治名誉，恢复高教二级教授

1981 年 4 月，黄万里为学校教师和研究生讲课

的工资待遇。他是清华右派中倒数第二个被改正的右派，最后一个获得改正的是钱伟长。恢复名誉的黄万里，又重新走上了讲台，给水利系的青年教师补习课程，批改作业，学生们至今仍保留着他讲课的油印底稿以及为他们批改作业的批注。很多当年听过他课的青年教师对他的评价是黄先生讲课条理清晰，他不只从定义公式出发进行推导，而更重要的是结合工程实例作生动有趣的阐发，大家听了觉得很新鲜，同时也非常佩服。后来学生们才知道，他一直在努力追踪学术前沿问题。中国科学院考虑到他在水利方面作出的突出贡献，就让他写申请报告，申报中国科学院院士称号。可黄万里回答说："科学院院士不是打申请报告申请出来的，如果合格的话就不要写申请，不够资格的才写申请，我够资格为什么写申请？"他的这种不为名和利，追求真理的铁骨铮铮的精神让人们深深敬佩。虽然他最终没有获得"科学院院士"的头衔，但他坚持真理，直言敢谏，让人为之动容和赞叹。

1998 年长江洪水后，黄万里感到以前在水利授课上有所不足，于是向系里呈上书面申请，列出讲义，要求上课："40 天来长江全流域发大水，大家天天紧张地看电视、看日报。眼见江水齐岸、湖岸出险……想到自己无能为力，又是教育人们的水利工作者。显然长江只用堤防一法是不够的，对于人力财力是极浪费的。这洪峰范围大，历时又久，峰后退水期间防守

更艰苦……所以我们必须考虑另用浚河、疏水等方法。这些正是治河的问题，而我系偏偏又没有这门课。当前用的治理江河的方法是不合适的。通常我国发洪水一般是南涝北旱，或南旱则北涝。如今大水遍及南北，连渭河、黄河、松花江也同时发洪。今后所谓厄尔尼诺现象还将引起气候剧变。它的定量计算，除数学力学方法外，还需用到概率统计法。除了设计运行外，必须有实地经验。1934年我改学水利，读博士是以自然地理学为第一副科、数学为第二副科。回国后不是当官或任教，而是甘受低薪低位，在野外现场实地干起，十多年后才从事教育。我训练过三四十位工程师，如今他们都过世了。希望同志们听听我的《水经论丛》，我希望弥补我以往教学的缺点，请同志们多提意见，一起讨论。"经清华大学水利系领导同意了他的请求，并为他安排了一堂给研究生班和教师的课，他非常高兴。那年的黄万里88岁，身患癌症。讲课的那天他特地穿了一身白色西装，打上领带，坚持站着讲课，并亲自写板书，这也是他教学生涯中的最后一堂课。

　　经历了20多年冤屈的黄万里，到了晚年，完全可以就此安心生活，但他仍没学会看政治风向来表达学术观点。这时的黄万里最关心的事情，除了治黄，还有三峡。从上马三峡大坝的消息传出后，黄万里就先后给众多国家领导人上书，不遗余力地提出自己不同的意见。也正因此，黄万里建言多达6次。诚然，黄万里在三峡问题上所持的观点不一定是正确的，但他高度负责的态度，却一以贯之，从未因受任何客观因素左右而更改。他曾说过："你们是以一个科技工作者的态度搞水利。而我既是科技工作者，又是诗人。我是用诗人的感情搞水利的。"这正如他在困境中写下的诗句："有策犯鳞何足忌，临危献璞平生志……非关傲世玩才智，总是挈情忧国

一个铁骨铮铮的科学家，
用自己的良知坚守着信念

泪。"黄老依旧以传统、纯真的赤子之心提出了他的见解。2001 年 8 月 8 日，他在病重昏迷中还喃喃呼出："治江原是国家大事，蓄、拦、疏及挖四策中，各段仍应以堤防'拦'为主。汉口段力求堤固。堤临水面宜打钢板桩，背水面宜以石砌，以策万全。盼注意，注意。"他就这样一心情系中华。

2001 年 8 月 27 日 15 时 05 分，黄万里离开了人间。如今，黄万里的生平事迹得到传播，一个有风骨有良知的科学家，走进了更多国人的精神世界。

（黄卫，黄万里堂妹）

我所知道的庄元端

陈迪安

说起来我们陈家与庄家有三代的交情了，故事要从 69 年前的 4 月开始说起。1949 年，在中国现代历史里那是一个具有特别意义的年份。这一年，也有无数的中国人告别黑暗，获得新生。我不想在此重述历史，我只想在这个大时代，记叙我所知道的一些小故事。

我的祖父陈滋堂，他并不关心政治，那时他有许多朋友，包括他的下属都劝他离开中国，远离是非之地。但我祖父相信共产

庄元端的母亲盛爱颐

党一样是人，一样要吃饭做生意。但战争是残酷的，当他看见满街的难民，他犹豫了。南京解放后，战火很快就蔓延至杭州郊外，最后他还是决定举家从杭州迁往上海。就这样，我祖父在 1949 年 4 月底来到上海，用两根金条顶下了霞飞路愉园 8 号的新式里弄房子的一楼，自此开启了我们家与庄家的深挚交情。

庄元端先生的家史，我想大家都已很熟悉。在此我只简单介绍一下。他外公盛宣怀，是前清邮传部尚书，太子太保衔。同时盛宣怀也是中国第一家钢铁煤矿公司汉冶萍公司的创办人，中国第一家华资银行中国通商银行的创办人，是清末洋务派的实权领袖人物之一。盛宣怀育有八子八女，庄元端的母亲盛爱颐，是盛宣怀的七小姐。

盛七小姐是当时上海的名媛才女，追求者无数。但盛七小姐要求极高，对门当户对家世背景好的公子哥儿完全没有兴趣。直到她遇到她的远房表哥庄曾鼎。庄曾鼎先生号铸九，英俊潇洒，英语流利，事业有成。他们两人坠

入爱河不久后就结婚了，那是在 1932 年，也是盛七小姐决定投资百乐门的那一年。

庄元端先生对我说，他的一岁生日就是在她母亲投资的百乐门办的。如今有许多档案显示百乐门的创办人是顾联承，但庄元端先生说，当时百乐门主要投资人有七位，其中他母亲在百乐门的投资并不比顾联承少。关于盛七小姐投资百乐门一事，在 2003 年李关德所著的《海上静安》也有所提及。另外，庄先生记得他父亲任百乐门经理时，曾亲自东渡日本，去聘请日本乐队来沪。百乐门曾有一长得高大的白俄门房，是前沙俄将军，也是他父亲聘请的。他曾来过庄先生家拜访，说起他从前在莫斯科的洋房要大过庄公馆好多。事隔那么多年，庄先生对于早期百乐门的记忆也已经模糊了。他说还记得以前百乐门为了能彰显气派和与普通舞厅不同，所以没有舞女，只有一支表演队，清一色是年轻貌美的白俄姑娘。除此之外，还曾聘请过一位日本舞男，很受太太小姐们的喜爱。小时候他家里有许多百乐门的建筑图纸，有百乐门开幕时的照片，可惜这些图纸照片都在"文革"中毁于一旦。

关于盛七小姐，大家最关心的两件事。第一，有关于盛七小姐与宋子文的恋情。第二，关于盛家小姐与盛家公子争产的事件。这两件事至今已有

百乐门舞厅

许多文章提及，在此我就不重复了。庄先生对于他母亲与宋子文的故事，似乎不想多提，只是说她母亲从来都没有爱过宋子文，也不可能答应宋会一起去南方。至于 1928 年与兄弟争产之事，盛七小姐在花费巨额律师费后在官司中胜出，打官司期间得到了远房大表哥庄律师的帮助，而这一位庄律师正是庄先生的大伯，庄老先生的大哥。官司打赢后获得 50 万元，在当时是一笔巨款了。从而盛七小姐花了其中一部分买下了在愚园路 838 弄 10 号的花园洋房，庄先生最美好的 10 年

童年都是在这里度过的，直到 1943 年冬他们全家搬去霞飞路的愉园。从庄先生和我谈话中流露出的语气里，可以感觉到他对这栋洋房是含有很深厚的情感的。这是一栋很阔气而且现代设备齐全的洋房，不但有煤气、热水、电话，冬天有暖气，夏天还有空调，这在 20 世纪 30 年代的上海是不多见的。庄先生记得他小时候家里不但有司机，还有一位门房，两位厨师，一位帮厨打杂，女佣人里有一位洗衣，一位打扫屋子，一位保姆专职照顾他，一位保姆专职照顾他妹妹，可见他小时候的生活是非常优裕的。当我问及为何 1943年他们全家搬离这里时，他说是有多重原因。第一，他父母看到隔壁邻居 7 号的房产被迫卖给日本人，成了福民医院（总院是在虹口的北四川路原日租界），之后也不止一次地听说因为医院面积太小，日本人有意买下 10 号的庄公馆。盛七小姐夫妇为此有朝不保夕的不祥之感。第二，西邻的 864 号美其名是百老汇总会，实际上就是一家赌场，赌客的汽车、出租车经常从 838 弄的赌场后门出入，造成 838 弄堵满汽车，日夜不断。这样嘈杂的环境庄家也实在是不堪其扰。第三，东邻的 818 号为汪伪的兵营和军工厂，每日不仅枪声不断，还曾有伪兵调戏庄家的年轻女佣。这些现象足以表明这里的安全已

南京西路的盛家老公馆

每况愈下，不宜居住。第四，当然是经济原因了。百乐门因为经营不善，盛七小姐早已将股份卖出。珍珠港事件后，日本人进入租界，他父亲也一直赋闲在家，没有外出工作。一家四口再加上九位佣人、一辆车的庞大开销，早已把现金存款消耗殆尽。

在愚园路居住期间，还有一段插曲。1937 年 7 月，日本攻占平津，抗日战争全面爆发。那时有十里洋场之称的上海人心惶惶，大家都担心战火会波及上海。盛七小姐看到许多南下流离失所的难民后，做了一个决定，就是离开上海。虽然是逃难，庄家的逃难方式和普通市民可说是有天壤之别，他们不是去挤火车，更不是乘车在混乱不堪的公路上开，而是选择了搭乘意大利邮轮的头等舱去大英帝国治理的香港，还带着自家的克莱斯勒（Chrysler）轿车，带着自家的保姆。庄先生那年 4 岁，虚岁 5 岁。那天下午汽车从家里开出，经过外滩、外白渡桥，在提篮桥附近的码头下车搭船。当他在黄浦江搭摆渡舢板小船时，他茫然了。他不解为何是那么小的船去香港？听说要四五天才到香港，但这艘小船四面临空，也没有厕所，这是要死的。他还没思考清楚，忽然间灯光大亮，看到一艘巨型大船躺在了吴淞口。原来这才是他们要搭的邮轮！于是担忧的思绪被一扫而空，大为开心！4 岁的小朋友不懂得什么是战争。上船后，一切都很新鲜。庄先生一家住在头等舱，二位女佣一位男佣住三等舱。这位广东籍男佣还是庄先生父亲从俱乐部里找来的，名叫阿小。在船上的一日三餐，每餐都是西餐，他也没觉得吃腻，饭后有甜品，晚上有电影，虽然看不懂，还是觉得有趣。对于这趟逃难之旅，他很满意。

庄先生对于香港，还是存有好感。他记得他家在香港的住宅是在香港半山的干德道（Conduit Rd）51 号，周围都是很气派的大房子。小朋友的学习能力很强，他和妹妹在离家不远的坚尼地道（Kennedy Rd）一所私立中学的附属幼儿园读书，没过几个月，广东话就开始朗朗上口了。于是两兄妹成了盛七小姐出门购物的好帮手，做起了小翻译。当时上海的几家著名百货公司先施、大新、永安在香港都有，盛小姐从小读私塾，英文不好，刚到香港也不会广东话，出门购物就全靠自己这一对小儿女。

抗战全面爆发以来，经过淞沪会战，武汉会战，大小战役无数，千百万军民伤亡，在内地战火纷乱的时候，庄先生一家的生活是相当安逸的。庄先生一家带了在上海的两位保姆和一位车夫一同赴港，在香港住洋房，出门坐自家洋车，经常出席朋友们的派对，去高级商号购物，无聊时在家打打麻将，听听戏，还是能维持昔日在上海的生活习惯。就这样时间来到了1939年春，香港的气候变得渐渐炎热起来，雨水又多，庄先生又得了一场大病，盛七小姐渐渐有些不耐起来，觉得到时间该回上海了。香港再好，毕竟不是自己的家，总觉得香港不是久留之地。同时，上海传来消息，自1937年底日军占领上海后，上海附近已无战事。于是托人买了船票，这次是搭乘美国邮轮的头等舱返回上海。

回到上海后，庄先生一家还是住在原先的愚园路洋房自宅中。房子还是以前的房子，家里的保姆、佣人、车夫都和以前一样，但一出门很明显地感到气氛已和两年前大不一样。虽然日本军政府在上海为了维护城市稳定，也做点表面文章，但中国人已在自己的国土上成为了二等公民。庄先生说，他们虽然住在租界内，但租界的工部局基本上已是名存实亡。

1941年太平洋战争爆发后，租界内的情势也开始不稳起来。市面上物资紧缺，物价飞涨。本来轻松度日的庄家渐渐感受到了经济上的压力。庄家在上海滩是有名望的，出门一定是坐自备轿车，身上的衣服也都是定做的，亲朋好友间的应酬也绝不能缺了礼数。12月战争后汽油价格再贵也只能接受，直到1月初无汽油可买。在没有汽油可用的情况下，庄家只能将汽车改装为代燃汽车，用木炭、木柴作为燃料，但这样对汽车的损害极大。就这样勉强把车用到了1945年年初。不料在一次意外的事故中，汽车与日本军车相撞而完全损毁。这时的庄家已无财力再购置新车，于是辞退了车夫，出行改为坐三轮车或者打电话雇出租车。

1943年1月8日，是庄家的一个分水岭。盛七小姐夫妇毅然卖掉了自宅，在霞飞路的愉园用金条顶下了8号的独栋花园洋房。虽然房子小了，花园小了，但一家人住的还是极为舒适。原来家中的九位保姆车夫厨师只留下了四位，一位保姆，一位厨师，一位门房，一位车夫。说来滑稽，大门换成了小门，实际上已无门可看，这个排场已无必要，几个月后庄家辞退了这位门房。

因为战乱，庄先生童年的教育断断续续，但他英文、中文、数学的各科成绩并不比同龄的学生差。这要感谢庄家的家教。庄先生对我说，从小父母就不许他去外面学堂上课（在香港是例外），因为怕会学"坏"，变成野蛮小鬼（沪语：意指小孩）。盛小姐夫妇宁可请老师到家里给一对儿女上课。这样的情形一直持续到1944年2月，盛七小姐夫妇才放心让他插班读小学五年级的下学期。学校离家里不远，是一间私立教会小学，在永嘉路太原路口。小学毕业也就是抗战胜利的那一年，他进入了位育中学就读，一年后转入了世界中学，都是很好的学校。庄先生说，他不喜欢读书，每次考试时也从不温习，奇怪的是每次考试他都能低空掠过。初中毕业考试的前一天他还和同学一起去买邮票、逛街。初中毕业后高中庄先生考上了圣约翰大学附中。这些在教会学校念书的经历使庄先生打下了很好的英语基础。

盛七小姐交游广阔，不但是宋子文、宋庆龄、宋美龄等宋家姐弟，其他党政社会要人也都有来往。不过庄先生说，当时他年纪小，都记不太清了。还略有印象的有两位，其中一位是杜月笙。他说杜月笙的儿子杜维善是他同学，小时候去过杜公馆好几回。许多人以为杜公馆是在杜美路，其实不然。杜月笙在上海有多处房产，他经常居住的是在蒲石路（今长乐路）迈尔西爱路（Route Cardinal Mercier）路口的华懋公寓（Cathay Mansion）的公馆。庄先生说杜月笙知道他的父母亲是谁，所以对他很客气，没有长辈的架子。值得一提的是，抗战胜利后上海有钱人家几乎家家户户都买新汽车，奇怪的是直到1946年杜家用的还是一部1937年款的老式凯迪拉克。

另一位是当年权倾一时的京沪杭警备总司令汤恩伯将军。庄先生说在愉园12号住的邻居是蒋介石的女婿陆久之，他叫陆家伯伯，是一个很有风度的生意人。陆久之在霞飞路1390弄还有另一个住家。有好几次他都在那里看见汤恩伯坐着深蓝色的别克轿车来探访陆久之，汤坐在后座，前排座的是一位司机和一个警卫兵。陆家有贵客来时小朋友们只能在弄堂里玩，绝对不能进门，所以汤与陆之间的谈话内容当然是不得而知了。在他印象中，汤恩伯穿西装显得微胖，但还是英气逼人，可以看出汤平时很重视仪表。可能那时军情不利，所以虽然能看出汤家伯伯与陆家伯伯很熟，但汤每次离开时脸上并无笑容。至于陆久之，因为是邻居，经常见到。他说有见过陆久之的两位太太，大太太曾在日本留学，是学体育的，后来回上海当了小学校长，二太太是蒋介石的养女蒋瑶光。陆家有一个车夫是日本人，叫青木。

至于盛家的亲戚，庄先生说，他最常见到的是长得很好看的八阿姨方颐，还有就是四舅舅恩颐。他记得四舅母孙用蕙去世后，每次他去四舅舅家会看到好多位四舅母。说起来好笑，他叫一声四舅母，会有好几位一起应。至于这些四舅母们的出身，他说不方便多谈。五舅舅重颐来往不多，庄先生小时候曾去过五舅舅在霞飞路 1517 号（前日本驻沪领事馆）的住宅，印象中房子很豪华和气派，家具都很考究，浴室很大。七舅舅升颐，抗战时去了重庆。抗战胜利回沪后很奇怪，不讲上海话开始讲国语了，给人感觉自己是从重庆回来的人，似乎高人一等。七舅母魏秀琦虽然出身不好，但风度气质极佳，可惜后来被七舅舅送给了孔令侃。还有值得一提的是大舅昌颐的女儿即表姐毓菊，她和母亲的关系很好，经常来往。每次盛七小姐遇到大事都会去表姐家商讨对策，包括如何应付宋子文的追求，如何处理百乐门的事务等等。所以自小庄先生和表姐李家（毓菊嫁给李鸿章的侄孙李国芝）相熟。尤其是和几位表侄，年龄相仿，关系不错。

1949 年是一个风雨飘摇的年份，无数人的命运就在这一年被定格。盛家也是如此。庄先生的七舅舅因为在国民党政府当过官，怕受到牵连，去了香港，后又迁居日本。五舅舅重颐因做股票失败，对共产党也没有信心，也去了香港。庄家不是没想过移居港台，但因为经济的原因，盛七小姐夫妇最后还是决定留在上海，毕竟上海是自己最熟悉的地方。这个决定，同时也影响了庄先生兄妹的一生。

　　庄先生祖父是清朝举足轻重的人物，母亲是上海名媛，家中曾是无限风光，但坐吃山空是很实际的情况。搬去愉园六年后，为了贴补家中日常开销，在 1949 年的 4 月庄家把家中的一楼分租给了我们家，做起了二房东。奇特的现象是二房东自己出门是雇三轮车，还不如我们家出门用的福特轿车！说到这里，庄先生这时露出了调皮的神情，告诉我说那年他还乘我家车夫不注意，偷开过这辆车。之后，情况是一年不如一年，庄家又把二楼租给了张家。记得以前我父亲和我说起过，那时过一阵子就会有旧货商来到庄家，每次都是兴高采烈地拿着古董离开。我祖父觉得可惜，有几次曾暗地里拦下旧货商，买下了几件古董。就是在这样的境遇下，庄先生出门还是抽着菲律宾进口雪茄，穿着体面，和往常一样雇三轮车代步，电车是决然不坐的。

　　庄先生的父亲庄铸九先生是交大毕业的高材生，做过会计师，办过杂志。1948 年与朋友一起开办了达成航运公司，现在看来完全是一个错误。那时由于国共战争的关系，生意很难做，尤其是船运生意。航运公司主要经营内河运输。内河航行的货轮需要煤，但主要产煤的北方地区不是在打仗就是已被解放军控制，所以煤的来源很伤脑筋。另外一个麻烦是码头。由于战争的原因，很难找到可上下货品的码头。最后达成公司通过住在愉园 7 号邻居招商局董事长徐学禹的帮忙，租到了浦东两个码头。不料没过多久局势突变，解放军渡江，达成公司的其他几位股东想说服庄老先生一起把资本转移到台湾，但遭到了庄老先生拒绝。其他几位股东为了抢在解放军攻占上海前逃离，无奈只能把股份转送给庄老先生。照理说，这是一件好事。没想到政权更替后却差点招来大祸。本来想将庄老先生作为欺压工人的码头恶霸处理，幸好码头工人中的一位中共地下党员出面证明庄老先生平时乐善好施，经常资助和照顾工人，这才逃过一劫。20 世纪 50 年代初也是因为庄老先生曾经营过航运公司的这一层关系被华东交通部上海新乐路办事处聘为有薪水的高级顾问，一直到"三反""五反"运动时交通部说铸九先生是资本家不可当国家干部，那时才结束交通部的工作。除了交通部的工作，庄老先生经交通大学念书时的同学赵祖康（上海市代市长）介绍，在20世纪50年代初加入了民主党派之一的民革。之后我祖父又介绍铸九先生去了上海市政协学习班学习，一直到反右运动时被划为右派为止。当时我们8号整栋楼有四位右派，除了我祖父陈滋堂，二楼的张默天，还有三楼的庄先生父子，8号可说是右派之家了。被划为右派的原因是大家分别在自己工作的单位里提了意见。

我们再回看庄先生本人。1949年圣约翰大学附中被迫关闭后，他依自己的兴趣，考入了私立南山职业中学。毕业后被分配到沈阳一家工厂的设备科，职务是见习技术员，工资44万元（合新人民币44元）。他并没有多说这家工厂的性质，只说是在朝鲜战争期间，涉及军事机密，不能多谈。因为他从小娇生惯养，不适应东北冬天的恶劣气候和环境，经常气喘病发作，没工作几年就回到了上海。1956年经朋友介绍在上钢三厂总机械师室当技术员，管理机器和设计机械图，工资64元。没想到仅工作不到两年，因为在开会学习时质疑上级，就被打成右派，被遣送到安徽劳动教养。庄先生的记忆力时好时坏，但被送去劳改的这一天他是刻骨铭心的，他永远都不会忘记这一天——1958年10月27日。

刚到安徽的时候工作很苦，主要工作是从当地山上把石块运下山，全是重体力劳动。没几天上海来的庄先生就病倒了。也算是因祸得福，病后暂时不用做辛苦的体力活。直到一年后山上只剩下被风化不能利用的石头，于是庄先生所属的工作队听从上级安排，迁到了合肥南面的巢县的修配厂。那时许多劳教单位里都有自己的技术部门，但这个单位的技术部门早在半年前在完成另一个工程后就解散了。于是庄先生竟然成了整个厂区唯一的一位正式科班出身的技术员，被分配在制图室工作。1962年春，巢湖发生了水灾，但经过大家齐心协力抗灾，几乎没有造成重大损失。幸运的是因为大家抗灾有功，厂内许多劳教人员摘帽成功，也包括庄先生。之后几年，修配厂的编制逐渐扩大，简单的水利设施、零件装配已逐渐不合时宜。起初，生产队生产了一些土洋结合的机床，后来经过单位领导研究，开始造汽车零件，单位名称也改成了巢湖汽车配件厂，也有了工程师干部。过了没多久，单位领导派给庄先生新的任务，竟然是造汽车！这可是庄先生梦寐以求的工作，他凭着专业知识和愿意钻研的毅力，很快就从一位普通的技术员成了厂里的技术骨干。

1962年夏，上海传来消息，庄老先生中风，已病危住院。庄先生立刻向领导请假，坐火车返沪。那时还没有合肥到上海的直达车。从合肥到上海需要在芜湖、南京转两次车。庄先生中午出发，直到天黑才到上海的华山医院看到他父亲。看到从前高大神气的父亲躺在病床上奄奄一息，很难过。当晚庄先生陪夜。之后的几天家属轮流日夜陪伴，照顾庄老先生。可惜几天后的一个星期天，老先生因突发的心肌梗塞过世了。

庄先生回到安徽后继续他的工作，造大客车、大卡车。那时"大跃进"虽然已结束，但奇怪的是似乎全国各地都在造汽车。各种各样的汽车品牌似乎比欧美所有的品牌还要多。但这些汽车大都是长春解放牌、南京跃进牌与北京吉普的仿造品。这些汽车千篇一律都是仿苏的。苏联的图纸，中国有渠道整套买来，庄先生的准汽车厂也买了一些图纸来做参考。苏联的技术是全世界公认较为先进的。但有这些图纸还不够，还需要具体操作才能把车造起来。这时南京汽车厂想淘汰一些老式的四缸引擎，计划送来庄先生的汽车厂。厂里内部开会时庄先生据理力争，说这些引擎的设计是美国20世纪30年代的古董，效率太差，最终厂领导听取了庄先生的意见，没有引进这些过时的引擎。要引进过时的引擎还不如自己造！由于厂里的技术力量太薄弱，长春汽车研究院来了一个技术小组帮忙。其中一位工程师负责制作引擎，庄先生和其余三人负责汽车总布置和装配，包括底盘和车身。就这样，依靠图纸，依靠大家的摸索和创造，江淮牌大卡车诞生了！4.4升引擎有120马力，已经超过了5.6升95马力的解放牌。江淮牌是20世纪60年代的设计，总体感觉也是优于解放牌20世纪40年代的设计。

"文革"开始后，汽车厂改为军管。军人干部进驻，态度与以前的干部不同，较为客气。有时还和工人一起劳动。后来又来了不少青年男女学员，都是从插队知青中表现好的里面挑选出来的。但他们的层次似乎参差不齐。

几年后，尽管庄先生右派分子的帽子早被摘除，但摘了帽后，他还是和普通的工人不一样，因为他换了一个身份，叫"摘帽右派"。由于庄先生工作表现好，虽然在厂里或多或少还是会受到不公的待遇，但这时他已不需要再住在集体宿舍了。于是他高高兴兴地花了四块钱租了附近农民的小屋，终于有了自己的私人空间，终于闻到了一丝自由的空气，那是在 1968 年。

这时庄先生的母亲与七姨夫一起帮他牵线，介绍他与前清军机大臣王文韶的曾孙女——上海煤球大王韩氏的外孙女王永瑛成婚。王家和盛家可说是同病相怜，门当户对，都是没落的大家族背景。可惜好景不长，王永瑛身体一直不好，最后还患了肺癌，没能等到"文革"结束，不幸于 1976 年辞世，结束了她充满磨难的一生，这仅仅是他们夫妻婚后的第八年。

"文革"结束，国家百废待兴，许多右派分子都平反，回到了原单位。庄先生也满怀期待地等着上级发通知给他，好返回上海。等啊等，一直等不到通知。后来才知道，不仅厂里不愿放人，安徽省机械厅也不愿放人。现在这个厂已不是一家普通工厂了，这个厂已成为安徽省著名的汽车制造厂，产量高，产值高，是全省支柱型工厂，厂名是江淮汽车厂，也就是现在的上市公司安徽江淮汽车股份有限公司的前身。因为那时技术科的骨干五位有四位是来自上海的所谓摘帽右派，如果都落实政策回到原籍，那这个厂就难以为继了。对于这个厂，甚至是安徽省，都是不可承受之痛。

在上海的盛七小姐已是满头白发，70 多岁高龄，本来满怀期盼等待儿子和自己团聚，但一直等啊等，希望变成失望，失望变成气愤，但她并未绝望。于是她通过好友赵祖康帮忙联系到时任安徽省委书记的万里，向他反映情况。万里书记正义感很强，一听说有这样的事情，立刻通过秘书联系省机械厅，要求依照国家政策，依法放人。不料厂领导竟然不同意，理由是如果放人，整个厂就垮了，关门算了。省机械厅领导回复后，万里书记也是无奈，只能向赵祖康致歉，说依政策肯定会放人，只是还需要时间，希望家属能理解。盛七小姐已等了 21 年，人生有几个 21 年？更何况她自己已是 79

岁高龄的老人了。她决定不放弃，她想到了联系自己青年时代的朋友、时任
国家名誉主席的宋庆龄。宋庆龄主席收到来信后很重视，立刻通过人大常
委会正式发函给安徽，要求放人，而且是从速办理！厂领导看到是中央来
信，而且还是宋庆龄主席亲自关心，只能照办。庄先生说，为何记性不好的
他对回上海的日期记得那么清楚，因为这天竟然和他离开上海去劳改是同一
天——10 月 27 日，是 21 年后的同一天！之后庄先生听说在他离开后，北京
对全国卡车生产企业做了全面整理，江淮厂也暂时停产了一段时间，不过这
些都与他无关了。

　　庄先生回到原单位上钢三厂后，在运输科工作，厂人事部门知道他是宋
庆龄主席亲自关心的人，不敢怠慢，再加上他扎实的技术能力和经验，所以
打算升他为工程师。但庄先生坚辞不就。

　　1981 年的春天，庄先生去了美国。我父亲也在一个月后去往美国。在
美国庄先生本有机会经商，我父亲也曾邀他一起合作投资开店。但因他自幼
看到了家族中的许多长辈经商失败的例子，使他对经商投资兴致欠缺。他到
了美国后，因为英语流利，很快就找到一份在加油站工作的机会。他按部就

盛爱颐居住了 17 年的五原路 61 号汽车间，过去是两扇大木门

班，一丝不苟的工作态度，很快就得到老板的赏识，升他做了经理。后来老板甚至要将整个加油站折价卖给他，庄先生没有接受。因为做老板不在庄先生的生涯规划内。在他这个年纪，他要的不是财富，他要的是闲云野鹤般的悠闲与自在，无拘无束的感

庄元端（左）和执笔者陈迪安

觉，这才是无价的。他很敬业，就这一份工作，他一直做了16年，直到退休为止。

庄先生退休后的生活很悠闲，他又开始了他童年时收藏汽车杂志画报的爱好。在他家里，有各种各样的有关汽车的书籍，杂志，图片，简直就是一个小型博物馆！他说这只是一部分，另一部分还在储藏室，家里已放不下了。我一与他聊起汽车，他如数家珍，兴致就来了。他和我聊起，1949年前的上海，出租车公司是琼森公司最有名，多数是雪佛兰牌轿车。当时在上海看到最多的都是美国轿车。除了雪佛兰外，还有福特、道奇、克莱斯勒、顺风牌，比较高级的轿车是别克，更豪华型的是林肯、帕克，最高级的是英国车劳斯莱斯。不像现在，大家都喜欢自己开车。以前的上海，所有的车主，哪怕就是会开车的车主，都不会自己亲自开车，因为那是车夫做的事。在上海车主自己开车的，只有极少数开双门跑车的洋人。庄先生今年已86岁了，还坚持自己开车。他告诉我说汽车是他的第二生命，没有汽车的生活是没有色彩的，是无法想象的。

（陈迪安，庄元端世侄。陈家与庄家是三代世交）

图书在版编目(CIP)数据

风云际会:沪上近代人物追忆/政协上海市委员会
文史资料委员会编.—上海:上海人民出版社,2020
ISBN 978 - 7 - 208 - 16516 - 8

Ⅰ.①风…　Ⅱ.①政…　Ⅲ.①历史人物-生平事迹-
上海-近代　Ⅳ.①K820.851

中国版本图书馆 CIP 数据核字(2020)第 115189 号

统筹策划	祝君波　杨治莖
组稿联络	沈路平　沈　婧
学术审读	余震琪
责任编辑	李　莹　李　旭
封面设计	零创意文化

风云际会
——沪上近代人物追忆

政协上海市委员会文史资料委员会 编

出　版	上海人民出版社	
	(200001　上海福建中路 193 号)	
发　行	上海人民出版社发行中心	
印　刷	常熟市新骅印刷有限公司	
开　本	720×1000　1/16	
印　张	30	
插　页	2	
字　数	420,000	
版　次	2020 年 8 月第 1 版	
印　次	2020 年 8 月第 1 次印刷	
ISBN	978 - 7 - 208 - 16516 - 8/K·2964	
定　价	118.00 元	